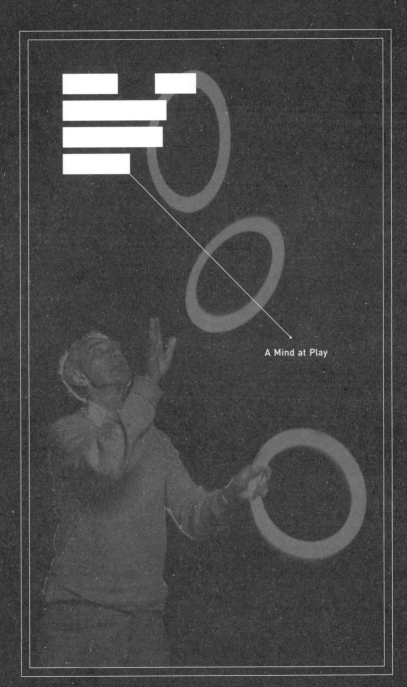

A Mind at Play

# 저글러, 땜장이, 놀이꾼, 디지털 세상을 설계하다

세상을 바꾼
괴짜 천재의
궁극의 놀이본능

지미 소니 · 로브 굿맨 지음
양병찬 옮김

A Mind at Play

**일러두기**

• 본문의 각주는 원주를 옮긴 것이다.

• 괄호 안 설명이나 각주 중에서 옮긴이가 붙인 것은 따로 표기를 해두었다.

천재들은 이 세상에서 제일 많은 복을 받은 사람들이니,
가장 좋아하는 일을 업으로 삼기 때문이다. 설사 생전에 천재성을
인정받지 못하더라도 그들에게 복이 있나니, 그들의 선행이
세월의 시련을 견디고 세상을 바꾸기 때문이다.
아무리 뛰어난 천재라도 천국에서 가장 작은 사람이 될 거라고
생각하는 사람들이 있다. 그럼에도 천재에게 복이 있나니,
천국에서 가장 작은 자라도 세례요한보다 크기 때문이다.

— W. H. 오든(영국의 시인)

# 차례

# 정보란 무엇인가?

• 김상욱(경희대학교 물리학과 교수)

21세기는 정보화시대다. 빅데이터, 인공지능, SNS, 양자컴퓨터, DNA를 관통하는 단 하나의 키워드는 정보다. 모두가 정보에 대해 이야기하지만 정보가 무엇인지 정확히 아는 사람은 드물다. 20세기 초에 기술이 있었음에도 정보혁명Information Revolution이 바로 일어나지 못한 이유다. 정보의 현대적 의미를 제시한 사람이 바로 이 책의 주인공 클로드 섀넌이다. 섀넌이 정보를 정의하자 정보혁명이 시작되었다.

섀넌은 단 두 편의 논문으로 정보이론을 정립했다. 하나는 1937년에 쓴 '계전기와 스위치 회로의 기호학적 분석'인데, 그의 석사학위 논문이기도 했다. 이 논문은 전기회로로 모든 논리연산이 가능함을 보였다. 인간이 행하는 모든 중요한 합리적 의식 과정은 논리적 문제라 볼 수 있다. 논리적 문제를 푸는 과정은 논리연산으로 표현할 수 있다. 섀넌이 증명한 바에 따르면 논리연산을 전기회로로 구현할 수 있으므로, 전기회로로 구성된 기계가 인간의 합리적 행위를 대신할 수 있다는 말이 된다. 같은 해, 영국의 앨런 튜링은 모든 수학적 문제를 기계로 해결할 수 있음을 보였다. 튜링과 섀넌의 꿈을 이룬 것이 바로 컴퓨터다.

두 번째 논문은 1948년 발표한 '통신의 수학적 이론'이다. 이 논문에서 섀넌은 정보가 무엇인지에 대한 답을 제공한다. 정보를 정의하는 데 있어 가장 중요한 도약은 정보로부터 의미나 가치를 제거하는 것이었다. 정보는 특정한 선택으로 인해 뭔가 새로운 것을 알게 될 가능성의 척도다. 한마디로 정보는 확률이다. 정보가 확률이라는 것은 정말 놀라운 통찰이다.

문서에 사용된 문자의 사용 빈도, 즉 문자가 나타날 확률만 알아도 그 문자가 무엇인지 정확히 예측할 수 있다. 예를 들어, 영어에서 가장 많이 사용되는 문자는 'e'다. 사용빈도, 즉 출현 확률은 문자의 지문指紋이다. 섀넌은 사용빈도에 따라 문자를 무작위로 나열하는 것만으로 그럴듯한 문장을 만들어낼 수 있음을 보였다. 이를 역이용하면 암호를 해독할 수 있다. 데이터 압축, 오류 수정, 채널 용량과 같은 정보통신의 중요한 개념들이 여기서 파생되어 나온다.

섀넌은 수수께끼 같은 인물이다. 전형적인 은둔형 천재이기도 하다. 혼자 틀어박혀 연구하기를 좋아하는 외톨이 학자이자, 집 안에 온갖 공구와 기계들이 나뒹구는 궁극의 공돌이이며, 저글링과 체스에 몰두한 괴짜다. 만약 천재에게 의식주를 해결해주고 자기 마음대로 살아보라고 했을 때 어떤 모습이 될까? 섀넌은 그 질문에 대한 모범 답안이다.

섀넌은 정보의 정체를 밝히고 우리가 정보를 어떤 방식으로 이해해야 하는지 제시한 사람이다. 이제 정보는 질량이나 길이와 같이 과학기술자들이 마음대로 다룰 수 있는 대상이 되었다. 그가 아니었으면 우리는 여전히 정보가 무엇인지 알지 못할 것이다. 정보를 알지 못하면서 정

보화시대로 진입할 방법은 없다. 새넌과 함께 정보의 의미를 찾는 여정
을 떠나보자.

영국 브라이튼에서 열린 국제 정보이론 심포지엄International Information Theory Symposium에서 있었던 일이다. 호리호리한 몸집의 백발 남성 한 명이 나타나 몇 시간 동안 회의장을 들락거렸다. 처음에는 아무도 그를 거들떠보지 않았지만, 잠시 후 참석자들 사이에 그의 정체를 둘러싼 소문이 모락모락 피어올랐다. 처음에는 유명 인사의 사인을 받으려는 사람들이 하나 둘 몰려들더니, 결국에는 장사진을 이루어 통로를 완전히 막아버렸다. 저녁 연회 시간이 되자 심포지엄 의장이 마이크를 잡고 "우리 시대의 가장 위대한 과학자 중 한 분이 이 자리에 왕림하셨으니 몇 마디 말씀을 들어보겠습니다"라고 알렸다. 깡마른 백발 남성이 연단에 올라 입을 여는 순간, 우레 같은 박수갈채가 터져 그의 목소리를 삼켜버렸다.

마침내 좌중이 고요해졌을 때 어이없는 일이 벌어졌다. 남성은 더 이상 할 말이 없다는 듯, 호주머니에서 공 세 개를 꺼내 저글링을 하기 시작했다.

남성이 저글링을 끝내고 연단에서 내려간 후, 누군가가 의장을 향해 방금 일어났던 일의 역사적 의미를 설명해 달라고 요청했다. 그러자 의

장은 이렇게 말했다.

"물리학회에 뉴턴이 잠깐 다녀간 것과 같다고 보면 됩니다."

— • —

때는 1985년, 저글러(저글링이 취미인 클로드 섀넌을 말함_옮긴이)의 연구는 끝 난 지 오래였지만, 세상 사람들의 연구는 그제야 막 시작되고 있었다. 클로드 엘 우드 섀넌이 "정보화시대의 대헌장"이라고 불리는 논문을 출판함으로써 정보라는 아이디어를 단칼에 고안해낸 지 거의 40년이 지 났지만, 그의 아이디어 덕분에 가능했던 세상은 그제야 등장하고 있었 다. 오늘날 우리는 바로 그런 세상에 파묻혀 살고 있다. 우리가 보내는 모든 이메일, 우리가 듣고 보는 DVD와 음성 파일, 우리가 열어보는 모 든 웹페이지는 클로드 섀넌에게 빚지고 있다.

그렇다고 해서 그가 세상 사람들에게 은혜를 베풀려고 특별히 노력 한 것은 아니었다. 그는 과학적 유행에 둔감하고, 모든 여론과 주제, 심 지어 자기 자신에게서도 소외된 사람이었다. 방문을 걸어 잠그고 오랫 동안 침묵했으며, 빈한한 독신자 아파트와 텅 빈 사무실에서 최선의 아 이디어를 생각해냈다. 한 동료는 섀넌의 정보이론을 "청천벽력"이라고 불렀다. 그는 거의 맨바닥에서 새로운 이론을 생각해냈으며, 몇 년 동안 모든 사람들에게 단 한 마디도 귀띔하지 않았기 때문이다.

물론 섀넌 이전에도 정보는 존재했다. 뉴턴 이전에도 물체가 관성을 갖고 있었던 것처럼 말이다. 그러나 섀넌 이전에는 정보를 아이디어, 측 정 가능한 양, 자연과학에 적합한 대상으로 여기는 사람이 거의 없었다. 섀넌 이전에는 정보라고 하면 누구나 전보, 사진, 글귀, 노래를 연상하는 게 고작이었다. 그러나 섀넌 이후에는 정보가 비트bit로 완전히 추상화되었다. 발신자가 누구인지, 의도가 무엇인지, 매체가 무엇인지, 심지어 의미가 무엇인지조차 더 이상 중요하지 않게 되었다. 전화 통화 한마디, 모스부호로 작성한 전보 한 토막, 탐정소설 한 페이지는 모두 공통의 부호로 전환되었다. 기하학자가 '모래 위의 원'과 '태양의 원반'에 동일한 법칙을 적용하는 것처럼, 물리학자가 '진자의 흔들림'과 '행성의 궤도'에 동일한 법칙을 적용하는 것처럼, 클로드 섀넌은 정보의 핵심을 정확히 파악함으로써 오늘날의 세상을 가능케 한 것이다.

'만질 수 있는 세상'을 추상화하는 데 그렇게 능숙했던 사람이 그것을 조작하는 데도 탁월한 재능을 갖고 있었다는 것은 수수께끼가 아닐 수 없다. 섀넌은 타고난 '땜장이'로, 미시간의 작은 마을에서 성장한 어린 시절부터 가시철망을 이용해 전신선을 만들고, 헛간에 간이 승강기를 설치했으며, 뒤뜰에서 쓸 개인용 수레를 만들었다. 그의 뛰어난 재능을 눈여겨본 바네바 부시(그는 장차 미국에서 가장 유력한 과학자이자 섀넌에게 가장 큰 영향력을 미치는 멘토가 된다)는 그를 MIT로 데려가, 미분해석기라는 집채만 한 아날로그 컴퓨터의 유지 보수 책임을 맡겼다. 미분해석기는 축, 기어, 끈, (원반 위에서 구르는) 바퀴로 구성된 끔찍한 기계로 그 당시에 가장 진보된 '생각하는 기계'로 명성을 날렸다.

베헤못(《구약성서》에 나오는 거대한 수륙양서 괴수_옮긴이)을 연상케 하는 거대한 컴퓨터를 작동시키는 전기 스위치를 연구함으로써, 섀넌은 우리가 살고 있는 디지털시대의 기초에 대한 통찰을 얻었다. 그 스위치는 회로를 통과하는 전기 흐름을 제어하기만 하는 게 아니었다. 우리가 생각할 수 있는 논리 진술을 모두 평가할 수 있으며, 심지어 의사결정까지도 내릴 수도 있었으니 말이다. 이론적으로 일련의 이진 선택, 즉 온/오프, 참/거짓, 1/0은 인간의 뇌를 웬만큼 흉내 낼 수 있다. 월터 아이작슨의 말을 빌리면, 그러한 도약적 사고는 "모든 디지털 컴퓨터의 밑바탕에 깔린 기본 개념"이 되었다. 그것은 클로드 섀넌이 달성한 위대한 추상화의 업적 중 첫 번째로, 불과 스물한 살 때의 일이었다.

"가장 중요하고 유명한 20세기의 석사학위 논문"으로 시작된 경력은 바네바 부시, 앨런 튜링, 존 폰 노이만과 같은 사상가들과의 교류 및 협동 연구로 이어졌다. 세 사람 모두 섀넌과 마찬가지로 우리 시대의 개척자들이었다. 그들과 교류하다 보니 종종 내키지 않는 미국 방위 체계와 손을 잡고 암호작성술, 컴퓨터 제어 포격술, 전쟁의 와중에서 루스벨트와 처칠을 연결한 대서양횡단 암호화 전화선에 관한 비밀 연구를 수행하기도 했다. 그리고 벨연구소에 합류했는데, 그곳은 '전화 회사의 부속 기관'이 아니라 '천재 양성의 요람'을 자처하며 산업계의 R&D를 주도하던 기관이었다. 클로드 섀넌의 동료 중 한 명은 이렇게 말했다.

"벨연구소의 연구원들은 남들이 불가능하다고 생각하는 것을 해내는 데 일가견이 있었다."

섀넌이 선택한 '불가능한 과제'는 정보 전달을 위한 일반적 장치들, 이를테면 전화, 라디오, TV, 전보 같은 것들의 기본 속성을 분석하는 것이었다. 수학자들이 보기에 그 장치들 간에는 공통점이 전혀 없는 것 같았지만, 섀넌은 정보 전달 장치들이 필수적인 요소를 모두 공유함을 증명했다. 그것은 그가 달성한 추상화의 업적 중 두 번째로, 가장 위대한 일이었다.

샤넌의 '통신의 수학적 이론Mathematical Theory of Communication'이 1948년《벨 시스템 기술 저널》에 출판되기 전에도, 과학자들은 전선에서 전자 이동을 추적할 수 있었다. 그러나 전자들이 표상하는 아이디어가 객관적으로 측정되고 조작될 수 있다는 가능성을 증명한 사람은 샤넌이었다. 샤넌의 인식은 다음과 같이 요약된다.

"일련의 비트를 이용하면 모든 정보를 정보원, 송신기, 수신기 또는 의미와 무관하게 효율적으로 표상할 수 있다. 즉 비트는 정보의 기본 단위다."

'통신의 수학적 이론'이 출판되기 전까지 한 세기 동안 통용된 상식과 공학적 시행착오에 따르면, 정보에는 세금이 붙을 수밖에 없었다. 물리적 세상이 메시지에 부과하는 '잡음'이라는 세금이 정보에 가산되기 때문이었다. 그러나 샤넌은 "잡음을 물리치는 게 가능하며, A 지점에서 보낸 정보가 B 지점에 완벽한 상태로 도착할 수 있다"는 사실을 증명했다. 어쩌다 한 번씩 그러는 게 아니라 항상 그럴 수 있다는 것이었다. 샤넌은 공학자들에게 개념적 도구를 제공하여, 디지털화된 정보가 오류 없이(정확히 말하면, 소량의 임의적 오류를 포함한 채) 전송될 수 있음을 확인하게 했다. 샤넌에 의해 증명되는 순간까지, '오류 없는 정보 전달'이라는 개념은 '전혀 가망이 없는 유토피아적 발상'으로 간주되었다. 어떤 엔지니어는 이렇게 말했다.

"그가 어떻게 그런 통찰을 얻었는지, 심지어 그런 개념을 어떻게 믿게 되었는지 도무지 모르겠다."

샤넌의 통찰은 우리의 전화, 컴퓨터, 위성 TV 회로에 아로새겨져 있으며, 우주를 항해하는 탐사선들은 아직도 0과 1로 이루어진 가느다란 끈에 의지하여 지구에 연결되어 있다. 1990년, 무인 우주탐사선 보이저 1호는 태양계의 끄트머리에서 시선을 돌려 지구 쪽으로 카메라를 들이댔다. 그리하여 화소 한 개보다도 작은 지구(칼 세이건은 이것을 "한 줄기 햇살 속에 떠 있는 먼지 알갱이"라고 불렀다)를 촬영한 후, 그 화상을 64억 킬로미터의 공간 너머로 전송했다. 티끌만 한 이미지를 오류와 왜곡에서 보호하는 코드를 직접 작성하지는 않았지만, 클로드 샤넌은 약 40년 전 "그런 코드가 존재한다"는 수학 명제를 증명했다. '실재하는 코드'와 '디지털 정보의 끊임없는 흐름'은 이제 샤넌의 전설 중 일부가 되었다. 그리고 우리가 '정보 잡식성'을 내세우며 현대인임을 자부할 수 있는 것도 샤넌 덕분이다.

샤넌은 30대 초반에 가장 찬란히 빛나는 미국 과학계의 별 중 하나가 되었으며, 그를 증명이라도 하듯 언론의 집중적인 보도와 함께 온갖 권위 있는 상들을 휩쓸었다. 그의 정보이론은, 지질학에서부터 정치학, 음악에 이르기까지 모든 것을 설명하는 용어로서 한 시대를 풍미했다. 그러나 잠시 동안 누린 명예의 정상에서, 그는 뜻밖에 네 문단짜리 선언문을 발표했다. 그의 의도는 전 세계 사람들에게 "나의 밴드 웨건에서 내려라"라고 촉구하는 것이었다. 그는 세계 최고의 천재라는 찬사를 부담스러워 했고, 성취 동기의 원동력으로 작용하는 야망, 자존심, 탐욕 같은 온갖 비가시적 요인들에 무관심했다.

새넌은 최고의 업적을 남긴 후에도 몇 년 동안 기발한 발상을 잇달아 논문으로 출판했고, 개인적 경로를 통해 많은 관심사들을 섭렵하며 다양한 문제에 천착했다. 서른두 살에 획기적인 업적을 달성한 만큼, '과학계의 셀럽'이나 '혁신의 얼굴 마담'으로 활동하며 남은 수십 년을 소일해도 문제될 게 없었다. 버트런드 러셀, 알베르트 아인슈타인, 리처드 파인만, 스티브 잡스처럼 말이다. 그러나 그런 건 새넌의 적성에 맞지 않았으며, 그는 여생 동안 땜장이 생활을 했다.

테세우스Theseus라는 전자 생쥐를 이용해 미로 문제를 풀었고, 거북 모양의 전자 완구를 집 안에 풀어놓아 구석구석을 돌아다니게 했다. IBM이 만든 딥블루Deep Blue의 먼 조상쯤 되는 체스 컴퓨터는 물론, 최초의 웨어러블 컴퓨터도 구상했다. THOROBAC(Thrifty Roman-Numericl Backward-Looking Computer)이라는 암호명하에, 로마숫자를 사용하는 계산기를 설계했다. 맞춤형 외발자전거 세트를 만들었고, 몇 년 동안 저글링을 과학적으로 연구하는 데 몰두했다.

물론 새넌이 만든 익살스런 장치의 압권은 '최종 기계Ultimate Machine'였다. 그것은 책상 위에 놓인 '스위치 달린 상자'로, 스위치를 켜면 상자 속에서 기어가 윙윙 돌며 기계 손이 튀어나와 스위치를 끄고는 상자 속으로 사라진다. 새넌은 이와 마찬가지로 자신을 좀처럼 드러내지 않는 사람이었다. 과학사를 통틀어, 의사소통 연구에 일생을 바친 사람 치고 그처럼 소통이 부족한 사람도 없었다. 그를 옆에서 가만히 지켜보면, 존재감이 거의 드러나지 않았다. 대꼬챙이처럼 깡마른 체격에 자기 PR이라고는 눈곱만큼도 없는 사람이었기 때문이다.

섀넌은 평생 동안 호기심 가득한 얼굴과 신중한 자세로 놀이에 전념했다. 디지털 회로를 개척하는 동안에도, 손에 잡히는 재료를 이용해 저글링 로봇이나 불을 뿜는 트럼펫을 후다닥 만들어내고 흐뭇해하는, 희귀한 과학 천재였다. 연구는 놀이처럼 재미있게, 놀이는 연구처럼 진지하게 했으며, 연구와 놀이의 차이를 전혀 인식하지 않았다. 그의 천재성은 무엇보다도 혼자 놀기를 위해 스스로 고안해낸 수수께끼의 질質에서 유감없이 드러났다. 그리고 그의 가장 심오한 통찰에는 장난기 어린 마음('전기 스위치가 달린 상자로 인간의 뇌를 흉내 낼 수 없을까?', 'XFOML RXKHRJFFJUJ라는 코드로 말하는 사람이 없는 이유는 뭘까?')의 흔적이 각인되어 있다. 어쩌면 한 시대의 특징이 '그 시대를 만든 사람들이 가진 특징'의 흔적을 그대로 간직한다고 상정하는 것은 지나칠지도 모른다. 그러나 우리의 생활에 필수적인 것 중 상당수가 '놀이하는 정신'에서 비롯되었다고 생각해보라. 얼마나 유쾌한가!

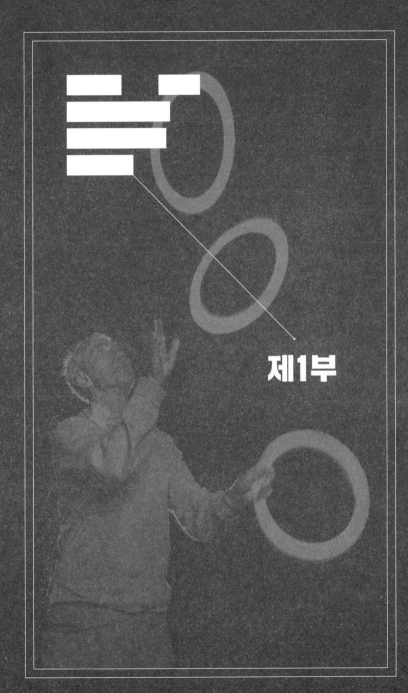

제1부

# 1. 게일로드

여기에 다이아몬드 110개(그중에 작은 것은 하나도 없다), 루비 18개, 에메랄드 310개, 사파이어 21개, 오팔 한 개, 금반지 200개, 금사슬 30개, 금십자가상 83개, 금향로 5개, 금시계 197개, 기념비적인 금펀치볼이 하나 있다. 먼 옛날 한 해적이 감춰놓은 이 보물은 사우스캐롤라이나에 있는 울퉁불퉁하고 비틀린 튤립나무 그늘 아래 1미터 50센티미터 지하에 묻혀 있다. 그러나 이야기의 하이라이트는 보물이 아니라 암호다. 즉 이 보물은 암호문이 가리키는 위치에 정확히 존재한다.

윌리엄 레그런드는 한 난파선에서 주운 양피지에서 그 암호문을 발견했다. 그 후 몇 달 동안 벽난롯가에 앉아 불철주야 암호학을 독학하며 해독에 몰두한 결과, 이제 보물은 그의 것이 될 터였다. 그는 득의만만한 표정으로 한구석에 놓여 있을 다이아몬드를 생각하며, 보물을 캐기 위해 고용한 젊은이에게 자랑스럽게 장광설을 늘어놓는다.

암호문은 보기보다 간단하다.

53‡‡†305))6*;4826)4‡.)4‡);806*;48†8`60))85;]8*:‡*8†83

(88)5★†;46(;88*96★?;8)★‡(;485);5★†2:★‡(;4956*2(5*-4)8'8★;
4069285);)6†8)4‡‡;1(‡9;48081;8:8‡1;48†85;4)485†528806*81
(‡9;48;(88;4(‡?34;48)4‡;161;:188;‡?;

암호문에 등장하는 기호들의 횟수를 각각 헤아린 다음, 영어에서 빈번히 사용되는 문자들과 비교한다. '암호문에 가장 많이 등장하는 기호'가 '영어에서 가장 빈번히 사용되는 문자'를 뜻한다면, 8은 'E'를 뜻한다. 영어에서 가장 흔히 쓰이는 단어는 'the'이므로, 8로 끝나는 세 자짜리 문자열을 찾아본다. 그것은 ;48이며, 일곱 번 나온다. 만약 ;48이 'the'라면 ;는 'T'를 뜻하고, 4는 'H'를 뜻할 것이다. 48이라는 문자열이 단어 'the'를 의미한다는 사실을 이용해 다른 문자열로 넘어간다. 상식적으로 볼 때 ;(88은 'tree'일 수밖에 없으므로 (는 'R'을 뜻한다. 하나의 기호가 해결되면 새로운 기호가 꼬리를 물고 해결되며, 이윽고 보물이 있는 방향이 잠음 속에서 모습을 드러낸다.

에드거 앨런 포(1809~1849)는 쉰다섯 개의 이야기를 썼다. 이 암호문은 《황금 벌레The Golden Bug》에 나오는 것인데, 포의 작품 중에서 암호 해독학에 관한 강의로 끝나는 것은《황금 벌레》하나밖에 없다. 그러니 클로드 섀넌이 가장 좋아했을 수밖에.

— • —

여기는 미시간주의 북부 도시 게일로드가 끝나는 곳이다. 도로가 갑자기 흙먼지 길로 바뀌는가 싶더니 어느새 감자 밭으로 접어든다. 중심가에서 불과 몇 블록 떨어진 곳에, 밭과 비육장(울타리를 치고, 주로 영양소 함량이 높고 섬유질 함량이 낮은 사료를 먹여 가축, 특히 소를 살찌우는 노천 사육장_옮긴이), 미시간 특산물인 사과 과수원, 단풍나무·너도밤나무·자작나무 숲, 제재소가 펼쳐져 있다. 도로와 목장 사이에는 가시철망으로 된 울타리가 설치되어 있는데, 클로드 섀넌은 그중에서 직선 구간을 골라 800미터쯤 걷고 있다.

클로드 섀넌이 선택한 직선 구간에는 전기가 흐른다. 그는 구간의 양쪽 끝에 건전지를 연결하고, 전류의 흐름이 끊이지 않도록 하기 위해 여분의 전선으로 단속斷續된 부분들을 연결했다. 절연체로는 가죽 끈, 병목, 옥수수 속대, 자동차 속튜브 등을 닥치는 대로 사용했다. 한쪽 키패드는 노스센터North Center 가에 있는 그의 집, 다른 쪽 키패드는 800미터 떨어진 친구의 집에 설치하여, 가시철망으로 구성된 사설 전신망을 완성했다. 하지만 아무리 절연을 잘해도, 유난히 춥고 눈이 많은 한겨울에는 미시간의 가운뎃손가락 관절(로어미시간은 오른쪽 손바닥 모양같이 생겨, '벙어리장갑의 주', 즉 미튼스테이트Mitten State라고 하기도 한다. 게일로드는 가운뎃손가락의 관절 부분에 위치해 '미시간의 가운뎃손가락 관절'이라고 불림_옮긴이)에 얼음과 눈이 쌓여 전보가 먹통이 되기 십상이다. 그러나 봄이 되어 울타리의 얼음이 녹은 후에 전선을 보수하면 전류가 다시 흐르므로 광속으로 송수신을 재개할 수 있다.

클로드 섀넌이 어렸던 1920년대에는 약 300만 명의 미국 농민들이 그와 비슷한 전신망을 이용해 의사소통을 했다. 전화 회사들은 전신망 구축의 수익성을 비관적으로 바라봤으므로, 울타리가 미국의 대중 통신망으로 사용되었다. 클로드 섀넌의 것보다 품질이 우수한 대중 통신망은 울타리를 따라 음성을 전달했고, 부엌과 잡화점을 교환대로도 사용했다. 그러나 게일로드의 울타리 중에서 가장 흥미로운 부분은, 뭐니 뭐니 해도 클로드 섀넌의 정보가 전달되는 구간이었다.

이 비범한 어린 천재는 대체 어떻게 태어나는 걸까?

— • —

《옷세고 카운티 타임스Otsego County Times》에는 장차 클로드 섀넌의 부모가 될 남녀가 비밀리에 결혼했다는 소식이 대문짝만 하게 실렸다.

"섀넌과 울프 결혼 : 결혼식은 수요일 랜싱에서 거행되었음―날짜는 철저히 비밀에 부쳐짐."

기자의 설명에 따르면, 클로드 섀넌 시니어는 마을의 어느 누구보다도 현명한 방법으로 결혼식을 치렀다. 신문에 보도된 자초지종은 다음과 같았다.

"섀넌이 마을에서 세 번째 여름을 맞은 1909년 8월 24일(화), 그가 경영하는 가구점 문에 메모지 한 장이 붙었다. '뭐든 원하는 게 있으면, J. 리 모퍼드에게 전화해주세요.' 그날 밤 섀넌 시니어는 자정 열차에 몸을 싣고 신붓감인 메이블 울프의 부모가 사는 랜싱으로 달려갔다. 거의 한 시간이나 연착되는 기차를 기다리는 동안 딴전을 피운 덕분에, 그가 마을을 떠난다는 사실을 눈치 챈 사람은 아무도 없었다. 다음 날 오후 여섯 시, 그는 메이블과 조용히 결혼식을 올렸다. 신부는 레이스가 달린 하얀 새틴 웨딩가운을 입고 가장자리에 작은 진주알이 박힌 코로넷(금이나 보석, 꽃 등으로 만들어진 부인용 머리 장식_옮긴이)으로 만든 망사 베일을 쓰고 있었다. 신부가 결혼 정보를 비밀에 부친 이유는, 단지 하객 규모를 감당할 만한 수준으로 줄이기 위해서인 듯했다."

첫 부분에서 너무 호들갑을 떨었다고 생각했던지, 기자는 뒷부분에서 의례적인 덕담과 미담을 쏟아냈다.

"신랑 섀넌 씨는 마을에 정착한 이후 사업과 사회생활에서 많은 사람들과 따뜻한 우정을 맺어왔다. 신부 울프 양은 마을 고등학교에서 다년간 교편을 잡으며, 마을 사람들에게 많은 사랑을 받았다. 섀넌 부부는 《옷세고 카운티 타임스》와 마을 친구들로부터 진심 어린 축하를 받았다."

지극히 평범한 결혼에 관한 기사가 1면을 차지할 정도라면, 미시간주 게일로드가 얼마나 작은 마을인지 능히 짐작할 수 있다. 그러나 섀넌 부부는 자신들의 혼례가 상식을 벗어날 정도로 조촐했음을 잘 알고 있었다. 클로드 시니어와 메이블은 게일로드라는 직물을 구성하는 '반짝이는 날실과 씨실' 같은 존재였다. 그들은 감리교회에서 이웃들과 선린 관계를 유지하며 활발하게 활동했다. 게일로드 번화가에 자리한 두 개의 유명한 건물은 클로드 시니어의 소유였다. 하나는 우체국 건물이었고 다른 하나는 (2층에 프리메이슨 집회소가 있는) 가구 전시장이었다.

1862년 뉴저지주 옥스퍼드에서 태어난 클로드 엘우드 섀넌 시니어는 떠돌이 세일즈맨으로, 20세기 초 게일로드에 흘러 들어와 인생의 승부수를 띄웠다. 전 재산을 털어 가구 및 장례 업체를 인수했는데, 그 전략이 적중했다. 그는 신문에 다음과 같은 광고를 냈다.

"모든 가정의 필수품. 이보다 더 청결한 것은 없다. 게다가 스타일이 매우 매력적이다. 일차 왕림하여 새로운 가구를 구경하시라. 가구업자 C. E. 섀넌 배상."

클로드 주니어의 어린 시절 게일로드 주민은 약 3,000명이었고, 클로드 시니어는 '마을의 아버지'와 같은 인물로서 교육위원회, 빈민구호위원회, 카운티 상공위원회, 장의사협회, 메이슨 결사, 프리메이슨 후원회에 두루 이름을 올려놓고 있었다. 심지어 공화당 핵심 당원이기도 했다.

가장 의미 있는 재임 기간으로 그에게 "판관 섀넌Judge Shannon"이라는 호칭을 부여한 것은, 옷세고 카운티의 유언 검인판사로 활동한 11년의 기간이었다. 그는 부동산 및 금전적 다툼을 원만히 해결하고 공증인으로 활동하며, 지역의 정치가 및 유력 인사로 부상했다. 비록 여가 시간에 활동하며 티를 내지 않고 겸손하게 처신했지만, 그의 역할은 널리 인정받았다. 1931년 그의 등장 21주년을 기념하는 두 단짜리 약력에는, "공공의식이 가장 투철한 시민 중 한 명으로, 탁월한 행정 능력과 뚜렷한 목적 의식 덕분에 사업가로 성공했다"고 적혀 있었다. 나중에 클로드 주니어는 아버지를 '총명하지만 무덤덤한 인물'로 평가하며, "아버지는 간혹 나에게 이렉터 세트Erector Set(어린이용 조립 완구 상표명_옮긴이)를 사주었지만, 과학적 마인드를 심어주지는 않았어요"라고 회고했다. 그도 그럴 것이, 클로드 섀넌은 워낙 늦둥이여서 그가 고등학교를 졸업할 때 아버지는 이미 예순아홉 살이었다.

메이블 울프는 클로드 시니어의 두 번째 아내로, 당시로서는 늦은 나이인 스물아홉 살 때 그와 결혼했다. 그녀는 남편보다 18년 후인 1880년

9월 14일 랜싱에서 태어난 독일계 이민 2세였다. 그녀의 아버지는 남북 전쟁 때 북군에 가담하여 저격수로 활약한 후 살아남았지만, 막내딸 메이블이 태어나는 것을 보지 못하고 세상을 떠났다. 그녀의 홀어머니는 이국땅에서 여섯 명의 자녀를 홀로 키우느라 온갖 고초를 겪었다. 미시간주 시골에는 대학을 졸업한 여성이 거의 없었는데, 메이블 울프가 바로 그런 여성이었다. 그녀는 지도교수의 '빛나는 추천서'를 지참하고 게일로드에 도착하여, 그 당시 지적이고 독립심 강한 여성들의 상징인 교직에 몸담았다.

이윽고 메이블은 게일로드 고등학교의 교장으로 승진하여 7년간 재직했다. 전하는 이야기에 따르면, 그녀는 활동적이고 에너지 넘치는 선생님이자 행정가였다. 학교 역사상 최초의 여자 야구팀을 지도했고, 유니폼 비용과 원정 경기 비용을 마련하기 위해 기금을 모금했다. 그러나 그녀의 눈부신 활동에도 신문은 1932년 다음과 같이 보도했다.

교육위원회에서는 경제적 여건을 감안하여 다음 학기 동안 기혼 여성 교사를 채용하지 않기로 결정했다. 남편이 생계를 유지할 수 있는데도 기혼 여성을 고용한다는 것은 불공정한 경쟁이기 때문이다. 이번 결정에 따라 메이블 섀넌, 리용, 멜빈 쿡 여사는 교육계를 떠날 것이다.

적어도 그 시점에서, 메이블이 영위할 수 있는 사생활은 얼마든지 있었다. 왜냐하면 지역에서 알아주는 가수이자 음악가였기 때문이다. 그녀는 도서위원회와 피티아 시스터즈Pythian Sisters에 가입하고, 게일로드

스터디 그룹의 회장으로 선출되었다. 적십자나 PTA(사친회) 활동을 하지 않을 때는 마을의 행사와 장례식에서 콘트랄토(여성의 음역 중 가장 낮은 소리_옮긴이) 음성을 선사하고 자택 응접실에서 음악회를 열었다. 1905년 그녀는 지역의 오페라 하우스에서 열린 〈두 여왕Two Queens〉이라는 오페레타에서 주연을 맡아 '엘리자베스 여왕' 역을 열연했다.

— • —

게일로드는 북부 미시간의 중심부에 있는 고원의 한복판에 위치하고 있으며, 미시간 중앙철도에 근무하는 직원의 이름을 따서 그렇게 불렸다. 중앙철도는 '불규칙한 경로에 위치한 마을들'을 '시카고의 떠오르는 허브(게일로드)'와 연결하는 구실을 톡톡히 했는데, 게일로드의 이 같은 운명은 (수천 제곱킬로미터에 달하는 숲을 가꾸는 데 안성맞춤인) 지형과 기후에 의해 결정되었다.

많은 나무들은 목재업의 원동력이 되었고, 최초의 방문자와 거주자들은 기후와 싸우며 풍부한 스트로브잣나무과 경재硬材를 일궈냈다. 그러나 영하의 기온과 호수의 영향으로 인한 폭설 때문에 환경은 냉혹했다. 1856년에 발간된 한 지역사에서는—아전인수격 해석이지만—혹독한 기후 때문에 '도덕 교육'이라는 낙인이 덧씌워졌다고 결론지었다.

"북부 미시간의 개척자들은 스스로 집을 짓고 필수품을 조달해야 했기 때문에, 그 과정에서 상당한 공격적 에너지가 배양되어 독특한 지역적 특성으로 자리 잡았다. 그리하여 숱한 선남선녀들이 배출되었고, 그들은 하나같이 자립적이고 강인하고 직선적이고 진취적이고 도덕적이었다."

클로드 시니어와 메이블이 부모가 되었을 때(딸 캐서린은 1910년, 클로드 주니어는 1916년에 태어났다)는 개척 작업이 마무리되어 있었다. 마을은 경계와 산업이 잘 확립되어, 농업과 임업 그리고 약간의 경공업으로 유명해졌다. 철도가 여러 방향으로 가지를 치면서, 게일로드는 어느덧 핵심 노선의 교차점으로 부상했다. 그리하여 게일로드는 옷세고 카운티의 군청 소재지가 되었다. 은행과 기업들이 중심가에 생겨나고, 늘어난 마을 인구가 그 주변에 정착했다. 그러나 게일로드는 도시보다는 여전히 시골 마을에 가까웠다. 왜냐하면 제조업에 뿌리를 둔 마을로서, 목재 운반을 위한 받침대, 썰매, 거대한 바퀴가 주요 제품이었기 때문이다.

게일로드는 무슨 사건이 일어나든 뉴스거리가 되는 마을이었다. 카운티 신문에는 다음과 같은 헤드라인과 토막 뉴스들이 실렸다. "위스컨신의 소녀, 대걸레 자루로 늑대를 잡다" "한 여성이 중심가에서 담배를 피워, 약간의 주목을 받다. 대중의 시선을 끈다고 해서 모두 바람직한 일은 아니다" "벌목꾼, 뇌졸중으로 사망" "번 매츠, 손가락을 잃다" "아티초크 재배를 의논하기 위한 모임 개최" 그리고 9월의 어느 날에는 가을 날씨를 멋지게 묘사한 한 연짜리 시가 실렸다.

"낮에 푸른 거울 같던 호수에, 밤에는 은색 반점이 박혀 있다. 왁스로 광을 낸 듯한 달빛은 너무 밝아, 등불 없이도 책 한 페이지를 들여다볼 수 있을 정도다."

슈거볼Sugar Bowl이라는 이름의 지역 식당이 문을 열었을 때(물론 헤드라인 뉴스였다), 클로드 섀넌은 세 살이었다. 신문에서는 이렇게 보도했다.

"중심가에 처음 들어선 음식점이 외부에 전광판 하나를 세웠다. 거리가 어두워 전전긍긍하던 지역 밴드가 얼씨구나 하고 전광판 밑으로 달려와 야간 공연을 했다."

— • —

천재들의 전기는 종종 지나치게 열성적인 자녀 양육 스토리에서부터 시작된다. 베토벤의 아버지를 보라, 아들을 두들겨 패 영재로 만들지 않았는가! 존 스튜어트 밀(1806~1873)의 아버지는 또 어떻고. 세 살짜리 코흘리개 아들에게 그리스어를 가르치지 않았는가! 노버트 위너(1894~1964)의 아버지는 세상을 향해, "충분한 시간과 규율만 있으면 누구든—심지어 빗자루라도 천재로 만들 수 있다"고 선언했다. 동시대인들은 나중에 이렇게 수군거렸다고 한다.

"노버트는 늘 빗자루 같은 느낌이 들었을 거야."

그런 천재들의 유년 시절에 비하면, 클로드 섀넌의 유년 시절은 지극히 평범했다. 예컨대 섀넌이 어렸을 때 부모의 고압적인 압박에 시달렸다는 징후는 찾아볼 수 없다. 만약 그가 조금이라도 조숙한 기미를 보였다면, 주민들의 일상사를 미주알고주알 적는 지역 신문에서 그냥 내버려두었을 리 만무하기 때문이다. 사실 집안의 대표 선수는 누나였다. 클로드 섀넌의 누나는 학교에서 일등을 도맡았고, 피아노 연주에 능통했으며, 직접 만든 수학 퀴즈를 남동생에게 들이밀곤 했다. 그녀는 "게일로드에서 가장 인기 있는 소녀"라고 소문이 자자했을뿐더러 섀넌 자신도 "누나는 모범 학생이어서 도저히 따라갈 수 없었어요"라고 인정했다.

그리고 나중에는 "남매간의 라이벌 의식 때문에 수학에 관심을 갖게 된 것 같아요"라고 회상했다. 숫자 감각이 뛰어난 누나에게 영향을 받아 자기도 모르게 수학을 열심히 공부하게 되었다는 것이다.

자세한 속사정이 어찌 됐든, 클로드 섀넌은 본의 아닌 조기 교육의 덕을 좀 봤던 것 같다. 일곱 살 때인 1923년 초등학교 3학년들이 참가한 추수감사절 글짓기 대회에서 상을 탔기 때문이다. 그에게 영예를 안겨준 것은 '가난한 소년'이라는 제목의 이야기였다.

옛날에 가난한 소년이 있었다. 그는 추수감사절 만찬이 정말 싫었다. 먹는 데만 온통 정신이 팔린 소꿉친구들이 자기를 잊을 거라고 생각했기 때문이다.

하지만 모든 친구들이 그를 잊었어도, 한 아저씨만은 그를 잊지 않았다. 왜냐하면 추수감사절 새벽에 불쌍한 소년을 깜짝 놀래주려고 생각하고 있었기 때문이다.

추수감사절 아침 일찍 잠에서 깨어났을 때, 소년은 방문 앞에 놓인 바구니 하나를 발견했다. 그 속에는 멋진 선물들이 가득 들어 있었다. 그래서 소년은 하루 종일 매우 행복했으며, 친절한 아저씨를 절대로 잊지 않았다.

섀넌은 초등학교 4학년 때(1924~1925년) 알토호른을 연주했고, 학교 뮤지컬 공연에서 배역도 맡았다. 그로부터 59년 후, 그는 담임선생님에게 다음과 같은 편지를 썼다. 그는 급우들의 이름을 여전히 기억하고 있었다.

반세기가 지난 후 옛일을 생각하니 잔디밭에서 함께 뛰놀던 케니 시슨, 지미 넬슨, 리처드 코크, 라일 티터(이 친구는 스스로 목숨을 끊었습니다), 샘 쿠아, 레이 스터다드, 메리 글래스고, 존 크리스크, 윌러드 토머스(약간 뚱뚱한 소년), 헬렌 로저스(통통한 소녀), 캐슬린 앨런(영리한 소녀), 헬렌 매키넌(예쁘장한 소녀), 메리 피츠패트릭, 로드니 허친스의 얼굴이 아련히 떠오릅니다.

그의 양손에는 단체로 촬영한 학급 사진이 들려 있었는데, 축소 복사한 것이어서 아이들의 얼굴을 자세히 보려면 돋보기가 필요했다. 여덟 살 난 그의 얼굴이 확대되어 시야에 들어왔다. 그 당시에도 야위고 수줍은 얼굴에, 꿰뚫어보는 듯한 눈을 갖고 있었다. 그 또래의 소년들은 예쁜 선생님을 짝사랑하는 경향이 있었으며, 돌이켜 보면 그 역시 예외는 아니었다.

뒤늦게 깨달은 사실이지만, 섀넌이 일찍부터 수학에 관심을 갖게 된 데는 남매간의 라이벌 의식 말고도 또 한 가지 이유가 있었다. 그건 수학이 제일 쉽게 느껴졌기 때문이다. "사람들은 자신이 제일 잘할 수 있는 일을 직업으로 삼는 경향이 있죠"라고 섀넌은 인정했다. 그는 사진에 나온 친구들보다 고등학교를 1년 먼저 졸업했지만, 전교 1등은 아니었다. 1932년 지역 신문에 실린 기사를 보면, 전교에서 올 A를 받은 학생은 단 세 명뿐이었는데, 그중에 섀넌의 이름은 없었다.

그는 과학을 사랑했지만, 사실을 죽 나열하는 건 딱 질색이었다. 좀 더 정확히 말하면, 어떤 법칙을 발견하여 자기만의 방식으로 추론할 수 없는 과목은 그의 체질에 맞지 않았다. 특히 화학은 그의 인내심을 시험하는 과목이었다. 그는 몇 년 후 과학 선생님에게 보낸 편지에서 이렇게 말했다.

"화학은 제게 늘 무미건조하게 느껴져요. 제가 보기에, 고립된 사실투성이고 일반적 원리가 별로 없거든요."

— • —

섀넌은 수학뿐 아니라 공학 쪽에서도 일찌감치 재능을 드러냈다. 모형 비행기의 방향키나 장난감 보트의 프로펠러축을 바라보는 눈썰미는 몇 시간 동안 흐트러지지 않고 정확성을 유지했다. 게일로드에서 망가진 라디오는 거의 모두 그의 손을 거쳤다. 1930년 4월 17일 열세 살의 섀넌은 보이스카우트 대회에 참가하여, 2급 수기신호 콘테스트에서 1등을 차지했다. 경기 요령은 모스부호를 몸짓으로 표현하는 것이었는데, 전국에서 섀넌만큼 빠르고 정확하게 수기신호를 전달하는 단원은 아무도 없었다.

좀 더 구체적으로 말하면, 수기신호란 깃발을 이용하여 모스부호를 전달하는 것을 말하는데 신호용 깃발은 기다란 히커리나무 막대기에 밝은 색(하늘과 가장 대비되는 빨간색) 헝겊을 매달아 만들어진 것이다. 대다수의 신호 전달자들은 간간이 멈춰 곰곰 생각했지만, 섀넌과 같은 달인들은—마치 몸속에 기계 장치라도 내장된 것처럼—쉴 새 없이 손을 움직였다.

오른손은 점, 왼손은 선을 의미하므로, 점과 선의 조합으로 단어를 만들려면 상상력을 발휘하느라 시간이 좀 걸리기 마련이다. 그러나 섀넌은 인간 전신기였다.

이러한 공학적 재능은 가문의 내력인 것이 상례지만, 섀넌 가문의 경우에는 격세유전인 듯하다. 클로드 섀넌에게 재능을 물려준 사람은 할아버지 데이비드 섀넌 주니어로, 미국 특허 No. 407,130의 보유자였다. 특허 받은 기술의 내용은, 피스톤과 밸브의 상호작용을 통해 먼지·찌꺼기·오물을 말끔히 제거함으로써 세탁기의 성능을 대폭 향상시킨 것이었다. 데이비드 섀넌은 손자가 태어나기 6년 전인 1910년에 세상을 떠났다. '가문에 공인된 발명가가 한 명 있다'는 사실은 공학적 재능을 보유한 클로드 주니어에게는 큰 자랑 거리였다.

클로드 섀넌은 땜장이 유전자도 물려받았다.

"나는 어릴 때 다양한 부품을 이용해 많은 장치들을 만들었어요."

그는 회고했다.

"전자 완구 세트, 전기 장치, 조립 라디오…… 그리고 무선 조종 보트도 만들었어요."

셜리 허친스 기든이라는 이웃은 《옷세고 헤럴드 타임스Otsego Herald Times》에 게재된 독자 투고에서, 섀넌과 자신의 남동생 로드니 허친스를 가리켜 '재간둥이 짝꿍'이라고 했다.

"그와 내 남동생은 뭔가를 만드느라 항상 바빠요. 간혹 엉뚱한 것도 만들지만, 매우 창의적이며 악의는 전혀 없어요."

한 기자와의 인터뷰에서는 "클로드는 뇌가 비상하고, 로드니는 손놀림이 빨라요"라고 말했다. 두 사람의 공동 작업으로 탄생한 걸작 중 하나는, 허친스 가족의 헛간에 설치한 간이 승강기였다. 셜리는 승강기의 성능을 시험하기 위해 맨 처음 시승했으므로, 일종의 기니피그인 셈이었다. 그녀가 용케 살아남아 신문사에 그 사건을 제보했다는 것은, 두 소년의 손재주가 좋았거나 그녀의 운이 좋았거나 둘 중 하나였다. 클로드 섀넌이 발명한 신기한 기계들은 그 밖에도 많았다. 허친스 가족과 자기 집 뒤뜰에 설치한 수레라든지, 가시철망을 이용한 전보라든지……
"그애들은 늘 뭔가를 꾸미고 고안해냈어요"라고 셜리는 말했다.

— • —

공학적 소질이 있는 클로드 섀넌이 발명왕 토머스 에디슨(1847~1931)을 흠모하며 성장한 것은 예견된 일이었다. 그러나 클로드 섀넌이 에디슨에게 남다른 친근감을 느끼게 된 직접적 계기는 다른 데 있었다. 두 사람은 먼 친척뻘로서 한 명의 조상을 공유했으니, 그 이름은 식민지 시대의 지도자 존 오그던(1609~1682)이었다. 오그던은 청교도 출신의 석공으로, 잉글랜드 랭커셔에서 대서양을 건너와 빙앗간괴 댐을 짓고, 형제와 함께 맨해튼에 최초의 예배당을 짓기 시작했다. 그로부터 3세기 후, 그곳에서 3킬로미터쯤 떨어진 연구소에서 그의 후손 클로드 섀넌이 정보화시대의 토대를 쌓게 된다.

존 오그던의 작업은 1644년 봄 쌍둥이 박공지붕이 달린 고딕 양식의 교회가 맨해튼 섬 남단의 네덜란드 요새 벽 가까이에 건설되면서 완성되었다. 지붕 위에 널빤지를 얹은 이유는 오랜 세월과 폭풍우를 견디며—마치 고가의 슬레이트 지붕처럼—푸르스름해지도록 하기 위해서였다. 석재 조달과 다듬기에서부터 풍향계 설치에 이르기까지 건축의 전 과정을 지휘한 존 오그던은, 호리호리한 체격과 매부리코에 돌덩이 같은 의지를 가진 사나이였던 것으로 전해진다. 그는 신세계를 처음 건설한 사람들 중 한 명이었다.

대부분의 사람들은 롤모델을 정하는 데 생각보다 까다롭지 않은데, 그런 면에서는 클로드 섀넌도 마찬가지였다. 이 세상에 우상으로 삼을 만한 인물은 많지만, 여러 영웅들 중에서 자신과 조금이라도 관련이 있는 사람을 선호하는 것이 인지상정이다. 에디슨이 바로 그런 경우였다. 그 당시 발명왕 에디슨을 모르는 사람은 아무도 없었지만, 클로드 섀넌은 미시간을 떠난 지 몇 년 후 우연히 에디슨과 자기가 먼 친척 관계에 있음을 알게 되었다. 우상으로 여길 만한 사람이 일가친척이라면, 그보다 더 좋은 일이 어디 있겠는가! 클로드 섀넌은 대부분의 사람들보다 운이 좋았다.

## 2. 앤아버

열일곱 살에 고등학교를 졸업한 클로드 섀넌이 입학 원서와 함께 미시간대학교에 제출한 성적증명서의 내용은 평범하기 그지없었다. 수학과 과학과 라틴어만 A이고 나머지 과목은 모두 B였으니 말이다. 세 쪽짜리 입학원서 양식을 채워 나가다가, 철자를 잘못 쓰면 대수롭지 않은 듯 줄을 긋고 수정했다. 이를테면 다음과 같은 식이었다.

8. 고등학교 재학 중 용돈벌이를 한 적이 있나요?

(예)

방법은?

(신문~~송~~배달, 전보통송신)

클로드 섀넌은 어찌됐든 입학을 허락 받았고, 그보다 여섯 살 위인 누나는 같은 해에 미시간대학교를 졸업했다. 미시간대학교가 있는 앤아버는, 그가 그때까지 가봤던 도시 중에서 인구가 제일 많았다.

게일로드에서 314킬로미터 떨어진 앤아버에는 가파른 산과 계곡이 많았지만, 휴런강Huron River이 경사가 낮은 지형을 따라 유유히 흐르며 제방을 축축하게 적셨다. 휴런강 덕분에 앤아버는 공업 도시가 되었고, 강둑 이곳저곳에 자리 잡은 제재소와 제분소는 지역 경제를 이끄는 원동력이었다. 많은 이민자들이 일자리를 구하기 위해 몰려들었는데, 대부분이 독일 사람이었지만 그리스·이탈리아·러시아·폴란드 사람도 있었다. 이민자들은 인종적 유대관계가 깊었고, 교회는 계층과 파벌을 강화했다. 21세기 초가 되자, 외국계 이주민이나 이주민의 자녀가 앤아버 인구의 절반을 차지하게 되었다.

급격한 인구 증가는 도시 전체를 지나친 낙관론에 빠뜨렸다. 장차 대공황과 두 번의 세계 전쟁을 경험하게 되는 20세기의 문턱에서, 《앤아버 아거스 데머크랫Ann Arbor Argus Democrat》 1901년 판은 감격에 겨워 "금세기는 인류 역사상 최고의 풍요로운 시기가 될 것임에 틀림없다"고 선포했다. 1929년 10월 주식 시장이 붕괴된 후 《앤아버 데일리뉴스Ann Arbor Daily News》는 심각한 경기침체를 예상하기는커녕 일시적인 주가반등을 보도했다. 심지어 1929년 12월 300억 달러의 시가 총액이 증발함에 따라 은행들이 대출금 회수에 나서고 기업들이 줄도산 위기에 처한 상황에서도, 앤아버의 시장 에드워드 스태블러는 여전히 자신감을 잃지 않고 "경기가 곧 회복됨에 따라, 앤아버는 고비를 넘길 것"이라고 단언했다.

1932년의 대통령 선거에서 앤아버는 미시간주에 반기를 들었다. 프랭클린 루스벨트가 미시간과 41개의 다른 주에서 압도적 승리를 거뒀지만, 앤아버는 허버트 후버의 강력한 지지 기반으로 남았다. 《앤아버 데일리뉴스》의 사설에서는 경기 회복을 자신하며, 유권자들에게 경제적 곤란을 후버 대통령 탓으로 돌리지 말라고 촉구했다. 공화당 지지자들은 앤아버 선거사무소를 폐쇄하지 않고 버텨, 결국 앤아버를 "전임 대통령을 끝까지 밀어주다 낭패를 본 극소수 지역" 중 하나로 만들었다.

미시간대학교는 앤아버의 무대포 자신감을 그대로 본받았다.

"나는 절대로 낙심하지 않는다."

1931년 A. G. 러스벤 총장은 이렇게 말했다.

"지금 당장은 재정 궁핍 때문에 허리띠를 졸라매야 하지만 조만간 재정 형편이 호전될 것이다."

그러나 1932년 가을 클로드 섀넌이 대학에 도착했을 때, 좀처럼 수그러들지 않던 낙관론은 종말을 고하고 있었다. 앤아버의 최대 고용주이자 경제 엔진인 미시간대학교는 재정 파탄에 이르러, 정원을 감축하고 장기적인 건축 계획을 중단하고 임금을 10퍼센트 인하했다.

— • —

그러나 클로드 섀넌은 절묘한 시기에 앤아버에 도착했다. 만약 10년, 아니 2년 전에만 입학했더라도, 20세기 초 몇 년 동안 미시간대학교가 실시한 공학 개혁 프로그램의 수혜자가 되지 못했을 테니 말이다.

이례적인 기업가 마인드를 가진 대학행정가, 모티머 쿨리 학장의 리더십하에 미시간공과대학의 정원은 '30명 미만'에서 무려 '2,000명 이상'으로 폭증했다. 그와 더불어 종전에는 세 명의 강사가 몇 개의 강좌를 개설한 데 비해 160명의 교수와 직원들이 수백 개 강좌를 개설했다. 그리고 $160m^2$에 불과했던 가건물이, 각종 첨단 장비를 완비한 4만

6,500m$^2$의 강의동으로 탈바꿈했다. 공대생의 수는 심지어 의대생과 법대생의 수를 합친 것보다도 많았다. 공대의 정원이 미시간대학교의 최대 학부인 문과대학을 위협할 지경에 이르자, 흥분한 쿨리 학장은 특유의 미소를 지으며 하비 굴딩 교수에게 이렇게 말했다.

"어이쿠, 이러다가 문과대학을 추월하겠네요!"

모티머 쿨리는 세련되고 여행 경험이 풍부하며 정치적 수완이 있는 인물이었지만, 처음 미시간대학교에 부임했을 때는 미국 해군에서 파견된 겸임 교수로서 조선공학을 가르쳤다. 그로부터 4년 후, 해군이 쿨리의 보직을 해제하자, 대학 측에서는 그에게 적절한 교수직을 제공했다.

1895년 당시 공대 학장이던 찰스 그린은 "증가 일로에 있는 학생들을 수용하기 위해 건물 신축 청사진을 제시하라"는 요구에 직면했다. 그린이 작은 U자형 건물을 짓기 위해 신청한 5만 달러의 금액은 이사회의 승인을 받았다. 그러나 그가 착공을 하기 전에 세상을 떠나자, 뒤이어 학장에 취임한 모티머 쿨리가 선임자의 임무를 승계했다. "선임자의 계획과 기금 조성 노력을 평가하라"는 이사회의 요구에 쿨리는 이렇게 답변했다. "우리와 경쟁하는 다른 공과대학들의 상황을 감안하면, 한시도 지체하지 말고 25만 달러의 기금을 조성해야 합니다." 쿨리의 절제된 자신감에 감동 받은 이사회는 그의 요청을 일사천리로 승인했다.

1913년 개최된 (세계박람회를 방불케 하는) 미시간대학교 전시회에서 공과대학의 교세 확장 성과가 여실히 드러났다. 일만 명의 관람객들이 운집하여, 각종 첨단 설비와 장비들을 돌아보며 과학기술의 경이로움을 느겠다. 전시회를 관람한 한 작가는 이렇게 적었다.

"전기공학자들은 원시적인 무선 시스템을 이용하여 메시지를 전송했다. 기계공학자들은 1분에 2만 번씩 회전하는 종이 한 장으로 나무를 썰었고, 꽃을 액체 공기 속에서 얼렸으며, 두 개의 가느다란 전선에서 뿜어져 나오는 물줄기를 이용하여 유리병을 떠받쳤다. 이런 불가사의를 이해할 수 있는 사람은 극소수였다. 다양한 전시물들이 선을 보였지만, 그중에서도 압권은 어뢰 두 개, 커다란 대포 두 대 그리고 폐쇄 신호 체계를 갖춘 완벽한 전기철도였다. 평범한 방문객들은 물론 학생들에게도, 앤아버 캠퍼스의 공과대학 코너는 의과대학 코너만큼이나 깊은 감동을 주었다."

공과대학을 확장하려는 모티머 쿨리의 프로젝트는, 미시간대학교의 핵심 교육 프로그램까지도 바꿨다. 클로드 섀넌이 세상에 태어나기 8년 전 미시간공과대학은 무선전신과 전화 통화에 관한 이론을 가르치기 시작함으로써, 당시 산업계에서 증가하던 '무선전신 분야의 훈련 받은 공학도'들에 대한 수요를 충족했다. 날로 증가하는 공학의 인지도가 다른 단과대학 학장들의 관심을 끌면서 학문 간의 경계가 점차 모호해졌다. 그로부터 한 세대가 지난 후 클로드 섀넌이 수학과 공학을 복수 전공하기 시작할 무렵에는, 두 학과의 커리큘럼이 대체로 통합되어 있었다.

클로드 섀넌의 선택은 시대적 조류에 부합했지만, 그가 처음부터 의도적으로 복수 전공을 한 것은 아니었다(사실 복수 전공은 청소년기의 전형적 특징이라고 할 수 있는 망설임의 결과였다).

"둘 중 어느 것을 더 좋아하는지, 나 자신도 확신하지 못했어요."

그는 나중에 이렇게 회고했다. 그의 입장에서 볼 때, 하나 대신 두 개의 학위를 딴다고 해서 특별히 부담스러울 것은 없었던 것 같다.

"수학과 공학을 동시에 공부하는 것은 별로 어렵지 않았어요. 왜냐하면 두 학과의 커리큘럼 중 상당 부분이 겹치거든요. 학기 중에 강의를 두 개쯤 더 듣고, 부족한 부분을 여름 학기에 보충하면 그만이었어요."

섀넌은 복수 전공을 하는 과정에서 통신공학에 처음으로 재미를 붙였다. 그가 통신공학을 특별히 좋아하게 된 이유는, 이론과 실제가 공존하는 학문이기 때문이었다. "통신공학은 공학 중에서 가장 수학적인 분야였어요."라고 그는 말했다.

어느덧 복수 전공을 하는 사람들이 많아졌지만, 섀넌이 복수 전공을 하게 된 것은 순전히 우유부단함 때문이었다. 뭔가를 만드는 데 흥미가 있는 사람은 공학에 만족하고 이론에 매력을 느끼는 사람은 수학에 만족하지만, 양쪽 모두에 관심이 있는 섀넌은 끝내 마음을 정하지 못했다. 그 결과 그는 두 분야의 훈련을 모두 받게 되었고, 덕분에 나중에 수학과 공학을 모두 필요로 하는 분야에서 큰 성공을 거두게 되었다.

— • —

클로드 섀넌은 무선통신 클럽, 수학 클럽, 심지어 체조 클럽에도 가입했다. 그가 그 시기에 나름대로 리더십을 발휘했음을 짐작할 수 있는 사례 두 건이 문헌에 기록되어 있다. 그중 하나는 한 학술지에 실린 기사인데, 그 내용인즉 클로드 섀넌이 수학 클럽의 총무를 맡아 주도적 역할을 수행했다는 것이다.

"섀넌이 이끄는 미시간대학교 수학 클럽 모임의 특징은, 정규 프로그램이 끝난 후 칠판에 수학 문제들을 모두 적어놓고 자유로운 토론을 벌이는 것이다. 수학과 사무실에 전시된 수학 기구들을 가져다 놓고, 직접 사용해 보며 사용법과 작동 원리를 알아보는 프로그램은 매우 흥미롭다."

다른 하나는 한 지역 신문에 실린 기사였다.

"클로드 섀넌, 미시간대학교 학군단(ROTC) 간부로 임명되다."

대수롭지 않은 내용이 기사화된 걸 보면, 신문기자들이 클로드 섀넌의 일거수일투족에 관심을 가졌던 것 같다.

클로드 섀넌과 반 친구들은 공학관에서 상당한 시간을 보내며, 강화 유리의 강도를 테스트하고, 탈지우유 기계를 작동시키고, 햇빛이 안 드는 실내 바다 모형 위에 전함 모형을 띄웠다. 그러나 캠퍼스 생활의 진수는 뭐니 뭐니 해도 강의실 밖에서의 생활이었다.

클로드 섀넌이 2학년이던 1934년 봄, 어떤 염세적인 시나리오 작가가 그해 졸업 앨범의 '익명의 코미디' 난에 소설 한 편을 기고했다. (소설 내용은 한 학생의 자전적 이야기였는데, 그 학생은 자신이 인류학자라고 확신하는 정신병 환자였다.)

나는 지금 구내식당에서 아침을 먹고 있다. 지난 주말에 참석한 파티에서 들은 이야기의 줄거리는 기본적으로 모두 똑같았다.

"나는 어떤 장소(댄스홀, 나이트클럽, 아파트, 사교 클럽)에 가서, 어떤 하이볼(위스키 같은 독한 술에 소다수 등을 섞고 얼음을 넣은 음료_옮긴이)과 어떤 맥주와 어떤 위스키를 몇 잔 마셨다. 파티가 끝난 후 친구 A가 토를 할 것 같아 나와 친구 B가 함께 그 친구를 부축해 어떤 장소까지 데려다 주었다."

아침을 먹는 중 누군가가 한 여학생의 무릎에 오렌지 주스를 흘리자, 모두가 5분 동안 배꼽을 잡고 웃었다. 잠시 후 그들은 자기들이 웃었던 이유를 까맣게 잊고, 다시 침묵을 지켰다. 지금은 쥐 죽은 듯 조용하다. 웃는 데 별다른 이유는 없다. 모든 일에서 건수를 잡아 한바탕 웃어대고 나면 그만이다. 아침 식사가 열한 시에 끝나면, 그들은 우스꽝스러운 몸짓을 계속하며 나머지 아침 시간을 보낸다.


졸업 앨범에 실린 '캠퍼스 스타'에 관한 이야기는 으레 학생들만 아는 익살스런 농담으로 가득하다. 그러나 1934년 봄에 실린 시나리오 작가의 소설에는 신랄한 풍자가 담겨 있었다.

"어떤 유명한 육상선수가 매일 밤 (몸통에 그럭저럭 붙어 있는) 자신의 다리를 떼어내, 모든 사람들에게 자랑하기 위해 금과 유리로 된 케이스에 넣어둔다."

"학생의 탈을 쓴 정치꾼이 번화가를 행진할 때, 뒤꿈치에 매달린 일곱 개의 꼭두각시들이 눈을 부라리며 사방에서 쏟아지는 반론과 신성모독을 철저히 차단한다."

"신문 편집자는 벽장 속에 마련된 비밀 사무실에서 타자기를 두드리며, 감출 것도 없는 사실을 감추려고 몸부림친다."

섀넌은 학내 언론에 글을 기고하지는 않았지만, 그와 작가의 생각에는 한 가지 공통점이 있었다. 즉 그들은 "활동 기계, 탈착식 부품, 피상적이고 우스꽝스러운 몸짓들이 우리를 둘러싸고 있다"는 느낌의 성찰을 공유했다. 그러나 두 사람의 웃음은 판이하게 달랐다. 후에 한 여자친구는 클로드 섀넌의 웃음을 이렇게 기술했다.

"그는 마치 기침을 하는 것처럼 작은 폭소를 터뜨렸어요. 감정을 표현하는 방법을 전혀 배운 적이 없는 것 같았어요."

작가의 웃음이 '시니컬한 미소'였다면, 섀넌의 웃음은 '가로막(횡격막)과 목구멍의 우스꽝스런 움직임'이었다.

— • —

클로드 섀넌이 대학교 2학년이던 해의 봄, 그의 아버지는 뇌졸중으로 사망했다. 클로드 시니어가 15개월 동안 투병 생활을 하며 자택에 칩거하는 동안 71년의 세월도 저물어갔다. 아버지가 세상을 떠나고 나서 며칠 후, 게일로드 마을은 그의 죽음에 애도를 표했다. 장례식은 화요일 오후 두 시에 섀넌의 집에서 거행되었다. 시니어의 동업자들은 근엄한 표정으로 관을 멨다. 섀넌은 장례를 마친 후 수요일에 앤아버로 돌아갔다.

아버지가 돌아가신 직후, 클로드 섀넌과 어머니 사이에 큰 변화가 생겼다. 그의 누이는 장성하여 출가했고, '게일로드의 아버지'는 땅 속에 묻혀 있고, 어머니와 섀넌 두 사람만 집 안에 남게 된 것이다. 그것은 비참한 종말이었다. 뇌혈관 파열의 원인은, 어이없게도 불량 과자인 것 같았다. 그녀는 손님들을 위해 잘 구워진 과자를 챙겨놓고, 섀넌 부자에게는 새카맣게 그은 것만 주었다. 이유야 어찌 됐든, 섀넌은 남은 방학 기간을 숙부 집에서 보냈다. 그는 여생 동안 어머니와 거의 만나지 못하게 된다.

저학년 생활을 마무리하고 고학년으로 진급할 무렵, 클로드 섀넌은 발군의 수학 실력을 과시하며 파이카파파이Phi Kappa Phi와 시그마카이 Sigma Xi라는 우등생협회에 가입했다. 1934년 열일곱 살의 섀넌은 미국 수학회에서 발간하는 《월간 아메리칸 매스매티컬Weekly American Mathematical》 191쪽에 처음으로 자신의 이름을 올렸다. 한 수학자가 공개적으로 출제한 복면산覆面算(수학 퍼즐의 한 종류로, 문자를 이용하여 표현된 수식에서 각 문자가 나타내는 숫자를 알아내는 문제_옮긴이) 문제를 풀어, '문제와 정답' 난에 흔적을 남긴 것이다. 그 난의 편집자는 섀넌이 제시한 해법을 가리켜 "학부 1, 2 학년생 과정에 나오는 도구만을 이용한, 참신한 해법"이라고 논평했다. 1933년 가을호에 게재된 문제는 다음과 같다.

　　E 58 [1933, 491]. 펜실베이니아 해버포드대학, R. M. 서턴 출제

　　아래에 제시된 나눗셈은, 다섯 자리 수를 세 자리 수로 나누는 과정이다. 모든 숫자는 기호로 대체되었다. 이 문제를 풀고 그 해가 유일함을 증명하라. 단, 나머지 Y는 0이 아니라고 가정한다.*

---

* 이 문제의 해답은 다음과 같음_옮긴이

```
603)58493(97
     5427
     ────
     4223
     4221
     ────
        2
```

$$\begin{array}{r}
\text{L M N} ) \text{R S T U N} \, (\text{UX} \\
\underline{\text{R T Y X}} \\
\text{T Y Y N} \\
\underline{\text{T Y Y J}} \\
\text{Y}
\end{array}$$

심오한 수학 논문과 서평들이 즐비한 저널에서, 맨 마지막 부분에 등장한 섀넌의 6단계 해법에는 주목할 만한 것이 별로 없었다. 유일한 해가 존재한다는 사실과, 어린 시절부터 애드거 앨런 포의 《황금 벌레》를 읽으며 배양된 암호 해독 실력이 드디어 빛을 발하기 시작했다는 것 외에는. 독자들도 예상하겠지만, 첫 번째 성공에 고무된 그는 기하학 문제에 도전하여 1935년 1월호에 또다시 이름을 올렸다. 그가 푼 문제는 다음과 같다.

E 100 [1934, 390]. 캘리포니아 샌디에이고, 스테이트 티처스 칼리지, G. R. 리빙스턴 출제

두 개의 동심원에서, 컴퍼스만을 이용하여 내원에 접하는 외원의 평행현을 두 개 그리고, 두 현의 양 끝점과 내원과의 접점들을 표시하라.[*]

그다지 대단한 것은 아니지만, 이러한 초기 노력들은 클로드 섀넌이 본격적으로 학문의 길에 들어서기 위한 전초전이었다. 우리가 이러한

---

[*] 이 문제의 해답은 그림이 복잡하여 생략한다. 단계적 풀이 과정은 다음 주소를 참조할 것(https://www.cut-the-knot.org/Curriculum/Geometry/GeoGebra/Shannon.shtml)_옮긴이

사례에서 유추할 수 있는 것은, 대학생 나이의 섀넌이 전문적인 공개 포럼에 등장하는 것의 가치를 이해했다는 것이다. 동년배 수학도들에게 철저한 검토를 받고, 연상의 수학자들에게 주목을 받는다는 것은 큰 의미가 있었다. 일찍부터 그런 저널에 투고했다는 것은, 그가 학문적 문제에 범상찮은 주의를 기울이고 있었음을 암시한다. 또한 그의 참신한 해법을 눈여겨본 저널의 편집진이 평균 이상의 점수를 주었다는 것을 암시한다. 무엇보다도, 신출내기 주제에 겁 없이 전문 학술지에 데뷔했다는 것은, 그가 원대한 꿈을 품기 시작했음을 의미한다. 통상적인 학업 부담과 대학생활의 외중에서 시간을 내어 그런 문제들을 궁리하고 해답을 도출하고 저널에 투고한 것으로 보아, 클로드 섀넌은 가업(가구업)을 넘어 '자아실현을 위한 무엇'을 구상하고 있었던 것 같다.

— • —

클로드 섀넌의 또 다른 활동은, 공학과 게시판에 붙은 인쇄된 우편엽서 한 장과 함께 시작되었다. 그 내용인즉 "동부에 와서, 공학적 두뇌 집단의 형성을 도와 달라"는 것이었다. 섀넌이 그 엽서를 발견한 때는 1936년 봄으로, 학부를 졸업한 후 과연 어떤 일이 벌어질 것인지 궁금해하던 때였다. 방정식과 구조, 생각하기와 만들기에 모두 흥미를 가진 청년에게, MIT 공과대학원생으로 미분해석기를 관리하는 일은 그야말로 안성맞춤이었다. 섀넌은 나중에 이렇게 말했다.

"나는 치열한 경쟁을 뚫고 입학 허가를 받아냈어요. 그것은 내 인생에서 가장 큰 행운 중 하나였어요."

물론 운도 작용했겠지만, 여러 지원자들 중에서 그가 선택된 것은 한 걸출한 인물의 예리한 안목 때문이기도 했다. 그는 클로드 섀넌의 남은 인생과 미국의 과학을 형성한 인물, 바네바 부시(1890~1974)였다.

# 3. 방 크기만 한 뇌

현대적 전산의 기원을 더듬고자 한다면, 보스턴 북서쪽에 있는 월넛힐
Walnut Hill에서 시작해도 큰 무리가 없을 것이다. 1912년 그곳에서는, 옷을
말쑥하게 차려입은 잔디 깎는 남자 한 명이 기계를 뒤에서 밀며 풀로 덮
인 경사면을 힘들게 오르고 있었다. 잠시 후 그는 조잡한 사진 한 장을
촬영하느라 발길을 멈추더니, 손잡이 위에 손을 올려놓고 그윽한 시선
으로 기계를 응시한 채 사진사를 향해 고개를 돌리며 포즈를 취했다. 하
얀색 잔디, 까만색 상하의 정장, 까만색 기계가 극명한 대조를 이뤘다.
물론 독자는 그 사진을 보고 대번에, "이 기계의 목적은 잔디 관리가 아
닌 것 같은데······"라고 중얼거리며 고개를 갸우뚱거릴 것이다. 웃자란
잔디는 멀쩡하고, 칼날이 있어야 할 곳에 놓인 검은 상자 하나가 두 개
의 자전거 바퀴 사이에 엉거주춤 올라타고 있으니 말이다.

  이름하여 '프로파일 추적기'라는 장비는 한 대학교 4학년생의 발명품
이지만, 안타깝게도 실패작이었다. 기대했던 대로 작동하기는 했지만,
스물두 살짜리 발명자 한 명을 제외하고 모든 사람들을 지루하게 만들
었다. 상자 안에는 추 하나와 (자전거 뒷바퀴에서 동력을 제공받는) 원반 하나가

매달려 있었다. 원반 위에는 두 개의 롤러가 대기하고 있었는데, 하나는 수직거리를 측정한 후 펜을 휘둘렀고, 다른 하나는 수평거리를 측정한 후 그 아래에 놓여 있는 (종이로 뒤덮인) 드럼을 회전시켰다. 이것은 일종의 지도 작성기로, 토지 측량사들의 업무를 덜어주기 위해 고안된 장치였다. 망원경과 삼각법에 크게 의존하는 구식 방법을 이용하면, 세 명의 남성이 하루에 5킬로미터의 거리를 측량할 수 있었다. 하루 일과가 끝나고 나면, 데이터가 수록된 표들을 (하루 종일 힘겹게 걸었던 토지에 대한) 횡단면도로 전환시켜야 했다. 그러나 발명가에 따르면, 프로파일 추적기를 이용하면 혼자서 하루에 15킬로미터의 거리를 측량할 수 있으며, 전환 과정을 생략하고 곧바로 지도를 작성할 수 있었다. "프로파일 추적기 속에서 회전하는 드럼이 지형을 자동으로 인식한 후 잉크를 이용하여 정확한 지도를 작성합니다. 심지어 맨홀 뚜껑 위를 지나가더라도, 미세한 굴곡을 정확히 그려냅니다"라고 그는 말했다.

프로파일 추적기는 특허를 받았고, 발명가에게 학사학위와 석사학위를 동시에 선사했다. 그러나 그게 전부였다. 그는 업체를 설립하여 시장에 진출했지만 단 한 대도 판매하지 못했으며, 심지어 특허료도 한 푼 받지 못했다. 거래 업체들은 그가 보낸 제안서에 묵묵부답이었고, 썰렁한 판촉 행사는 몇 분 만에 끝나버렸다. 놀라운 예지력을 과시하듯, "두고 보세요. 앞으로 20년 내에 '잔디 깎는 기계'의 핵심 아이디어가 인류 역사상 최고의 '생각하는 기계'를 작동시키게 될 테니"라고 내뱉은 말은 빈말로 들렸지만, 명언 중의 명언이었다. 많은 사람들로부터 외면 받았지만, 결국 사실로 증명되었으니까 말이다.

사진에 등장한 까만색 정장 차림의 청년은 바네바 부시였고, 그 사진은 그가 과학계에 처음으로 내민 명함인 셈이었다. 호전적이며 늘 시간에 쫓기고, 양키 고래잡이(18세기부터 20세기 초반까지 미국 동부에서 향고래를 잡던 활동을 일컫는 말로, 허먼 멜빌의 소설《백경》의 소재가 되기도 함_옮긴이) 선장의 손자 겸 증손자이고, "이름을 발음하기가 어려우면 밴Van 심지어 존John이라고 불러도 좋아요"고 했던 스물두 살짜리 발명가! 비록 그 당시에는 몽상가에 불과했지만, 그는 훗날 미국에서 가장 영향력 있는 과학자가 되었다.

바네바 부시는 방 크기만 한 주문형 컴퓨터를 총괄하고, 대통령들에게 카운슬링을 하고, 제2차 세계대전 기간 내내 무뚝뚝하고 퉁명스런 태도로 미국의 과학자들을 지휘했다(그는 한때 연구직의 3분의 2를 해고할 생각을 한 적도 있었다).《콜리어스Collier's》라는 잡지는 그를 "전쟁의 승패를 좌우한 사람"이라고 불렀고,《타임Time》은 "물리학 사령관"이라고 불렀다.

그리고 바네바 부시의 업적 중에서 특히 두드러지는 것은, 클로드 섀넌의 사람됨을 제대로 알아본 첫 번째 인물이었다는 것이다.

— • —

"사과 하나가 나무에서 떨어진다고 생각해보게."

클로드 섀넌보다 스무 살 정도 많은, 공학박사이자 MIT의 부총장을 맡고 있는 바네바 부시가 말을 꺼냈다. '뉴턴의 사과'는 고등학교 물리학 선생님들이 만유인력을 설명할 때 칠판에 흔히 적는 단골 메뉴였다. 솔직히 말해서 바네바 부시의 수학 실력은 중상 정도로 그 자신도 "4~5

등"이라고 솔직히 인정했다. 그러나 그는 인복이 많아 총명한 참모들을 거느릴 수 있었다. 그도 어린 시절에는—그의 애제자인 클로드 섀넌과 마찬가지로—지하실에서 뭔가를 끊임없이 만들어내는 땜장이었다. 성인이 된 후에는 나무와 금속으로 이루어진 '수학적 뇌'를 만드는 데 몰두해왔다. 그것은 지칠 줄 모르는 강인한 뇌로, 어떤 면에서는 천재적 인간의 뇌를 훨씬 능가하는 뇌였다. 그러던 중 마침내 제대로 된 임자를 만났다. 그가 만든 뇌를 바탕으로 클로드 섀넌은 최초의 획기적 성과를 거두게 된다.

"1차근사해석에서는 가속도가 일정하다고 가정한다네. 그러므로 우리는 사과의 낙하 궤적을 단 몇 초 만에 칠판 위에 그릴 수 있지."

바네바 부시는 말을 이었다.

"그러나 공기의 저항을 고려하고 싶다고 생각해보게. 그러려면 하나의 변수를 방정식에 추가해야 하는데, 계산이 복잡해지므로 통상적인 방법으로는 풀기가 어려워. 그러나 기계를 사용하면 여전히 몇 초 만에 풀 수 있다네. 왜냐고? 방정식을 소자素子와 전기 장치(또는 기계 장치)의 결합으로 표시한 다음 연산이 수행되는 과정을 지켜보기만 하면 되거든."

물리학 책에 나오는 '진공 속의 사과' 문제는 연필과 종이만 있어도 풀 수 있지만, 현실 세계에서 '공기를 가르며 낙하하는 사과' 문제는 장치를 이용해 풀어야 한다고? 그게 무슨 소리인지 자세히 살펴보기로 하자. 바네바 부시가 지적한 대로, 사과의 낙하 궤적은—진공에서든 공기 중에서든—미분방정식(미적분학의 핵심으로, 지속적인 변화를 표시하는 방정식이다. 미적분학은 라이프니츠와 뉴턴에 의해 공동으로 발명됨_옮긴이)으로 포착될 수 있다. 뉴턴의 머리 위에 떨어지던 사과를 상상해보라(중력의 법칙을 발견한 뉴턴이 미적분학을 공동으로 발명한 것은 우연의 일치가 아니다. 그도 그럴 것이, 시간 경과에 따른 변화를 포착하지 않고서는 중력을 이해할 수 없기 때문이다). 진공을 가정한다면, 그 사과는 1초마다 초속 9.8미터씩 빨라지다가, 마침내 뉴턴의 머리에 충돌하게 된다. 이 문제는 간단하므로 손으로도 풀 수 있다.

그러나 야외에서 뉴턴의 머리 위에 떨어지는 사과를 상상해보라. 물론 중력은 변화하지 않는다. 그러나 사과의 낙하속도가 증가할수록 공기의 저항이 증가하여 중력에 반발하게 된다. 그렇다면 이제 사과의 가속도는 중력(플러스 요인)과 공기저항(마이너스 요인) 모두에 의존하게 된다. 그런데 공기저항은 매순간 사과의 속도에 의존하고 사과의 속도는 매순간 달라지므로, 이런 복잡한 문제를 풀려면 '비범한 뇌'가 필요하다.

하늘에서 떨어진 동물이 땅바닥에 충돌하기 직전의 속도는 얼마나 될까? 한줌의 방사성 우라늄이 붕괴하는 데 걸리는 시간은 얼마일까? 자력磁力은 얼마나 먼 거리까지 미칠까? 거대한 태양은 시간과 공간을 얼마나 휘게 할까? 이상과 같은 의문을 해결하려면, 미분방정식을 풀어야 한다.

이번에는 바네바 부시와 동료 전기공학자들의 특별한 관심사를 생각해보자. 바로 '미국의 전력망이 마비되려면, 전력사용량이 얼마나 증가해야 할까?'라는 문제였다. 미국 전역에 전기를 공급하는 데 소요되는 자원과 작업량을 감안할 때, 그것은 수백만 달러가 왔다 갔다 하는 문제였다. 바네바 부시의 제자였던 사람의 회고에 따르면, 1920년대에 한 주에서 다른 주로 전기를 보낸다는 것은 "한 대의 차가 다른 차를 길고 탄력 있는 케이블로 연결하여 끌고 가는 것"이나 마찬가지였다. (끊어지기 일 보 직전까지 길게 늘어난 연결선을 상상해보라!) 너무나 아슬아슬한 상황이어서, 사소한 사고(단락이나 갑작스런 과부하)라도 나면 전력망이 순식간에 마비되기 십상이었다. 1926년 공학자들은 전력망 마비를 예측할 수 있는 방정식을 개발했다. 그런데 문제가 하나 있었으니, "방정식이 너무 길어, 푸는 데 시간이 오래 걸리는 데다 에러가 나기 쉽다"는 것이었다. 그들은 손으로 미적분 계산을 하고, 그 결과를 그래프로 그리고 면적계(불규칙한 직선이나 곡선으로 이루어진 도형의 면적을 직접 측정할 수 있도록 고안된 기계_옮긴이)를 이용하여 면적을 계산한 다음, 계산된 면적을 새로운 방정식에 대입했다. 모든 일을 일일이 수작업으로 하다 보면, 작업이 끝나기도 전에 전등이 깜빡거리다가 꺼져버리고 말 것이다.

현실에서 사용하는 미분방정식들('진공에서 낙하하는 사과' 식의 방정식이 아니라, '공기 중에서 낙하하는 사과' 식의 방정식) 중 대부분은 넘어설 수 없는 문제점에 직면한다. 그런 방정식들(송전·전화망과 같은 산업 문제나, 우주선cosmic ray·아원자입자와 같은 고급 물리 문제를 해결하는 데 사용하는 방정식)은 공식이나 속셈, 시행착오, 직관, 행운으로 해결될 수 없으며, 제대로 해결하려면 급이 다른 지능이 필요하다.

— • —

바네바 부시가 대학원생들과 함께 '비범한 뇌' 연구에 착수할 즈음, 과학자들은 이미 두 세대 동안 그런 뇌를 추구해왔다. 전력망 안정화라는 문제가 대두되기 한참 전에, 훨씬 더 오래된 문제인 대양 조석ocean tide(천체의 직접적인 만유인력에 의해 대양에서 나타나는 조석_옮긴이) 문제를 예측하는 데 '비범한 뇌'가 필요했기 때문이다. 선원들은 조석潮夕에 대한 지식을 이용하여 입항 시기, 어로 행위 장소, 심지어 해상 침입 시기까지 예측했다. 작은 고깃배는 추측과 기억에 의존할 수도 있지만, 19세기의 철갑증기선들은 더욱 정밀한 것을 요구했다. 만조 때 해수면의 높이를 표시해뒀다가, 다음 번 만조 때 바닷물이 똑같은 높이로 들어오기를 기다리는 방식은 정확하지 않았다. 왜냐하면 (지역별로 다른) 해안선의 형태와 (눈에 보이지 않는) 해저의 경사도라는 현실에 직면하여, 뉴턴의 단순한 진공 모델(달과 태양이 매일 정해진 시간에 바닷물을 세게 잡아당긴다)이 외견상 혼돈에 빠졌기 때문이다. 신의 관점에서 보면 조석의 법칙이 있지만, 지구인의 관점에서 보면 몇 개의 고만고만한 지역 조례들이 혼재할 따름이었다.

그러나 뉴턴이 퇴장하고 나서 반세기 후, 수학자들은—주가에서부터 조석도(기조력에 의해 생성된 조석의 진행 방향과 크기를 표시하는 도면_옮긴이)에 이르기까지—가장 혼돈스럽게 보였던 파동들을 분해하여 훨씬 더 단순한 요소들, 즉 '반복되는 파상적 패턴'의 집합체로 나타냈다. 그리하여 무정부 상태 속에 숨어 있었던 질서가 모습을 드러냈다. 알고 보니 무정부 상태란 '하나의 무질서'가 아니라 '동시에 존재하는 수십 개의 질서들'이었다. 다만 여러 개의 질서들이 중첩되는 바람에 착시 현상을 일으켰을 뿐.

1876년 '마법사 턱수염'으로 유명한 스코틀랜드의 물리학자 윌리엄 톰슨(1824~1907)이 대담한 제안을 했다(그는 나중에 연구실 옆을 흐르는 강의 이름을 따서 켈빈 경에 봉해졌다). 그 내용인즉, 기계로 하여금 수학자들이 하는 일(파동 분해)을 대신하게 하겠다는 것이었다. 케임브리지대학교 졸업시험에서, 윌리엄 톰슨에게 질문을 퍼붓던 교수는 동료 교수들을 바라보며 이렇게 속삭였다.

"우리가 이제부터 할 일은, 톰슨이 펜대를 굴리는 동안 뒷짐 지고 서 있다가 고장난 펜을 수리해주는 것입니다."

윌리엄 톰슨은 학교에 머무는 동안 알렉산더 포프(1688~1744)의 시구를 개인적 좌우명으로 삼았다(아래 구절에서 '피조물'이란 인간을 집합적으로 일컫는 말이지만, 톰슨이 그것을 자신과 동일시한다고 해서 비난 받을 하등의 이유는 없었다).

가라, 경이로운 피조물이여! 과학이 안내하는 곳으로 올라가라.
그곳에서 지형을 측량하고, 기압을 측정하고, 조수潮水를 기술하라.

톰슨 형제가 발명한 조수기(그들은 이것을 조파분석기harmonic analyzer라고 불렀다)의 작동 과정은 바네바 부시가 발명한 측량기(속칭 잔디깎이)와 정반대였다. 측량기는 지형에 관한 데이터(언덕, 웅덩이, 심지어 맨홀뚜껑)를 입력 받아 그래프를 그리는 데 반해, 조수기에 입력되는 자료는 그래프였다. 조수기의 구조와 사용 방법을 살펴보면 다음과 같다.

"여덟 개의 다리 위에 (뚜껑 없는) 기다란 나무상자가 하나 놓여 있고, 상자 밖으로 강철 지시봉과 수동식 크랭크가 돌출되어 있다. 작업자는 나무상자 앞에 서서 오른손으로 지시봉을 잡고, 월별 데이터(밀물과 썰물 때 해수면의 높이)가 수록된 그래프를 지시봉으로 추적한다. 왼손으로는 크랭크를 잡고 계속 돌려, 상자 속에 있는 기름칠 된 기어를 회전시킨다. 상자 안에서는 11개의 작은 크랭크들이 제각기 다른 속도로 회전한다. 각각의 크랭크들은 혼돈된 조수를 구성하는 단순한 요소들을 하나씩 분리해내는 역할을 한다. 작업이 모두 끝나면, 측정기에 11개의 작은 숫자들, 이를테면 평균 수위, 달의 인력, 태양의 인력이 표시되어 조수를 기술하는 방정식이 도출된다."

원칙적으로, 지금까지 설명한 모든 공정은 메모장 위에서 100퍼센트 수작업으로 행해질 수도 있지만, "매우 체계적인 계산 과정에 바탕을 두고 있으므로 적절한 기계를 이용해 수행되어야 한다"는 것이 톰슨의 결론이었다.

톰슨의 아이디어는 실현되었다. 해변으로 밀려오는 파도에서 방정식이 도출되자, 조석도는 더 이상 '과거의 기록'이 아니라 '미래 예측 수단'이 되었다. 데이터가 수록된 표를 그래프로 그리고, 그래프를 조파분석기에 입력하고, 마지막으로 분석기에 표시된 수치를 톰슨의 두 번째 발명품인 (열다섯 개의 도르래가 달린 장롱만 한) 공학계산기에 입력하면, 계산기가 펜과 잉크를 이용하여 다음 해의 조위(일정한 기준면으로부터 조석에 의한 해수면의 높이. 보통 해면에는 풍파나 파랑 혹은 부진동副振動에 의한 해면 변동이 있지만, 조위는 이들을 제외한 것을 말함_옮긴이)를 그래프로 그려냈다. 1876년에는 조파분석기가 1년치 그래프를 4시간 만에 정확히 그렸고, 1881년에는 그 시간이 불과 25분으로 단축되었다.

그러나 극진한 대우를 받았던 조파 분석기는 아무 소리도 못하고 옆으로 밀려났다. 심지어 1881년에도 공학적 솔루션에 의존해야 하는 실용적인 방정식은 거의 존재하지 않았으므로, 용도가 극히 제한된 장비를 대량생산하느니 '손으로 계산하는 수학자'들에게 돈을 지불하는 편이 더 현명했다. 아마 윌리엄 톰슨의 동료 수학자들도 '수학자들의 일이 단순 노동자들의 노동만큼이나 쉽게 자동화될 수 있다'는 생각에 분개했을 것이다. 가장 중요한 것은, 윌리엄 톰슨이 진정으로 다재다능한 문제 해결기를 상상했던 건 사실이지만, 세계대전이 연구에 새로운 추동력을 제공할 때까지 그런 기계를 구성하는 핵심 요소가 사실상 존재하지 않았다는 것이다.

　조수에 맞춰 입항하는 선박이 아니라, 일렁이는 바다 위에서 상하좌우로 요동치며 수평선 너머 16킬로미터 지점에서 움직이는 표적에 포탄을 발사하기 위해 함포를 조준하는 드레드노트dreadnought(20세기 전반까지 사용된 영국의 대형 전함_옮긴이)를 상상해보라. 두 개의 '떠 있는 무기고'들이, 마지막 순간까지 서로를 볼 수 없는 상태에서 벌이는 해전을 상상해보라. 그런 거리에서는 물결의 최고 높이, 발사체의 궤적별 공기 밀도, 지구의 곡률, 심지어 (포탄이 날아가는 동안의) 지구의 자전이 공모共謀하여 포탄의 명중 여부를 결정한다. 이 모든 요인들은 각각 미분방정식의 변수가 된다. 원거리에서 벌어지는 해전은 단순한 총격전이 아니라, 2등을 하면 종종 수장水葬이 되고 마는 수학 게임인 것이다. 1916년 벌어진 제1차 세계대전의 최대 해전인 유틀란트해전Battle of Jutland에 참전한 영국군 전함 중에서, 증기선 한 척을 제외한 모든 전함이 수동식 함포를 보유하고 있었다. 함포의 명중률은 3퍼센트였고 6,000명 이상이 생명을 잃었다. 이처럼 막대한 이해관계가 걸린 상황에서, 믿을 만한 '방정식 푸는 기계'가 갑자기 비용을 치를 만한 가치를 인정받게 되었다.

　윌리엄 톰슨의 부족한 점을 보완한 사람은 뉴욕주 북부 출신의 기계 공학자 한니발 포드였다. 그는 일단 촌티 나는 시계부터 떼어내고, 펜대를 굴리는 대신 타자기를 계속 두드렸다. 윌리엄 톰슨이 알렉산더 포프의 영웅적인 2행시를 학창 시절의 좌우명으로 골랐다면, 코넬대학교의 졸업 앨범에 실린 포드의 페이지를 장식한 것은 좀 더 세속적인 좌우명이었다.

　나는 '구식 방법'으로 수행되는 '오래된 작업'들을 모조리 해치우는 기계를 만들 테다.

　그가 1917년에 만든 기계는 미분방정식 해법의 핵심 단계 중 하나인 적분, 즉 곡선하면적(AUC) 구하기를 자동화했다(여기서 말하는 곡선에는 '날아가고 있는 포탄의 궤적'도 포함된다). 전자공학이 등장하기 한참 전에는, 적분 작업을 기계적으로밖에 수행할 수 없었다. 그러나 포드가 만든 적분기(고마워하는 미국 선원들에게 '베이비 포드Baby Ford'라는 별명을 얻었다)의 경우, '한 장의 납작한 원반'과 그 위에 놓인 '두 개의 볼베어링'으로 구성되어 있었다. 볼베어링은 원반의 표면 위를 지속적으로 가로지르며, 중심에서 멀어질수록 더 빨리 회전했다(중심으로부터의 거리는 방정식 곡선의 형태를 의미했고, 회전속도는 정답을 의미했다). 볼베어링이 실린더를 돌리면, 실린더는 기계의 다른 부분에 동력을 공급하고 기어와 게이지를 경유하여 포병에게 정답을 제공했다. '베이비 포드'는 입력된 수치(공격함과 적함의 속도와 경로 포함)를 감안하여 '표적의 범위', '발사 방향', '포탄의 비행시간'을 산출하고, 최종적으로 함포의 각도를 알려주었다.

그런 기계를 상상한 사람은 한니발 포드가 처음이 아니었다. 그러나 그가 만든 기계는 신뢰할 만한 적분 값을 최초로 구한 기계 중 하나였다. 파도와 포탄 폭발 때문에 요동치는 갑판 아래서 볼베어링이 궤도에서 벗어나면, 선원들은 소형 망원경과 직감에 의존해야 했지만 말이다. 바네바 부시는 베이비 포드를 일컬어 "경이롭도록 정밀하고 완벽한 기계"라고 했다. 이윽고 바네바 부시는 여섯 개의 베이비 포드를 동시에 작동시키며, '함포의 각도'뿐 아니라 '원자의 형태'와 '태양의 구조'까지도 구하려고 노력하게 된다.

— • —

윌리엄 톰슨의 조파분석기, 한니발 포드의 적분기, 바네바 부시의 프로파일 추적기는 각각 독립적으로 고안되있으며, 하나의 특별한 의문을 해결하기 위해 만들어진 단일 목적 기계였다. 세 가지 기계의 공통점이 하나 있다면, 이를테면 언덕의 경사, 포탄의 낙하 같은 현실 문제의 핵심만을 골라 단순화한 실용 모형이라는 것이었다. 어떤 면에서 보면, 그것들은 모두 원본(기술하고자 하는 공정)의 뼈대만 추려낸 축소 모형이라고 할 수 있다. 달리 말하면, 분명 아날로그적이었다. 그러나 바네바 부시는 좀 달랐다. 그는 아날로그 컴퓨팅을 최고 수준으로 끌어올려 범용 기계로 만듦으로써, '도구'에서 '뇌'로 넘어가는 기념비를 세운 인물이었다. 그리고 천재적 사고를 통해 바네바 부시의 기계를 퇴물로 만든 사람이 바로 클로드 섀넌이었다.

후에 바네바 부시는 윌리엄 톰슨과 한니발 포드의 기계를 자신이 만든 컴퓨터의 선례로 인정했다. 그러나 '미국의 전력망'을 '실험실 크기의 모형'으로 축소할 방법을 찾기 시작한 1920년대에는, 아날로그의 선조들에 대해 아는 것이 별로 없었다. 그러다 보니 언제, 어디서, 무엇부터 시작해야 할지 전혀 감이 잡히지 않았다.

어떤 의미에서, 바네바 부시는 교육자로서 출발했다고 할 수 있다. 발명가였던 그는 MIT 전기공학과가 전국적으로 명성을 날리기 시작하던 즈음에 햇병아리 공학도들을 가르쳤다. 그의 첫 강의는 (다림질한 바지를 입고 머리를 단정히 빗은) 발랄한 신입생으로 가득 찬 강당에서 시작되었다. 그는 강단에 떡 버티고 서서 간단한 파이프렌치(배관 공사할 때 파이프의 나사를 돌리는 공구_옮긴이) 하나를 내밀며, 다짜고짜 "한 명씩 차례로 돌아가며 이 도구의 기능을 설명해보라"고 했다. 그 순간 학생들은 화들짝 놀라며 일제히 얼어붙었다.

한 사람의 말이 끝날 때마다 바네바 부시의 신랄한 지적이 이어졌다.

"그 설명은 너무 모호해서, 모든 종류의 렌치에 해당한다. 눈앞에 있는 렌치를 정확히 설명하라."

자존심에 큰 상처를 입은 학생들은 얼굴이 새빨개지며 고개를 떨궜다. 잠시 후 바네바 부시는 혀를 끌끌 차면서, 특허 출원서에 기재된 내용을 또박또박 정확히 읽어 내려가는 것으로 결론을 대신했다.

너비 조절 나사를 좌우로 적당히 돌려, 가동턱을 고정턱에 원하는 만큼 접근하거나 멀어지게 한다. 가동턱의 안쪽 면은 자루와 90도 각도를 이루며, 턱 사이에 끼인 파이프가 미끄러지는 것을 방지하기 위해 이빨과 같은 홈이 파여 있다. 가동턱과 고정턱의 간격은 바깥쪽이 약간 더 넓어, 턱 사이에 파이프를 쉽게 끼울 수 있다…….

바네바 부시가 말하고자 하는 요점은 정확성이었다. 요컨대 구체적으로 손에 잡히는 세계(파이프렌치)를 상징 체계(특허출원서)로 엄밀히 기술해야만, 현실 세계가 상징 체계로 완벽히 번역될 수 있다는 것이었다.

"파이프의 나사를 돌리는 공구를 보면 '파이프렌치'라는 단어가 떠오르고, '파이프렌치'라는 단어를 들으면 파이프의 나사를 돌리는 공구가 떠올라야 한다."

바네바 부시는 이 같은 엄밀한 상징화가 공학의 기초라고 강조했다.

'엄밀한 상징화'와 더불어, 바네바 부시가 '공학의 기초'로 강조한 두 번째 기법은 '제도製圖'였다. '머리로만 하는 수학'은 순수 수학도들에게 넘기고, 공학도들은 '손으로 하는 수학'을 배워야 한다는 게 그의 지론이었다. 20세기 초에 공학 교육의 실용성을 확립한 한 개혁가는 이렇게 말한 바 있다.

"목수가 끌이나 줄의 사용법을 익히는 것처럼, 공학도들은 미적분학을 익혀야 한다."

그 당시의 한 수학 실험실에는 점토·판지·철사·나무·금속 등의 재료와 모형 그리고 모눈종이가 가득했는데, 그중에서 막내는 모눈종이로서 바네바 부시의 나이와 비슷했다. 바네바 부시가 몸담고 있는 MIT

의 경우, 수학과 공학은 철공소와 목공소의 연장이었다. 면적계와 계산자의 사용법에 익숙한 학생들은 납땜질과 톱질에도 익숙해야 했다. 공학도들이 고질적인 지위 불안(위대한 비평가 폴 퍼셀은 이를 가리켜 "사용자와 노동자, 관리자와 노무자, 정신노동과 육체노동 중 어느 쪽 편을 드는 게 더 적절한지 늘 헷갈리는 상태"라고 불렀다)에 시달린 것은 바로 이 때문인지도 모른다. 그러나 "번역만 정확하다면 육체노동이 곧 정신노동이다"라는 믿음도 존재했다. 파이프렌치를 정확한 단어로 기술하는 것처럼, 번역만 정확하다면 방정식을 그림과 운동으로 전환하여 해결할 수 있으니 말이다.

한 기계공학자와 함께 초기 아날로그 컴퓨터를 제작하며, 바네바 부시는 미적분학을 손으로 완벽하게 익히는 게 가능하다는 사실을 깨달았다. 그는 이렇게 말했다.

"기계공학자는 기계공학 용어로 미적분학을 익히고 있다. 특이한 접근법이었지만, 그는 자기만의 방식으로 미적분학을 이해했던 것이다."

다시 말해서 통상적 의미에서 미적분학을 이해하지 못하더라도, 기초 개념을 나름대로 이해할 경우 미적분학이 몸에 밸 수 있다는 것이다.

적분기가 윙윙 소리를 내며 작동하고 기어가 돌아가는 가운데, 바네바 부시의 기계는 미적분학을 구현했다. 훌륭한 공학자처럼, 그 기계는 도면을 입력 받아 도면을 출력했다. 그런 일은 다른 곳에서도 얼마든지 일어날 수 있었으므로, 공과대학의 한 학과에서 그런 기계가 조립되었다는 것이 그리 놀랄 일도 아니었다.

— • —

1924년 바네바 부시와 학생들은 한니발 포드의 기계를 개량한 적분 기계를 만들었다. 1928년에는 안정적인 전력망에 대한 해법을 마련하기 위해, 4.6제곱미터의 실험실 안에 320킬로미터짜리 전력선 모형을 설치했다. 같은 해에 범용 아날로그 컴퓨터 제작에 착수하여 3년 동안 2만 5,000달러를 들여 그 유명한 미분해석기를 완성했다. 그것은 금속으로 만들어진 거대한 계산기로, 일명 '방 크기만 한 뇌'였다. 며칠 동안 불철주야로 윙윙 소리를 내며 돌아가다가 문제를 풀고 나서 서서히 작동을 멈췄다. 한 문제는 '지구 자기장이 우주선cosmic ray에 미치는 영향'을 측정하는 것이었는데, 문제를 푸는 데 무려 30주나 걸렸다. 미분해석기가 뚝심으로 풀어낸 방정식은 너무 복잡해서, 인간의 지능으로는 도저히 해결할 수 없는 것이었다. 그리하여 바네바 부시의 연구실은 '산업 문제'를 '기본적인 물리학 문제'로 바꿔 해결하는 신통한 계산 능력을 보유하게 되었다.

"그것은 축, 기어, 끈, (원반 위에서 돌아가는) 바퀴로 구성된 섬뜩한 물건이었다." 미분해석기를 이용하여 산란하는 전자의 행동을 연구하려던 MIT의 물리학자는 이렇게 말했다.

"그러나 탁월한 능력을 발휘했다."

거대한 나무틀에 여러 개의 회전 막대들이 격자 모양으로 배열된 모양은, 100톤짜리 거대한 테이블 축구 세트를 연상시켰다. 입력부에는 여섯 개의 제도판이 놓여 있어, 그 판을 통해—마치 톰슨의 분석기에 그래프를 입력하듯—그래프화된 방정식을 입력할 수 있었다. 작업자들은 수동식 크랭크를 돌려, 기계의 지시봉으로 하여금 분석 대상 방정식 (손으로 그린 그래프)을 읽도록 했다. 예컨대 원자 하나가 일으키는 전자의 산란을 계산하려면, '원자장의 포텐셜'과 '원자 중심으로부터의 거리'의 관계를 기계에 제공해야 했다. 이런 식으로 입력된 방정식은 기계의 중간축으로 전달되었다. 각각의 축들은 변수(예를 들어 하나의 전력선을 흐르는 전류, 원자핵의 크기)를 의미하며, 변수 값이 클수록 축의 회전 속도가 빨라졌다. 축이 회전하면 한니발 포드의 경우처럼 적분기가 작동하여, 납작한 원반이 회전하는 동안 원반에 수직인 적분 바퀴가 돌아갔다. 바퀴가 원반의 중심에서 먼 거리에 놓일수록, 바퀴의 회전 속도는 빨라졌다. 바퀴는 동일한 구조로 된 다섯 개의 적분기와 추가로 연결되었다. 바퀴의 맨 끝부분에서 적분 바퀴의 속도에 맞춰 연필이 상하로 움직이면, 그 밑에 놓인 모눈종이가 일정한 속도로 펼쳐지며 그래프가 출력되었다. 마지막 고비는 그래프로 된 모범답안을 출력하는 것이었는데, 몇 개월 동안 혁신에 혁신을 거듭한 결과 멋진 그래프를 출력하는 미분해석기가 완성되었다.

전문가와 초보자를 비교하는 것 같아 좀 안쓰럽지만, 미분해석기는 바네바 부시가 개발한 잔디깎이의 먼 후손뻘로 인정받았다. 한 과학사가는 미분해석기와 잔디깎이를 이렇게 비교했다.

"미분해석기의 기본 원리는 변하지 않았다. 즉 그것은 수학을 기계 회전의 관점에서 해석하고, 기계와 원반으로 구성된 적분기에 의존하며, 그래프로 된 모범답안을 출력한다. 미분방정식과 높낮이(등고선의 단면도)라는 요소를 감안할 때, 미분해석기는 프로파일 추적기의 후손임이 분명하다."

　미분해석기는 디지털 혁명이 일어나기 이전의 컴퓨터로, 문자 그대로 '문제 해결 과정에서 방정식을 실연하는 기계'였다. 원자를 형성하는 방정식을 실연하는 한 그것은 거대한 원자였으며, 항성을 연소시키는 방정식을 실연하는 한 그것은 항성의 축소판이었다. 바네바 부시는 그것을 '아날로그 기계'로 규정하며 이렇게 말했다.

　"예컨대 '어떤 교량이 강풍에 흔들릴 것인가'라는 문제를 풀 때, 우리는 다양한 역학적 요소나 전기적 요소를 고려한다. 그런데 두 가지 요소는 교량과 똑같은 방법으로 작용하므로, 동일한 미분방정식에 순종할 것이다."

　물리학자나 공학자의 관점에서 볼 때, 동일한 방정식을 따르는 두 가지 시스템은 동종同種이거나 최소한 유사체analogy다. 요컨대 우리가 사용하는 '아날로그'라는 말은 여기서 유래한다. 한 예로, 아날로그시계는 문자판 위를 회전하는 태양의 그림자를 기록하는 장치다. 쉽게 말해서 시계는 태양의 유사체인 것이다. 그러나 디지털시계는 태양을 닮지 않았다.

　미분해석기는 딸깍딸깍거리며 윙윙 소리를 내고 그래프를 그리는 등 작동을 계속했다. 밤새 가동될 때는 학생들이 교대로 그 곁을 지키며 바퀴가 궤도에서 벗어나는 소리에 귀를 기울였다. 모든 것이 유연하게 돌아가는 밤에도, 윙윙대는 방 안에서 깨어 있으려 몸부림을 쳤다. 그렇게 5년의 세월이 흘렀다.

# 4. MIT

클로드 섀넌은 추위에―강하다고는 할 수 없어도 최소한―익숙했다. 대서양에서 불어오는 바람이 미시간의 바람보다 짭짤할지언정 더 차갑지는 않기 때문이다. 뉴잉글랜드(미국 북동부에 자리한 메인·뉴햄프셔·버몬트·매사추세츠·코네티컷·로드아일랜드 주를 통틀어 부르는 이름_옮긴이)에 내리는 눈도 미시간과 비슷했다. 스무 살의 나이에 처음으로, 그것도 혈혈단신으로 중서부를 떠났음에도 자신이 머물게 된 곳의 환경을 익숙하게 받아들인 데는 그만한 이유가 있었던 게 분명하다. 그러나 MIT에서는 추위에 약한 학생들을 위해 복도와 지하도를 제공했고, 이 길고 방대한 공간에 MIT를 상징하는 회색 페인트를 칠했다. 덕분에 공학도들은 겨울 내내 따뜻한 실내에서 시간을 보낼 수 있었다. 회색 복도에서 살다시피 하다 보니 햇빛 구경을 못하는 날도 꽤 있었지만, 겨울철에 딱 두 번밖에 없는 MIT헨지MIThenge라는 날만큼은 예외였다. MIT헨지란, 태양이 복도의 축과 일직선을 이루어 회색 복도가 황금 빛으로 빛나는 날을 말한다.

"전하는 이야기에 따르면, 복도의 벽을 유심히 살펴보면 간혹 연필 선을 찾아낼 수 있다고 한다. 어깨 높이로 그어진 그 선은 바닥과 수평을 이룬다."

MIT의 역사가 프레드 햅굿은 이렇게 적었다.

"그것은 복도에 적응한 공동체 구성원들이 지나간 자취였다. 그들은 눈을 감은 상태에서 연필로 벽을 그으며 길을 찾았는데, 마치 유체이탈을 한 것처럼 몇 가지 복잡한 문제들로 머리끝까지 차올라 자동 조종 장치처럼 미끄러져 나아갔다."

초록이 우거진 날에 정면의 출입구로 나가면 아르키메데스, 코페르니쿠스, 뉴턴, 다윈과 같은 위인들의 이름이 새겨진 기둥들이 양옆에 즐비했다.

MIT는 여전히 산업 지역인 보스턴 교외에 위치한 신고전주의 섬으로, 한복판에 불쑥 솟은 판테온(다신교였던 로마의 모든 신들에게 바치는 신전으로, 118~128년경 하드리아누스 황제 때 건축됨_옮긴이)식의 돔은 찰스 강변에 늘어선 크고 작은 공장들에는 어울리지 않는 이웃이었다. '회랑 꼭대기에 올라앉은 돔'은 건축가들의 의견을 절충한 것이었다. 한쪽에서는 "새로운 캠퍼스인 만큼, 인근 대학들과 비교되는 점이 최소한 몇 가지 있어야 한다"고 주장했고, 다른 쪽에서는 "최고의 산업 지역에 걸맞게 '효율성'과 '교수와 학생들의 시간 낭비 최소화'라는 원칙에 바탕을 둬야 한다"고 주장했다. 그리하여 탄생한 '사원(돔) + 공장(회랑)'이라는 기형적 캠퍼스는 MIT 입지 조건의 축소판으로, 순수과학을 갈망하는 아카데미가 산업에 빌붙은 형국이었다.

건물의 이름은 정량적 사고방식을 반영하여, 의미 있는 단어가 아니라 숫자로 알려졌다. 클로드 섀넌은 (바네바 부시의 미분해석기가 그려진) 우편

엽서를 보고 13동 건물로 찾아갔고, 바네바 부시는 섀넌의 됨됨이를 단박에 알아채고 대학원 입학을 허락했다. 두 사람은 모두 성격이 급한 공학자였다. 바네바 부시의 경우, 돈을 벌어 가족을 부양하면서도 학사학위와 석사학위를 동시에 취득했다. 섀넌은 고등학교를 3년 만에 졸업하고 미시간에서 4년 만에 학사학위 두 개를 딴 데 이어, 여름휴가를 반납하고 곧바로 대학원 연구에 합류했다. 바네바 부시가 그에게 미분해석기 중에서 가장 진보되고 까다로운 부분을 맡긴 것은, 신입생임에도 그의 능력을 인정했다는 증거였다.

클로드 섀넌이 케임브리지에 도착하기 1년 전인 1935년에 미분해석기는 한계에 도달했다. 그것은 공학 기계인 만큼, 새로운 방정식을 입력할 때마다 해체하여 재구성해야 했다. 즉 단일 기계가 아니라 '수많은 기계들의 집합체'이므로, 문제를 풀 때마다 재조립되고 문제를 해결하고 나면 분해되어야 했다. 다재다능한 기계였지만 효율성이 낮았다. 본래 미분해석기의 포괄적 임무는 이론상 인간이 수작업으로 할 수 있는 계산을 효율적으로 수행하는 것이므로, 이 같은 병목 현상(부분적인 성능 저하로 시스템 전체가 마비되는 현상_옮긴이)의 재발은 미분해석기의 존재 이유를 위협했다.

이러한 문제점을 인식한 부시는 '스스로 재조립하는 미분해석기'라는 아이디어를 고안해냈다. "상황을 감안하여 자동으로 재조립될 경우, 한 방정식에서 다음 방정식으로 넘어갈 때 작업이 중단되지 않으며, 심지어 여러 개의 방정식을 동시에 풀 수도 있다"는 것이 그의 생각이었다. 그리고 드라이버의 역할을 대신하는 스위치 개념도 생각해냈다. 자신의 원대한 구상이 대공황기의 긴축예산을 넘어서는 상황에서도, 바네바 부시는 록펠러 재단의 개인 독지가들로부터 26만 5,000달러를 지원 받아 차세대 컴퓨터 개발에 나섰다. 그리고 클로드 섀넌을 MIT로 불러들여 그에게 중책을 맡겼다.

그 후 3년 동안, 클로드 섀넌은 '회색 복도'와 '윙윙거리는 벽'으로 둘러싸인 세상에 틀어박혀 살았다. 방 속에는 작은 상자가 하나 놓여 있었는데, 그것은 가히 '세상 속의 세상'이라고 할 만했다. 왜냐하면 컴퓨터와 연결된 상자 속에는 100개의 스위치가 개폐를 거듭하며, 컴퓨터가 작동되는 동안 기계의 해체와 재구성을 담당했기 때문이다. 컴퓨터가 뇌라면 스위치 상자는 '뇌 중의 뇌'였다. 따라서 이제부터 컴퓨터를 제어하는 것은 사람이 아니라 스위치 상자이므로, 몇 주가 됐든 몇 개월이 됐든 '기계의 해체와 재구성'이 아니라 '스위치의 개폐'가 계속 반복되었다. 상자 안에는 '두뇌의 두뇌', 즉 기계를 제어하고 회전하면서 기계를 재구축하는 스위치와 계전기relay(전기 회로의 개폐를 다른 전기 회로의 전류·전압·주파수 등의 변화에 따라 자동적으로 실행하는 제어 기기_옮긴이)가 있었다. 제임스 글릭은 각각의 계전기를 가리켜 "전기에 의해 제어되는 전기 스위치"라고 했는데, 이는 일종의 순환looping(특정한 조건이 충족될 때까지 계속 반복되도록 설계된 일련의 지시문_옮긴이) 개념을 의미하는 말이었다.

— ● —

클로드 섀넌이 방 안에서 스위치를 켰을 때 무슨 일이 일어났을지 상상해보라. 스위치나 계전기를 전류의 도개교bascule bridge(배가 지나갈 때, 다리가 한쪽 또는 양쪽으로 들어올려져 통행이 가능하도록 만든 다리_옮긴이)라고 생각하면 이해하기 쉬울 것이다. 스위치를 켜면 전류가 목적지로 흐르고, 끄면 전류의 흐름이 멈춘다. 이 경우 목적지는 다른 계전기가 될 수도 있고 전기 기구, 이를테면 작은 전구가 될 수도 있다. 이 모든 일들은 섀넌에게 전혀 낯설지 않았다. 왜냐하면 게일로드에 살던 시절 전보회사나 가시철망에서 익히 경험하였기 때문이다. 그리고 앤아버에서는 전기공학자들과 함께 의무적으로 회로도를 그려야 했기에 전기에 관한 지식도 체계적이었다. 예컨대 직렬연결의 경우 두 개의 스위치를 모두 켜야 전등이 밝아지고, 병렬연결의 경우에는 둘 중 하나만 켜거나 둘 다 켜도 상관없었다.

이것들은 미분해석기에 연결된 (100개의 스위치로 이루어진) 논리 상자를 구성하는 블록일 수도 있고, 조립 라인에 전원을 공급하는 장치일 수도 있고, (100만 개의 계전기로 구성된) 국가 전화망의 제어 시스템일 수도 있었다. 그중에는 2개의 스위치를 켜야만 전류를 보낼 수 있고, 0개나 1개나 3개를 켜면 전류가 통하지 않도록 설계된 회로가 있었다. 가지 친 나무, 대칭적인 삼각형, 촘촘한 그물망 등 섀넌이 외워서 배운 다양한 기하학 모양의 전기회로가 그려졌다. 공학도들은 오랜 전통에 따라 그런 회로를 칠판에 차근차근 그려놓거나 종이에 그린 다음 기계의 한복판에 붙였고, 회로의 정확성은 (전화가 연결되거나, 바퀴가 원반의 모서리에서 회전하거나, 전구에 불이 들어오는 등) 가시적인 결과로 나타났다.

이런 회로들은 '섀넌이 MIT에 나타나기 전의 회로'로, '아날로그 컴퓨터가 등장하기 이전의 미분방정식'과 마찬가지였다. 공학자들은 회로의 오류가 모두 해결될 때까지 시행착오를 무수히 반복하는 것을 최선의 방법으로 간주했다. 그 당시에는 회로를 구축하는 것이 예술 행위와도 같아 온갖 엉망진창, 잘못된 출발, 정의할 수 없는 직관이 난무했다.

그러나 섀넌은 이제 방 안에 틀어박혀, 자동적 사고automatic thought를 하도록 설계된 컴퓨터와 씨름하기 시작했다. 그것은 산업과 효율성이라는 이름하에 설계된 것으로, 수학에서 예술을 제거하는 것이 목표였다. 그는 작업 과정에서 새로운 자동적 사고 방법을 깨닫게 되었는데, 그 방법은 후에 아날로그 기계보다 훨씬 더 강력한 것으로 밝혀진다.

— • —

논리와 기계 사이에는 어떤 공통점이 있을까? 20세기 초 한 논리학자의 설명을 들어보자.

"물리적 기계가 힘을 효율적으로 사용하기 위한 도구인 것처럼, 상징적 미적분법은 지능을 효율적으로 사용하기 위한 도구다."

기계와 마찬가지로, 논리는 권력을 효율적으로 사용하기 위한 도구였다. '정확성'과 '기술'을 충분히 갖춘 논리는 사람의 권력을 향상시켰다.

1930년대에는 '상징적 계산'(또는 엄밀한 수학적 논리)과 '전기회로 설계'에 모두 능숙한 사람이 극소수밖에 없었지만 별로 문제될 것이 없었다. 그도 그럴 것이, 두 분야가 클로드 섀넌의 뇌 속에서 융합되기 전에는 둘 사이에 어떤 공통점이 있다고 생각한 사람이 거의 없었기 때문이다. 그러나 논리를 기계에 비교하는 것과, 기계가 논리연산을 할 수 있음을 증명하는 것은 전혀 별개의 문제였다.

섀넌은 미시간에서 (놀랍게도 철학 시간에) 이런 내용을 배운 적이 있었다. "논리적 진술은 상징(기호)과 방정식으로 기술될 수 있으며, 그 방정식은 일련의 단순한 '수학 같은 규칙'에 따라 해결될 수 있다."

언뜻 생각하면, 진술의 의미를 이해하지 못한다면 진술의 참과 거짓을 증명할 수 없을 것 같다. 하지만 실전에서는 진술을 이해하지 못해도 별로 당황할 필요가 없는데, 그 이유는 '논리 → 수학 전환'이 자동화될 수 있기 때문이다. '애매모호한 단어'를 '예리한 수학'으로 번역하는 데 결정적 역할을 한 인물은, 19세기의 천재 조지 불(1815~1864)이었다. 그는 영국 출신의 독학파 수학자로, 구두수선공이었던 아버지는 그를 대학교에 보낼 능력이 없었다. 윌리엄 톰슨이 최초의 해석기를 생각해 내기 20년 전인 1854년, 《사고의 법칙》(원제는 《논리와 확률의 수학적 기초를 이루는 사고의 법칙 연구An Investigation of the Laws of Thought on Which are Founded the Mathematical Theories of Logic and Probabilities》_옮긴이)이라는 책을 발간함으로써 자신의 천재성을 입증했다. 그 책에서 유래한 '사고의 법칙'은 겨우 몇 개의 기본적인 연산자, 예컨대 AND, OR, NOT, IF에 기반을 두었다.

예컨대 눈이 파랗고 왼손잡이인 런던 사람들을 모두 지정하고 싶다고 하자. 그러기 위해서는 약간의 기초 작업이 필요하다. 먼저, 파란 눈을 $x$, 왼손잡이를 $y$라고 부르자. 그리고 AND를 곱셈 기호(·), OR을 덧셈 기호(+), NOT를 아포스트로피(')로 표시하기로 하자. 이 모든 약속의 목적은 진술의 참 또는 거짓을 증명하기 위함임을 명심하라. 그러므로 '참'을 1, '거짓'을 0이라고 하자. 이로써 논리를 수학으로 전환하기 위한 기초 작업은 모두 끝났다.

이제 실전으로 들어가 보자. 먼저 눈이 파랗고 왼손잡이인 영국 사람들의 집합은 간단히 $xy$가 된다. 그리고 눈이 파랗거나 왼손잡이인 런던 사람들의 집합은 $x + y$가 된다. 다음으로, "이 특별한 런던 사람은 눈이 파랗고 왼손잡이이다"라는 진술의 논릿값을 평가한다고 치자. 이 진술의 논릿값은 $x$와 $y$의 값에 달려 있다. 그런데 조지 불은 진술에 1 또는 0을 할당하기 위해, 우리가 $x$와 $y$의 값을 알고 있다는 전제하에서 다음과 같은 규칙을 정했다.

$$0 \cdot 0 = 0$$
$$0 \cdot 1 = 0$$
$$1 \cdot 0 = 0$$
$$1 \cdot 1 = 1$$

위의 등식을 말로 다시 번역하기는 쉽다. 만약 그 런던 사람이 눈도 파랗지 않고 왼손잡이도 아니라면, 우리가 평가하려는 진술은 물론 거짓이다. 만약 그 런던 사람이 눈만 파랗거나 왼손잡이이기만 하다면, 그 진술 또한 거짓이다. 그 런던 사람이 눈도 파랗고 왼손잡이이기도 한 경우에만 그 진술은 참이 된다. 다시 말해서 AND라는 연산자는 모든 항의 값이 참일 때만 참 값이 되게 한다.

그러나 불대수는 일반대수의 단순한 재탕이 아니었다. 예컨대 "이 특별한 런던 사람은 눈이 파랗거나 왼손잡이다"라는 진술을 평가한다고 생각해보자. 이 경우에는 다음과 같은 규칙을 적용해야 한다.

$$0 + 0 = 0$$

$$0 + 1 = 1$$

$$1 + 0 = 1$$

$$1 + 1 = 1$$

만약 그 런던 사람이 눈도 파랗지 않고 왼손잡이도 아니라면, 그 진술은 거짓이다. 그러나 눈이 파랗거나, 왼손잡이이거나, 둘 다라면, 그 진술은 참이다. 따라서 불대수에서 1 + 1은 1이 된다. OR이라는 연산자는 모든 항 중에 참이 하나라도 있거나 전부 참인 경우에 참이 되게 한다. (불은 배타적 논리합Exclusive-OR이라는 연산자도 제시했는데, 둘 중 하나가 참일 때만 참이 되고, 둘 다 참인 경우에는 거짓이 되게 한다.)

이상과 같이 간단한 논리연산자를 숙지하고 나면, 우리는 점점 더 복잡한 논리적 서술을 다룰 수 있다. 예컨대 우리는 $x + xy = x$임을 증명할 수 있는데, 이를 달리 표현하면 '$x$이거나(OR), $x$이고(AND) $y$이다'의 논릿값은 오직 $x$의 논릿값에만 의존한다. 또는 $(x + y)' = x'y'$임을 증명할 수도 있는데, 이를 달리 표현하면 '$x$이거나 $y$이다'는 '$x$도 아니고 $y$도 아니다'가 참일 때 거짓이며 그 역도 성립한다. 불의 주장에 따르면, 논리에 대해 언급할 것은 여기까지가 전부였다. 논릿값이 존재하는 한, 우리는 $x$와 $y$ 말고도 얼마든지 많은 변수들을 선택할 수 있다. 그리고 몇 가지 원칙을 거의 무심하게 적용함으로써, 논리적 서술에서 얻을 수 있는 것을 모두 얻어낼 수 있다. 기계적 논리는 더 이상 '모든 사람은 죽는다, 소크라테스는 사람이다……'와 같은 명제를 놓고 머리를 쥐어짜는 것을 의미하지 않았으며, 기호·연산·법칙을 이용해 한결 수월하게 다룰 수 있었다. 이미 정해진 원칙을 적용하는 것은 어린아이 지능으로도 가능하므로, 굳이 천재가 나설 필요도 없었다.

— • —

불논리는 매우 흥미로웠지만, 거의 한 세기 동안 실용적 결과물이 전혀 나오지 않았다. 학생들은 교수의 가르침을 철학적 호기심의 대상으로 받아들이는 게 상례였고, 그 점에서는 클로드 섀넌도 예외가 아니었다. "나는 그 당시 부우우우우우우울리언이라는 어감을 즐기는 게 고작이었다"라고 그는 말했다. 그러나 100개의 스위치가 들어 있는 상자를 이해하려고 노력하는 동안, 불대수와 관련된 뭔가가 그의 마음을 짓눌렀다. 바네바 부시를 위해 풀고 있는, 악마처럼 복잡한 방정식 주변에서 불대수의 단순성과 관련된 뭔가가 아른거렸다. On/Off, Yes/No, 1/0.

1937년 여름 MIT를 잠시 떠나 뉴욕으로 가던 중에도, 불대수와 관련된 뭔가가 섀넌의 마음을 사로잡고 있었다. 만약 이 세상 어딘가에 섀넌 말고 논리와 회로를 동시에 생각하는 사람이 또 있다면, 그들은 십중팔구 벨연구소에서 일하는 사람들일 것이다. 때마침 벨연구소에서는 섀넌을 여름 학기 동안 인턴으로 받아들였다. 섀넌은 임시직으로 짧은 기간 동안 정해진 임무를 수행했으므로, 그가 1937년에 활동한 내역은 벨연구소의 기록에 남아 있지 않다. 그러나 그는 벨연구소에 갈 때 수학적 논리에 대한 '심오한 감각'과 회로 설계에 대한 '보통 이상의 지식'을 보유하고 있었으며, 또한 두 가지가 서로 연관되어 있다는 느낌에 사로잡혀 있었다. 더욱이 그는 그런 지식과 감각을 보유한 채 전화 회사의 (현존 하는 시스템 중에서 가장 복잡하고 널리 분포된 회로망을 보유하고 있는) 심장부로 들어 갔으므로, 그의 수학 실력은 벨연구소 회로망의 성능 향상과 비용 절감 에 적잖이 기여했음에 틀림없다.

무엇보다도 중요한 것은, 섀넌이 그 즈음 펜을 들어 논문을 쓰며 자신 이 알고 있는 바네바 부시의 해석기, 그레이엄 벨의 네트워크, 불논리의 공통점을 한데 엮으려 노력했다는 것이다. 그로부터 반세기 후 섀넌은 그 당시의 통찰을 회고하며 스위치의 의미를 처음 이해하게 된 과정을 설명했다. 그는 한 기자에게 이렇게 말했다.

어떤 스위치의 On/Off와 당신의 Yes/No라는 대답 자체가 중요한 건 아닙니다. 정말로 중요한 건, 직렬로 연결된 두 개의 스위치가 논리에서는 '그리고and'라는 단어로 기술된다는 것이죠. 그러므로 당신은 '이 스위치와and 저 스위치'라고 말하게 되죠. 반면에 병렬로 연결된 두 개의 스위치는 논리에서 '또는or'이라는 단어로 기술되지요. … 계전기를 조작할 때는 닫히는 접점이 있고 열리는 접점이 있어요. 그러므로 '아니다not'라는 단어는 계전기의 상태와 관련되어 있지요. … 물론 계전기 회로를 갖고 일하는 사람들은 업무 내용을 잘 알고 있었습니다. 그러나 그들은 불대수라는 수학 장치를 갖고 있지 않았어요.

불대수의 모든 개념은 전기회로에서 물리적 대응치를 갖고 있다. 스위치를 켜는 것은 '참'이고 끄는 것은 '거짓'이며, 각각 1과 0으로 표시된다. 더욱 중요한 것은 (클로드 섀넌이 지적한 대로) 불시스템의 연산자(AND, OR, NOT)를 회로에 정확히 복제할 수 있다는 것이다. 직렬연결은 AND가 되는데, 그 이유는 전류가 두 개의 스위치를 모두 통과해야 목적지에 도달할 수 있기 때문이다. 병렬연결은 OR가 되는데, 그 이유는 전류가 두 개의 스위치 중 하나 또는 둘 다를 통과하면 목적지에 도달할 수 있기 때문이다. 예컨대 전류가 병렬로 연결된 두 개의 스위치를 모두 통과하여 불이 켜지는 것을 불연산으로 표시하면, 1 + 1 = 1이다.

섀넌은 후에 다음과 같이 회상하며 흐뭇한 표정을 지었다.

"논리와 기호와 회로를 넘나드는 것은 참으로 멋졌다. 내 인생에서 그보다 더 황홀한 순간은 없었다."

불대수를 생각하며 황홀한 느낌이 들었다니! 그건 괴짜나 공부벌레 한테 어울리는 말인지 모른다. 그러나 섀넌은 스물한 살의 새파란 청년으로 스위치와 계전기가 잔뜩 들어 있는 상자 속을 들여다보며 '지금껏 어느 누구도 보지 못한 것을 보고 있구나' 하며 긴장감을 만끽했다. 당시의 행동과 감정은 그의 기억 속에 생생히 하나하나 각인되었다.

— • —

1937년 가을 완성된 섀넌의 MIT 석사학위 논문 '계전기와 스위치 회로의 기호학적 분석A Symbolic Analysis of Relay and Switching Circuits'은 워싱턴 D. C.의 청중 앞에서 발표되었고, 다음 해에 절찬리에 출판되어 경력에 큰 보탬이 되었다. 논문 형식은 무미건조하기 짝이 없는 과학적 산문체였지만, 파급력은 상상을 초월했다.

모든 회로는 일련의 방정식과 (그 회로를 구성하는 다양한 계전기와 스위치에 상응하는) 방정식의 조건으로 기술된다. 이러한 방정식을 조작하는 계산법은 단순한 수학적 과정을 통해 개발되며, 그중 대부분은 일반대수 알고리즘과 유사하다. 이러한 계산법은 상징적인 논리학 연구에서 사용되는 명제의 계산법과 정확히 일치하는 것으로 증명되었다……. 그다음으로, 회로는 방정식에서 즉시 도출될 수 있다.

그의 논문은 모범 답안이었다. 클로드 섀넌이 등장한 후, 회로를 설계한다는 것은 더 이상 '직관적 활동'이 아니었기 때문이다. 그것은 '방정식과 간단한 규칙의 과학'이었다. 섀넌의 동료가 거대한 아날로그 기계를 전기제어에 예속시키기 위해 노력하던 중 직면할 만한 문제를 생각해보자. 회로의 특정한 기능이 $x, y, z$라는 세 개의 상이한 스위치 상태에 의존하여 전류를 통과시킨다(섀넌의 용어에 따르면, '1을 출력한다')고 가정하자. 전류는 $z$ 하나만 On이거나, $y$와 $z$가 On이거나, $x$와 $z$가 On이거나, $x$와 $y$가 On이거나, 세 개가 모두 On일 때 통과할 것이다. 섀넌의 동료들은 시행착오를 통해 조만간 11개의 개별적인 연결을 만들어 임무를 완료했을 것이다. 그러나 섀넌은 연필과 종이와 그의 애용품인 양면 패지를 갖고서 작업을 시작했을 것이다. 그는 불대수 용어로 다음과 같은 함수를 적었을 것이다.

$$x'y'z + x'yz + xy'z + xyz' + xyz$$

다음으로, 그는 함수를 다음과 같이 정리했을 것이다. 즉 $yz$를 공통인수로 포함한 두 개의 항과 $y'z$를 공통인수로 포함한 두 개의 항을 각각 괄호로 묶어, 다음과 같이 평범한 일반대수 형태의 문제로 만들었을 것이다.

$$yz(x+x') + y'z(x+x') + xyz'$$

그런데 불논리에 따르면 $x + x'$는 늘 참이다. 그도 그럴 것이, $x$는 참이거나 거짓이므로 $x + x'$는 늘 참일 수밖에 없기 때문이다. 그러므로 섀넌은 $x + x'$가 회로의 출력에 하등의 영향을 미치지 않는다는 사실을 깨닫고는 안심하고 제거했을 것이다.

$$yz + y'z + xyz'$$

이제 $z$를 포함한 항이 두 개 있으므로, 섀넌은 다시 한 번 함수를 정리할 수 있다.

$$z(y + y') + xyz'$$

그리고 앞에서 언급했던 것과 동일한 이유로, 괄호 속의 $y + y'$는 늘 참이므로 안심하고 제거할 수 있다.

$$z + xyz'$$

마지막으로, 불논리에는 이 함수를 더욱 간편화할 수 있는 규칙이 있다. 불은 $x + x'y = x + y$임을 증명했다. 즉 우리말로 쉽게 설명하면, '눈이 파랗거나, 왼손잡이이고 눈이 파랗지 않은 사람이 누구야?'라는 질문은 '눈이 파랗거나 왼손잡이인 사람은 누구야?'라는 질문과 똑같다는 말이다. 섀넌은 이 규칙을 위 함수에 적용하여 $z'$를 제거하고 아래와 같은 함수로 만들었다.

$$z + xy$$

섀넌이 맨 처음 받아 쥐었던 허접한 명령문을 상기해보라. 그 정도의 수학 실력을 가진 사람이라면, 아래의 두 가지 명령문이 100퍼센트 동일하다는 것을 증명할 수 있었을 것이다.

$z$만 On이거나, $y$와 $z$가 On이거나, $x$와 $z$가 On이거나, $x$와 $y$가 On이거나, 세 개가 모두 On이라면 전원을 켜라.

$z$가 On이거나, $x$와 $y$가 On이라면 전원을 켜라.

다시 말해서, 그는 두 개의 연결(하나의 병렬과 하나의 직렬)을 갖고서 11개의 연결로 이루어진 작업을 수행하는 방법을 발견했다. 스위치를 단 한 번도 만져보지 않고, 오로지 불연산으로만 말이다.

이상과 같은 통찰로 무장한 섀넌은 논문의 나머지 부분에서 많은 가능성을 입증했다. 이진수 덧셈을 하는 계산기, 전자알람이 장착된 단추 다섯 개짜리 번호자물쇠……. 방정식만 설계되면 제품은 다 만든 것이나 마찬가지였다. 예술 행위처럼 치부되었던 회로설계는 사상 최초로 과학이 되었으며, 예술을 과학으로 전환한 것은 클로드 섀넌의 경력에서 품질보증 마크가 되었다.

섀넌이 개발한 시스템의 또 한 가지 매력은, 스위치가 상징으로 전환되자마자 스위치가 더 이상 필요하지 않게 되었다는 것이다. 시스템은 —투박한 스위치에서부터 현미경으로만 볼 수 있는 분자배열에 이르기까지— 어떤 매체에든 적용될 수 있었다. 필요한 것은 단지 Yes와 No를 표상할 수 있는 논리 게이트logic gate(하나의 출력로의 값이 몇 개의 입력로의 논릿값으로 결정되는 논리 회로. 디지털 회로를 만드는 데 가장 기본적인 요소임_옮긴이)일 뿐이었고, 게이트는 뭐라도 상관없었다. 방 크기만 한 기계식 컴퓨터의 수고를 덜어주는 규칙은 진공관·트랜지스터·마이크로칩의 회로에 내장될 수 있었고, 모든 회로의 기본은 0과 1로 구성된 이진논리였다.

그러나 아무리 획기적인 발견이라도, 알고 보면 간단한 경우가 의외로 많다. "사실 별거 아니었어요"라고 섀넌은 말했다.

— • —

온 세상이 발칵 뒤집혔다. "20세기에서 가장 중요하고 가장 유명한 석사학위 논문" "역사상 가장 위대한 석사학위 논문 중 하나" "역사상 가장 중요한 석사학위논문" "불후의 논문"……. '공학자들을 위해 고안된 일련의 시간 절약 기술들'이 그런 엄청난 찬사들을 한 몸에 받을 만한 가치가 있을까? 동료들이 스위치 11개로 하던 일을 클로드 섀넌이 스위치 2개로 해낸 게 뭐 그리 대단할까? 모로 가도 서울만 가면 되는 거 아닌가?

그것은 획기적 사건이었음에 틀림없지만, 섀넌의 논문이 야기할 가장 급진적인 결과는 대략 함축되었을 뿐 명확히 언급되지 않았다. 다만 그 중요성은 시간이 경과함에 따라 분명해졌다. 클로드 섀넌이 조지 불에 이어 등호(=)를 조건(if)과 동일시한 것으로 밝혀졌을 때, 함축된 의미는 더욱 뚜렷해졌다.

'1 + 1 = 1'이란 '만약에(if) 전류가 병렬로 연결된 두 개의 스위치를 통과하면 전구에 불이 들어온다(또는 계전기가 Yes를 의미하는 신호를 전달한다)'는 것을 의미한다. '0 + 0 = 0'이란 '만약에 전류가 병렬로 연결된 두 개의 스위치 중 어느 하나도 통과하지 않으면, 전구에 불이 들어오지 않는다(또는 계전기가 No를 의미하는 신호를 전달한다)'는 것을 의미한다. 같은 스위치라도 입력에 따라 상이한 출력이 나온다? 이것을 의인화하여 해석하면, '회로가 결정을 내린다'고 할 수 있다. 다시 말해서 회로가 논리연산을 수행할 수 있다는 이야기이다. 사실 많은 회로들이 엄청나게 복잡한 논리연산을 수행할 수 있다. 논리적 퀴즈를 풀 수도 있고, 주어진 전제하에서―인간이 연필로 하는 것만큼이나 확실하고, 게다가 더 빨리―결론을 도출할 수 있다. 조지 불이 '논리를 일련의 이진법적 진위 판단으로 전환하는 과정'을 일찌감치 증명한 이상, 이진법을 표상할 수 있는 시스템이라면 어느 것이나 (불이 기술한) 논리 세계에 보편적으로 접근할 수 있었다. 사고의 법칙이 무생물계에까지 영토를 확장한 것이다.

클로드 섀넌이 기념비적 석사학위 논문을 발표한 바로 그해에, 영국의 수학자 앨런 튜링은 기계지능machine intelligence으로 나아가는 데 필요한 결정적 단계를 발표하여 유명해졌다. 그의 결론을 요약하면, "이론적으로 볼 때, 모든 해결 가능한 수학 문제는 기계로 해결할 수 있다"는 것이다. 그는 "연산 도중에 자신의 명령문을 스스로 재프로그래밍할 수 있는 컴퓨터"로 나아가는 방법을 제시했는데, 그것은 유연성을 지닌 만능 기계로서 기존의 상상력을 완전히 뛰어넘는 것이었다.

섀넌은 "모든 합리적인 논술은 기계에 의해 평가될 수 있다"고 증명했지만, 튜링이 제안한 기계는 아직 이론적 구상에 불과했다. 튜링은 임의의 기다란 자기테이프 가닥을 처리하는 가상의 판독/기록 헤드를 이용해 자신의 주장을 증명했는데, 그 판독/기록 헤드는 가동부moving part가 하나인 상상의 컴퓨터였다. 반면에 섀넌은 모든 전화 교환기에 존재하는 회로에서 논리적 가능성을 증명했다. 요컨대 그는 먼 훗날 공학자와 프로그래머들이 기계에 논리를 이식할 수 있는 방법을 실질적으로 증명했다. 월터 아이작슨은 클로드 섀넌의 도약을 일컬어 "모든 디지털 컴퓨터의 기본 개념이 되었다"고 말했다.

그로부터 5년 후, 튜링과 섀넌은 제2차 세계대전에 동원된 과학자들이 드나드는 벨연구소의 구내식당에서 만났다(12장 참조). 그들이 담당한 프로젝트가 극비 사항이었던 터라 둘은 넌지시 암시만 할 수 있을 뿐이었다. 그때 건설적인 대화는 아직 시작되지도 않았다고 봐야 한다. 그럼에도 1년 동안 디지털 컴퓨터의 토대를 쌓은 그해를 컴퓨터 시대에서 '기적의 해annus mirabilis'라고 할 수 있다. 특히 그들은 세부적인 별개의 의사

결정이 차례로 배열된 디지털 컴퓨팅의 가능성을 증명했다.

클로드 섀넌이 논문을 발표한 지 10년도 채 지나지 않아, '위대한 아날로그 기계'였던 미분해석기는 완전히 퇴물로 전락하여 디지털 컴퓨터로 대체되는 수모를 당했다. 디지털 컴퓨터는 문자 그대로 1,000배나 빠른 속도로 질문에 실시간으로 응답했다. 디지털 컴퓨터를 제어하는 것은 수천 개의 논리 게이트이며, 각각의 게이트는 이진법적 장치로서 역할을 수행했다. 그 매개체는 스위치가 아니라 진공관이었지만, 기본 설계는 섀넌이 만든 발명품의 직계 후손이었다.

— • —

그러나 1937년 바네바 부시는 이상의 모든 일들을 전혀 예견하지 못하고, 복잡하고 성능 좋은 미분해석기 버전을 개발하는 데 몰두했다. 심지어 클로드 섀넌도 마찬가지였다. 그 놀라운 기계의 위세에 눌린 그들에게, 섬세하게 가공된 원반과 기어를 본질적으로 전신 키보다 복잡할 것도 없는 스위치로 대체한다는 것은 어떤 면에서 퇴행인 것처럼 보였을 것이다. 100톤짜리 베헤못의 분석 능력이 옆구리에 달라붙은 조그만 상자에 뒤떨어진다는 점도 못마땅하거니와, (너무나 직관적이어서 학교에서 가르쳐주지도 않는) 기계적 계산법에 따라 수동으로 조작되던 기계가 (정체를 알 수 없는) 불투명한 캐비닛에 자리를 내준다는 것도 마뜩찮았다. 윌리엄 톰슨에서 바네바 부시에 이르기까지, 아날로그 컴퓨터는 어떤 의미에서 공학이 직면한 기나긴 막다른 골목이었다.

# 5. 인습에 얽매이지 않은 청년

대부분의 위대한 저술가들은 참고문헌bibliography이 있을지언정 자서전 biography은 없다는 말이 있다. 저술 활동에 필수적이었던 삶에 대한 기록 은 거의 없고 책장에 아로새겨진 단어만 남아 있을 뿐이라는 얘기다. 간 혹 "몇 시간째 꿈쩍도 하지 않고 펜을 휘갈기는 모습"을 증언하는 '미심 쩍은 목격담'과 마주치긴 하지만, 우리가 알고 있는 그들의 사람됨은 상 당 부분이 저술에서 유래한다. 분야는 다르지만, 이삼십대 청년기에 여 생과 견줄 수 없는 속도와 집중력을 발휘했던 클로드 섀넌의 경우도 마 찬가지이다. 그가 쓴 자서전이 없는 마당에, 그의 업적과 활동을 되새겨 봄으로써 우리가 복원할 수 있는 그의 진면목은 무엇일까?

클로드 섀넌과 함께 MIT 전기공학부에 함께 다녔던 동시대인들이 선 정한 논문 주제 몇 가지를 생각해보자. '원형 전선의 표피효과-저항 비 율', '회전하는 기계의 가속을 측정하는 두 가지 방법 연구', '파이렉스 유리의 붕괴에 대한 세 가지 메커니즘', '산업용 발전기의 리모델링 계 획', '보스턴과 마이애미 철도 헤이버빌 지사 일부의 전기화 제안'. 이와 같은 모든 주제는 세상과 실질적으로 밀접하게 관련되어 있었다. 최고의 전통을 가진 공과대 학생으로서, 그들은 구식 재료의 새로운 사용법, 또는 높은 효율과 동력을 제공하는 물리 시스템을 구축하는 방법을 모색하느라 밤을 지새웠다.

따분한 공학 이야기는 이 정도로 하고, 클로드 섀넌 개인에 대해 이야기해보자. 그는 학위뿐 아니라 인간적으로도 남다른 사람이었다. 그는 평생 동안 땜장이였으며, 할 일이 없어진 지 한참이 지난 후에도 손을 놀렸다. 그러나 다른 땜장이들과 달리, 그는 땜질을 즐겼다. 그는 모든 물건을 손 닿는 데 두고 주물럭거리기를 좋아했는데, 그러다가 결국에는 자신의 방법론을 적용하여 뭔가를 만들어냈다. 그에게 스위치는 단순한 스위치가 아니라 수학의 메타포였다. 세상에는 수많은 저글러와 외발자전거꾼들이 있었지만, 섀넌만큼 강박적으로 그런 활동을 방정식에 꿰맞추려는 사람은 거의 없었다. 가장 중요한 것은, 인간의 모든 의사소통 과정에 자신의 방법론을 투사함으로써, 모든 메시지가 공통으로 포함하고 있는 구조와 형태를 도출해냈다는 것이다. 이러한 추상화 능력을 통해, 그는 '지칠 줄 모르는 썬파워'라기보다 '모형 만들기'의 달인임을 증명했다. 다시 말해서 그는 커다란 문제에서 핵심 알맹이를 요령껏 추출해내는 데 도가 튼 사람이었다. 섀넌은 모든 문제에서 기술과 모호성이라는 요소를 제거하고, 인간의 인공물을 이용하여 수학을 표상하는 방법을 일찌감치 발견했다. 그리하여 스물한 살이라는 젊은 나이에 찬란한 업적을 남겼고, 그 업적은 그가 나중에 남기게 될 모든 성과의 밑바탕이 되었다.

세상에는 두 부류의 과학자가 있다. 세상의 풍부함에 압도되어 온갖 정보를 챙기는 데 열중하는 과학자가 있는가 하면, 세상에서 한 발자국 뒤로 물러나 관조적 자세로 연구에 임하는 과학자도 있다. 섀넌은 후자에 속하는 과학자였다. 가장 왕성하게 활동한 20대 시절 골똘한 생각에 잠긴 나머지 골방 깊숙이 파묻혀 지냈으며, 거의 병적일 정도로 수줍어했다. 그러나 몰입력이 높은 그는 다른 한편으로 놀이와 장난을 좋아했다(정확히 말하면, 좋아하기보다는 적성에 맞았다고 하는 게 나을지도 모르겠다). 주변의 물건들을 좋아할 뿐 아니라 그것들을 숫자·정리·논리의 저렴한 대용품으로 간주하는 습관은 (적당한 성격과 결합하면) 세상을 영구적인 장난감으로 만들 수 있다.

만년에 한 인터뷰에서 진행자가 그에게 이렇게 물었다.

"평생 동안 그렇게 홀가분하게 살아온 비결이 뭔가요?"

섀넌이 대답했다.

"난 마음 가는 대로 살아요. 내 목표는 '유용성'이 아니라 '최상의 만족'이에요……. 난 자신에게 늘 물어요. 이걸 어떤 식으로 할 거지? 기계로 하여금 이걸 하게 만들 수 있을까? 이 정리를 증명할 수 있을까?"

최상의 만족에 몰입하는 사람에게, 세상은 '거기에 늘 그렇게 존재하는 것'이 아니라, '가지고 놀며, 손과 마음으로 마음껏 주무를 수 있는 대상'이다. 섀넌은 무신론자였는데, 신앙의 위기를 겪고 나서 그렇게 된 게 아니라 날 때부터 원래 그랬다고 한다. 그는 같은 인터뷰에서 '인간 지능의 기원'에 대해 이야기하느라 머리를 쥐어짜다가 이렇게 말했다.

"나는 우연히 무신론자로 태어났으며, 만약에 유신론자였다면 과학자 노릇 하는 데 별 도움이 안 됐을 거예요."

그러나 "우리가 보는 세상은 뭔가 다른 것을 표상할 뿐"이라고 직감하는 그를 보면, 그의 혈관에는 먼 청교도 조상의 피가 흐를 것이라는 예감이 든다.

— • —

세속적인 면이라고는 눈곱만큼도 없는 내성적인 성격의 섀넌에게는, 다른 사람들(심지어 감정이 메마른 것으로 간주되는 MIT 기술자들까지)의 보호 본능을 자극하는 뭔가가 있었던 것 같다. 그는 소도시 출신의 깡마른 대학원생으로, 누가 봐도 총기가 넘쳤다. 그러나 각진 얼굴에다 울대뼈가 너무 커서, 방금 전 강도에게 습격을 받았거나 버스에 치인 청년처럼 보였음에 틀림없다. 석사학위 논문을 발표한 후 비행술 강의에 등록했을 때, 강의를 맡은 MIT 교관은 즉시 그를 '뭔가 미심쩍은 데가 있는 인물'로 지목하고 뒷조사를 했다. 그가 20세기 최고의 석사학위 논문을 쓴 인물임을 알게 된 교관은 MIT 총장에게 이런 편지를 썼다.

"장담컨대, 섀넌은 용모가 특이할뿐더러 장래가 매우 촉망되는 비범한 천재입니다."

그는 총장의 허락을 받아 섀넌이 조종석에 앉지 못하도록 할 요량이었다. 그런 귀중한 두뇌의 소유자가 항공기 추락 위험을 감수해서는 안 되기 때문이었다.

그로부터 이틀 후, MIT 총장이자 물리학자 칼 테일러 컴튼은 다음과 같은 분별 있는 답장을 보내왔다.

"지적 우수성을 근거로, 한 청년에게 비행을 삼가도록 촉구하거나 비행과 관련된 기회를 임의로 박탈하는 것은 바람직하지 않습니다. 그런 조치가 그의 인격 도야와 성격 발달에 도움이 될지 심히 의심스럽습니다."

샤넌은 총장의 배려 덕분에 비행을 계속할 수 있었다. 다른 학생들과 마찬가지로 '뇌 속에 든 것'들을 상실할 위험을 감수하도록 허용 받은 것이다. 그는 비행 학교에서 사용하는 구식 비행기의 날개와 프로펠러에 자신의 뇌를 맡겼지만 늘 무사히 착륙했다. 1939년 촬영한 사진을 보면 비행 학교에서 흔히 사용되는 2인승 경비행기 파이퍼클럽Piper Club 옆에 서 있다. 풀 먹인 흰 칼라가 달린 어울리지 않는 옷을 입고 넥타이를 단정히 맨 그는 프로펠러에 손을 얹고 사진사에게 '실물보다 잘 나오게 찍어 달라'고 신신당부했다.

샤넌의 경력을 책임 진 사람들은, 그의 안전을 책임 진 사람들만큼이나 보호 본능이 강했다. 바네바 부시는 동료들에게 그를 이렇게 소개했다.

"샤넌은 인습에 전혀 얽매이지 않는 청년입니다. 매우 수줍어하고 내성적이고 겸손하며, 늘 남들이 가지 않은 곳에 발을 디디려 노력합니다."

클로드 샤넌의 논문이 (그의 스승인 바네바 부시가 15년 전 피땀 흘려 개발한) 아날로그 컴퓨터의 종말을 고할 게 뻔했음에도 불구하고, 교육자이자 공학자로서 큰 뜻을 품었던 부시는 샤넌을 처음 봤을 때 천재성을 단박에 인정했다. 과학 작가 윌리엄 파운드스톤은 이렇게 말했다.

"부시는 샤넌이 거의 만능 천재가 될 거라고 믿었다. 왜냐하면 그의 재능이 미치지 않을 분야가 한 군데도 없었기 때문이다."

그보다 더 중요한 것은, 바네바 부시가 섀넌의 진로를 선택하는 임무를 자청해서 맡았다는 것이다.

1930년대 말, 바네바 부시는 미국 과학계에서 가장 큰 영향력을 행사하는 인물 중 하나였다. 섀넌은 운 좋게도 그를 후견인으로 얻었다. 섀넌이 논문을 발표한 해에, 바네바 부시는 "전기공학보다는 수학의 위상이 높다"고 강조하며 그를 MIT 수학박사 과정에 추천했다. 그와 동시에, 자신이 공학계에서 차지하는 비중을 이용하여 섀넌의 논문에 앨프리드 노블상Alfred Noble Prize이라는 '비운의 상'을 안겨주었다. 노블상이 비운의 상인 데는 그만한 이유가 있었다. 왜냐하면 그 상을 언급하는 학자들이 하나같이 "훨씬 더 유명한 알프레드 노벨상Alfred Nobel Prize의 짝퉁"이라고 강조했기 때문이다. 분명히 말하지만, 노블상이 결코 노벨상의 짝퉁은 아니었다. 그것은 미국토목학회가 삼십오 세 미만의 학자가 쓴 최우수 논문에 주는 상으로(노블Noble은 해당 분야에서 일찌감치 두각을 나타냈다는 뜻이다), 의장이 새겨진 상패와 함께 500달러의 상금이 수여되었다. 외부의 편견도 심해,《뉴욕타임스》는 8면에 "청년 강사, 노블상 수상"이라고 짧게 보도했다. 하지만 클로드 섀넌을 배출한 미시간주에서 발간되는《옷세고 카운티 헤럴드》만은 달랐다. 으레 그렇듯, "미시간의 건아 섀넌, 크게 성공하다"라고 1면 톱기사로 내보냈다.

수상 소식을 전해 들은 섀넌은 누구에게 감사해야 할지 잘 알았다.

"상을 받아서 기쁘긴 하지만, 왠지 선생님이 막후에서 영향력을 행사했을 거라는 예감이 듭니다."

그는 바네바 부시에게 이런 편지를 썼다.

"만약 그게 사실이라면, 매우 감사합니다."

— • —

마지막으로, 바네바 부시는 섀넌에게 적당한 논문 작성 프로젝트를 제시하는 일을 맡았다. 그런데 그가 들이댄 분야는 뜻밖에도 유전학이었다. 언뜻 생각하면 의아한 느낌이 들 수도 있지만, 섀넌의 다재다능함을 감안하면 해볼 만한 분야였다. 회로와 유전자의 원리는 누구나 배울 수 있지만, 그 밑바탕에 깔린 논리를 발견하는 데 필요한 분석 기술은 선천적인 경우가 많다. 섀넌은 이미 독특한 대수학을 계전기에 적용하여 큰 성과를 거둔 바 있지 않은가! 바네바 부시는 동료들에게 이렇게 설명했다.

"특별한 대수학을 이용하면, 멘델식 유전의 다양한 측면 중 일부를 다룰 수 있을 겁니다."

그러나 그보다 더욱 중요한 것은, 바네바 부시가 마음속 깊이 품었던 '전문화는 천재의 무덤'이라는 확신이었다.

"지나친 전문화와 세분화를 지향하는 요즈음, 넓이와 깊이를 겸비한 것으로 유명한 레오나르도 다 빈치나 벤저민 프랭클린이 다시 태어나도 버티기 힘들다는 점을 명심해야 합니다."

바네바 부시는 한 MIT 강연에서 이렇게 말했다.

"하나의 작은 분야에만 관심을 갖고 다른 부문에는 전혀 무관심한 청년들이 넘쳐나고 있어 걱정입니다……. 한 명의 총명하고 창의적인 천재가 현대판 수도실(종교적 은둔자, 수행자 또는 수도사가 혼자 머물며 수도하는 방_옮긴이)에 머물기를 고집한다는 것은 불행한 일입니다."

바네바 부시의 강연은 섀넌이 케임브리지에 도착하기 전에 행해졌지만, 바네바 부시가 학생들에게 걸었던 기대가 얼마나 컸는지 짐작하고도 남음이 있다. 바네바 부시의 뜻을 받아들인 섀넌은 미분해석실(마치 수도원처럼, 교대로 밤을 세워가며 미분해석기를 조용히 관찰하는 남자들로 가득 찬 방)과 그보다 훨씬 더 작은 방(회로 상자)을 떠나, 케임브리지에서 남쪽으로 320킬로미터 떨어진 곳에 위치한 롱아일랜드의 콜드스프링하버에 도착했다. 그는 나중에 유전학 논문을 들고 케임브리지로 돌아왔는데, 바네바 부시의 독려가 없었다면 그 논문은 탄생하지 않았을 것이다.

# 6. 콜드스프링하버

1939년 여름, 섀넌은 '미국 최고의 유전학연구소' 중 하나인 동시에 '미국 최고의 과학적 골칫거리' 중 하나인 우생학기록사무소Eugenics Record Office(ERO)에 도착했다. 1910년 미국의 우생학 운동을 총지휘하는 ERO가 처음 문을 열었을 때, 일부 진영에서는 그곳을 '최적격 혈통의 선별적 육성'과 '결함 있는 혈통의 단종'을 추진하는 급진 세력의 전위대로 간주했다. ERO의 설립자는 "인구의 3~4퍼센트가 문명의 발달을 방해하는 걸림돌"이라는 입장을 천명했고, 장기 집권한 ERO 소장은 지역별 결함자 수 목록을 일목요연하게 작성하여 주 의원들에게 우편으로 발송했다. 우생학운동이 시들해진 1939년, 우생학자들보다 우생학을 더 진지하게 받아들인 나치 독일은 최후의 발악을 했다. (끔찍하게도, 1936년 나치가 제작한 포스터를 보면, 우생학법을 채택한 다른 나라들의 국기와 함께 미합중국기가 힘차게 펄럭이고 있다. 포스터에는 다음과 같은 글귀가 새겨져 있다. "우리는 결코 외롭지 않다.") 그 당시 바네바 부시가 이룬 업적 중에는, 미국에서 우생학을 완전히 뿌리 뽑는 데 기여했다는 내용이 포함되어야 한다. 그는 ERO에 자금을 지원한 워싱턴 카네기연구소장으로 취임하여, 단종법을 옹호한 소장을 퇴임시키고 1939년 12월 31일부로 ERO를 폐쇄하라고 지시했다.

그러나 일명 '독 나무'로 악명을 떨쳤던 ERO에도 약간의 유용한 자료들이 보관되어 있었다. 섀넌은 쓸 만한 자료를 수집할 요량으로, ERO가 폐쇄되기 몇 달 전 그곳에 들렀다. 사실 유전과 대물림에 대한 데이터를 우생학자보다 많이 수집한 과학자는 별로 없었다. 어느 면에서 보면, '우생학과 현대 유전학의 관계'는 '연금술(다락방에서 탄생한, 평판이 안 좋은 친척)과 화학의 관계'와 비슷하다. 따라서 엉터리 데이터들을 걸러내고 나면, 고품질 우생학 데이터는 거의 모두 ERO에 보관되어 있다고 해도 과언이 아니었다. ERO는 4반세기에 걸쳐 100만 장 이상의 색인 카드를 축적했는데, 그 속에는 인간의 형질과 가계도에 대한 정보가 빼곡히 담겨 있었다.

색인 카드 중 상당수는 현장 연구자들의 연구 결과가 누적된 것이지만, 그보다는 시험 대상자들이 (자손의 적합성 여부에 대해 조언해준 보답으로) 자발적으로 제공한 것이 더 많았다. 색인 카드들은 파일 속에 차곡차곡 담긴 채 거대한 내화금고 안에 보관되어 있었다. 생리(생화학적 결핍, 색맹, 당뇨병), 성격(예지력 부족, 반항심, 신뢰성, 과민성, 폭력성, 인기, 급진성, 보수성, 방랑벽), 사회행동(범죄성, 매춘, 학문적 기질, 알코올중독, 애국심, 반역) 등의 형질이 총망라되어 있었으며, 각각의 형질은 도서관의 책처럼 코드화되어 있었다. 예컨대 섀넌은 체스 게임 능력을 연구하려면 4598이라는 코드가 부여된 파일을 참고해야 했는데, 여기서 4는 정신적 형질, 5는 전반적인 정신 능력, 9는 게임 수행 능력, 8은 체스를 의미한다.

ERO의 유전학 자료 중에는 확고한 고품질 데이터, 쓰레기 데이터(저학력 지원자들의 신뢰성 없는 증언, 서커스에 출연하는 기형아들에 관한 시시콜콜한 보고서, 심지어 자동차 경기 스케줄), 그사이의 어디쯤에 속하는 어중간한 데이터들이 거의 무작위로 뒤섞여 있었다. 일례로 쓰레기나 다름없는 데이터 중에는, ERO의 설립자가 작성한 '바다사랑증thalassophilia 관찰 보고서'가 있었다. 바다사랑증이란 그리스어에서 유래한 탈라스thalass(바다)와 필리아philia(사랑)의 합성어로, '바다를 사랑하는 유전적 성향'을 뜻한다. 바다사랑증은 가문에 대대로 이어져 내려오는 '뱃사람 기질'의 원인이 되는 것으로 알려졌는데, 관찰 보고서의 내용은 다음과 같았다.

"선원의 아버지가 바다를 좋아하지 않는 경우가 있다. 이는 바다사랑증의 원인 유전자가 열성임을 의미한다. 이론적으로, 어떤 여성의 바다사랑 유전자형이 헤테로(Tt)라면 뱃사람(tt)과 결혼할 경우, 자녀의 절반이 뱃사람 기질을 나타내게 된다."

바네바 부시는 선장을 많이 배출한 가문의 후손이어서 위와 같은 논리 전개의 타당성을 평가할 수 있었지만, ERO에 보관된 쓰레기 데이터의 상당 부분은 '인간의 복잡한 형질은 (유전학적 근거만 댈 수 있다면) 단일유전자를 이용해 제어할 수 있다'는 단세포적 가정에 기초했다. 그러나 그것은 수학을 잘 모르는 유전학자들이 주먹구구식으로 내린 결론에 불과했다. 더욱이 생물학자들이 엑스선을 이용해 나선형 DNA 구조를 발견한 것은 그로부터 10여 년 후였다. 섀넌은 이처럼 불확실한 상황에 대해, "유전자의 존재가 증명될 때까지, 우리는 '유전자가 실제로 존재한다'는 가정 하에서 논리를 전개할 수 있을 뿐이다"라고 썼다. 더욱 중요한 것은, 통계학과 확률을 이용해 전 인류에 걸쳐 분포하는 무수한 형질을 평가하지 않는다면 유전학자들은 '완두의 키'나 '수탉 벼슬의 형태'와 같은 흥밋거리 이상을 설명할 수 없었다는 것이다. 또한 우생학자들은 아무런 성과도 없이, 바다사랑증이나 반역 유전자에 대한 무의미하고 위험한 추측에 몰두할 수밖에 없었다. 섀넌의 어린 시절에는 J. B. S 홀데인(1892~1964), 로널드 피셔(1890~1962), 수얼 라이트(1889~1988)와 같은 과학자들이 생물통계학이라는 무기의 사용법을 연마하여, '다윈의 진화론'과 (다윈이 몰랐던) '멘델의 유전학' 간의 위대한 현대적 통합을 이루기 시작했다. ERO에 보관된 데이터에 뜻밖의 가치를 부여한 것은 세 사람의 노력 덕분이었다. 그리하여 클로드 섀넌은 미분해석실을 나와 개체군유전학 연구의 바통을 이어받게 되었다. 박물학자와 잠자리채에 대한 요구가 사라지자, 생물학에서도 (컴퓨터 제작과 마찬가지로) 수학자들의 노력이 요구되기에 이르렀다.

— • —

섀넌의 유전학 논문 수정을 도와주기 한참 전에, 콜드스프링하버에서 섀넌의 연구를 지도한 바버라 스토다스 버크스는 어린이용 그림책 한 권을 가끔씩 펼쳐 나직한 음성으로 읊조리곤 했다.

"하늘에서 수천 개의 별들이 반짝거리는데, 아빠가 나에게 남십자성을 보여줍니다. 그것은 네 개의 밝은 별로 이루어진, 연 모양의 별자리입니다. 그러나 어른들은 그것을 십자가라고 부르며, 어떤 사람들은 그걸 보고 매우 자랑스러워합니다. 왜냐하면 그 별을 보기 위해 먼 곳에서 여행을 왔기 때문입니다."

바버라 버크스만큼 먼 거리를 여행한 과학자는 거의 없었다. 그녀는 어린 시절 부모님, 두 명의 선생님과 함께 필리핀의 산맥을 여행했고, 미국에 돌아와서는《바버라의 필리핀 여행기Barbara's Philippine Journey》라는 그림책의 주인공으로 등장했다. 그 책은 그녀의 어머니가 나이 어린 바버라의 말투로 쓴 것이었다. 그때는 여성들이 순수 학문에서 배제되고 이론보다 현장 연구에 투입되던 시기였지만, 그녀는 온갖 역경을 이겨내고 미국 과학계의 지도층에 올랐다. 자기보다 열네 살 아래인 클로드 섀넌과 마찬가지로 20대 시절에 최고의 성과를 거뒀지만, 섀넌과 달리 내성적이거나 수줍음을 타지 않았다. 심지어 '저 여자는 자신의 결론을 매우 공격적으로 방어하며, 남자들에게 결코 밀리지 않는 배짱을 가졌다'고 낙인찍은 남성 동료들과 맞서는 방법을 터득했다.

버크스는 현장 연구를 중시했고, 유전학 연구에 엄밀한 통계학을 도입했다. 그녀는 연구 활동 중 상당 부분을 해묵은 '본성-양육 문제'에 할애했으며, 그중에서도 특히 지능에 초점을 맞췄다. 버크스의 연구 중에서 가장 논란이 많았던 것은, '유전과 환경이 IQ에 미치는 영향'을 분리하려는 노력이었다. 예컨대, '양육 없는 본성'은 서로 떨어져 성장한 일란성쌍둥이를 비교하는 연구였고, '본성 없는 양육'은 입양된 자녀와 양부모의 지능을 비교하는 연구였다. 그녀는 스물네 살에 수행한 입양아 연구에서, "IQ의 차이는 75~80퍼센트가 유전된 것이다"라는 이론의 여지가 있는 결론을 내렸다. 버크스는 우생학에 관련되는 것을 거부했지만, 바네바 부시의 관심을 끈 것과 똑같은 이유 때문에 콜드스프링하버에 보관된 100만 장의 색인 카드를 열람하러 방문했다. 그리고 ERO가

폐쇄되기 몇 년 전 신뢰할 만한 방법을 하나 발표했는데, 그 내용인즉 "파일 중에서 쓰레기를 걸러냄으로써 유용한 데이터를 얻을 수 있다"는 것이었다.

다시 말해서 버크스는 지능 연구의 전문가이자 롤 모델이었다. 그런 버크스가 섀넌의 유전학 논문 초고를 읽고 MIT에 보낸 편지에서, "섀넌은 재능이 매우 뛰어난 사람입니다"라고 극찬했을 때, 그녀의 말에는 큰 무게가 실릴 수밖에 없었다. 버크스는 부시와 함께, 젊은 섀넌에게 더 이상 가르칠 게 없는 노교수들의 신세를 한탄했다.

"섀넌의 얼굴을 바라볼 때 자괴감이 들지 않나요?"

그럼에도 섀넌은 아직까지도 유전학 전체를 밑바닥에서부터 배워야 하는 처지였다. 대립유전자, 염색체, 이형접합성과 같은 용어를 처음 들었을 때, 그는 부시에게 "무슨 소린지 당최 이해할 수가 없습니다"라고 고백했다. 그런 궁색한 환경에서 출발하여 새로운 과학을 대부분 숙지하고, 1년도 채 안 되어 출판 가능한 연구를 수행하다니! 섀넌은 진정한 만능 천재였다.

— • —

1940년 섀넌에게 수학박사 학위를 안겨준 '이론유전학을 위한 대수학An Algebra for Theoretical Genetics'이라는 논문은, 재능 있는 무경험자가 낙하산을 타고 '이상한 나라'에 떨어진 흔적투성이였다. 섀넌은 참고문헌 목록에 다른 논문 7건을 겨우 인용하고, '유전학을 위한 수학적 방법론'은 문자 그대로 유례가 없어서 그럴 수밖에 없었노라고 변명했다.

"이 논문에서 언급한 특별한 대수학을 다룬 연구는 지금껏 없었습니다."

그러나 자신의 독창성에 대한 확고한 믿음은 대가를 톡톡히 치렀다. 한 번은 생물학자들 앞에서 새로 발견한 유전학 원리를 설명했는데, 알고 보니 생물학자들 사이에서 20년간 상식으로 통하던 이야기였다. 유전학 강의를 하나만 듣거나 도서관에서 몇 주 동안만 더 시간을 보냈더라도, 괜한 시간낭비를 피할 수 있었을 텐데…… 나중에 바네바 부시에게 털어놓은 것처럼, 유전학 교과서를 샅샅이 훑어보기는 했지만, 정기 간행물을 읽어볼 생각은 하지 못했던 게 화근이었다. 그러나 섀넌은 오래된 문제들을 새로운 시각으로 바라보기도 했는데, 그 과정에서 거의 무의식적으로 독창성을 드러냈다. 그런 의미에서, 그는 유전학계의 조지프 콘래드라고 할 수 있었다. 폴란드 출신의 콘래드는 영국어로 최고의 창의성을 발휘했는데, 그 비결은 어린 시절 폴란드에서 성장한 덕분에 영국인들의 상투적인 문구를 배우지 않은 데 있었다.

섀넌의 유전학 대수genetic algebra는, 자신이 회로용으로 달성한 업적을 세포용으로 재창조하려는 시도의 결과물이었다. 섀넌 이전에는 회로가 칠판 위에만 그려졌지, 방정식으로 기술된 적이 없었다. 물론 방정식보다 다이어그램을 조작하는 것이 훨씬 더 불편하므로, 그림에 수학 규칙을 적용할 엄두조차 내는 사람이 없었다. 섀넌의 논문에 실린 모든 내용은 '회로는 제대로 기호화되지 않았다'는 깨달음에서 비롯되었다. 만약 유전자가 제대로 기호화되지 않았다면 어떻게 해야 할까? 불대수가 (기계에 전선을 연결하려는) 공학자들의 정신적 노력을 자동화하는 데 도움이 됐다면, 유전학 대수도 (진화 과정을 예측하려는) 생물학자들에게 도움이 될 수 있을 것이다. 그 요령은 전과 마찬가지로 눈앞에 존재하는 것을 추상화하는 것이었다. 즉 상자 속에 가득한 수백 개의 스위치를 잊었던 것처럼 4598이라는 숫자가 체스 게임을 의미한다는 사실도 잊어야 했다.

섀넌은 이렇게 썼다.

"모든 수학 이론의 힘과 우아함은 적절한 기호화에 의존한다. 압축적이고 함축적인 기호는 관련된 개념을 완벽하게 기술할 수 있다."

이것은 수학자들의 뇌리에 이미 깊이 새겨진 요점으로, 일찍이 뉴턴과 라이프니츠가 거의 동시에 미적분법을 개발했음에도 불구하고, 라이프니츠의 기호 체계가 직관에 호소함으로써 승리를 거머쥔 사례에서 터득한 진리였다. 그러나 인구 전체를 유전자로 기호화한 직관적 체계는 과연 어땠을까?

본격적으로 논문을 쓰기 몇 달 전, 클로드 섀넌이 독학을 통해 익힌 유전학의 내용은 다음과 같다. 유전자는 염색체라는 막대 모양의 물체에 의해 운반되는데, 수많은 유전자들이 기다란 염색체를 따라 나란히 누워 있다. (염색체 자체는 DNA라는 분자들로 구성되며, DNA는 '네 개의 글자로 이루어진 알파벳'을 이용해 유전자를 암호화하지만, 이건 그때까지 아무도 모르던 내용이었다.) 단세포보다 복잡한 종들의 경우, 하나의 개체가 여러 개의 염색체 쌍을 보유하고 있는 경우가 대부분이다. (인간의 경우 23쌍을 갖고 있다.) 유성생식을 하는 종의 경우, 한 쌍의 염색체 중 하나는 어머니, 다른 하나는 아버지에게서 물려받은 것이다.

섀넌은 논의를 단순화하기 위해, 두 개의 염색체쌍과 16개의 유전자를 보유한 생물이 있다고 가정했다. 그리고 유전자 코드를 다음과 같이 기호화했다.

$A_1$ $B_1$ $C_3$ $D_5$                    $E_4$ $F_1$ $G_6$ $H_1$

$A_3$ $B_1$ $C_4$ $D_3$                    $E_4$ $F_2$ $G_2$ $H_2$

왼쪽 위의 항목($A_1$ $B_1$ $C_3$ $D_5$)은 한쪽 부모에게서 온 염색체이고, 왼쪽 아래의 항목($A_3$ $B_1$ $C_4$ $D_3$)은 다른 쪽 부모에게서 온 염색체이며, 두 염색체가 모여 하나의 염색체쌍을 구성한다. 첫 번째 열의 $A_1$과 $A_3$(굵은 글씨)은 하나의 유전자자리를 구성한다. 개별적으로 보면, $A_1$과 $A_3$는 각각 하나의 대립유전자, 즉 양쪽 부모에게서 각각 하나씩 온 특정 형질의 유전자를 말한다. 모든 유전자자리에 올 수 있는 대립유전자의 수는 제한되어 있으며, 부모에게서 온 대립유전자들 간의 상호작용이 자녀가 물려받는 특징을 결정한다. 섀넌은 가능한 대립유전자를 첨자로 기호화했다. $A_1$과 $A_3$는 동일한 형질의 상이한 발현(예컨대 머리칼의 경우, 하나는 갈색이고 다른 하나는 금발)이며, 어떤 특징이 우세할 것인지는 어떤 대립유전자가 다른 대립유전자를 지배하느냐(즉 우성인가)에 달렸다.

논의를 좀 더 단순화해보자. 당신이 유전학자인데, 개체군 전체를 대상으로 단 두 개의 형질(A, B)만을 연구한다고 치자. 다시 한 번 말하지만, 각 행의 기호는 양쪽 부모에게서 각각 하나씩 온 것이며, 각각의 열은 하나의 유전자자리를 의미한다. A에는 두 개의 가능한 대립유전자(예컨대 갈색 머리와 금발), B에는 세 개의 가능한 대립유전자(예컨대 큰 키, 중간

키, 작은 키)가 있다고 치자. 이때 모든 경우의 수를 따져보면, 아래와 같이 총 21명의 유전적으로 독특한 개인이 존재하게 된다.

$$A_1 B_1 \quad\quad\quad\quad A_1 B_3$$
$$\text{에서부터} \quad\quad\quad\quad \text{까지}^*$$
$$A_1 B_1 \quad\quad\quad\quad A_2 B_2$$

그러면 시간 경과에 따른 인구의 유전적 변화를 시뮬레이션하려면 어떻게 해야 할까? 즉 다른 집단(이를 교잡 집단이라고 한다)과 무작위로 교배한 결과를 예측하려면 어떻게 해야 할까? 5세대 후에는 인구의 모습이 어떻게 변할까? 1,000세대 후에는 어떻게 변할까?

종이와 인내심이 무한하다면, '21명 중 한 명'과 '교잡 집단의 구성원 한 명'을 무작위로 선택해 교배하는 경우의 수를 모두 따져볼 수 있다.

---

*

| | | |
|---|---|---|
| $A_1 B_1$ | $A_2 B_1$ | $A_1 B_1$ |
| $A_1 B_1$ | $A_2 B_1$ | $A_2 B_1$ |
| $A_1 B_1$ | $A_2 B_1$ | $A_1 B_1$ |
| $A_1 B_2$ | $A_2 B_2$ | $A_2 B_2$ |
| $A_1 B_1$ | $A_2 B_1$ | $A_1 B_1$ |
| $A_1 B_3$ | $A_2 B_3$ | $A_2 B_3$ |
| $A_1 B_2$ | $A_2 B_2$ | $A_1 B_2$ |
| $A_1 B_2$ | $A_2 B_2$ | $A_2 B_2$ |
| $A_1 B_2$ | $A_2 B_2$ | $A_1 B_2$ |
| $A_1 B_3$ | $A_2 B_3$ | $A_2 B_3$ |
| $A_1 B_3$ | $A_2 B_3$ | $A_1 B_3$ |
| $A_1 B_3$ | $A_2 B_3$ | $A_2 B_3$ |
| | | $A_1 B_2$ |
| | | $A_2 B_1$ |
| | | $A_1 B_3$ |
| | | $A_2 B_1$ |
| | | $A_1 B_3$ |
| | | $A_2 B_2$ |

이런 식으로 잡종 1세대를 계산하고 나면, 동일한 방식으로 2세대, 3세대, 4세대……를 인내심의 한계에 도달할 때까지(또는 체력이 고갈되거나 종이가 소진될 때까지) 반복적으로 계산할 수 있다. 그러나 '인구 구성원 전체'와 '관련된 유전자 모두'를 하나의 대수식으로 표현할 수 있다면 어떨까? 그 수식은 섀넌이 말한 대로 압축적이고 함축적이야 하는데, 가능하면 "하나의 변수와 하나의 방정식으로 나타낼 수 있을 정도로" 압축적이고, "반복 계산을 멈추고 중간 결과를 검토하고 싶을 때, 언제든지 압축을 해제하여 모든 구성원을 한눈에 들여다볼 수 있을 정도로" 함축적이어야 한다.

이러한 점을 감안하여, 섀넌은 인구 전체를 압축적으로 표현하는 기호를 하나 고안해냈다. 바로 $\lambda_{jk}^{hi}$ 이다. 섀넌이 목도한 바와 같이, 이 수식은 정말로 모든 숫자를 한꺼번에 나타낼 수 있다. 여기서 □는 인구 전체를 의미하며, $h, i, j, k$는 유전자를 의미한다. 인구 전체에 존재하는 유전자풀의 범위를 알면, 그 글자를 일련의 숫자로 대체할 수 있다.

먼저, $h$ 열은 하나의 유전자자리인데, 여기서 고려하는 첫 번째 형질은 두 개의 대립유전자를 갖고 있으므로 $h$나 $j$는 1에서 2까지의 값을 가질 수 있다. 다음으로, $k$ 열은 다른 유전자자리인데, 여기서 고려하는 두 번째 형질은 세 개의 대립유전자를 갖고 있으므로, $i$나 $k$는 1에서 3까지의 값을 가질 수 있다. 그러므로 $\lambda_{22}^{13}$는 한 명의 개인을 표시하는 게 아니라, 전체 인구 중에서 다음과 같은 유전자 코드를 보유하는 부분집합을 나타낸다.

$$A_1 \, B_3$$
$$A_2 \, B_2$$

$\lambda_{yk}^{bi}$ 는 유전자 빈도를 기호화하는, 매우 우아한 방법이다. 왜냐하면—여느 멋진 착시 현상과 마찬가지로—읽는 방법에 따라 두 가지 상이한 정보를 드러내기 때문이다. 수직으로 읽을 경우 변수의 열($y$와$k$)은 유전자자리를 의미하므로, 인구를 구성하는 모든 개인의 특징을 한눈에 파악할 수 있다. 수평으로 읽을 경우 변수의 행($bi$와 $jk$)은 염색체를 의미하므로, 양쪽 부모에게서 각각 물려받은 유전자 쌍을 한눈에 보여준다.

요컨대, 섀넌은 회로 이론에 사용했던 혁신적 개념을 유전학 이론에 도입했다. 석사학위 논문의 경우와 마찬가지로 기호를 현명하게 선택함으로써(병렬회로 대신 덧셈기호, 염색체 대신 변수의 행렬적 배치) 논의를 단순화하고 미래를 모형화했다. 논문의 나머지 부분에서는, 자신의 전매특허인 대수학 도구를 이용하여 일련의 유전학 정리를 증명했다. (1) n세대 후에 특정 유전자가 등장할 확률을 계산했다. (2) 여러 인구 집단의 결합은 덧셈으로, 무작위 교배는 곱셈으로 나타냈으며, 두 인구 집단의 곱 $\lambda_{yk}^{bi} \cdot \mu_{yk}^{bi}$ 을 계산하는 방법을 보여주었다. (3) 인구의 일부를 표시하는 방법, 마이너스 인구라는 가상적 개념, 시간 경과에 따른 유전자 빈도의 변화율을 선보였다. (4) 치사 인자를 도입하여, 부적응 형질이 시간 경과에 따라 자연도태된다는 점을 고려했다. (5) 생물 집단 전체를 미지수 ($x$)로 놓은 대수방정식을 이용하여, 이미 알고 있는 집단의 유전자가 주어졌을 때 계통수를 역추적하여 최초 조상의 유전자를 찾아내는 기법을 소개했다. (6) 뭐니 뭐니 해도 가장 중요한 것은 '복잡한 겹괄호로 둘러싸이고 지수가 잔뜩 포함된 12줄짜리 방정식'인데, 이 방정식을 이용하면 세대가 아무리 많이 경과한 후에도 3개 대립유전자의 빈도를 계산할 수 있었다. 논문의 결론 중 상당수는 기존 학설을 새로운 관점에서 재해석한 것이지만, 3개 형질의 미래를 예측하는 방정식은 완전히 새로운 걸작이었다. 유전학의 어휘를 배운 지 불과 1년도 안 되어, 그는 유전학계의 흐름을 5~10년이나 앞지르는 결과를 내놓은 것이다.

그러나 스위치 회로의 경우와 달리, 클로드 섀넌의 유전학적 연구는 추상화의 수준이 너무 높은 나머지 유용성이 떨어진다는 게 문제였다. 당초 '인간의 선별적 육성을 촉진한다'는 실용적 목적으로 건립된 시설에 보관된 데이터를 이용해 수행된 연구가 결국 비실용적 결과로 마무리되있다는 건 이만저만한 아이러니가 아니었다. 가장 단순한 생물의 경우를 제외하면, 섀넌의 대수학은 너무나 많은 정보를 요구했기 때문에 현실 세계를 예측할 수가 없었다.

"나의 이론은 모든 유전정보가 확보되었다는 전제하에 수립되었다."

그는 나중에 이렇게 설명했다.

"그러나 유전학자들은 유전정보를 전부 알지 못했으며, 특히 인간의 경우에는 더욱 그랬다. 그저 초파리에만 능통할 뿐이었다."

섀넌이 세상을 떠난 지 2년 후, 유전학자들은 인간 유전체의 염기서열 분석을 마쳤다. 그러나 상황이 호전되었음에도 불구하고, 섀넌의 대수학을 써먹으려면 개인들 간의 유전적 변이에 대한 데이터가 훨씬 더 많이 입력되어야 했다. 설사 섀넌의 박사학위 논문에서 뭐라도 하나 건

지더라도, 디지털 컴퓨터와 달리 즉시 써먹을 수가 없었다. 개체군 유전학을 전반적으로 평가하는 데 필요한 방법론과 기호학적 통찰을 얻은 것만도 다행으로 여겨야 했다.

섀넌의 도움 없이 그런 고난도 수학을 이해할 수 있는 유전학자는 아무도 없었을 것이다. 자칫하면 코가 꿰일지 모른다고 우려했던지, 섀넌은 논문이 타이핑되어 제본되자마자 유전학 연구에서 손을 뗐다.

— • —

어떤 의미에서, 박사학위 논문의 연구 대상은 클로드 섀넌 자신이었다. 프로젝트를 제안한 사람은 바네바 부시였고, 가설을 수립한 사람도 바네바 부시였다. 가설의 내용은 "스물한 살의 만능 천재인 섀넌이, 전혀 훈련 받지 않은(심지어 용어도 모르는) 과학 분야에서 1년 안에 독창적 성과를 거둘 수 있는가"라는 것이었다. 가설 검증 결과는 "대체로 타당하다"였다.

섀넌의 연구에서 여전히 아마추어 냄새가 난다는 점을 인정한 바네바 부시는, 막후에서 동료들을 대상으로 은밀한 의견 조사를 했다. (그는 '배심원단의 평결'을 되도록 완곡하게 섀넌에게 전달할 생각이었다.) 그는 하버드의 한 통계학자에게 다음과 같은 편지를 썼다.

"논문의 저자에게 특별한 점을 지적하기에 앞서, 귀하의 심사평을 듣고 싶습니다. 왜냐하면 나의 말 한 마디가 그를 크게 고무할 수도 낙담시킬 수도 있기 때문입니다. 단 논리 전개가 매끄럽지 않고, 간혹 연결성이 부족하며, 약간 조잡한 면이 있다는 점을 감안해주시기 바랍니다."

그의 편지에서는 애제자인 섀넌의 민감한 자존심을 배려하는 스승의 마음이 묻어났다. 워낙 내성적인 성격인 데다, 게일로드에서 시작하여 케임브리지에 이르기까지 연구 생활에서 단 한 번도 실패해본 적이 없는 만큼 더욱 조심스러울 수밖에 없었다.

그러나 바네바 부시의 우려는 완전한 기우였다. 그를 곤혹스럽게 하는 답장은 단 한 통도 없었으며, 동료들의 심사평은 "매우 적절합니다"나 "매우 큰 감명을 받았습니다" 일색이었다. 특히 바버라 버크스는 섀넌에게 아낌없는 지지를 보냈다.

"전하는 이야기에 따르면, 17세기의 수학자 파스칼은 열두 살의 나이에 놀이방 바닥에 그림을 그리다가 유클리드의 기하학 정리를 스스로 발견했다고 합니다. 섀넌의 연구도 그와 비슷한 사례입니다. 조금만 다듬어 책으로 출판하면 큰 반향을 일으킬 것이라 확신합니다."

바네바 부시는 즉시 섀넌에게 편지를 보내, 전문가들의 심사평을 전달하며 그를 칭찬하고 격려했다. 그럼에도 섀넌은 바네바 부시의 덕담을 애써 외면했다. 그는 자신의 유전학 연구 자료를 모두 철해 한 곳에 치워놓고는 거들떠보지도 않았다. 전혀 내색을 하지 않아, 자신의 논문이 "열두 살짜리 천재가 마룻바닥에 끼적인 도형"과 비교되었다는 말을 들었는지는 도무지 알 수 없다. 여러 정황으로 미뤄보건대, 파스칼이 되어 만인이 아는 상식의 의미를 재발견하는 일은 두 번 다시 하고 싶어하지 않는 듯한 눈치였다. 그런 재발견은 '만능 천재의 비범함'이나 '부적절한 공학자의 오지랖'을 과시할지언정, 뭔가 새로운 것을 세상에 알리는 것은 아니었다. 섀넌의 논문에서 가장 새로운 것은 대수학적 방법 그 자체였다. 유전학 분야에 영향력이나 연줄이 전혀 없는 청년 공학도가 유전학자들로 하여금 익숙한 도구를 제쳐놓고 대수학적 방법을 사용하게 했다면, 그것이야말로 값어치 있는 일이 아닐 수 없었다. 그는 나중에 이런 농담을 했다.

"2년 동안 유전학자로서 소임을 다하며 좋은 시간을 보냈어요."

그는 누구보다도 자신의 처지를 잘 이해하고 있었던 것 같다.

섀넌의 논문에 대한 찬사와 함께, 버크스와 바네바 부시는 그것이 유전학계에 영향력을 미칠 가능성을 가감 없이 솔직하게 평가했다. 바버라 버크스는 MIT에 쓴 편지에서, "동시대의 누군가가 제공한 새롭고 비전통적인 방법을 창의적으로 사용할 수 있는 과학자는 거의 없을 겁니다"라고 탄식했다. 바네바 부시는 버크스의 찬사와 탄식을 모두 섀넌에게 전달했다.

"다른 연구자들이 자네의 방법을 이용해 후속 논문을 낼 것인지 심히 의심스러워. 이 분야에는 그럴 만한 사람이 극소수거든."

섀넌의 방법이 매우 특이하다는 점과 그가 골방에 틀어박혀 그것을 개발했다는 점을 감안할 때, 유전학계에서 푸대접을 받을 가능성이 농후했다. 또는 고작해야 자신의 기호 체계를 회의론자들에게 유포하는 '아웃사이더 유전학자'로 낙인찍힐 테니 경력에 보탬이 될 리 만무했다. 이미 '미국 최고의 재능 있는 청년 공학도'로 명성을 날린 마당에, 유전학계에서 '꿔다 논 보릿자루' 취급을 받는다는 것은 내키지도 않거니와 불필요해 보였음에 틀림없다. 한 동료는 나중에 이렇게 회고했다.

"섀넌은 생색나지도 않는 일로 명성을 더럽힐 필요가 없었어요."

섀넌은 평생 동안 출판보다는 문제 해결 자체에 몰두했다. 발견의 노력이 끝난 후 그 성과를 세상에 알리는 노력은 부차적이었다. 그는 자신의 만족을 위해 문제를 해결했으며, 문제를 해결한 이상 그걸로 충분했다. 특히 중요성이 덜한 문제의 경우에는 더욱 그랬다. 그는 나중에 이렇게 설명했다.

"사람들은 출판을 통해 세상 사람들의 인정을 받는다죠? 그러나 난 달라요. 이미 해답을 찾은 문제를 기록으로 남기거나 책으로 출판하는 건 늘 고통스러워요."

허풍이 심한 과학자라면 발견이 주는 정신적 즐거움까지도 언급했을 것이다. 그러나 섀넌은 그러지 않았다.

"이미 발견한 사항에 대해 왈가왈부하는 것은 게으른 짓이라고 생각해요."

박사학위 논문이 바네바 부시와 바버라 버크스에게 제출된 지 반세기가 지난 후, 섀넌이 보관해놓은 원고의 편집자는 한 개체군유전학 전문가에게 "섀넌의 잊힌 논문들을 반사실적 시각(현실에서 일어난 일과 다른 상상을 하는 관점_옮긴이)으로 평가해 달라"고 요청했다.

"만약 그 논문이 책으로 나왔다면, 그래서 사람들에게 읽혔다면 뭐가 달라졌을까요?"

전문가는 그 논문을 (1930년대 후반 무명으로 활동했던) 두 젊은 수리유전학자의 논문과 비교했다. 그는 섀넌의 논문을 "셋 중 가장 덜 읽힌 논문"으로 평가하며, 세 논문이 1940년에 널리 알려지지 않았음을 아쉬워했다.

"그랬더라면 수리유전학의 역사가 크게 달라졌을 겁니다."

섀넌은 마음만 먹었다면 어느 분야에서든 역사에 남을 사람이었다. 그런데 그가 유전학 논문을 출판하지 않은 이유는 뭘까? 그에 대한 가장 간단한 설명은 하나에만 집중하는 성격이 아니었다는 것이다. 유전학에 한창 몰두하던 중, 그는 하던 일을 잠시 멈추고 자신의 멘토에게 이런 편지를 썼다.

부시 박사님께

저는 지금까지 세 가지 문제를 동시에 다뤄왔습니다. 그런데 이상하게도 한 가지 문제에 집중하는 것보다 그게 훨씬 더 생산적입니다.

요즘도 가끔씩 시간을 내어 전화기, 라디오, TV, 전신기 같은 일반적인 정보전달 시스템의 기본 속성 중 일부를 분석하고 있습니다.

# 7. 벨연구소

현실은 수학이다 … 수학은 이방인을 요구한다. 그들은 미리 정해놓은 도구 없이, 언제든 기꺼이 싸우고 정복하고 건설하고 이해하려 한다.

— 베르나르 부자미

박사학위를 정식으로 취득하려면 아직 기다려야 했다. 역사상 가장 중요하고 출판 가능한 유전학 논문 하나만 갖고서는 박사학위를 따는 데 불충분했다. 다른 MIT 학생들과 마찬가지로, 클로드 섀넌도 어학 시험을 의무적으로 통과해야 했다. 섀넌은 케임브리지로 돌아와 수학과 학생들을 가르치고 전보·전화·라디오·TV(외견상 다르지만, 중요한 공통점을 가진 통신 수단 네 가지)에 관한 초벌 원고를 쓰며, 틈틈이 어학 공부를 했다. 프랑스어는 단번에 통과했고, 독일어는 재시험을 치러야 했다.

철저히 수학적인 삶을 살았지만, 취미 생활은 정반대였다. 그는 재즈를 즐겼는데, 특히 즉흥 연주(그는 이것을 일컬어 "예측 불가능하고 비합리적인 연주"라고 했다)에 심취했다. 게일로드에서는 행진 악단에서 금관악기(혼)를 불었지만, 케임브리지에서는 방 안에 틀어박혀 재즈 클라리넷을 불었다. 악기 연주는 음반 수집과 함께 '정보 프로젝트'에 지친 심신을 달래 주는 수단이었는데, 그러다 보니 밤늦도록 일하고 아침에 늦게 일어나는 빈도가 점점 더 늘어났다. 그는 하버드 광장에서 멀리 떨어지지 않은 가든 스트리트 19번지의 아파트에서 룸메이트 두 명과 함께 생활했는데, 두런거리는 소리에 신경이 거슬려 책상에서 벌떡 일어나는 경우가 다반사였다. 룸메이트들이 시끌벅적한 파티를 벌일 때는 자기 방으로 들어가 문을 걸어 잠그곤 했는데, 한 번은 방문을 빼꼼 열고 밖을 내다보는 그의 얼굴을 향해 팝콘 알갱이가 날아왔다.

키 크고 과묵한 섀넌의 시선을 끌기 위해 팝콘을 던진 사람의 이름은 노마 레보였다. 겨우 열아홉 살 난 소녀였지만, 섀넌이 그때까지 알았던 사람 가운데 가장 세속적이었다. 노마 레보는 집이 뉴욕 센트럴파크 서쪽에 있는 펜트하우스였는데, 어머니는 백만장자의 상속인이었고, 아버지는 고급 스위스 직물을 수입하는 의류업자였다. 어퍼웨스트사이드에 머물던 시절 좌파 시나리오 작가 겸 극작가인 사촌과 컬럼비아 법대(그녀에 따르면, 몇몇 과격파 학생들은 트로츠키주의자였고 주류 학생들은 모두 평범한 공산주의자였다)에 다니는 언니에게 좌파 정치를 배운 후, 그녀는 어느 해 여름 프랑스 파리로 건너가 잠시 리포터로 활동했다. 파리에서 몇 달을 지내다 전쟁을 염려한 부모의 부름을 받고 귀국하여 래드클리프칼리지에서 정치학을 공부한 그녀는, 몇 다리 건너 친구의 파티에 초대 받아 섀넌의 아파트에 방문했다. 지루한 파티에 싫증이 나서 고개를 들어보니, 때마침 맞은편 방문 사이로 빼빼 마른 청년이 고개를 내밀고 있었다. 가만히 귀 기울여보니, 그가 틀어놓은 듯한 재즈 선율이 문틈으로 흘러나왔다.

"이리 나와 합석하지 그래요?"

레보가 소리쳤다.

"난 여기가 더 좋아요. 멋진 음악도 들을 수 있고……."

섀넌이 대답했다.

"빅스 바이더벡의 코넷 연주로군요. 그 사람에 대해 좀 알아요?"

"그럼요, 내가 제일 좋아하는 재즈 연주자예요."

더 이상 말이 필요 없었다. 나중에 레보가 회고한 바에 따르면, 그녀는 섀넌의 '예수 같은 얼굴'에 홀딱 반했다고 한다. 짐작건대, 엘 그레코(그리스 태생의 스페인 종교화가. 르네상스 말기인 17세기에 스페인 펠리페 2세의 궁중화가로 활동한 개성 넘치는 화가_옮긴이)의 그림에 나오는 예수가 액자 밖으로 걸어 나온 듯한 느낌을 받았던 것 같다. 그러나 레보는 다방면에 걸쳐 고상한 취미를 갖고 있는 반면, 섀넌은 24시간 내내 미분해석실만 드나들던 공부벌레였다. 그러다 보니 두 사람의 만남은 늘 짧을 수밖에 없었다. 상대방을 인생의 반려자로 삼을 것인지 여부를 판단할 시간 여유가 없었다. 노마 레보는 '특이한 천재'라는 첫인상 외에 별다른 매력을 더 이상 발견하지 못했고, 섀넌은 20대 초반에 난생 처음 만난 여성 앞에서 안절부절 못 하며 낯을 붉히다 헤어지기 일쑤였다. 레보는 자유분방하고 개방적인 성격이었지만, 섀넌과 지적 코드가 전혀 맞지 않았다. 그녀는 나중에 이렇게 털어놓았다.

"우리는 초점이 안 맞는 지적 대화로 시간을 낭비하곤 했어요. 그는 단어를 좋아했고, 발음이 멋있다며 불리언Boolean을 숱하게 반복했어요. 그는 나름대로 시도 썼는데, 내용이 황당한 데다·모두 소문자로만 썼어요. 이를테면 'e. e. cummings'(20세기 초 미국 모더니즘을 대표하는 시인, 화가, 극작가인 E. E. 커밍스를 뜻함_옮긴이)와 같은 식이었어요. 내가 3대째 무신론자라고 강조했더니, '당연한 거 아니에요?'라고 대꾸하더군요."

그럼에도 두 사람의 만남은 끊일 듯 말 듯 이어져, 급기야 선을 넘고 말았다. 통금 시간을 위반한 노마 레보가 다음 날 새벽 래드클리프 기숙사 담을 몰래 넘어 들어가는 사건이 일어난 것이다.

"클로드는 사랑스럽고 귀엽고 재미있고 매력이 흘러 넘쳤어요. 우리는 몇 달 만에 갈라놓을 수 없는 사이가 되었어요."

팝콘이 섀넌의 얼굴을 맞춘 사건은 1939년 10월에 일어났고, 두 사람이 결혼식을 올린 날은 1940년 1월 10일이었다. 결혼식은 보스턴 법원청사에서 치안판사의 입회하에 거행되었다. 뉴햄프셔에서의 허니문을 망친 이가 딱 한 사람 있었으니, 두 사람에게 객실을 내주지 않은 반유대주의 호텔의 지배인이었다(노마는 유대인이었고, 섀넌은 외관상으로는 유대인처럼 보였다).

섀넌은 일사천리로 진행된 일정에 정신을 차리지 못하는 듯했다. 그는 바네바 부시에게 보낸 편지에서 이렇게 말했다.

"박사님도 예상하셨겠지만, 나는 여성 과학자가 아니라 작가와 결혼했습니다. 그녀에게 프랑스어를 배우다가, 결국에는 그 이상의 관계로 발전했습니다."

1940년 봄, 섀넌은 박사모와 가운을 입고 석사학위와 박사학위를 동시에 수여 받았으며, 바네바 부시의 도움으로 국비를 지원 받는 조건으로 명망 높은 프린스턴고등연구소(IAS)에 1년 동안 몸담기로 했다. 주변 사람들이 유명한 연구소에 들어가게 된 비결을 묻자, 평소보다 훨씬 더 빈정대는 투로 대답했다.

"글쎄요, 신청서를 제출했더니 담당자가 다 알아서 해주더군요. 당신도 한번 신청해보세요. 당신이 얼마나 위대하고 똑똑한지 증명하기만 하면 돼요."

대학 4학년이던 노마 레보는 래드클리프칼리지를 중퇴하고 남편 뒷바라지에 나섰다(그때까지만 해도 결혼한 여성이 대학교를 중퇴하는 게 당연시 되었지만, 향후 차츰 여권운동가들의 공분을 사게 된다). 좌파 정치가와 작가 사회에서 활동하던 노마 레보의 지적 야망은 남편에 못지않았지만, 모든 것은 보류되었다.

프린스턴에 부임하기 전, 두 사람은 맨해튼에 있는 레보의 생가에서 짧은 여름휴가를 보냈다. 1940년 여름, 벨연구소는 섀넌을 두 번째로 초빙했다. 그러나 이제 그는 대학원 1년차가 아니라, 노블상 수상자인 동시에 바네바 부시를 후견인으로 둔 이학박사였다. 그러므로 세계 최고의 기술력을 보유한 업체이자 미국 최고의 정보통신 인력을 보유한 회사의 영입 대상 1순위였다.

— • —

본인이 원한다면, 섀넌은 엘리트 코스를 밟아 학계에 안착할 수 있었다. 국책 연구를 연거푸 수주하고 각종 상을 수상하여 종신 교수 자리를 꿰차면, 교수로서 안락한 삶을 영위할 수 있었다. 그러나 섀넌은 학계 밖에서도 얼마든지 자립할 수 있는 수학자였으며, 그의 업적과 재능을 감안할 때 한 대학의 학장이라는 자리는 너무 작아 보였다. 섀넌의 멘토인 바네바 부시도 이 점을 잘 알아 그의 능력에 걸맞은 경력을 쌓는 작업에 착수했다. 물론 바네바 부시가 그 당시 응용수학의 최고 수장이었던 점은 섀넌에게 유리한 요인으로 작용했다. 그렇다고 해서 바네바 부시가 섀넌을 차기 후계자로 공공연히 민 것은 아니었다. 그는 섀넌이 천부적 재능을 잘 활용하여 대학 밖에서 대성할 것임을 믿어 의심치 않았다. 바네바 부시 자신이 재능을 적절히 발휘하여 국가적 명성을 누리는 위치에 오른 것처럼 말이다.

바네바 부시의 세심한 배려는 새삼스러운 일이 아니었다. 섀넌을 고용하여 미분해석기를 담당하게 한 사람도 바네바 부시였고, 수리논리학의 연구 성과를 이론유전학에 적용하라고 재촉한 사람도 바네바 부시였으며, 1938년 섀넌을 마이크로피시microfiche 고속선별기라는 첨단 분야에 투입한 사람도 바네바 부시였다. 마이크로피시란 일종의 광감지 판독 시스템으로, 이 시스템을 이용하면 마이크로필름으로 촬영된 정보를 신속하게 열람할 수 있다. 그것은 섀넌의 전공과 전혀 다른 분야이지만, 수학으로 단련된 근육을 풀어줄 수 있는 좋은 기회였다. 물론 바네바 부시 자신도 땜장이 본능을 갖고 있었으므로, 섀넌에게 땜장이 실력을 유감없이 발휘할 수 있는 기회를 수시로 제공했다. 바네바 부시의 지시에 따라 이리 뛰고 저리 뛰며 문제 해결 능력을 연마한 끝에, 섀넌은 미국 최고의 응용수학자로 거듭나게 되었다.

프린스턴고등연구소행을 잠시 접어두고 벨연구소로 떠나기 전, 섀넌은 경력 개발에 대한 조언을 얻기 위해 바네바 부시에게 편지를 썼다.

바네바 부시의 생각은 단호했다.

"내가 강조하고 싶은 것은, 자네의 주특기는 응용수학이라는 거야. 그러므로 이론수학보다 훨씬 광범위한 응용수학 분야의 문제를 연구하는 데 치중해야 해."

— • —

그러나 클로드 섀넌의 진정한 잠재력이 이론수학 밖의 다른 분야에 있음을 간파한 사람은 바네바 부시뿐만이 아니었다. 벨연구소의 수학 팀장인 손턴 C. 프라이도 똑같은 점에 주목했다. 주변에서는 프라이를 가리켜 "매우 신중하고 정중한 사람"이라고 했는데, 이는 그가 고지식한 사람임을 에둘러 표현한 말이었다. 그는 국립대기연구소National Center for Atmospheric Research(NCAR)에서 근무하던 시절 평상시 카우보이 복장을 한 NCAR 직원들을 보고 눈살을 찌푸렸지만, 그런 태도가 직원들의 업무를 평가하는 데는 아무런 영향을 미치지 않았다. (프라이의 그런 태도는 오하이오주에서 목수의 아들로 태어난 데서 유래한다. 1920년 그는 천신만고 끝에 가업에서 탈출하여 수학·물리학·천문학이라는 3개 분야의 박사학위를 동시에 취득한 후, NCAR에 입사한 입지전적 인물이었다. 목공소에서 얼마나 고생이 많았던지, 그다음부터는 목수처럼 구질구질한 옷을 입은 사람들을 보면 넌덜머리를 냈다.)

손턴 C. 프라이가 NCAR을 그만두고 나와 벨연구소에서 일자리를 얻은 것은 행운과 기술의 합작품이었다. 그는 먼저 웨스턴일렉트릭Western Electric에 지원했다. (웨스턴일렉트릭은 AT&T에 장비를 납품하는 업체로, 미국 최고의 공학 기술을 보유한 회사 중 하나였다.) 웨스턴일렉트릭의 연구 책임자와 입사

면접을 할 때, 프라이는 무방비 상태에서 유난히 까다로운 질문에 걸려들었다. 면접관의 관심사는 '지원자가 금세기 최고의 영향력 있는 정보통신공학자들의 업적에 얼마나 익숙한가'였다. 프라이는 나중에 당시의 낭패감을 이렇게 회고했다.

"내가 헤비사이드(영국의 물리학자 겸 전기공학자_옮긴이)의 책을 읽어 봤을 리 만무했다. 헤비사이드라는 이름도 처음 들어보는 판에…… 면접관은 나에게 캠벨과 몰리나에 대해 연거푸 물었는데, 물론 둘 다 처음 듣는 이름이었다. 그가 뭘 묻든 죄다 난생처음 들어보는 이름이었다."

그럼에도 그 '너무 고지식한 청년'에게는 뭔가 인상적인 데가 있었는지, 면접관은 운에 맡기고 프라이에게 일자리를 주기로 결정했다. 프라이는 웨스턴일렉트릭에 입사한 후 발군의 기량을 과시했다. 얼마 후 웨스턴일렉트릭과 AT&T의 부설 연구소가 분사하여 벨연구소로 새출발을 하자, 벨연구소의 수학 팀장이라는 중책을 맡게 되었다.

— • —

존 거트너는 벨연구소의 역사를 정리해서 펴낸 《벨연구소 이야기》(원제는 아이디어 공장The Idea Factory)라는 책에서 이렇게 말했다.

"벨연구소는 미래를 구상하고 설계하는 곳이었다. 오늘날 우리는 그들이 꿈꿨던 미래를 현재라고 부르고 있다."

벨연구소가 얻은 그 밖의 별명으로는 '왕관에 박힌 보석'과 '미국의 지적 유토피아'가 있다. 새넌이 벨연구소에 합류했을 때, '전화 회사의 미천한 R&D 부서'에서 출발한 벨연구소는 기술·재능·문화·규모의 절묘한 결합을 통해 '발견의 발전소'로 바뀌어 있었다. 벨연구소가 유례없는 속도와 상상을 불허하는 다양성을 과시하며 발명품과 아이디어를 쏟아낸 것은 바로 직관 때문이었다. 존 거트너의 말을 빌리면, "벨연구소에서 일어난 일을 생각하는 것은 대규모 인간 조직에서 실현될 수 있는 가능성을 생각하는 것과 같다".

벨연구소의 설립자는 초기 시대의 땜장이 알렉산더 그레이엄 벨이었다. 그는 자신이 1876년 출원한 미국 특허 No. 174,465의 취지에서, 전화를 이렇게 기술했다.

"음성이나 기타 음향에 수반되는 공기의 진동과 유사한 전기적 파동을 유발함으로써 음성을 비롯한 음향을 전신으로 전달하는 방법과 장치를 말한다."

전화는 그레이엄 벨에게 '전화의 발명자'라는 칭호를 선사함과 동시에 세계적 명성과 엄청한 부를 거머쥐게 했다. 그는 "내 발명품을 전국적인 전화망·회선망·통신망으로 전환한다"는 야심 찬 사업 목표를 세우고 AT&T를 진두지휘했다. 그 결과 전화는 10년도 채 지나지 않아 '실험실의 시제품'에서 '15만 미국 가정의 필수품'으로 변신했다. 통신망은 인간공학의 경이로운 결과물로, 1915년이 되자 북아메리카 대륙의 구석구석을 거미줄처럼 연결함으로써 대륙횡단 통신을 가능케 했다. 동부와 서부를 물리적으로 가로지르는 여행에 거의 일주일이 걸리던 시대에 말이다.

1925년 벨연구소는 전화 회사에서 떨어져 나와, AT&T와 웨스턴일렉트릭이 공동으로 관리하는 독립 업체로 새출발했다. AT&T의 사장 월터 기퍼드가 벨연구소를 주시했지만, 그건 일종의 견제 장치에 불과했다. 전화 회사의 한 부서에서 출발한 벨연구소는—미국은 물론 전 세계에서 유례를 찾아볼 수 없을 정도의—대규모 과학 연구를 사실상 독자적으로 수행했다. 벨연구소의 목표는 단지 통화의 품질과 속도를 향상시키는 게 아니었다. 그들은 새로운 미래를 창조하는 임무를 부여 받았는데, 그들이 꿈꾸는 미래는 '모든 형태의 통신이 기계의 도움을 받는 세상'이었다.

그리하여 이른바 기초 연구가 벨연구소의 생명줄이 되었다. 직원들에게 일주일에 하루씩 본업을 벗어나 특별한 프로젝트(블루스카이 프로젝트)에 전념하게 하는 구글의 '20퍼센트 시간제'가 '캘리포니아 해안의 사치'처럼 보인다면, 연방정부가 허락한 독점과 거대 이윤에 편승한 벨연구소의 연구 활동은 '게걸스러운 탐욕'처럼 보일 것이다. 벨연구소는 연구원들에게 무제한적 자율성을 보장했다. 한 연구원이 "기본적인 물리·화학적 문제들이 미래의 통신에 어떤 영향을 미칠 것인지 자유롭게 생각해보라"는 요청을 받는다고 상상해보라. 여기서 미래란 '수십 년'을 의미하는데, 이 질문을 받은 연구원들은 향후 수십 년 동안 과학 기술이 발달하여 일상생활의 특징이 근본적으로 바뀌는 장면을 떠올렸다. 그리고 한 걸음 더 나아가 벨연구소가 모든 사람과 기계를 연결하는 주인공으로 활동하는 미래를 꿈꿨다. 그로부터 몇 십 년 후, 한 연구원은 당시의 상황을 이렇게 회상했다.

"내가 처음 벨연구소에 입사했을 때, 그곳에는 다음과 같은 철학이 있었습니다. '당신이 지금 하고 있는 일이 10년이나 20년 후 중요하지 않게 될 수도 있다. 그렇다고 해서 걱정할 것 없다. 설사 그렇더라도, 우리는 늘 10~20년 후의 미래를 내다볼 테니.'"

무제한적 자율성은 과학자들의 로망이었으므로, '벨연구소에 가면 원 없이 연구할 수 있다더라'는 소문이 돌자 놀랄 만큼 많은 인재들이 몰려들었다. 클로드 섀넌, 존 피어스와 함께 벨연구소의 '천재 삼총사'로 불렸고 나중에 휴렛패커드의 연구 팀을 지휘한 버나드 "바니" 올리버는 그 당시 연구원들의 활동을 이렇게 회고했다.

"벨연구소에는 전국 방방곡곡에서 쟁쟁한 인재들이, 내로라하는 인재들이 모여들었습니다. 우리는 그곳에서 세계 최고 수준의 전기공학 지식을 마음껏 습득했지요. 쟁쟁한 전문가와 수시로 전화 통화를 하거나 직접 만나 확실한 해답을 얻었습니다."

모여든 인재들은 회사에 엄청난 수익을 안겨주었다. 벨연구소에서는 몇 십 년 사이에 팩스기, 버튼식 전화, 태양전지를 출시했다. 그들은 최초의 장거리 전화를 개발했고, 동영상의 음향과 화상을 동기화했다. 제2차 세계대전 동안에는 레이더·수중음파탐지기·바주카포의 성능을 향상시켰고, 프랭클린 루스벨트와 윈스턴 처칠의 비밀 통화 회선을 개설했다. 그리고 1947년에는 존 바딘, 윌리엄 쇼클리, 월터 브래튼이 손을 잡고 현대 전자공학의 기초가 된 트랜지스터를 발명했다. 세 사람은 노벨상을 수상했으며, 20세기에 수여된 노벨상의 6분의 1이 벨연구소의 과학자들에게 돌아갔다.

그러나 기업 부설 연구소인 벨연구소에 고용된 탁월한 박사학위 소지자들이 누구나 다양한 공학적 현안을 해결한 것은 아니었다. 그중에는 '뜬구름 잡는 프로젝트'를 수행한 사람도 있었고, 10~20년 동안 자유롭게 연구한 사람도 있었으며, 그러다가 내친김에 노벨상까지 탄 사람도 있었다. 그러니 그 당시에 활약한 연구원들이 나중에 향수병을 느꼈다고 해도 전혀 이상할 게 없다. 심지어 손턴 프라이는 당시의 벨연구소를 '무릉도원 회사'라고 불렀다.

벨연구소의 연구원으로 노벨물리학상을 수상한 클린턴 데이비슨 (1881~1958)을 생각해보자. 데이비Davy라는 애칭으로 불렸던 그는 입을 꼭 다물고 천천히 움직이는, 거의 유령 같은 존재였다. 대부분의 시간을 혼자 보냈던 조용하고 허약한 중서부 출신의 데이비는, 자신의 연구 계획을 직접 세웠다. 존 거트너의 말을 빌리면, 그는 모든 행정 업무를 거부하고 독립적인 과학자로서 연구에만 몰두했으며(어쩌다가 한 번씩 실험물리학자와 팀을 이룬 적은 있었다), 오로지 자신의 구미에 맞는 프로젝트만을 맡았다. 가장 중요한 것은, 자신이 하는 연구가 전화 회사의 수익에 도움이 되는지 여부에 별 관심을 보이지 않았다는 것이다.

벨연구소는 영리를 추구하는 회사였으며, 대학교도 자선 기관도 아니었다. 그러나 데이비는 회삿돈으로 무제한 실험을 했으며, 그중 상당수는 회사의 손익과 극도로 미미한 관계가 있을 뿐이었다. 데이비의 노벨상(니켈 결정을 전자로 때림으로써, 전자가 물결 모양으로 움직인다는 사실을 증명한 공로를 인정받았다)이 벨연구소의 명성을 높였지만 유형 자산을 전혀 증가시키지 않은 것은 바로 그 때문이다. 그런 인재, 즉 노벨상 수상 경력을 내세워 학계에 진출하여 자신이 원하는 길로 얼마든지 나아갈 수 있는 학자는 정확한 기여도가 모호하더라도 회사 경영에 유용한 것으로 간주되었다.

기초 연구에 많은 돈을 투자하다 보니, 벨연구소의 급여 대상자 명단에는 늘 데이비와 같은 인재들이 우글거렸다. 물론 완전한 자율적 연구는 그 자체로 회사에 부담, 일종의 걱정거리가 될 수 있다. 그러나 벨연구소가 적극적으로 밀어주는 과학자는 거의 무제한적인 주제들을 물색한 후 그중에서 '최적의 연구 주제'를 선택할 수 있었다. 그런 주제들은 획기적 기법이나 이론의 요람이 될 가능성이 가장 높았고, '일회성 연구 과제'보다는 '꼬리에 꼬리를 무는 연구 과제'를 제시하는 경향이 있었다. 그런 주제를 선택하려면 풍부한 학식뿐 아니라 예리한 직관이 필요했으며, 학식과 직관은 과학자가 갖춰야 할 필수 덕목이었다.

클로드 섀넌은 벨연구소가 적극적으로 밀어준 인재 중 한 명이었다. 섀넌이 평생 동안 발을 디뎠던 수많은 연구 기관 중에서 1940년대의 벨연구소만큼 그의 열정과 특이한 연구 스타일에 안성맞춤인 곳은 없었다. 그는 나중에 이렇게 회상했다.

"나는 처음 출근한 날부터 원하는 것을 뭐든 할 수 있었어요. 그들은 내 연구에 이러쿵저러쿵 간섭한 적이 단 한 번도 없었거든요."

— • —

손턴 프라이는 섀넌을 벨연구소에 초빙한 데 그치지 않고, 자신이 지휘하는 수학 팀에 배치했다. 벨연구소에 영입한 고급 두뇌들의 재능을 낭비하지 않기 위해, 프라이는 수학 팀에 많은 공을 들였다. 그는 수학자들이 산업계에서 수행할 수 있는 역할을 매우 높이 평가했는데, 이에 대한 평가는 엇갈렸다. 그를 '선각자'라고 부르는 사람이 있는가 하면 '이단자'로 매도하는 사람도 있었다. 《벨 시스템 기술 저널Bell System Technical Journal》에 실린 장문의 시론에서, 프라이는 미국 수학 교육의 문제점을 예리하게 지적했다. 그 내용인즉, 많은 대학교의 수학과에서 '산업계에서 요구하는 맞춤 훈련'을 외면하고 단지 '수학적 사고방식'만 가르친다는 것이었다.

"미국 수학계에서는 이론수학이 주도권을 잡고 있어, 수학을—최종 목표로 삼는 게 아니라—산업 현장에서 사용하고 싶어 하는 학생들에게 충분한 교육을 제공하는 대학교가 하나도 없다."

오늘날에는 뛰어난 수학 실력을 가진 영재(이를테면 금융시장 분석가)가 고액 연봉을 받는 것이 당연하게 받아들여지고 있다. 그러나 모든 분야에서 그런 건 아니었으며, 특히 20세기 초 엘리트 수학의 실태는 심각했다. 고급 수학에서 중시되는 아이템이 외부에서는 진가를 별로 인정받지 못했다. 추상적 문제에 대한 해법이 득세하여, 수학자들의 모든 경력이 리만가설, 푸앵카레와 콜라츠의 추측, 페르마의 마지막 정리와 같은 문제의 해법을 찾는 데 소모되었다. 그 문제들은 수학계의 위대한 수수께끼였으며, 수십 년 동안의 노력에도 불구하고 전혀 해결되지 않았다는 점이 수학자들의 애간장을 더욱 태웠다. 수학자들은 그것들을 심각한 문제로 간주하고, 실용성이나 응용 가능성을 따지지 않고 죽도록 매달렸다.

그 자신이 수학 박사였던 손턴 프라이는 그 점을 누구보다 잘 알았다.

전형적인 수학자는 산업 프로젝트를 수행할 수 있는 위인이 못 된다. 그들은 몽상가로서, 자기 자신의 상품성에 관심이 별로 없다. 그들은 완벽주의자로서 타협할 의향이 전혀 없다. 너무 이상적이어서 실용성이 없으며, 광활한 지평에 관심을 둔 나머지 작은 공 하나에 시선을 집중할 수 없다.

사정이 이러하다 보니, 많은 졸업생들이 (수학 동아리 밖에서는) 별로 쓸모가 없는 문제를 풀도록 조련되었다. 따라서 산업 연구소가 고용한 수학자는 '물고기가 구입한 자전거'만큼이나 쓸모없는 존재였다.

손턴 프라이의 지론은 모든 수학자가 논문을 쓰거나 종신 교수가 되기를 원하는 건 아니라는 것이었다. 또한 적절한 환경만 주어지면 그들의 역량을 '실용적 항목'과 '일상적 문제'에 활용할 수 있을 것이라 생각했다. 게다가 프라이는 자신의 이상을 실현할 수 있는 지위에 있는 몇 안 되는 사람 중 하나였다. 만약 그렇게만 될 수 있다면, 자신이 양성한 산업수학자를 '행동하는 사상가'라는 신인류로 부각시킬 수 있었다.

손턴 프라이는 자신의 철학을 수학 팀을 통해 구현했는데, 기본 원칙은 단순했다. 즉 벨연구소의 공학자들은 대체로 수학에 까막눈이지만, 수학 팀을 적절히 활용하면 전화기의 복잡한 문제를 해결하는 데 도움이 될 수 있다는 것이었다. 그와 동시에 '뛰어난 수학자는 성격이 까다로워 남들과 잘 어울리지 못한다'는 점에 착안하여, 수학 팀을 만물상으로 활용했다. 그는 한 면접관에게 이렇게 너스레를 떨었다.

"솔직히 말해서, 수학자들은 취향이 특이한 사람들입니다. 만약 '취향이 너무 특이해서 처치 곤란하다'고 느껴지는 지원자를 만나면, '이 사람은 수학자인가 보군. 프라이 팀장에게 넘기면 되겠네'라고 생각하면 됩니다."

손턴 프라이가 지휘하는 수학 팀은 일종의 내부 컨설팅 조직으로, 공학자·물리학자·화학자 등에게 필요한 수학자로 구성되었다. 단 내부 고객을 선택할 권한은 전적으로 팀원에게 있었다. 팀원들은 산업 프로젝트의 관리와 (골치 아픈) 뒤치다꺼리에는 일절 관여하지 않고, 오로지 업무와 관련된 조언과 도움만을 제공했다. 그리고 헨리 폴락이 말한 대로, "한 건에 대해서는 단 한 번의 자문을 제공한다"는 일사부재리의 원칙을 철저히 지켰다.

느슨하기로 유명한 벨연구소에서, 수학 팀은 제법 광범하고 유연한 권한을 보유했다. 후에 한 팀원이 회고한 대로, 그들의 임무는 모든 구성원의 업무에 참견하는 것이었다. 손턴 프라이의 표현을 빌리면, "그들이 원하는 한, 개입할 권한이 없는 일은 단 하나도 없었다". 섀넌 자신은 이렇게 회고했다.

"내가 소속된 수학 팀은 매우 자유분방했지만, 연구원들에게 '가능한 한 신속히 해결하라'고 다그치지는 않았어요. 나는 그런 방식이 매우 마음에 들었어요. 왜냐하면 나 자신도 내 프로젝트를 늘 느긋하게 진행해 왔기 때문이지요."

이와 같이 종횡무진 활약한 덕분에, 수학 팀은 전화 회사의 업무 흐름을 훤히 꿰뚫었다. 진도가 빠른 팀원은 전신주에 올라가 배전반을 조작하기도 했다. 그들은 스위치의 수학을 완벽하게 숙지하고, 까다로운 네트워크 문제를 해결했다. 연구원들과 마찬가지로, 그들은 호칭을 성姓으로 통일했다. 머지않아 이러한 현장 경험은 훈련과 결합되어, 팀원들로 하여금 통신공학의 밑바탕에 깔린 수학을 깊이 파고들게 했다. 벨연구소의 수학 팀은 궁극적으로 산업 내에서 두각을 나타내게 되었고, 손턴 프라이의 선견지명은 '대규모 사기업 내에서 수학 인재 활용 방안'의 표준으로 자리 잡았다.

— • —

클로드 섀넌은 1940년 여름 한철 동안만 벨연구소에 머물렀기에 짧은 기간 동안의 활동 내용에 대한 기록은 거의 남아 있지 않다. 그럼에도 그가 남긴 비망록 덕분에, 우리는 그가 거둔 결실을 미루어 짐작할 수 있다. 그의 행적은 기술적 내용이 담긴 두 개의 비망록에 기록되어 있는데, 그 기록물을 읽어보면 그의 수학 실력이 전화 회사의 목표 달성에 얼마나 도움이 되었는지 감을 잡을 수 있다.

섀넌이 벨연구소에서 이룬 첫 번째 성과는 '색깔 부호화에 관한 정리 Theorem on Color Coding'였다. 벨연구소의 전화망과 같이 복잡한 시스템에서, 전선의 식별을 위한 채색은 업무상 중요한 문제였다. 섀넌에게는 다음과 같은 수수께끼를 해결하는 과제가 부여되었다.

계전기 패널과 같은 전기 장치의 구성단위를 들여다보면 A, B, … , K로 식별된 다수의 계전기, 스위치, 기타 장치들이 서로 연결되어 있음을 알 수 있다. 모든 연결은 한 케이블 안에서 이뤄지는데, 이때 A와 연결된 선들이 한 지점에서 나오고, B와 연결된 선들은 다른 지점에서 나온다(C부터 K까지도 마찬가지다). 이 경우 상이한 선들을 구별해야 하므로, 케이블의 동일한 지점에서 나오는 선들은 모두 다른 색깔로 칠해져야 한다. 그리고 특정한 두 지점을 연결하는 선의 수에는 제한이 없다. 실례를 들어 설명해보자. 네 개의 선이 A와 B, 두 개의 선이 B와 C, 세 개의 선이 C와 D, 하나의 선이 A와 D를 연결한다고 치자. 이때 A와 B를 연결하는 네 개의 선은 모두 다른 색깔이어야 하며, 그 색깔들은 B와 C, A와 D를 연결하는 선과 모두 달라야 한다. 그러나 C와 D를 연결하는 세 개의 선은 A와 B를 연결하는 네 개의 선 중 세 개와 같아도 된다. 또한 A와 D를 연결하는 하나의 선은 B와 C를 연결하는 두 개의 선 중 하나와 같아도 된다. 그렇다면 네트워크의 모든 지점에서 출발하는 선의 최대값이 m개라고 가정할 때, 네트워크의 채색에 필요한 색깔은 최소한 몇 가지인가?

이 질문이 "두 열차가 동시에 역을 출발한다면……" 같은 냄새를 풍긴다면 그것은 이 같은 문제가 수학적 지름길을 찾는 데 도움을 주기 때문이다. 연결망 회선의 최대값($m$)에 1.5를 곱한 수가 정답으로, 이 값보다 작거나 같은 정수가 채색수chromatic number가 된다.* 섀넌의 답은 완벽하고 사려 깊었으며, 증명도 훌륭했다. 그것은 수학의 전설에 오를 정도는 아니었지만, 나름대로 상당히 유용한 해답이었다. 그리고 유전학 대수나 '기호학적 논리와 회로에 관한 성찰'과 달리 실전에 즉시 사용될 수 있었다.

---

* https://www.bell-labs.com/claude-shannon/assets/images/computing/1940-07-08_TM40-130-153-theorem-on-color-coding-carousel.pdf 참조_옮긴이

이것은 의미 깊은 사례라고 할 수 있다. 섀넌이 작성한 비망록을 살펴보면, '성인이 된 후의 섀넌'이 이수한 정규 교육과 '어린 시절의 섀넌'이 (고장난 라디오를 수리하고, 간이 승강기를 설치하며) 체험한 자기주도학습이 자연스레 어우러짐을 알 수 있기 때문이다. 우리는 여기서 섀넌의 실리적이고 실용적인 성격이 여전히 빛을 발함을 알 수 있다. 비록 기술적이고 편협해 보일지언정, '연결망의 채색수 구하기'라는 문제가 섀넌에게 큰 기쁨을 주었을 것이라 상상해도 결코 지나치지 않을 것이다. 또한 이 장면은 전신 기사 역할을 하는 청년 섀넌의 모습을 떠올리게 하는데, 곧 가시철망 연결망을 다뤘던 소년 시절의 청년 판이라고 할 수 있다.

클로드 섀넌이 벨연구소에서 이룬 두 번째 성과는 '가입자-발신자 사례에서 라카토슈-히크먼 계전기 사용The Use of the Lakatos-Hickman Relay in a Subscriber-Sender Case'으로, 벨연구소에서 통화 연결에 사용하는 계전기를 단순화하고 절약하기 위한 시도였다. 그것은 '벨연구소에서 사용하는 계전기의 연결망 시스템이 적절한가' 그리고 '작동 방식을 개선할 방안은 없는가'라는 의문을 제기했다. 다시 말해서, 그것은 벨연구소 시스템의 거대한 규모와 운용 상태를 진단하는 작업이었다. 섀넌은 그 작업을 통해, 석사 논문 연구에 의존한 회로('회로에 관한 상식'과 '불대수 방법'의 결합을 통해 설계됨)의 두 가지 옵션을 새로 고안해냈다. 그는 두 가지 설계의 결함을 곧 인정했지만, 그 당시 사용되던 회로보다 우월하다고 방어하기도 했다.

벨연구소에 처음 도착했을 때, 클로드 섀넌은 의구심을 품고 있었다. '산업 연구소라는 곳이 원대한 꿈을 품고 새로운 아이디어를 창출하는 능력을 제한하지 않을까?' 그러나 그해 여름이 지나고 나니, 그런 걱정은 눈 녹듯 사라졌다. 벨연구소에서는 그에게 폭넓은 시야를 제공했는데, 그것이야말로 그가 늘 바라 마지않던 것이었다.

섀넌은 바네바 부시에게 보낸 편지에서 이렇게 말했다.

"벨연구소에서 나의 계전기 대수학을 설계 업무에 이용할 뿐 아니라 '두 개의 새로운 회로 설계가 계전기 대수학에서 비롯되었다'며 감사의 뜻을 표하는 것을 보고, 짜릿한 쾌감을 느꼈습니다."

최근 완성된 발명품의 스위치를 성공적으로 켠 땜장이가 그러하듯, 그 문장을 읽은 바네바 부시가 의자에 편히 기대앉아 만족스럽게 웃는 모습을 상상하기는 결코 어렵지 않았다.

# 8. 프린스턴고등연구소

벨연구소에 몸담았던 여름이 끝나고 그해 가을 프린스턴고등연구소(IAS)에 도착했을 때, 클로드 섀넌이라는 이름은 수학계와 공학계를 휩쓸고 있었다. 물론 바네바 부시가 뒤에서 그를 돌봐주었지만, 다른 사람들도 젊은 수학자를 눈여겨보았다. 그 즈음 더 이상 '아버지 밑에서 훈련 받는 천재'가 아니라 '혼자 힘으로 당당히 존경 받는 수학자'였던 노버트 위너는 1940년 쓴 글에서 섀넌을 이렇게 평했다.

"그는 비범한 재기와 지능의 소유자다……. 이미 엄청나게 독창적인 연구를 수행했으며, 그가 차세대 지도자라는 데 이의를 제기할 사람은 아무도 없을 것이다."

1940년 9월 27일, 고등연구소의 오즈월드 베블런(1880~1960)은 손턴 프라이에게 보낸 메모에서 섀넌의 장점을 높이 평가했다. 베블런은 섀넌의 드문 재능을 알아보고, 위상수학 분야의 대가인 오린 프링크(1901~1988)에게 섀넌의 논문을 보여주었다. MIT에서도 섀넌의 탁월함에 주목했다. 같은 해 10월 21일 MIT의 수학과장 H. B. 필립스는 한 교수에게 이런 전보를 보냈다.

"섀넌은 우리가 배출한 박사 학위 소지자 중에서 가장 유능한 인물 가운데 하나이며, 관심 있는 분야라면 어디에서든 최고의 연구를 수행할 수 있습니다."

전보의 수신인은 해럴드 마스턴 모스(1892~1977)로, 자기 이름을 딴 수학 분야(모스이론)를 갖고 있었으며, 노버트 위너, 존 폰 노이만(1903~1957)과 함께 세 사람은 최고의 수학상 중 하나인 보커상Bôcher Memorial Prize을 수상한 일곱 명에 들었다.

모스, 필립스, 프링크, 프라이, 베블런, 부시! 그 즈음 클로드 섀넌은 막강한 지지자 및 후견인 군단을 보유하고 있었다. 그들은 수학의 킹메이커로, 섀넌은 굳이 재능을 펼치거나 야망을 불태우려 노력하지 않아도 자연스럽게 그들의 지원을 등에 업을 수 있었다. 될성부른 재목을 알아보는 눈을 가진 인물들이 주변에 포진해 있었고, 그들은 자체 발광하는 섀넌을 바라보며 동류 의식을 느꼈다.

— • —

미국 동부 해안을 오르락내리락하며 여러 엘리트 연구 기관을 방문하고 수많은 멘토와 동료들을 방문하다 보면, 필설로 다할 수 없는 이야깃거리들이 무성하기 마련이다. 특히 클로드 섀넌의 경우에는 더욱 그렇다. 원대한 꿈을 품은 청년 과학자의 여행은, 초기 민족주의 시대에 동분서주하던 야심 많은 공무원과 닮은 데가 은근히 많다. 베네딕트 앤더슨은《상상된 공동체Imagined Communities》에서 그런 공무원을 다음과 같이 기술했다.

그의 눈앞에는 도심지 대신 산봉우리 하나가 떡 버티고 서 있다. 그는 일련의 둘레길을 빙글빙글 돌며, 정상에 가까이 다가감에 따라 동그라미의 반지름이 줄어들기를 기대한다. 그의 여행길에는 확실한 휴식처가 한 군데도 없고, 모든 휴식은 일시적이다. 그 공무원은 고향에 돌아간다는 생각을 단한 번도 해본 적이 없다. 왜냐하면 그에게는 본래적 의미의 고향이 없기 때문이다. 그런데 바로 그때. 그는 빙글빙글 에둘러 올라가는 비탈길에서 열정적인 순례자 행렬과 마주친다. 그들 역시 공무원인데, 듣도 보도 못한 지역과 가문 출신으로, 그런 곳에서 만나리라고는 전혀 기대하지 않았던 사람들이다.

섀넌도 프린스턴에서 그런 동반자를 여럿 만났다. 그들은 도대체 누구이며 어디 출신일까?

그중에는 존 폰 노이만이 있었다. 그는 유대계 헝가리인 천재로, 여섯 살에 고대 그리스어로 농담을 했고, 연필과 종이 없이 93,726,784 나누기 64,733,647(또는 여덟 자리 수의 무작위 나눗셈)의 답을 암산으로 내놓았다. 대학생 시절에는 한 교수에게 문자 그대로 경외의 눈물을 흘리게 했고, '미해결 수학 문제'라는 강의 시간에는 자신의 노트에 해답을 끼적이며 시간을 보냈다. 우리는 폰 노이만에게 게임이론(유명한 '죄수의 딜레마'와 같은 전략적 의사 결정에 대한 체계적 연구)과 현대 컴퓨터의 인지적 구성과 양자역학의 상당 부분을 빚지고 있다. 섀넌은 그를 가리켜 "지금껏 봤던 사람들 중 가장 총명하다"고 했는데, 그건 많은 사람들의 공통된 의견이었다. 두 사람의 관계는 처음에는 '인기 스타와 광팬'의 관계(위대한 세계적 수학자와 신출내기 박사)로 시작했지만, 나중에는 '인공지능 분야의 두 개척자'라는 대등한 동반자 관계로 발전했다.

프린스턴고등연구소에는 나치로부터 탈출한 수학자 겸 물리철학자, 헤르만 바일(1885~1955)도 있었다. 바일은 수학자로서, '양자역학 혁명'과 '고전물리학 원칙'의 화해를 시도했다. 그리고 철학자로서는 아인슈타인의 '시공간의 상대성에 관한 연구'를 과학의 전환점인 동시에 '인간의 의식과 외계外界 간의 관계에 대한 새로운 통찰'로 간주했다. 아인슈타인이 일반상대성이론을 출판한 지 2년 후, 헤르만 바일은 의기양양하게 상대성이론의 철학적 기초를 다음과 같이 확립했다.

"지금까지 우리와 진리를 갈라놓았던 벽이 마침내 허물어졌다. 상대성이론 덕분에 우리는 모든 물리적 사건의 밑바탕에 깔린 '설계도'를 파악하는 데 성큼 다가섰다."

헤르만 바일의 글에 공감을 느낀 섀넌은 그 길로 당장 바일의 연구실로 찾아가, 향후 1년간의 연구 계획을 제시하며 자문을 구했다(그러나 마음 한편에는 '내가 너무 성급한 건 아닌가' 하는 우려감도 있었다).

바일은 섀넌의 유전학 연구를 전반적으로 과소평가했지만(섀넌도 그즈음에는 유전학에 대해 마음을 비우고 있었다), 섀넌은 화제를 돌려 현대물리학을 유창하게 설명함으로써 기선을 제압했다. 그런 다음 (물리학자들도 쩔쩔매는) '양자역학의 기묘함'과 (섀넌 자신도 헷갈리기 시작한) '통신수학의 문제점'을 적절히 비유함으로써 바일의 마음을 얻는 데 성공했다.

"'전화망이나 전신망을 이용한 메시지 전달의 수학적 모델'과 '기본입자의 운동 모형' 사이에 공통점이 있다면 어떻게 될까요? '메시지의 내용'과 '입자의 경로'가 역학 운동이나 무작위적 난센스가 아니고, 확률 법칙에 따르는 외견상 무작위 과정(물리학자들은 이것을 확률 과정stochastic process이라고 부른다)으로 기술될 수 있다면 어떻게 될까요? 주가의 파동과 취객의 비틀거리는 걸음걸이random walk를 확정적 현상이 아니라 확률적 사건이라고 생각해보세요. 아마도 정보와 전자는 그런 면에서 똑같은 것 같아요. 되는 대로 걷되, 확률의 범위 내에서 그러는 거죠."

말을 마친 섀넌은 바일의 눈빛이 달라지는 것을 느꼈다.

섀넌의 비유는 "'통신에 관한 수학'이 '전화망의 가장 효율적인 설계'보다 더 많은 것을 설명한다"는 사실을 암시하는 초기 단서 중 하나였다. 다시 말해서, 위대한 물리학자들이 일별했다고 믿는 '설계도'의 핵심 사항을 더 많이 설명해주는 것은 통신설계가 아니라 통신수학이라는 것이다. 그것은 아직 추측의 수준에 머물렀으므로, 사실이라기보다는 유용한 비유에 불과했다고 봐야 한다. 그러나 덕분에 헤르만 바일이라는 걸출한 인물을 지지 세력으로 확보함으로써, 섀넌은 부시에게 보낸 편지에서 처음 언급했던 정보라는 문제에 더욱 몰두할 수 있었다.

— • —

물론 프린스턴고등연구소에는 알베르트 아인슈타인(1879~1955)도 있었다. 그는 나치가 자신의 저서들을 불사르는 장면을 목격하고, 암살 대상자 목록에 오른 자신의 이름까지 확인한 사람이었다. 헤르만 바일과 마찬가지로, 그는 독일을 일찌감치 탈출하여 1933년 이후 프린스턴고등연구소에 둥지를 틀었다. 아인슈타인과 섀넌에 대한 일화가 오늘날까지 몇 건 전해 내려오는데, 그중에는 진위가 불분명한 것도 있고 서로 아귀가 안 맞는 것들도 있다. 그러나 우리는 완전성이라는 관점에서 모든 일화를 다루려고 한다.

노마는 한 인터뷰에서 이렇게 회고했다.

"내가 아인슈타인에게 차를 따라주는데, '당신은 매우 똑똑한 남성과 결혼했습니다'라고 하더군요."

다른 인터뷰에서는 그때 일을 좀 더 자세히 설명했다.

"아인슈타인은 찻잔 위로 눈을 들어, '당신 남편은 내가 지금까지 만난 사람 중에서 가장 우수한 뇌를 보유하고 있습니다'라고 말했어요."

이 일화는 종종 반복되지만, 사실무근이 거의 확실시된다고 말할 수 있다. 첫째로, 섀넌은 1940년에 몇 건의 흥미롭고 중요한 연구를 하고 있었지만 그중에서 아인슈타인의 관심을 끌 만한 것은 하나도 없었다. 요컨대 물리학은 섀넌의 전문 분야가 아니었다. 더욱이 IAS의 다른 연구원들과 달리, 지극히 내성적인 성격의 섀넌이 세계 최고의 과학자를 만나기 위해 군중을 헤치고 갔다는 기록은 어디에도 없다. 섀넌의 행동에서 신출내기 수학 박사의 생각을 아인슈타인에게 알리려는 의도가 엿보인 적은 전혀 없으므로, 이 일화는 우리가 아는 섀넌의 이미지와 전혀 일치하지 않는다. (그와 대조적으로, 튀는 스타일로 유명한 존 내시는 아인슈타인에게 한 번만 만나 달라고 생떼를 썼다. 전기 작가 실비아 나사르에 따르면, 그는 심지어 학부생 때 한 시간 동안 아인슈타인을 붙들고 중력·마찰·복사에 대한 자신의 생각을 집요하게 설명했다. 그런데 내시의 설명이 끝난 후 아인슈타인의 대답이 걸작이었다. "젊은 친구, 물리학 공부 좀 더 해야겠네.")

반면에 클로드 섀넌의 친구이자 '저글링하는 교수' 동아리에 가입한 아서 루벨에게서 나온 이야기는 노마 레보의 이야기보다 신빙성이 높다. 그의 말에 따르면, 아인슈타인은 섀넌의 지적 자질보다 실용적 측면에 더 관심이 많았다.

이야기는 이렇게 시작된다. 클로드가 프린스턴의 수학자들에게 강연을 하고 있던 도중, 강의실의 뒷문이 열리며 아인슈타인이 걸어 들어왔다. 아인슈타인은 몇 분 동안 서서 잠자코 강의를 듣다가, 옆에 서 있던 사람의 귀에 대고 뭐라고 속삭인 후 자리를 떴다. 강연이 끝난 후, 클로드는 강의실 뒤로 허겁지겁 달려가 아인슈타인의 고견을 들은 사람을 찾아냈다. 그리하여 그 위대한 과학자가 자신의 강의에 대해 뭐라고 언급했는지 알게 되었다. 아인슈타인이 그 사람에게 물은 것은 "남성용 화장실이 어느 쪽 방향에 있소?"였다.

루벨은 섀넌에게 그 이야기를 두 번 들었는데, 두 번째 버전과 첫 번째 버전의 유일한 차이는 '아인슈타인이 다과가 있는 곳을 찾았다'는 것이라고 한다. 그리고 루벨의 개인적 의견은, 두 번째 버전의 신빙성이 더 높다는 것이다.

그 밖에도, 섀넌은 아침에 승용차를 몰고 출근하는 길에 종종 아인슈타인을 지나쳤던 일을 떠올렸다.

"그는 으레 낡은 옷을 걸친 채 침실용 슬리퍼 따위를 끌고 지나갔는데, 내가 보기에는 거의 일용직원 수준이었다. 내가 승용차 안에서 그에게 손을 흔들면, 그도 손을 흔들어 답례를 했다. 내가 누군지도 모르고 손을 흔든 게 뻔한데, 십중팔구 '뭐 저런 놈이 있나'라고 생각했을 것이다."

다른 것은 다 제쳐두더라도, '한 사람의 인생을 바꾼 아인슈타인의 찬사'라는 내용의 고전적 이야기(출처 : 노마)는 '점잖은 무시'라는 내용의 실제 이야기(출처 : 섀넌)와 전혀 어울리지 않는 것 같다. 섀넌과 노마의 상반된 설명이 아인슈타인의 성격을 이해하는 데 도움이 되든 말든, 우리는 두 사람의 성격이 매우 달랐음을 짐작할 수 있다. 노마는 호언장담을 하는 화통한 성격인 반면 섀넌은 과묵하고 꿍한 성격이었는데, 결혼한 지 채 1년도 지나지 않아 두 사람의 공통점은 재즈를 좋아하는 것 말고 별로 없는 것으로 판명되었다. 이 사실을 깨달은 두 사람의 당혹감은 갈수록 더욱 깊어졌다.

— • —

솔직히 말해서 어느 편이냐 하면, '연구자의 천국'으로 알려진 프린스턴고등연구소는 섀넌의 정신 건강에 해로운 곳이었다. 일례로 학생 지도, 각종 마감 시간, 출판의 중압감 같은 일상적 걱정거리가 전혀 없는 그곳은 연구자에게는 학문적 도피안으로, 활력이 넘치기는커녕 심신이 피폐해지는 곳이었다. 섀넌이 IAS에 입성했을 때 그곳에서 박사과정을 밟고 있던 물리학도 리처드 파인만은 그런 타성을 직접 목격했다.

"실험실을 들락거리는 어중이떠중이들이 보이지 않고, 시도 때도 없이 질문을 퍼붓는 학생들이 단 한 명도 없다. 이게 종신형 재소자의 삶이 아니면 대체 뭐란 말이냐……! 자극이 없으면 아무런 아이디어도 떠오르지 않는 법이다. 이쯤 되면, 일종의 죄책감이나 우울증이 마음속에서 기생충처럼 꿈틀거리기 시작한다."

그것은 새넌에게도 정상적인 생활이 아니라 일종의 수형 생활이었다. 그렇다고 해서 파인만이 지적한 '나태하고 무기력한 삶'을 산 것은 아니지만, 적막감과 무사안일감이 엄습하면서 그의 타고난 '은둔형 외톨이' 성향이 악화되었다. 대체로 볼 때, 그의 삶은 문을 꼭 걸어 잠그고 메모장과 클라리넷 사이를 번갈아 왔다 갔다 하는 나날의 연속이었다. 심지어 음악을 즐기기 위해 멀리 걸어갈 필요도 없었다. 그저 의자에 앉은 채 몸을 비틀어 곁에 놓인 재즈 레코드판을 틀거나 클라리넷을 집어 들면 그만이었다. 그가 제일 좋아하는 가수는, 남부의 토속적 알토 음성을 구사하는 테디 그레이스였다.

천상에서 환한 조명을 비추는 달빛을 꺼요.
햇빛을 꺼요, 미치도록 사랑에 빠졌으니까…….

외톨이가 된 것은 노마도 마찬가지였다. 인근의 럿거스에서 대학을 마치려던 당초 계획이 무산되고, 따분한 대학촌(특히 뉴욕과 파리와 보스턴을 경험한 그녀에게, 프린스턴은 따분하기 짝이 없는 곳이었다)에 고립되어 가족은 물론 친구들과도 멀어지자, 스무 살의 나이에 전업 주부 노릇을 하고 싶은 생각이 완전히 사라졌다. 그러나 그녀는 현실을 인정하고, 하루하루를 어떻게든 때우려고 안간힘을 썼다. IAS의 교수들을 가능한 한 자주 초청하여 차를 대접하고, 유창한 프랑스어 실력을 이용해 (IAS의 많은 교수들과 마찬가지로, 전쟁 때문에 유럽 밖으로 쫓겨난) 국제연맹(국제연합UN의 전신_옮긴이)의 경제 분과에 일자리를 얻었다.

그러나 그 정도로는 불충분했다. 아무리 재촉을 해도, 섀넌으로 하여금 그녀의 정치적 열망을 공유하게 할 수는 없었다.

"당신도 내 관심사를 잘 알잖아. 그 정도면 충분하다구."

노마는 섀넌이 우울증에 빠졌음을 점점 더 강하게 확신했지만, 이유야 어찌됐든 이혼은 결혼만큼이나 속전속결로 진행되었다. 마지막 부부싸움이 끝난 후, 노마는 맨해튼행 열차에 몸을 싣고 프린스턴을 떠났다. 이혼 소송이 완료되자, 그녀는 서쪽 끝에 있는 캘리포니아로 옮겨 자기만의 참된 삶을 시작했다. 어린 시절부터 계속 원했던 시나리오를 쓰고 공산당 회의에 참석하다, 할리우드의 공산당 동조자와 재혼했다. 그리하여 결국에는 블랙리스트에 올라 유럽으로 자진 망명했다.

— • —

'우리는 왜 누군가를 사랑할까?'라는 의문은 영원히 풀리지 않는 수수께끼 중 하나다. 그보다 더한 수수께끼가 있다면 아마도 '우리는 왜 그런 사랑의 흔적을 일기장이나 편지에 남길까?'일 것이다. 섀넌이 '노마와 관계가 끝난 이유'를 일기장이나 편지에 적었는지 여부는 알 수 없다. 만약 그런 게 있다면, 어디론가 사라진 게 분명하다. 우리가 현재 알고 있는 것은 사실뿐이다. 그들은 1939년 10월에 만나 일사천리로 결혼했고, 1940년 말 유대 관계에 금이 갔음을 발견한 직후 일사천리로 이혼했다.

그러나 오늘날 우리는 뭔가 다른 사실을 추가적으로 알고 있다. 그것은 섀넌이 그 걱정 많은 시기에 개인적으로 겪었던 엄청난 갈등에 관한 것이다. 섀넌이 프린스턴에 도착하고 나서 불과 며칠 후인 1940년 9월 16일, 프랭클린 D. 루스벨트가 징병법에 서명함으로써, "21~35세의 남성 시민 모두를 징병부에 등록하라"고 요구한 것이다. 대규모 징집은 1940년 10월 16일에 시작되었다. 미국은 아직 공식적으로 전쟁에 참가하지 않았지만, 전제주의의 위협을 충분히 인식한 대통령과 자문관들은 참전의 중요성을 인정하고 있었다. 프랭클린 루스벨트는 법안에 서명함과 동시에 다음과 같은 경고 사항을 발표했다.

"미국은 운명의 갈림길에 서 있습니다. 시간이 촉박해지고 거리가 가까워지고 있습니다. 최근 몇 주 동안 강대국들이 속속 무릎을 꿇었습니다. 우리는 현재 전 세계에 만연한 힘의 철학에 너 이상 무관심할 수 없습니다. 우리는 미합중국 해안에서 전쟁을 몰아내기 위해 위대한 잠재력을 마땅히 결집해야 하며, 곧 그렇게 할 예정입니다."

스물네 살 먹은 섀넌을 비롯한 미국 청년들에게, 루스벨트의 거창한 말은 '누구를 막론하고 전쟁에 참가하기 위해 해외로 파병될 수 있다'는 실질적 가능성을 의미했다. 아직까지는 먼 훗날의 이야기인 것 같았지만, 징병 카드에 서명 날인한 섀넌이 '내 일생이 걸린 연구를 보류하고 군복을 입어야 한다'는 암울한 현실을 생각하며 치를 떨었을 게 분명하다.

섀넌은 그런 현실을 달갑잖게 여겼다. 그가 온갖 수단을 동원하여 징집을 모면하려고 노력했다는 징후는 없지만, 가급적 해외에 파병되지 않았으면 좋겠다는 속내를 드러낸 건 사실이다. 그는 친지들에게 이렇게 말했다.

사태가 급박하게 진행되고 있어요. 다가오는 전쟁의 냄새를 맡을 수 있어요. 너무나 끔찍해서, 징집 생각은 하기도 싫어요. 방위 산업에서 전일제로 일한다면 징집되지 않을 수 있을 것 같아요. 나는 예나 지금이나 소심한 사람이에요……. 나는 방위 산업에서 정정당당하게 최선을 다해 일하고 싶어요. 아니, 가능하다면 나라에 크게 기여하고 싶어요.

그는 한 인터뷰에서 이렇게 회고했다.
"만약 군대 말고 다른 곳에서 유용한 인재로 인정받는다면, 굳이 군대에 가지 않고서도 나라에 기여하는 길이 열릴 수 있다고 생각했어요. 그건 나에게 현명한 처신으로 보였어요."
한 친구에 따르면, 내성적인 성격의 섀넌은 '해외 파병의 위험성'은 물론 '견디기 힘든 병영 생활의 고충'까지도 걱정했다고 한다.
"그는 군대에 갈 경우 비좁은 막사에서 우글거리는 생면부지의 사람들과 부대낄 것을 우려했던 것 같습니다. 그는 군중과 이방인을 기피하는 경향이 있었어요."
생각다 못한 섀넌은 벨연구소 시절의 멘토 손턴 프라이를 찾아갔고, 프라이는 섀넌을 국가방위연구위원회National Defense Research Committee(NDRC)의 수리분석 요원으로 천거했다. NDRC의 지휘부에는 이름만 대면 알 만한 미국의 과학자와 공학자들이 즐비했고, 섀넌이 속한 전문가 집단의 핵심 인사들 중 대부분이 포진해 있었다. 물론 그중에는 섀넌을 중서부에서 발탁한 인물, 바네바 부시도 포함되어 있었다.

바네바 부시는 NDRC의 대부였다. 그는 제1차 세계대전 때 군장교와 민간인 과학자들 간의 의사소통 단절을 직접 경험했으므로, '군과 과학자들 간의 의사소통 간극을 메우려면 연방위원회(NDRC)의 개입이 절실하다'는 그의 말에는 권위와 확신이 실려 있었다. 그리고 1940년 6월 12일 바네바 부시는 확신에 찬 표정으로 백악관에 들어가, NDRC에 대한 자신의 주장을 대통령에게 피력했다. FDR(프랭클린 D. 루스벨트)에게 긍정적인 답변을 받아내는 데는 단 10분밖에 걸리지 않았다. 바네바 부시는 나중에 이렇게 적었다.

"그 당시 일각에서는 NDRC의 행동을 미식축구의 엔드런(공을 들고 수비진의 측면을 우회하여 질주하는 전법_옮긴이) 전술에 비유하며 강력한 이의를 제기했다. 즉, 정규 경로 밖에서 활동하는 소규모 과학자와 공학자 집단이 신무기 개발에 필요한 권력과 돈줄을 장악한다는 건 모양새가 좋지 않다는 이야기였다. 사실 그 지적은 정확했다."

섀넌의 입장에서 볼 때 NDRC는 또 다른 형태의 엔드런이었다. 그도 그럴 것이, NDRC는 섀넌을 징집에 대한 걱정에서 해방시켰다. 이로써 그는 동시대의 많은 수학자들과 마찬가지로, 신체 대신 두뇌를 이용해 조국에 봉사하게 되었다.

# 9. 제2차 세계대전

전쟁은 동시대인 모두에게서 가용 시간을 빼앗아 갔지만, 그런 와중에도 최고의 공학자와 수학자들 중 일부는 국토방위와 관련된 문제를 연구할 수 있는 기회를 제공 받았다. 그건 어떻게 보면 큰 축복이었다. 그런 점을 이해했는지, 섀넌은 1940년 12월 초 IAS 소속 연구원 자격으로 수령한 연구비를 프린스턴고등연구소에 반납했다. 그러나 166달러 67센트짜리 수표는 다음과 같은 편지와 함께 반송되었다.

"군사 훈련이나 기타 비상사태로 인한 의무를 수행하는 것은 예외 사항으로 인정됩니다."

섀넌은 전쟁이 끝난 후 연구를 재개하는 데 사용할 수 있으리라 생각하며 그 돈을 잘 보관하기로 했다.

손턴 프라이는 NDRC의 동료 중 하나인 워런 위버(1894~1978)와 접촉하여, 섀넌에게 적당한 프로젝트를 알선했다. 1894년 위스콘신주 시골에서 태어난 위버는 위스콘신대학교에서 훈련 받은 후 1917년 공군에 입대했고, 캘리포니아공과대학(줄여서 칼텍Caltech)의 전신인 스루프공예학교Throop Polytechnic Institute를 거쳐 위스콘신으로 돌아와 학생들을 가르치다가 수학 과장을 맡았다. (손턴 프라이도 한때 위스콘신에서 수학을 가르쳤다.)

워런 위버는 섀넌과 마찬가지로 작은 마을 출신인 것은 물론, 손으로 뭘 만들거나 수리하기를 좋아했다. 시간이나 돈이 부족해 과학 실습을 할 수 없을 때, 그는 집에 머물며 장작을 패거나 바위를 옮기거나 정원을 손질하거나 작업실에서 망치질을 하며 소일했다. 수줍음을 잘 타는 내성적인 소년 위버는, 크리스마스 선물로 받은 직후 분해한 (건전지로 구동되는) 소형 모터에서 공학도의 열정을 발견했다.

그런 종류의 활동을 남들이 뭐라고 부르는지 몰랐다. 다른 사람들이 그런 일에 종사하며 생계를 꾸려 나갈 수 있는지 몰랐고, 아예 관심도 없었다. 그러나 어떤 물건을 분해하여 구성 내역과 작동 방식을 알아내는 것은 흥미롭고 자극적이고 굉장히 재미있었다. 내가 살던 작은 시골 마을에서는 그럴 수밖에 없었다. 그런 곳에는 과학에 대해 제대로 된 개념을 갖고 있는 사람이 단 한 명도 없었다. 누군가가 "그런 걸 공학이라고 한단다"라고 일러 주었고, 나는 그때부터 대학교 3학년이 될 때까지 '공학자가 되고 싶다'는 바람을 아무 의심 없이 품었다.

이 정도의 회고담은 클로드 섀넌의 비망록에서 쉽게 찾아볼 수 있는 내용이다. 그러나 두 사람의 공통점은 거기까지였다. 섀넌은 자타가 공인하는 무신론자인 반면, 위버는 독실한 신앙인으로서 과학을 '신의 존재를 보여주는 자명한 증거'로 간주했다. 위버는 자신의 저술에 이렇게 썼다.

"나는 신이 다양한 시간과 장소에서 자신의 존재를 스스로 드러낸다고 생각한다. 신은 오늘날에도 인간에게 끊임없이 계시를 내린다. 모든 과학적 발견은 신이 우주에 장착해놓은 질서를 더욱 자세히 보여준다."

새년이 모든 종류의 행정 절차와 요식 행위에 알레르기 반응을 보인 반면에 위버는 그런 일에 능숙했다. 새년은 가르친다는 것을 대학 측의 골치 아픈 요구 사항으로 간주한 데 반해, 위버는 큰 즐거움으로 여겼다. 새년은 숨 막히도록 뛰어난 직관과 본능을 앞세워 수학적 문제나 연구 과제를 창의적으로 해결한 반면, 위버는 그런 재능이 없음을 스스로 인정했다. 자신의 장단점을 스스로 성찰하며, 위버는 이렇게 말했다.

"나는 정보를 이해하는 능력이 뛰어나고, 조직화에 소질이 있고, 공동 연구를 잘하고, 아이디어 제시와 프레젠테이션에 열중한다. 그러나 기이하고 경이롭고 번득이는 창의력이 부족해서 훌륭한 연구자가 되는 데 결격 사유로 작용할 수 있다. 나는 내가 수학 교수로 대성하는 데 분명한 한계가 있음을 절감하고 있다."

그러나 위버의 한계는 (평범한 사람이 미치지 못하는) 매우 높은 곳에 있었다. 그는 나름대로 이단적인 사상가로서 다양한 분야에 일가견이 있었으며 공학, 수학, 머신러닝, 번역, 생물학, 자연과학, 확률론에 대한 저술과 논문을 남겼다. 그러나 많은 동료들과 달리 그는 과학과 수학이라는 테두리 밖에 존재하는 세계를 믿었기에, 자신이 연구한 분야에 만연한 편협성을 배격하고 그런 부류의 사상가들을 피했다.

"과학을 과대평가하지 말고 과학이 전부라고 생각하지 마세요."

그는 1966년 한 강의에서, 학생들에게 이렇게 강조했다.

"과학에 집중한 나머지, 앞으로 일주일 동안 시를 읽지 않는 어리석음을 범해서는 안 됩니다. 앞으로 일주일 동안 다양한 장르의 음악을 듣지 않는 학생이 이 강의실에는 없기를 바랍니다."

워런 위버는 언행이 일치하는 사람이었다. 손턴 프라이에 따르면, 그는 미식가로서 다양한 와인을 포도원별, 빈티지(수확 연도)별로 한 모금씩 음미했다. 그리고 루이스 캐럴의《이상한 나라의 앨리스Alice's Adventures in Wonderland》에 대한 열정을 평생 동안 간직했다. 1960년대 중반에는 42개 국어로 된 160가지 판본의 책을 수집하여 급기야《많은 언어로 발간된 앨리스Alice in Many Tongues》를 저술했는데, 그 책의 내용은 '번역 행위가 스토리의 의미에 미치는 영향'을 분석한 것이었다.

위버는 포퓰리스트, 철학자, 과학과 '넓은 세상' 사이의 인간 접속기로서, 섀넌이 갖지 못한 것을 많이 갖고 있었다. 그러나 손턴 프라이의 소개로 두 사람이 만났을 때는 그런 차이가 별로 중요하지 않았다. 그는 섀넌의 잠재력을 한눈에 알아보고, 그 잠재력을 전시戰時 프로젝트에 이용할 능력을 갖고 있었다. 그는 섀넌에게 3,000달러를 지급하고 '사격통제에 관한 수학적 연구Mathematical Studies Relating to Fire Control'라는 10개월짜리 프로젝트 계약을 맺었다. 섀넌은 연구의 상당 부분을 프린스턴고등연구소에 머물며 수행하지만, 랠프 블랙먼과 헨드릭 보드라는 두 명의 벨 연구소 공학자와 협동하게 된다. 두 사람은 '섀넌의 인생에 영향을 미친 멘토'라는 인상적인 그룹에 가담하게 된다.

화력 제어란 본질적으로 '이동 표적을 타격하는 연구'인데, 여기서 표적이란 적군이 공중으로 발사하여 아군에게 해를 끼칠 수 있는 모든 것, 이를테면 비행기, 로켓, 탄도탄 등을 의미했다. 표적을 저격하는 대포를 상상해보라. 섀넌이 연구할 대포는 2층짜리 건물 크기로 대양 한복판에 떠다니는 전함 위에 설치되어, 시속 600킬로미터로 비행하는 적기를 격추시키려고 한다. 그러나 이것은 어디까지나 개략적 설명일 뿐이고, 화력 제어 임무를 성공적으로 완수하는 데 필요한 기계를 설계하는 과제가 벨연구소의 수학 팀에 부여되었다. 수직 좌표, 수평 좌표, 발사체의 속도, 표적의 추정 위치, 발사에서부터 타격까지 소요되는 시간…… 이 모든 것은 포화가 빗발치는 해상에서 1초의 몇 분의 1에 해당하는 찰나적 순간에, 기계에 의해 한 치의 오차도 없이 계산되어야 했다.

전쟁이 시작되고 나서 처음 며칠 동안, 연합군의 방위 체계가 얼마나 업그레이드되어야 하는지 적나라하게 드러났다. 그와 대조적으로, 베르사유 조약에 의해 해체되었던 독일 공군은 히틀러와 헤르만 괴링의 영도 하에 완벽하게 재건되었다. 독일 공군은 스페인 내전 동안 게르니카를 파괴했고, 런던 대공습을 감행했으며, 전쟁이 오래 지속되는 동안 독일군은 세계 최초의 순양함과 탄도미사일을 개발하여 배치했다.

그런데 왜 하필 벨연구소의 공학자들이었을까? 전화 회사의 직원들이 무슨 특별한 통찰을 보유하고 있기에 이런 무시무시한 프로젝트를 떠맡았을까? 워런 위버도 그 점을 인정했다.

"언뜻 생각하기에, 벨연구소 공학자들이 새로운 아이디어와 기술을 갖고 나타나 대공포 프로젝트에 가담한다는 게 이상해 보였을 겁니다."

그러나 위버는 다음과 같은 두 가지 이유를 들어 벨연구소 공학자들이 최적격자임을 상기시켰다.

"첫째, 그들은 다양한 전기 기술을 다년간 연마한 전문가들입니다. 둘째, '화력 제어의 예측 문제'와 '통신공학의 기본 문제' 사이에는 놀랍도록 밀접하고 타당한 유사점이 존재합니다."

가장 기본적 수준에서, 정보의 속도와 질은 전화 시스템과 화력 제어 시스템 모두에 필수적이었다. 의도된 수신자에게 전달되는 통화가 잡음의 도전에 직면했다면, 목표물을 타격하는 대공미사일도 동일한 개념적 도전, 즉 '어떻게 하면 A 지점에서 B 지점까지 최소한의 간섭을 받고 도착할 수 있는가'라는 도전에 직면했다. 미사일의 경우, 10여 가지의 변수 중에서 '바람의 방해'나 '표적의 이동'과 같은 요인들에 대비해야 했다. 전화와 미사일 모두 빠른 확률 계산(가능한 메시지의 구조, 주어진 순간에 가능한 표적의 위치)을 요구했으므로 고도의 통계적 추론이 필요했다. 그러기 위해서는 그러한 계산을 정확히 실행에 옮기는 기계를 만들어야 한다는 과제가 제시되었다.

물론 화력 제어의 해결사로 나선 벨연구소의 공학자들에게 환상은 절대 금물이었다. 기술적 문제가 일부 겹치더라도 화력 제어 시스템의 어려움을 전화 시스템의 어려움과 수평적으로 비교한다는 것은 언어도단이었다. 그도 그럴 것이 대공포 제어의 경우, 1초의 몇 분의 일만 차이가 나도 생사가 달라질 수 있었기 때문이다. 특히 섀넌에게 있어, 화력 제어 연구는 그동안 해봤던 연구 중에서 가장 구체적이었다. 예컨대 유전학 연구의 경우와 달리, 비행기를 격추시키는 데는 추상적인 요소가 아무것도 없었다.

통신과 화력 제어 연구 사이에는 개념적 유사성뿐 아니라 기계적 유사성도 있었다. 벨연구소가 화력 제어 연구를 시작했을 때, 공학자 중 한 명이 '기존의 통신 기술 중 하나인 분압기potentiometer가 대공포의 부품으로 전용될 수 있다'는 사실을 발견했다. 전위차계란 전위차(전압)에 반응하는 일종의 이동식 경첩으로, 전화나 라디오 수신기 등의 전기회로에서 어떤 두 점 사이의 전위차나 기전력을 정확히 측정하는 데 사용된다. 벨연구소의 젊은 공학자 데이비드 파킨슨이 모눈종이 위의 펜에 전위차계를 시험 삼아 연결해봤더니, 전기 기계 시스템의 출력이 모눈종이 위에 그래프로 그려지는 게 아닌가! 그런데 공교롭게도 잠을 자다가 꿈속에서, '전위차계의 그래프 작성 원리'가 비행기를 격추하는 데 도움이 될지도 모른다는 아이디어가 떠올랐다.

나는 포병들과 함께 요형포좌(포와 포병을 엄호하는 참호_옮긴이) 속에 들어가 있었는데, 그 속에 있는 대포는 구경이 7~8센티미터쯤 돼 보였다. (나는 대공포 비슷한 것도 구경한 적이 없지만, 이래뵈도 대포에 대해 웬만한 상식쯤은 알고 있다.) 그것은 간헐적으로 불을 뿜었는데, 그럴 때마다 비행기가 한 대씩 떨어지는 장면이 굉장히 인상적이었다. 서너 번 발사하고 난 후 포병 중 한 명이 나를 보고 씩 웃으며 '대포 쪽으로 가까이 다가오라'고 손짓했다. 내가 대포 쪽으로 다가가니, 그는 좌측 포이(포신을 포가에 받쳐놓는 원통형 돌출부_옮긴이)의 노출된 말단을 손가락으로 가리켰다. 자세히 들여다보니, 내 수평기록

계(소음계나 주파수 분석기에서 지침의 움직임을 기록지상에 그리게 하는 장치_옮긴이)
에 장착된 제어용 전위차계가 그 위에 떡 하니 놓여 있는 게 아닌가! 아무
리 눈을 씻고 들여다봐도 그건 분명히 전위차계였다. 내가 잘못 본 게 절대
아니었다.

다음 날 아침 일어나 꿈의 내용을 곰곰이 생각하던 중, 그는 "전위차
계가 기록계 위의 펜을 제어할 수 있다면, 그것을 적당히 가공하여 대공
포를 제어하는 데 활용할 수 있다"는 사실을 깨달았다. 파킨슨은 자신의
아이디어를 상급자에게 보고했고, 그 아이디어는 벨연구소의 고위층을
거쳐 미육군통신대Army Signal Corps로 전달되었다. 파킨슨의 꿈은 그로부
터 몇 년 후 제작된 T-10 제어기로 결실을 맺었다. T-10 제어기는 벨연
구소가 다년간 축적한 통신 연구 결과의 결정판으로, 벨연구소의 공학
자들은 그것을 제작하여 납품하는 과정에서 (자신들이 제일 익숙한) 라디오
와 전화기의 용어뿐 아니라 부품의 이름까지도 차용했다. 나중에 M-9
으로 이름이 바뀐 대공포 제어기는 1,500대 이상 생산되어 전선에 투입
되었다. M-9의 도움으로 대공포를 제어할 수 있게 됨에 따라 적기 한 대
를 격추하는 데 필요한 포탄의 수는 평균 수천 개에서 단 100개로 줄어
들었다.

— • —

많은 과학자들이 대공포 제어기 프로젝트에 참여했으며, 섀넌이 이
끄는 연구 팀에서도 두 명이 힘을 보탰다.

"대공포 제어기가 없었더라면, 영국은 완전히 궤멸했을 거예요."

섀넌은 전쟁이 끝난 후 이렇게 회고했다.

"운 좋은 유인비행기는 대공포의 공격을 용케 피할 수도 있었어요. 그러나 폭명탄buzzbomb이라고 불리는 V1 미사일(제2차 세계대전 중에 미사일 개발에 열을 올린 히틀러가 개발한 대표적인 미사일로 순항미사일의 원조격으로 꼽힘_옮긴이)은 거의 완벽한 직선을 그리며 적당한 속도로 날아왔는데, 그중 95퍼센트가 대공포 제어기에 의해 정확히 예측되어 영국 영공에 진입하기 전에 요격되었어요. 따라서 대공포 제어기가 없었다면 영국은 독일에 꼼짝없이 무릎을 꿇었을 거예요."

섀넌의 연구는 평활화 문제에 집중되었다. 대공포 제어기의 첫 시제품은 간혹 판독 오류를 범해 포신의 덜컹거림 현상을 초래했다. 평활화란 들쭉날쭉한 데이터를 매끄럽게 정리하되, 계산 속도를 전혀 지연시키지 않는 기법을 말한다. 섀넌은 연구 과정에서 다섯 건의 기술 보고서를 작성했는데, 그 내용은 크게 두 가지로 나뉘었다. 하나는 T-10 제어기의 원래 모형을 업그레이드하는 방안이었고, 다른 하나는 통계분석 기법을 이용해 데이터를 평활화하는 방안이었다. 전자는 아쉽게도 채택되지 않았고, 후자는 채택되어 화력 제어 분야의 핵심 기법으로 자리 잡았다.

이러한 섀넌의 연구 결과는 과학기술 발달에 어떻게 기여했을까? 과학사가인 데이비드 민델은 다음과 같이 정리했다.

벨연구소의 공학자들은 화력 제어에 기울인 노력을 통해 새로운 기술적 전망을 제시했다. 그들은 레이더·증폭기·전기 모터·컴퓨터와 같은 다양한 기계류를 유사한 관점에서 분석함으로써 정보이론, 시스템공학, 고전 제어이론의 길을 닦았다. 그들은 신무기만 개발한 게 아니라 신호와 시스템에 대한 전망을 제시했다. 그들이 제시한 전망은 아이디어와 사람을 통해 공학 문화에 스며들었고, 정보화시대의 기술적·개념적 기초로 굳게 자리 잡았다.

다시 말해서 섀넌의 연구는 즉각적 결실을 맺었지만, 연구의 진정한 가치는 유추에 있었다. '유추를 통한 과학적 혁신'은 유구한 역사를 갖고 있다. 갈릴레오의 진자 연구는 피사의 대성당에서 시작되었는데, 그는 등잔이 공기를 가르며 왕복운동을 하는 것을 보고 자신의 맥박수를 이용해 시간을 측정했다. 진동 주기가 진폭과 무관함을 발견하고 놀란 그는, 나중에 실험을 통해 '진동 주기는 진자의 길이에만 의존한다'는 사실을 밝혔다. 물론 뉴턴에게도 사과가 있었으며, 아인슈타인은 자신이 빛을 쫓는다고 상상했다. 섀넌의 경우에는 비행기가 있었다. '불확정적이지만 예측 가능한 비행기'의 경로는 그로 하여금 혹독한 확률적 사고 훈련을 치르게 했다. 만약 비행기의 위치가 그런 방법(표적이 '어디에 존재하는가'라는 관점이 아니라 '어디에 존재할 확률이 가장 높은가'라는 관점)으로 가장 잘 예측될 수 있다면, 다른 불확정적 물체도 동일한 방법으로 겨냥할 수 있었다.

섀넌은 두 명의 연구자와 함께 작성한 보고서에서 이렇게 말했다.

"비행체의 경로 예측 문제는 '정보의 전달·조작·활용 문제'의 특별한 사례라고 할 수 있다⋯⋯. 입력 데이터는 기상 기록·주가·생산 통계 등과 유사한 일련의 값으로 구성된다고 간주된다."

이러한 사고방식은 섀넌의 후기 연구에 핵심적 통찰을 제공했다. 미사일의 궤적, 주식 시세 표시기의 출력, 전신선의 펄스, 세포핵 안의 명령 같은 이질적 정보들은 그 이전까지 전혀 예상하지 못했던 공통점을 갖고 있었다.

— • —

그러나 그러한 통찰이 위력을 발휘하는 것은 앞으로 수년 후의 일이었다. 섀넌에게 당장 중요한 것은, NDRC에서 하달 받은 임무를 차질 없이 수행하여 윗사람들을 만족시키는 것이었다. 워런 위버는 나중에 이렇게 말했다.

"섀넌은 우리를 까무러치게 할 만한 일을 해냈습니다."

1940년 여름 섀넌의 활약상을 처음 목격했던 손턴 프라이는 섀넌의 능력을 재확인했다. 그가 벨연구소를 대신하여 섀넌에게 전임 계약 연장을 제안하는 데는 많은 시간이 필요하지 않았다.

손턴 프라이에게 제안을 받은 섀넌은—전문가적 관점에서가 아니라 개인적으로—안도의 숨을 내쉬었음에 틀림없다. 누군가는 당시의 섀넌을 '벼랑 끝에 선 남자'로 묘사했는데, 충분히 납득할 만한 일이었다. 전쟁의 압박과 결혼 실패가 섀넌을 완전히 녹초로 만들었기 때문이다.

"섀넌은 한동안 신경적·정서적 중압감을 못 이기고 완전히 무너졌습니다."

워런 위버는 이렇게 회상했다.

"섀넌을 구렁텅이에서 끌어내 일자리까지 제공한 일등 공신은 손턴 프라이입니다. 섀넌에게 그보다 더 중요한 일은 없었지요."

# 10. 주 6일 근무

그것은 한 과학자만의 전쟁이 아니라, 모든 과학자들이 제각기 일익을 담당한 전쟁이었다. 공통의 대의명분이 요구되는 상황에서, 과학자들은 동업자 간의 해묵은 경쟁의식을 떨쳐버리고 일치단결했다. 그들은 많은 것을 공유하며 많은 배움을 얻었다.

— 바네바 부시

맨해튼의 웨스트빌리지에 본사를 둔 벨연구소는 화학실험실, 드넓은 생산실, 전화기·케이블·스위치·코드·코일과 그 밖의 필수 부품이 널린 성능 실험실이 혼재된, 과학계의 스모가스보드(온갖 음식이 다양하게 나오는 뷔페식 식사_옮긴이)였다. 미국이 제2차 세계대전에 참여하며 일련의 전시戰時 프로젝트가 가동되자 수백 명의 낯선 사람들이 들이닥쳐 사무실을 누비고 다녔는데, 그중 상당수는 군복을 입고 있었다. 그 결과 허드슨강 유역에 자리한 13층짜리 벨연구소 사옥은 완전히 북새통을 이루었다. 진주만 공습의 여파로 수백 명의 연구원들이 현역 복무를 위해 연구소를 떠났음에도, 벨연구소의 내근직은 불과 몇 년 만에 4,600명에서 9,000

명으로 급증했다. 1,000건 이상의 연구 프로젝트가 출범했는데, 각각의 프로젝트는 전쟁이라는 기계를 구성하는 작은 부품이었다. 그에 따라 연구원들의 업무량이 폭증하여, 존 거트너에 따르면 주 6일 근무가 표준으로 자리 잡았다.

전쟁으로 인해 압박감을 느낀 기관은 벨연구소뿐만이 아니었다. 해외에서 벌어지는 갈등은 상당수의 과학 엘리트들과 그들이 몸담고 있는 연구소들에 새로운 부담을 지웠다. 프레드 캐플런이 전장의 과학사를 논한 책에서 설명한 바와 같이, 제2차 세계대전은 과학자들의 재능을 무자비하게 착취한 전무후무한 전쟁이었다. 과학적 대답을 요하는 긴급한 질문들이 쏟아졌고, 그런 질문에 답하기 위한 맞춤식 과학 책자들이 제작되었다. 캐플런은 그중 몇 가지 사례를 다음과 같이 예시했다.

특정한 표적에 특정한 양의 손상을 입히기 위해서는, 하나의 폭탄이 몇 톤의 폭발력을 발휘해야 할까? 폭격기는 어떤 대형으로 비행해야 할까? 비행기는 중무장을 해야 할까, 아니면 더 빨리 날기 위해 무장을 해제해야 할까? 비행기에서 투하된 대잠수함 무기는 얼마만 한 깊이에서 폭발해야 할까? 핵심 표적 주변에 얼마나 많은 대공포를 배치해야 할까? 요컨대 최대의 군사적 성과를 거두려면 얼마나 많은 무기를 사용해야 할까?

이상과 같은 수수께끼를 풀기 위해 동시대의 물리학자와 수학자 들이 총동원되었다.

전시戰時 수학에 대한 가장 통찰력 있는 조사 결과 중 하나를 내놓은 사람은, 위스콘신대학교의 수학 교수 J. 바클리 로서였다. 그는 자신과 마찬가지로 전쟁에 동원된 약 200명의 수학자들과 인터뷰를 통해, "수학은 R&D 속도를 높이는 일종의 가속 페달 역할을 수행했으며, 수학이 없었다면 무기의 개발 및 성능 향상은 고통스러울 정도로 느린 주먹구구식 과정이 되었을 것"이라고 결론지었다.

수학자들이 전장에서 당면한 문제는 '순수 학문적 문제'가 아니라 '시급한 해결을 요하는 현안 문제'였다. 그러다 보니 일각에서는 수학자들이 함부로 나설 자리가 아니라는 비판도 제기되었다. 그러나 수학적으로 차분히 접근하지 않는다면 일종의 실험적 시행착오에 의존할 수밖에 없었고, 그럴 경우 훨씬 더 많은 비용과 엄청난 시간이 소요될 수도 있었다. 하지만 모든 사람들은 전쟁이 가능한 한 빨리 끝나기를 간절히 원했다. 이러한 딜레마를 해결하는 것이 수학자들의 임무였다. 수학자들은 그런 상황을 내심 부담스러워 했지만, 전혀 내색하지 않고 합리적인 해답을 제시하기 위해 분투했다.

이에 따라, 전 세계에서 내로라하는 수학자들 수백 명이 개인 연구를 보류하고 다양한 수준의 자존심도 억누른 채 로스앨러모스, 블레츨리 파크, 턱시도파크 그리고 벨연구소의 전초 기지에 몰려들었다. 손턴 프라이의 제안으로 벨연구소와 체결한 전시 계약을 통해 벨연구소에 갓 합류한 클로드 섀넌은, 최신 군사 기술 및 사상과 자연스레 접하게 되었다.

—•—

바네바 부시, 제임스 코넌트, 존 폰 노이만, J. 로버트 오펜하이머와 같은 인물들에게, 전쟁은 새로운 도약의 발판을 제공한 셈이 되었다. 그들은 '힘 있는 위원회'에 초빙되어 대통령에게 자문해 달라는 요청을 받고, 수백만 달러의 인적·물적 자원을 지휘하는 임무를 부여 받았다. 그들 중 상당수는 과학 및 공학계에서 별로 두각을 나타내지 않았지만, 전시 정치학 무대에서 활발히 활동하여 면모를 일신함으로써 제2의 인생을 꽃피웠다.

섀넌도 그런 엘리트 집단에 편입될 수 있었지만 그러지 않는 쪽을 선택했다.

"그는 유럽에서 일어나는 일에 별로 관심을 두지 않았어요."

당시 그의 여자친구 중 한 명은 이렇게 회고했다. 많은 동시대인들과 달리, 섀넌은 정부 고위층에 진출하려는 야망을 드러내지 않았다. 전쟁과 관련된 임무를 부여 받으려고 특별히 노력하지 않았으며, 자신이 수행한 화력 제어 연구의 성과를 부각시키려고 일부러 애쓰지도 않았다. 그렇다고 해서 지명도가 다소 떨어지는 동시대인들과 달리 뒷배경이 없는 것도 아니었다. 든든한 멘토인 바네바 부시의 지원은 물론, 화려한 연구소 경력을 이용하면 자신이 원하는 고위직 한 자리쯤은 얼마든지 꿰찰 수 있었다.

그러나 섀넌은 그러지 않았다. 어느 편이냐 하면, 전쟁 관련 연구에 관한 그의 반응은 되레 정반대였다. 모든 상황이 씁쓸한 뒷맛을 남겼으며 대외비, 고강도, 신체적 스트레스, 의무적인 팀워크, 이 모든 요소들이 그를 완전히 개인적인 방향으로 내몰았다. 여자 친구로부터 얻을 수 있었던 몇 안 되는 이야기들 중의 하나는, 그는 전시 프로젝트를 대체로 따분하고 절망스럽게 여겼다고 한다. 그리고 유일한 스트레스 해소 수단인 '개인 연구'에 밤늦도록 몰두했다고 한다.

"그이는 전쟁과 관련된 연구를 혐오한다고 말했어요. 밤늦도록 개인 연구에 매달리다, 아침에 늦게 일어나 지각하는 것을 죄스러워했어요……. 내가 손을 잡아 위로해주기도 하고, 때로는 출근길에 바래다주기도 했어요. 그러면 그이 기분이 좀 풀렸어요."

섀넌이 그 당시의 일을 수십 년 후에도, 심지어 가족과 친구들에게까지 언급하기를 꺼렸던 이유를 알 것 같다. 나중의 한 인터뷰에서, 그는 실망 섞인 목소리로 이렇게 말했다.

"전쟁 중에는 일이 너무 바빠서 학문 연구가 뒷전으로 밀렸어요."

전쟁 기간 중에 학문 연구가 위축된 것은 필연적이었으며, 연구원들에게 일절 간섭하지 않기로 유명한 벨연구소에서도 사정은 마찬가지였던 것 같다.

설사 수학을 연구할 기회가 있더라도 ― 앞에서 J. 바클리 로서가 언급한 바와 같이 ― 전쟁이 요구하는 수학은 진정한 의미의 수학(순수수학)이 아니었다. 간혹 순수수학 문제가 있더라도, 현안 문제보다 우선순위에서 한참 밀리기 십상이었다. 말하자면, 국가의 지적 자원이 방어 체계 쪽에 과잉 투자된 셈이었다. 바클리 로서의 말을 좀 더 들어보자.

내 동료 중 한 명은 죽는 날까지 "전쟁 도중에 '수학다운 수학' 문제를 눈곱

만큼도 다뤄보지 못했다"고 입버릇처럼 말했다. 그의 말은 사실이었다. 전쟁에 동원된 수학자들이 다룬 문제는 대부분 재미없는(상상력을 요구하지 않는) 문제였다. 나 역시 괴델의 불완전성 정리나 버코프의 에르고딕 정리와 같은 고차원적 문제를 다룰 기회가 전혀 없었다. 한 번은 모처럼 직교다항식을 이용하여 문제를 해결했더니 지루함이 다소 완화되었다. 마치 세괴 *Szegö*(직교다항식 중 하나인 로저스-세괴다항식을 만든 헝가리의 수학자. 존 폰 노이만에게 고등 미적분학을 처음 가르친 것으로 유명함_옮긴이)의 무덤에 찾아가 유골을 챙기는 것 같은 기분이었다. 그러나 대부분의 경우 나는 '로켓이 얼마나 빨리, 어디로 날아가는가?'라는 문제를 해결해야 했다. 초급 수준의 수학 문제를 몇 개 다루는 날은 운수 대통한 날이었다.

바클리 로서의 말을 수학적 속물근성의 극단적 예라고 부를 수도 있다. 그러나 우리는 섀넌이 (비록 대놓고 말하지는 않았지만) 그런 감정을 공유했음을 능히 짐작할 수 있다. 프린스턴과 MIT의 상아탑을 갓 벗어난 상태에서 젊은 시절의 경력을 화려하게 수놓은 문제들을 잊지 못하고 있는 그가, '커다란 비행물체가 언제 어디로 어떻게 날아가는지' 계산하는 일을 일보 후퇴로 간주하는 것은 당연했다.

그러나 비교적 순탄한 길을 걸었던 클로드 섀넌의 일생에서 터진 대박 중 하나는, 미국이 제2차 세계대전에 공식 참가한 지 얼마 지나지 않아 벨연구소에서 상근직 일자리를 얻은 것이라고 할 수 있다. 그 당시에는 잘 몰랐지만, 그가 연구 요원으로서 군복무를 대체한 것은 단지 '전쟁을 회피하는 방법' 이상의 의미가 있었던 것으로 밝혀졌다. 그는 자신이 담당한 주요 프로젝트(비밀 유지 시스템, 암호 작성술)를 통해, 첨단 컴퓨터 기술이 도달할 수 있는 영역에 일찌감치 들어섰다. 마지못해 억지로 다가갔음에도 불구하고 결국 그 영역에 노출되고 만 것이었다. 그는 나중에 가서야 "다가올 기술 진보의 윤곽을 바라보기 시작한 것은, 아이러니하게도 전쟁 기술을 통해서였습니다"라고 넌지시 언급했다. 그는 자기만의 방법으로 기술 진보의 달성에 일조했던 것이다.

# 11. 침묵의 세계

암호학은 전쟁의 백색 소음이었다. 그것은 어디에나 존재하지만, 세심한 주의를 기울이는 사람들만이 의미를 파악할 수 있었다. 암호학은 군수軍需 가운데 가장 이해가 취약한 부분이었다. 예컨대 핵폭탄이 물리학의 힘을 가시적이고 화끈하게 표출하는 데 반해, 암호 해독의 결과물은 신비롭고 불가사의하며 수 세대 동안 기밀로 분류되었다.

부호화된 메시지를 보내고 받는(그리고 적의 메시지를 해독하는) 문제는, 전쟁 초기부터 세계에서 내로라하는 수학·과학·전산 인재들의 관심을 끌었다. 암호 해독의 필요성 때문에 등장한 기술은 전쟁의 위대한 성과 중 하나였다. 컴퓨터 코드명(ENIGMA, ENIAC, MANIAC, TUNNY, BOMBE, COLOSSUS, SIGSALY 등)으로 불린 프로젝트들은 암호 해독력에 대한 수요가 탄탄함을 방증했다. 암호 해독력은 컴퓨팅 혁명에 박차를 가했으며, 그 주도 세력은 비밀스런 정보관료주의자들이었다.

그러나 종종 언급되는 전시 암호 해독에 관한 이야기는, 이처럼 뿌리 깊은 관료주의 이야기가 아니었다. 암호 해독은 마치 눈부신 재능을 가진 '외로운 늑대'가 혼자서 신들린 듯 써 갈기는 행동처럼 보이도록 묘사되었다. 콜린 버크는 미국 국가안보국National Security Agency(NSA)의 암호 해독 자동화 노력을 다룬《모든 것이 마술은 아니었다It Wasn't All Magic》에서 이렇게 말했다.

"그런 영웅적인 암호 해독 이미지는 진실성이나 유용성과 거리가 한참 멀다. 암호 해독 및 기술의 승리는 그렇게 쉽게 얻어진 것이 아니었다……. 전형적인 암호 해독은 패턴을 발견함으로써 산더미 같은 원자료에서 의미를 끄집어내려는 투쟁의 연속이며, 지금 이 순간에도 그러하다."

암호 관료주의는 비밀리에 성장한 데다 그들이 남긴 파일 중 상당 부분이 아직까지도 비밀로 분류되고 있어(버크 자신의 임무는 1994년 완료되었지만, 2013년에 가서야 비밀 분류가 해제되었다), 그들의 실질적 작업 내용은 예나 지금이나 대중에게 알려져 있지 않다.

그러나 전쟁의 따분한 배경 소음(해독된 코드, 작성된 코드, 수천 개의 해독된 대화들, 수동 또는 기계로 분류된 데이터와 텍스트 무더기)이 있는 곳에는 늘 암호 해독이 있었다. 한 유명한 비극적 이야기에 따르면, 신호 정보를 둘러싼 전쟁은 암호 해독은 물론 암호 작성을 둘러싸고 치열하게 전개되었다. 1941년 12월 7일 새벽, 미 육군 참모총장 조지 마셜은 태평양사령부에 보낼 중요한 메시지가 하나 있었다. 즉 "미국과 일본 간의 정치적 타협을 통한 견해차 해소가 더 이상 불가능하다"는 것이었다. 쉽게 말해서, 일본과의 전쟁이 임박했다는 정보였다. 그런데 정보 자체도 중요하지만 정보를 전달하는 방법도 그에 못지않게 중요했다. 미 육군 수뇌부와 정치 지도자들이 사용하는 정보 전달 체계는 단 하나뿐이었는데, 안전하지 않은 것으로 간주된 지 오래였다. 조지 마셜은 그 대신 비교적 느린 무선전신으로 메시지를 전송했는데, 그게 엄청난 비극을 초래했다. 메시지가 태평양사령부에 도착하기도 전에 일본의 진주만공습이 끝난 것이다. 미국의 암호 작성자들에게 가장 큰 충격을 준 것은 거의 궤멸된 태평양 함대의 몰골이었다.

추축국에서도 연합국의 대화를 가로채 해독하기 위해 최고의 두뇌와 기술을 배치한 것은 마찬가지였다. 제3제국(히틀러가 권력을 장악한 시기의 독일제국을 일컫는 용어_옮긴이)의 해외정보기관장 발터 셸렌베르크는 전쟁 말기의 성공담을 하나 소개했다.

1944년 초, 우리는 네덜란드에 설치된 거대한 청음초(적의 음향을 청취할 목적으로 방어선 전방에 배치된 경계 초소_옮긴이)에서 루스벨트와 처칠의 무선전화 대화를 가로채 해독함으로써 도청에 성공했다. 그 대화는 혼합화되었지만, 우리는 매우 복잡한 장비를 이용해 복호화하는 데 성공했다(비허가자의 정보 수신을 막기 위해 방송 영상·음성·데이터 신호의 특성을 변경하는 암호화 방식을 혼합화, 이것을 원래의 형태로 복원하는 기술을 복호화라고 함_옮긴이). 대화는 거의 5분 동안 지속되었는데, 그 내용은 영국에서의 군사 행동에 관한 시나리오였다. 우리는 그 내용을 기반으로 연합국의 임박한 침입에 관한 보고서들의 진위를 판단할 수 있었다. 우리가 대화를 엿듣고 있다는 사실을 알았다면, 루스벨트는 처칠에게 다음과 같은 작별 인사도 함부로 하지 못했을 것이다.

"음, 최선을 다합시다. 난 이제 낚시나 하러 가야겠소."

— • —

암호 작성술의 핵심은, 하나의 글자나 단어를 다른 글자나 단어(또는 언어)로 연속적으로 대체하는 것이다. 암호 작성술은 소프트웨어와 하드웨어의 문제를 모두 수반한다. 소프트웨어는 원칙적으로 뭐든 가능하다. 유명한 예를 하나 들면, 미국은 제2차 세계대전에 500명의 나바호족 인디언을 동원했는데, 그 이유는 그들의 언어가 매우 복잡하고 낯설어 추축국의 탐지를 회피할 수 있었기 때문이다. 기술은 대체의 복잡성을 가중시킴으로써 암호의 난이도를 증가시키는 데 기여했다. 이에 더하여, 암호 작성 하드웨어의 발달은 제2차 세계대전 시대의 암호를 기하급수적으로 복잡하게 만들었다. 예컨대, 하드웨어를 이용하면 (메시지를 구성하는) 글자 하나하나를 상이한 암호 문자로 쉽게 암호화할 수 있어 메시지 전체의 '암호 해독에 대한 내성'을 극대화할 수 있다.

벨연구소가 도전한 분야는 바로 하드웨어였다. 미합중국에 필요한 것은, '더욱 효율적인 암호 작성'과 '더욱 빠른 암호 해독'을 가능케 하는 연산력이었다. 일례로 프로젝트 X(또는 SIGSALY)가 있었는데, 그것은 당대 최고의 야심 찬 음성혼합화 시스템이었다. SIGSALY는 1940년 겨울에 시작되어, 미국이 전쟁에 참가함에 따라 새로운 긴급성을 띠게 되었다. SIGSALY 시스템은 약 40개의 랙rack(진공관이 들어가는 받침대)으로 구성된 전기 장치로 무게는 약 55톤, 넓이는 230제곱미터이고, 3만 와트의 전력을 소비했다. 한 추산에 따르면, SIGSALY는 1943년 500만 달러의 예산을 배정 받아 1개 소대(30명)의 근로자를 고용했다. 시스템의 내부 논리는 극비 사항이었으므로, 그와 관련된 특허는 1976년까지 외부에 공개되지 않았다. 혼합화된 메시지를 전화선을 통해 엿들어보면, 마치 림스키-코르사코프의 초절기교를 요하는 걸작 〈왕벌의 비행〉을 듣는 것 같았다. 그 결과물을 괴상하거나 이해하기 어렵다고 비판하는 사람들에게, SIGSALY를 고안한 공학자 중 한 명은 이렇게 응수했다.

"보안을 위해 왜곡을 받아들이세요."

어떤 의미에서, SIGSALY는 20세기 중반 컴퓨터의 풍자화처럼 보였다. 방 전체를 독차지하고 24시간 내내 공기 조절이 필요하고, 엄청난 투입량에 비해 코딱지만 한 결과물을 산출했다. (이와 관련하여 다음과 같은 우스갯소리가 공공연히 나돌았다. "SIGSALY의 전환율은 끔찍한 수준이다. 1밀리와트의 저품질 음성을 위해 30킬로와트 전력이 필요하니 말이다.") 그러나 다른 의미에서 보면, 그렇게 형편없는 전환율은 문제될 게 없었다. 앤드루 호지스는 앨런 튜링의 전기에서 그 이유를 다음과 같이 설명했다.

"중요한 점은 SIGSALY가 작동했다는 것이다. 그 덕분에 비밀 연설이 사상 최초로 대서양을 횡단할 수 있었다."

— · —

SIGSALY 시스템의 핵심부에는 보코더Vocoder라고 알려진 기술이 도사리고 있었다. 발명자 호머 더들리는 나중에 '천재 공학자'로 유명해졌지만, 원래 공학자가 될 생각은 꿈에도 없었다. 더들리는 선생님이 되려는 꿈을 품고 5학년부터 8학년까지 가르쳐본 다음 고등학생으로 넘어갔다. 그 정도 지적 능력을 가진 사람에게 전문 지식을 습득하는 것은 별로 어렵지 않았다. 하지만 학급의 기강을 바로잡는 법을 충분히 익히기는 매우 어려웠다. 예나 지금이나 마찬가지지만, 교사 지망생 더들리는 사춘기 전 학생들의 질서를 유지하는 게 가장 힘들다는 점을 깨달았다. 교사는 그의 적성에 맞지 않는 것 같았다. 그래서 결국 교사가 되는 것을 포기하고 전기공학을 공부하기 위해 (벨연구소의 전신인) 웨스턴일렉트릭 기술 부서에 입사했다. 그것은 그의 경력에서 탁월한 선택이었다. 그로부터 40년간에 걸쳐 전화기와 음성 합성 연구에 종사하여 무려 37개의 특허를 출원하는 괴력을 발휘했으니 말이다.

당시에는 그 자신도 몰랐지만, 더들리가 달성한 것 중 가장 의미 있는 성과가 전 세계에 큰 반향을 일으키게 된다. 그는 "기계를 이용하여 인간 음성을 모방할 수 있다"는 가설을 세웠다. 다시 말해서 인간의 음성이 (가장 기본적 수준에서) 공기 중에 생긴 일련의 진동에 불과하다면, 그런 진동을 기계적으로 재생하지 못할 이유가 없다는 것이었다. 자신의 가설을 검증하기 위해 그는 한 쌍의 기계를 제작했다. 그중 하나는 음성을 전자공학적으로 부호화하는 기계(이것을 음성부호화기Voice Encoder, 줄여서 보코더Vocoder라고 한다)이고, 다른 하나는 그 과정을 거꾸로 진행하여 기계음을 출력하는 기계(이것을 음성기관작동 모의실험기Voice Operation Demonstrator, 줄여서 보더Voder라고 한다)이다. 보더는 1939년 뉴욕에서 열린 만국박람회에 첫선을 보여 공전의 히트를 쳤다. 그때 관람객 중에 있었던 바네바 부시는 다음과 같이 회고했다.

최근 개최된 만국박람회에서 보더라는 기계가 첫선을 보였다. 한 소녀가 키를 두드리자, 보더는 인식 가능한 음성을 방출했다. 기계의 어느 부분에도 인간의 성대가 장착되지 않았음에도 불구하고, 그 키들이 전기적으로 생성된 약간의 진동을 조합하여 확성기로 보낸 것이다. 벨연구소에는 보더와 정반대의 기능을 수행하는, 보코더라는 기계가 있다. 그 기계에는 확성기 대신 마이크가 있는데, 이것이 음향을 알아듣는다. 보코더의 마이크에 대고 말을 해보라. 그러면 그에 상응하는 키들이 움직일 것이다.

호머 더들리의 발명품이 전쟁에 동원된 것은 몇 년 뒤의 일이었다. SIGSALY의 개발을 담당한 공학자들에게, 인간 음성에서 데이터를 생성하는 보코더는 집짓기 블록처럼 완벽한 장난감이었다. 암호 작성 시스템의 핵심 과제 중 하나는 다음과 같다.

"메시지에 새로 추가되는 글자나 단어 하나하나는 '적에 의한 탐지' 가능성을 새로이 제공한다. 그러므로 전달되는 데이터 양이 적으면 적을수록 더 좋다."

보코더는 가능한 한 적은 에너지를 사용하여 모음과 자음을 부호화/재생하려고 노력하므로, 인간 음성에서 엄청난 양의 불필요한 중복을 걸러냈다. 요컨대 정보 전달의 경제성을 추구한 것이다. 그러므로 부호화된 결과물에는 알짜배기만 포함되어 적에 의해 해독될 가능성이 있는 정보의 양을 줄일 수 있었다.

'탐지의 위험을 최소화하면서 최대한의 정보를 전달한다'는 과제는 엄청나게 중요했으며, 시급을 요하는 복잡한 전시戰時 문제 중 하나였다. 벨연구소는 미국에서 그 분야의 최고봉으로 1946년 '최고의 신호 처리 기술상Best Signal Processing Technology'을 수상하기도 했다. SIGSALY는 아직 비밀로 분류되었으므로, 그 내부 작용은 시상식장의 청중들에게 일절 공개되지 않았다. 그러나 벨연구소의 대표자는 다음과 같은 암호화된 통화로 수상의 영예를 받아들였다. "Phrt fdygui jfsowria meeqm wuiosn jxolwps fuekswusjnvkci! Thank you!"

— • —

새넌은 거의 서른 명으로 구성된 SIGSALY 프로젝트 팀원 중 한 명으로 직소 퍼즐을 구성하는 여러 개의 조각 중 하나를 담당했다. 그가 맡은 과제는, 수신단受信端에 도착한 메시지가 적절하고 빈틈없이 재생되도록 설계된 알고리즘을 확인하는 것이었다. 철저한 보안이 유지되었으므로 아무리 프로젝트 팀원이라 할지라도 자신이 수행하는 수치 처리의 목적은 알 수 없었다. 그러나 새넌은 그 작업을 통해 음성 암호화, 정보 전달, 암호학의 세계를 들여다볼 수 있었다. 그것은 전자 장치를 이용한 음향의 합성 과정으로, 역사적으로 볼 때 그 순간에는 벨연구소에서만 일어날 수 있는 사건이었다. 새넌이 목격한 바와 같이, 그 당시에 음성 혼합용 암호화 장치를 보유한 연구소는 흔치 많았다.

후에 새넌은 암호학이 매우 실용적인 학문임을 알게 되며, 암호 사용자가 '어떤 일'을 '어떻게' 해야 하는지도 이해하게 된다. 그러나 새넌의 연구 중 많은 부분은 암호 사용자를 염두에 둔 것이 아니었다. 나중에 SIGSALY 프로젝트의 틀을 벗어나 암호학을 연구할 때, 그는 '암호 작성 실무자'보다는 '암호학에 관심이 있는 수학자나 철학자'들을 염두에 두고 논문을 썼다. 그러다 보니―그 자신도 인정했듯―그의 논문에 대한 암호 사용자들의 반응은 기대에 못 미쳤다. 후세의 한 암호학자는 이렇게 논평했다.

"섀넌은 암호학 논문에서 실무론이 아니라 당위론을 펼쳤다. 즉 암호 작성술보다는 '수많은 전시 활동 중에서 암호 전문가의 활약이 요구되었던 부분'을 심층적으로 서술했다."

섀넌이 활동했던 다른 분야에서와 마찬가지로, 그가 암호학에서 수행한 연구는 해당 분야의 핵심 개념에 대한 엄밀한 이론적 토대를 제공했다. 전쟁 중에 일상적인 암호 작성/해독 활동에 종사하는 것도 중요했지만, 그의 주된 목표는 (일본이 항복 문서에 조인하기 하루 전 날인) 1945년 9월 1일 비밀 문서로 분류되어 출판된 논문의 자료를 수집하는 것이었다. 그 논문의 제목은 '수학적 암호 이론—분류번호 20878 Mathematical Theory of Cryptography – Case 20878'로, 섀넌이 후속 논문을 쓰는 데 중요한 가교일뿐더러 암호학 분야의 핵심 개념 중 하나인 1회용 암호표의 위력을 최초로 증명했다.

1회용 암호표 시스템은 벨연구소가 개발한 보코더의 개념적 토대였지만, 일찍이 1882에 최초로 고안되었다. 1회용 암호표의 세 가지 요구 사항은 다음과 같았다. 첫째, 복호화(디코딩)하는 키가 암호화(코딩)된 메시지에 선행한다. 둘째, 복호화 키는 비밀이며 메시지와 동일한 크기의 기호 세트 중에서 완전히 무작위로 선택된다. 셋째, 복호화 키는 단 한 번만 사용된다. 그로부터 63년 후 클로드 섀넌이라는 천재가 나타나, 1회용 암호표에 날개를 달았다. 그는 "그런 까다로운(통상적으로 비실용적인) 조건하에서 작성된 암호는 해독이 절대로 불가능하며, 암호화 체계의 완벽한 비밀은 최소한 이론적으로 가능하다"는 사실을 증명했다. 요컨대 아무리 무제한적인 연산력을 보유한 적일지라도, 그런 토대 위에서 구성된 암호를 해독한다는 것은 도저히 불가능하다는 것이었다.

정보계는 비밀 분류와 비밀 유지가 일상화된 곳으로, 논문의 접수 여부를 저자에게도 알려주지 않는 침묵의 세계이자 암흑의 세계였다. 섀넌의 암호학 연구 결과는 그런 세계에서 발표되었다. 섀넌은 그런 세계에 종사하는 사람들에 대해 이렇게 말했다.

"그들은 말수가 적은 사람들로 이 세상에서 제일 비밀스런 부류였어요. 예컨대 미국에서 가장 중요한 암호 전문가가 누구였는지는 지금까지도 비밀에 부쳐져 있습니다."

클로드 섀넌이 발표한 논문은 향후 5년간 널리 알려질 수 없었다. 따라서 그의 정보학 논문에 담긴 통찰의 진정한 의의는 난공불락의 암호를 창조한 데 있지 않았다. 오히려 수년간 잠복해 있다가 섀넌의 혁명적인 이론(정보이론)의 심장부에서 마침내 재부상한 데 있었다. 그러므로 우리가 여기서 주목할 것은 논문의 단기적 성과가 아니라, 하나의 논문에 깃든 중요한 아이디어가 다른 논문으로 넘어가는 은밀하고 장엄한 흐름이다.

# 12. 앨런 튜링

섀넌의 암호학 연구가 지속적 의미를 갖는 데는 또 한 가지 측면이 있었으니, 그로 인해 디지털 시대의 또 한 명의 거인, 앨런 튜링(1912~1954)과 접촉하게 되었다는 것이다. 1942년 튜링은 미국 정부가 주도한 '군사 암호화 프로젝트 시찰 여행'의 일환으로 미국에 도착했다. 이 시점에서 앨런 튜링의 명성은 섀넌을 앞지르고 있었다. 그는 초등학교 때 놀라운 수학적 조숙성을 증명했고, 열여섯 살에 아인슈타인의 연구 내용을 숙지했으며, 스물세 살에 케임브리지 소재 킹스칼리지의 선임 연구원으로 임명되었다. 그는 1936년 튜링머신Turing Machine을 생각해냈는데, 그것은 현대 컴퓨터의 이론적 토대가 된 기념비적인 사고실험이었다.

또한 튜링은 장차 그를 세계사적 인물로 부각시키게 되는 암호 해독 연구에 착수한 상태였다. 그는 암호학의 권위자로서 '미국의 전문가들과 교류하고, 군 수뇌부와 만나며, 미국 암호화 체계의 품질과 보안을 검사해 달라'는 미국 정부의 요청을 받아 초빙되었다. 미국의 암호화 체계에는 여러 가지가 있었지만, 그중 핵심은 단연 SIGSALY였다. 영국의 지도자들이 SIGSALY의 수신단에서 대기할 예정인 만큼, 미국 정부는 튜링에게 '이 시스템은 해독 불가능함'이라는 사전 승인 도장을 받아야 했다.

주제의 비밀성, 튜링과 섀넌의 명성, 전쟁의 분위기 탓에 두 천재의 만남에서는 왠지 음모와 수수께끼의 냄새가 풍겼다. 그러나 두 사람의 만남에는 첩보 영화에 난무하는 비밀과 의문 따위는 없었다. 튜링의 전기 작가 앤드루 호지스에 따르면, 섀넌과 튜링은 벨연구소의 수수한 구내 식당에서 매일 공개적으로 만나 차를 마시며 이야기를 나눴다. 어떤 면에서 튜링은 섀넌의 다채로운 경력을 부러워했던 것 같다. 호지스는 이렇게 썼다.

"섀넌은 학식과 철학을 겸비한 공학자를 배려할 줄 아는 사람이었다. 영국의 시스템이 그런 면을 허용했다면, 튜링도 꼭 그런 사람이 되고 싶어 했을 것이다."

섀넌은 튜링의 평등주의적 사고에 놀라움을 금치 못했다.

"튜링은 대단한 생각, 아니 위대한 생각을 갖고 있었어요."

그는 나중에 이렇게 회고했다.

두 사람 모두 대화에 관한 기록을 전혀 남기지 않았지만, 우리는 그들이 애써 피하려고 했던 주제가 뭐였는지 잘 알고 있다.

"우리는 암호학에 대해 전혀 말하지 않았어요……. 내 기억으로, 암호학에 대한 말은 단 한 마디도 꺼내지 않았어요."

섀넌은 이렇게 설명했다. 튜링이 무슨 일을 하는지 알았느냐는 질문에 대해, 섀넌은 개략적으로만 알고 있었다고 응답했다.

"분명히 말하지만, 나는 핵심을 몰랐어요. 나는 그가 하는 일을 안 게 아니라 추측하고 있었어요……. 나는 에니그마Enigma라는 기계의 개념을 전혀 몰랐어요……. 에니그마는커녕 그가 그 기계를 다루는 핵심 인물이라는 사실도 몰랐다니까요."

'암호의 수수께끼에 대한 열정과 경험을 감안할 때 튜링의 정체를 더 이상 파헤치지 않은 이유가 뭐냐'라는 인터뷰 진행자의 추궁에, 섀넌은 단순하고도 적절한 반응을 보였다.

"음, 전쟁 기간 동안에는 너무 많은 질문을 하지 않는 게 예의였어요."

혹자들은 '상대방이 하는 일을 전혀 몰랐다'는 섀넌과 튜링의 공언을, 자기들 간의 관계를 은폐하려는 암호 해독자 듀오의 영리한 술책쯤으로 치부할 것이다. 그러나 두 사람이 상대를 불편하거나 곤란한 상태에 빠뜨리지 않기를 원했으리라는 해석은 전적으로 타당하다. 두 사람의 일은 극비 사항이었으며, 두 사람이 제공 받은 정보는 그 둘뿐은 아니라도 극소수의 사람들만이 접근할 수 있는 정보였음에 틀림없다. 공개된 장소에서 다과를 들면서 휴식을 취하도록 허용된 점을 감안하면, 두 사람이 통상적인 업무에 대해 언급을 피한 것은 전혀 이상한 일이 아니었다.

한 가지 이유를 더 들면, 그 당시 미국인들은 영국인들과 정보 공유를 꺼리는 경향이 있었다. 그래서 그런지 앨런 튜링처럼 높은 지위와 명성을 가진 사람이라도 미국 여행을 위한 입국 승인을 받기가 여간 어렵지 않았다. 심지어 튜링도 미국에 도착했을 때 관계 당국의 제지를 받았다.

"나는 11월 12일 뉴욕에 도착했다. 출입국관리소 직원들의 요구로 엘리스 아일랜드의 연방이민국에 줄곧 머물렀다. 내가 '외무부에 사전 양해를 구했다'고 하자, 그들은 관련 서류나 증거를 내놓으라며 이것저것 꼬치꼬치 따졌다."

튜링이 미국에 도착하기 몇 달 전, 미국의 렉스 밍클러 장군은 앨런 튜링의 벨연구소 출입 신청을 거절했다. 신청서는 한참 후에 결국 승인되었지만, 그것은 벨연구소 및 국가안보국(NSA)과 벌이게 되는 오랜 승강이의 시작을 알리는 서곡에 불과했다. 튜링은 영국 정부에 제출한 보고서에 다음과 같이 적었다.

나는 복잡한 공식 절차를 모두 생략하고, 문제가 터질 때마다 벨연구소의 포터 박사에게 전화를 걸어 비공식적으로 해결할 생각이었다. 그러나 아뿔싸! 첫 단추부터 잘못 꿰어진 형국이 되었다……. 약간의 문제가 발생했다. 나는 복호화 프로젝트에만 관여하기로 약속되어 있었지만, 음성 비밀 문제를 다루다 보니 본의 아니게 다른 문제를 들춰보게 되었다……. 그러자 NSA 측에서는 즉시 "모든 영국 방문객들은 음성 혼합화 문제에 개입해서는 안 된다"고 주장하며 제동을 걸고 나섰다. 그때 헤이스팅스 팀장이 개입하여 콜턴 장군에게 압력을 넣음으로써 모든 문제를 원만하게 해결했다.

미국인들과 마찰을 빚은 영국인은 비단 튜링뿐만이 아니었고, 그러한 마찰이 이민과 비밀취급인가 부분에만 국한된 것도 아니었다. 미국이 무기대여법을 제정한 이후 연합국은 전선에서 공동 보조를 취해왔지만, 암호학 문제에서 늘 의견을 같이한 것은 아니었다.

인간의 인내심에는 한계가 있고 자존심은 쉽게 멍들기 마련이므로,

체제·방법·성격의 차이는 양측 간의 반목과 불신을 영속화시켰다. 양측 간의 갈등은 부분적으로 '군사 장비의 본질적 차이'와 '불완전한 동맹'에서 기인했다. 군수 물자의 산업 생산이 증가하는 가운데, 영국이 규모나 속도 면에서 미국을 따라잡는 것은 불가능했다. 튜링은 이 점을 두 눈으로 똑똑히 확인했기에 미국인들의 '두뇌'에 대한 그의 존중심은, 어떤 면에서 미국인들의 '체력'에 대한 존중심과는 정반대였다. 예컨대 그는 미 해군사령부를 방문한 후 이렇게 썼다.

"나는 암호학에 관한 한 미국인들을 그다지 신뢰하지 않는다. 그러나 그들의 장비는 제법 쓸 만하다고 생각한다."

이와 같은 제한적인 불신 태도는 영미 양국에 만연했다. 예컨대 영국인들은 암호 해독 성공 사례 중 일부를 미국인들과 공유하지 않았고, 튜링은 '미국에 통보할 것'과 '통보하지 말아야 할 것'에 대한 인식이 명확하지 않았다. 무뚝뚝하고 붙임성 없기로 소문난 사람으로서 튜링은 굳이 미국인들에게 환심을 사려고 노력할 생각도 없었다. 그는 갈등을 능숙하게 해결할 만한 외교적 수완이 없는 사람이었고, 설상가상으로 그의 임무는 불확실성으로 뒤덮여 있었다.

— • —

그러나 관점을 달리해 보면, '영미 양측 간의 악감정'과 '섀넌과 튜링에게 내려진 함구령' 덕분에 두 사람은 그 밖의 공통 관심사에 대해 홀가분하게 말할 수 있었다. 자기만의 전문 분야를 떠나 암호학 전반에 대해 자유로운 대화를 나누다 보니 긴장감이 풀리면서 두 사람 간에 자연스레 우정이 꽃필 수 있었다. 두 사람은 전쟁이 일어나기 전부터 비슷한 본업 외의 분야에 열광했으며, 비슷한 첨단 아이디어 주변을 맴돌았다. 섀넌의 회고에 따르면, 두 사람은 차 몇 잔을 마시며 수학적 주제에 대해서도 이야기를 나누곤 했다.

"우리의 특별한 공통 관심사는 '생각하는 기계'였어요. 우리 머릿속은 '생각하는 기계를 어떻게 만들 것인가'와 '그 컴퓨터로 뭘 할 것인가'라는 궁리로 가득 차 있었어요."

섀넌의 회고담을 계속 들어보자.

튜링과 나는 공통점이 놀라우리만큼 많아 이야깃거리가 풍성했습니다. 그는 이미 튜링머신에 대한 유명한 논문을 썼으며, 튜링머신이라는 말은 이제 많은 사람들의 입에 오르내리고 있었어요. 그러나 그 당시의 사람들은 그 기계를 튜링머신이라고 부르지 않았지요. 우리는 '인간의 뇌 속에 무엇이 들어 있는가'에 대해 논의하는 데 많은 시간을 할애했어요. '뇌는 어떻게 구성되는가?' '뇌는 어떻게 작동하는가?' '기계를 이용하여 할 수 있는 일은 무엇인가?' '기계가 인간의 뇌를 대체할 수 있는가?' 그리고 나는 나의 정보이론 개념을 여러 차례 언급했는데, 튜링은 거기에 큰 관심을 보였지요.

두 사람 모두 초기 전산의 가능성에 매료되었고 '체스 두는 컴퓨터'라는 발상에 흥미를 느꼈다. 섀넌은 1977년 인터뷰에서 이렇게 말했다.

컴퓨터는 1942년부터 등장하기 시작했습니다. 이를테면 펜실베이니아대학교에는 에니악이 버티고 있었어요……. 지금 생각해보면 그 컴퓨터들은 속도가 너무 느리고 다루기 힘들고 덩치가 너무 컸어요. 방 두 개를 차지하는 초대형 컴퓨터들도 있었지만, 요즘 10달러만 주면 살 수 있는 소형 계산기 정도밖에 능력이 안 됐어요. 그럼에도 우리는 그 컴퓨터들에서 무한한 가능성을 엿볼 수 있었지요. 시간이 경과함에 따라 소요 비용을 줄이고 가동 시간을 늘리는 것이 우리의 낙이었죠.

우리는 꿈이 있었습니다. 튜링과 나는 인간의 뇌를 완전히 시뮬레이션할 수 있는 가능성을 논하곤 했어요. "인간의 뇌와 동등하거나, 심지어 그 이상인 컴퓨터가 등장하는 날이 정말로 올까요?" 그때는 지금보다 가능성이 더 높아 보였어요. 우리는 고작해야 10년 내지 15년으로 봤지만, 그건 틀린 예측이었지요. 벌써 30년이 지났는데 아직도 감감무소식이잖아요.


섀넌은 워낙 과묵한 사람이어서, 비밀을 터놓을 수 있는 절친한 친구가 의외로 적었다. 수많은 세계적 과학자, 수학자, 사상가들과 수시로 접촉하는 가운데 섀넌은 늘 외톨이라는 인상을 풍겼다. 당대의 쟁쟁한 인물들이 수두룩한 학술회의에 참석해도 자기 차례가 올 때까지 잠자코 기다리는 게 예사였다. 아는 거물급 인사들과 지속적으로 교류하지 않았고, 초청장을 보내온 학술회의 중에서 극히 일부에만 참석했다. 그에게 정보망이라는 것은, 전화선 말고는 아무짝에도 쓸모없고 혐오스러운 개념이었다. 이러한 점들을 모두 감안할 때, 섀넌이 튜링과 열광적으로 교류하며 많은 주제를 다뤘다는 것은 주목할 만한 일이라고 할 수 있다. 벨연구소에서 불과 몇 개월간 함께 지내는 동안 서로간의 믿음과 우정이 두터워졌다는 것은, 두 사람이 서로를 매우 높이 평가했음을 의미한다. 섀넌의 말을 빌리면, 튜링은 "아주아주 인상적인 친구"였다. 튜링은 심지어 섀넌의 집까지도 방문했는데, '나 홀로 집에'를 선호하는 주인이 손님을 자택으로 초대한 것은 매우 이례적인 일이었다. '혼자 놀기의 진수'를 보여준 손님이 남의 집에 방문한 것도 이례적이기는 마찬가지였다.

튜링이 영국으로 돌아간 후, 두 사람은 마지막으로 한 번 더 만났다. 클로드 섀넌은 1950년 한 학술회의에 참석하기 위해 런던에 갔을 때 시간을 내어 앨런 튜링과 그의 연구실을 방문했다. 섀넌은 그때의 일을 다음과 같이 회고했다.

맨체스터대학교에 있는 튜링의 연구실을 방문했을 때, 그는 나도 관심이 많은 '체스 두는 컴퓨터'의 프로그래밍에 관심을 보이고 있었고, 또 다른 컴퓨터를 프로그래밍하는 데 여념이 없었어요. 연구실은 위층에, 컴퓨터는 아래층에 있었어요. 초기 컴퓨터 시대의 전형적인 풍경이었죠.

섀넌은 튜링과 함께 프로그래밍에 대해 많은 이야기를 나누었다. 그로부터 30여 년 후인 1982년 7월의 인터뷰에서, 섀넌은 튜링의 발명품 하나를 회상했다.

나는 그에게 "지금 하고 있는 일이 뭐죠?"라고 물었어요. 그는 "컴퓨터로부터 받는 피드백을 개선하는 방법을 연구 중이며, 컴퓨터 내부에서 어떤 일이 일어나는지 알아내려 하고 있어요"라고 대답했어요. 그러면서 그는 자신이 고안해낸 경이로운 명령문을 보여주었어요. 아! 그는 그 시절에 개별 명령문을 연구하고 있었던 거예요. 게다가 그는 유용한 명령문을 개발할 궁리를 하고 있었어요.

"명령문이란 게 도대체 뭔가요?"라는 나의 질문에, 그는 이렇게 대답했어요. "이 명령문은 후터hooter에 진동 신호를 보내요. 아, 후터라는 용어가 생소하겠군요. 후터란 확성기의 영국식 표현이에요. 그러므로 '후터에 진동 신호를 보낸다'는 것은 '확성기에 진동 신호를 보낸다'는 것을 말하죠."

그러면 그 '미친 명령문'은 어디에 쓰는 것일까요? 음, 만약 당신이 루프loop 구문 속에 있다면, 당신은 그 속에 명령문을 넣어둘 수 있어요. 그러면 그 루프를 한 바퀴 돌 때마다 이 명령문이 진동 신호를 보낼 것이고, 당신은 '루프를 한 바퀴 도는 데 걸리는 시간'과 똑같은 주파수의 소리를 듣게 될 거예요. 그런 다음, 당신은 '그보다 큰 루프', '더 큰 루프', '더더욱 큰 루프', 더 더 더욱 큰 루프'에 연쇄적으로 명령문을 넣어둘 수 있어요. 이 명령문들이 모두 작동한다면, 당신은 "부 부 부 부 부"와 같은 소리를 듣게 될 거예요. 요컨대 당신은 "부~" 소리를 들을 때, '프로그램 중에서 어느 루프가 수행되고 있는지' 또는 '지금까지 어떤 루프가 수행되어 왔는지'를 알 수 있어요. 이건 종전에는 상상도 할 수 없었던 일이었죠.


정보화시대의 두 개척자는 전쟁 후에 재회하여 그동안의 회포도 풀고 유익한 정보도 교환하며 즐거운 시간을 보냈다. 그들이 사적 대화를 나눈 것은 그것이 마지막이었다. 섀넌이 런던을 방문하고 나서 4년 후,

앨런 튜링은─동성애가 범죄로 간주되던 시절, 중대한 외설 행위 혐의로 기소된 후─시안화물(일명 청산가리) 중독으로 사망했다. 그의 죽음은 자살로 결론 났지만, 그 배경은 오늘날까지도 논란거리로 남아 있다.

Vol. 5. No 4                  Gaylord, Michi

# SHANNON---WOLF NUPTIALS

### Wedding Took Place at Lansing on Wednesday—Date Had Been Kept A Profound Secret

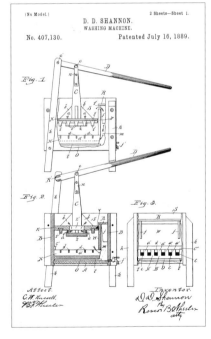

MRS. CLAUDE E. SHANNON               CLAUDE E. SHANNON

**1.** 클로드 섀넌의 아버지 클로드 엘우드 섀넌 시니어는 1862년 뉴저지주에서 태어났으며, 가구 세일즈맨, 장례업자, 유언 검인판사로 일했다. 섀넌의 어머니 메이블 울프는 독일계 이민자의 딸로 태어나, 학교 교사와 교장을 지냈다. 1909년 두 사람의 결혼 소식이 게일로드 지방 신문의 1면에 실렸는데, 이는 마을의 규모가 작다는 것과 섀넌 부부가 지역 사회에서 활발히 활동했다는 증거라고 할 수 있다.

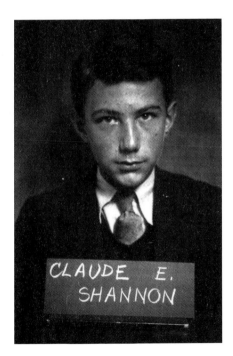

CLAUDE E. SHANNON

**2.** 미시간대학교에 들어가기 위해 증명사진을 촬영했을 때, 클로드 섀넌은 이미 기량이 뛰어난 땜장이였다. 그의 작품 중에는 간이 승강기, 뒤뜰에서 사용하는 수레, 가시철망으로 된 울타리를 따라 메시지를 전송하는 전신 시스템이 있었다.

(No Model.)                       2 Sheets—Sheet 1.

**D. D. SHANNON.**
WASHING MACHINE.

No. 407,130.                 Patented July 16, 1889.

*Fig. 1.*

*Fig. 2.*             *Fig. 3.*

Attest.                  Inventor.
C. W. Russell.            D. D. Shannon
98. Wheeler           By
                   Rosen Bowheler
                   atty

**3.** 섀넌은 할아버지 데이비드 섀넌 주니어에게 공학적 재능을 물려받은 것으로 보인다. 할아버지는 미국 특허 No. 407,130의 보유자였는데, 그 내용은 세탁기의 성능을 대폭 향상시킨 기술이었다. 가문에 공인된 발명가가 한 명 있다는 것은 공학적 재능을 가진 클로드 주니어에게 큰 자랑거리였다.

4. 미시간대학교 공과대학은 섀넌이 입학하기 몇 년 전에 급격히 성장했다. 1913년 개최된 (세계박람회를 방불케 하는) 전시회에서, 학생들은 1분에 2만 번씩 회전하는 종이 한 장으로 나무를 써는 장면을 보여줌으로써 방문객들을 깜짝 놀래켰다. 또한 액체 공기 속에서 얼어붙은 꽃, 두 개의 좁은 전선에서 뿜어져 나오는 물줄기로 떠받쳐지는 유리병도 보여주었는데, 이러한 현상들은 극소수만이 비밀을 아는 수수께끼였다. 미시간대학교 공과대학 건물은 중공업 발달의 밑거름이 되었으며, 이러한 주물 공장도 포함하고 있었다.

5. 이것은 미시간대학교 공과대학에 설치되었던 바닷물 수조다. 학생들은 이곳에서 모형 선박의 유체역학 실험을 했다.

6. 1934년 봄, 클로드 섀넌은 《월간 아메리칸 매스매티컬》 191쪽에 자신의 이름을 처음으로 올렸다. 그가 기고한 내용은 한 수학 문제의 풀이 과정이었다. 일찍부터 그런 잡지를 읽고 투고했다는 것은, 그가 학문적 문제에 범상치 않은 주의를 기울이고 있었음을 암시한다. 또한 그의 참신한 해법을 눈여겨본 잡지의 편집진이 평균 이상의 점수를 주었다는 것을 암시한다.

**7.** 섀넌이 공학자로서 처음 이름을 날린 MIT 캠퍼스는, 여러 건축가들의 의견을 절충하여 '회랑 + 돔'의 형태로 건립되었다. 즉, 최고의 산업 지역에 걸맞게 '효율성'과 '교수와 학생들의 시간낭비 최소화'를 목표로 한 회랑 꼭대기에 고전적 방식의 돔이 설치되었다. 이것은 사원과 공장을 결합한 기형적 캠퍼스였다.

**8.** 섀넌은 MIT에서 미분해석기 관리를 전담하는 팀에 합류했다. 미분해석기는 범용 기계식 컴퓨터로, 계산 능력을 산업 문제(전력 수송, 전화망)와 고급 물리 문제(우주선, 이원자입자)에 집중했다. 이 프로젝트는 '마법사 수염'으로 유명한 물리학자 윌리엄 톰슨(켈빈 경)의 뒤를 이은 것인데, 톰슨은 1876년 초기 기계식 컴퓨터를 만들었다.

**9.** 섀넌은 MIT에서 여가 시간에 비행사 훈련을 받았다. 비행술 강의를 담당한 교수는 MIT 총장에게 "저런 귀중한 두뇌가 추락 사고 위험을 감수해서는 안 됩니다"라고 하며, 강의 수강을 직권으로 금지해줄 것을 요청했다. 그러나 총장은 다음과 같이 일언지하에 거부했다. "지적 우수성을 근거로, 한 청년에게 비행을 삼가도록 촉구하거나 비행과 관련된 기회를 임의로 박탈하는 것은 바람직하지 않습니다."

**10.** 일명 '방 크기만 한 뇌'라고 불린 미분해석기는 한 문제를 풀기 위해 며칠 동안 불철주야로 가동되었다. 그것은 축, 기어, 끈, (원반 위에서 돌아가는) 바퀴로 구성된 섬뜩한 물건이었지만 탁월한 능력을 발휘했다.

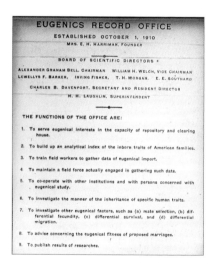

**11.** 대부분의 문헌과 증언에 따르면, 바네바 부시는 20세기 중반 미국에서 가장 영향력 있는 과학자였다. MIT에서 미분해석기를 총괄하고, 대통령들에게 조언을 하고, 제2차 세계대전 기간 내내 미국의 과학자들을 지휘했다. 잡지 《콜리어스》는 그를 "전쟁의 승패를 좌우할 사람"이라고 불렀고, 《타임》은 "물리학 사령관"이라고 불렀다. 그의 업적 중에서 가장 돋보이는 것은, 클로드 섀넌의 첫 번째이자 가장 영향력 있는 멘토가 되었다는 것이다.

**12.** 섀넌은 1939년 여름 콜드스프링하버에 있는 미국 최고의 유전학연구소 중 하나를 방문했다. 그 이름은 우생학기록사무소로, 미국 최고의 과학적 골칫거리 중 하나이기도 했다. 그곳에는 많은 유전학 데이터가 보관되어 있었는데, 섀넌은 이론유전학 논문을 작성하기 위해 그중 일부를 참고했다.

**13.** 섀넌은 프린스턴고등연구소에 머무는 동안 영광스러웠지만, 결코 흐뭇하지는 않았다. 그도 그럴 것이, 그 기간 동안 첫 결혼에 실패했고, 제2차 세계대전에 징발될지 모른다는 우려감이 고조되었으며, 알베르트 아인슈타인과 많은 언쟁을 벌였기 때문이다.

**14.** 1936년 맨해튼의 워싱턴가에서 바라본 벨연구소 건물. 섀넌의 한 동료는 "벨연구소의 연구원들은 왕성한 활동을 벌였으며, 다른 사람들이 불가능하다고 생각한 일을 해냈다"고 말했다. 오늘날의 하이라인 부지 근처에 자리한 벨연구소는 섀넌과 기간제 전임 계약을 맺었다.

**15.** 클로드 섀넌과 동료 데이브 하겔바거가 벨연구소에서 일하고 있는 모습. 또 다른 동료는 그 당시의 상황을 이렇게 증언했다. "나는 이곳에서 세계 최고 수준의 전기공학 지식을 원 없이 습득했다. 쟁쟁한 전문가와 수시로 전화 통화를 하거나 직접 만나 확실한 해답을 얻었다."

**16.** 손턴 프라이는 벨연구소의 수학 팀을 창설한 인물로, 섀넌을 수학 팀에 배치한 주인공이기도 하다. 그는 언젠가 이렇게 말했다. "솔직히 말해서, 수학자들은 취향이 특이한 사람들입니다. 만약 취향이 너무 특이해서 처치 곤란하다고 느껴지는 사람을 만나면, '이 사람은 수학자인가 보구나. 프라이 팀장에게 넘기면 되겠네'라고 생각하면 됩니다."

**17.** 존 피어스(사진)는 바니 올리버, 클로드 섀넌과 함께 벨연구소를 주름잡은 '천재 3인방'이었다. 한 동시대인의 우스갯소리에 의하면, "세 사람은 지적으로 못 말리는 사람들"이었다.

**18.** 짧았던 첫 결혼이 파경에 이른 후, 섀넌은 맨해튼에서 독신으로 지냈다. 직업도 없이 그리니치빌리지의 작은 아파트에서 혼자 빈둥거리며 살았다. 몇 시간 동안 고독을 씹으며, 볼륨을 크게 높이고 '뉴욕의 재즈 바'와 같은 분위기를 즐기곤 했다.

**19.** '나치 독일에 항거하는 과학자들의 전쟁'의 일환으로, 섀넌은 암호 작성술, 화력 제어, SIGSALY(이 사진)의 연구에 기여했다. SIGSALY는 당대 최고의 음성 혼합화 장치였다.

**20.** 섀넌의 정보이론 연구에 랠프 하틀리보다 더 많은 영향을 미친 사람은 없었다. 그가 1927년 발표한 '정보의 전송(Transmission of Information)'이라는 논문은, 정보의 본질을 포착하는 데 지금까지 가장 근접했던 것으로 평가된다. 그는 이 논문에서, 과학자들이 정보를 '철학적'이 아니라 '물리학적'으로 생각하기 시작하는 과정을 설명했다.

**21.** 섀넌이 1948년 '통신의 수학적 이론'이라는 논문을 발표하기 전, 공학자들이 한 세기 동안 시행착오를 거듭하며 금과옥조처럼 여겼던 통념은 "잡음은 물리적 세계가 우리의 메시지에 부과하는 세금이므로, 데리고 살 수밖에 없다"는 것이었다. 섀넌은 '통신의 수학적 이론'에서 두 가지 사실을 증명했다. 첫째, 잡음은 물리칠 수 있다. 둘째, 'A 지점에서 송신한 정보가 B 지점에서 완벽하게 수신되는 것'은 종종 있는 일이 아니라 본질적으로 늘 있는 일이다. 그는 공학자들에게 정보를 디지털화하여 완벽하게 송신하는 도구를 제공했는데, 이는 섀넌이 확실한 증거를 제시할 때까지 '가망 없는 유토피아적 발상'으로 간주되었다.

22. 1948년 이후, 섀넌은 언론을 통해 '과학계에서 주목할 만한 인사'로 부각되었다. 그는 TV 인터뷰에 자주 출연하고, 각종 출판물에 빈번히 인용되었으며, 영예로운 상도 많이 받았다.

23. 1948년 클로드 섀넌은 벨연구소의 여성 동료 베티 무어와 대화를 나누기 시작했다. 그러다 용기를 내어, 저녁 식사 자리에 불러냈다. 첫 번째 저녁식사는 두 번째로, 두 번째 저녁 식사는 세 번째로 이어졌다. 그리하여 두 사람은 매일 밤 식사를 함께 하는 관계로 발전했다.

24. 클로드 섀넌과 베티 섀넌의 결혼을 전제로 한 교제는 일사천리로 진행되었다. 클로드 섀넌은 1948년 가을에 베티를 만나, 1949년 초 베티의 회고에 따르면 "그답지 않은 방법으로" 프러포즈를 했다. 그녀는 유머 감각은 물론 수학 사랑까지도 그와 공유했다. 수학 사랑은 클로드 섀넌의 생명이 다하는 날까지 지속된 유대 관계의 토대였다.

**25.** 부인 베티는 섀넌에게 외바퀴자전거를 사줌으로써 남편을 '외바퀴자전거 마니아'로 만들었다. 섀넌은 외바퀴자전거를 스스로 제작하고 자신의 취향에 맞도록 개조했다. 그런 다음 외바퀴자전거를 타고 벨연구소의 좁은 복도를 누비고 다니며, 방문객들에게 자신이 얼마나 민첩한지를 과시했다.

**26-27.** 공학자로서 최고의 명성을 날리는 동안에도, 섀넌은 여전히 '땜장이'였다. 그의 가장 유명한 발명품인 테세우스는 미로에서 길을 찾는 인공 생쥐로, 금속으로 만들어진 조그만 치즈의 위치를 학습할 수 있었다. 섀넌이 치즈를 제거하자, 테세우스는 미로 속을 정처 없이 헤맬 뿐이었다. 다른 과학자가 논평한 바와 같이, 그런 테세우스의 모습은 "인간과 똑같아도 너무나 똑같았다".

**28.** 벨연구소의 머리힐 캠퍼스. 이곳에서 우리가 오늘날 현재라고 부르는 미래가 구상되고 설계되었다.

**29.** 섀넌은 세계 최초의 '체스 두는 기계' 중 하나를 만들었다. 1949년에 완성된 이 기계는 여섯 가지 말을 다뤘으며, '결정적 승부수'를 두는 데 집중했다. 하나의 행마를 계산하기 위해 150개 이상의 계전기 스위치가 사용되었으며, 10초 내지 15초 사이에 결정을 내릴 수 있는 처리 능력을 가지고 있었다.

**30.** 나도 기계고, 너도 기계다. 그리고 우리 모두는 생각한다. 그렇지 아니한가?

**31.** 섀넌은 2001년까지 달성할 인공지능의 목표 네 가지를 제시했다. 그것은 세계 챔피언의 왕관을 쓰는 체스 프로그램, 《뉴요커》가 인정하는 작품을 쓰는 시작詩作 프로그램, 난해하기로 소문난 리만가설을 증명하는 수학 프로그램, 그리고 가장 중요한 것은 프라임레이트를 50퍼센트 능가하는 주가 예측 프로그램이었다. 섀넌은 농담 반 진담 반으로 이렇게 말했다. "인간은 멍청하고 엔트로피를 증가시키고 호전적인 종족인 데 반해, 컴퓨터는 논리적이고 에너지를 보존하고 우호적인 종족이다. 내가 제시한 목표들은 컴퓨터가 인간을 단계적으로 물갈이하는 과정의 신호탄이 될 것이다."

**32.** 노버트 위너(가운데)는 신동 출신으로 사이버네틱스의 창안자였으며, 정보이론의 창시자라고 주장하는 섀넌에게 제대로 도전할 수 있는 유일한 과학자였다. 맨 왼쪽에 있는 사람은 MIT 총장이었던 줄리어스 스트래턴이다.

**33.** 섀넌 부부는 매사추세츠주 윈체스터에서 집을 한 채 구입했다. 윈체스터는 MIT에서 북쪽으로 13킬로미터 떨어진 곳에 있는 베드타운이었다. 이 집은 1858년 토머스 제퍼슨의 증손녀 엘런 드와이트를 위해 지어졌는데, 제퍼슨이 직접 설계했다는 몬티셀로에서 영감을 받아 본래 약 5만 제곱미터의 부지 위에 자리 잡고 있었다.

**34.** 섀넌은 러시아를 방문한 길에, 구소련의 체스 챔피언 미하일 보트비니크에게 친선 대국을 제안했다. 보트비니크는 처음에 딴전을 피우다, 섀넌이 자신의 나이트와 폰 하나를 보트비니크의 룩과 교환함으로써 기선을 제압하자 긴장하기 시작했다. 섀넌은 마흔두 번의 행마를 거듭한 끝에 자신의 킹을 넘어뜨리며 보트비니크에게 무릎을 꿇었다. 그러나 시대를 초월하여 '가장 재능 있는 체스꾼' 중 하나로 일컬어진 보트비니크와 맞서 수십 수를 둠으로써, 섀넌은 평생 동안 자랑질해도 용서받을 수 있는 특권을 부여 받았다.

**35.** 섀넌은 1957년 MIT에 교수로 부임했다. 그에게 논문 지도를 신청한 대학원생들의 수가 예상외로 적었는데, 그 주된 이유는 학생들의 자존감이 부족하기 때문이었다. 한 증언자의 말에 따르면, "저에게 한 수 지도해주세요"라고 말하는 데는 큰 자존감이 필요했다.

**36.** 1966년 크리스마스이브, 제36대 미국 대통령 린든 B. 존슨은 '통신과 정보 처리에 관한 수학적 이론'에 크게 기여한 공로를 인정하여, 클로드 섀넌에게 국가과학메달을 수여했다.

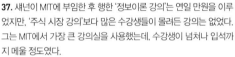

**37.** 섀넌이 MIT에 부임한 후 행한 '정보이론 강의'는 연일 만원을 이루었지만, '주식 시장 강의'보다 많은 수강생들이 몰려든 강의는 없었다. 그는 MIT에서 가장 큰 강의실을 사용했는데, 수강생이 넘쳐나 입석까지 메울 정도였다.

**38.** 교수 섀넌은 MIT에서 수염을 기르고 매일 조깅을 했다. 또한 그는 땜질에 전적으로 매달렸다. 그의 가장 유명한 발명품 중 상당수는 집에 마련된 널따란 작업장에서 고안되었다.

**39.** 두말할 것도 없이, 세계 최초의 웨어러블 컴퓨터를 발명한 사람은 클로드 섀넌과 에드워드 소프였다. 두 사람은 룰렛의 확률을 계산하는 장치를 개발한 후 라스베이거스의 카지노에서 시험 가동을 멋지게 마쳤다. 그러나 마피아의 심기를 거스를 것이 두려워 프로젝트를 포기했다.

**40.** 영화배우 W. C. 필즈를 모델로 한 저글링 로봇으로, 섀넌이 어린이용 조립 완구 세트를 이용하여 조립한 것이다. 이 로봇은 주걱 팔을 이용해 록 음악에 맞춰 춤추는 동작으로 세 공을 던져서 저글링을 할 수 있었다. 각각의 팔은 아래로 내려갈 때 공을 받고, 위로 올라갈 때 공을 던졌다.

**41.** 섀넌은 능수능란한 저글러인 동시에, 저글링에 대한 진지한 논문의 첫 번째 저자이기도 했다. 그는 독자들에게 이렇게 말했다. "저글링에 깃들어 있는 시와 희곡과 음악을 잊지 말아야 한다……. 내 말이 허세를 부리는 것처럼 들리나?"

**42.** 섀넌은 매우 늦은 나이까지 취미로 외바퀴자전거를 탔다.

**43.** 섀넌은 '특이하고 신중한 놀이'를 추구하는 삶을 누렸다. 그는 희귀한 과학 천재로, 디지털 회로를 개발하면서도 '저글링하는 로봇'이나 '불 뿜는 트럼펫'을 만드는 데에서 희열을 느꼈다.

**44-45.** 섀넌은 자신의 관심을 사로잡는 진기한 사물을 좋아했다. 그는 공학적 문제의 복잡함에 몰입했다가, 불현듯 체스의 판세에 매혹되었다. 그는 무미건조하고 기술적인 과학을 광대하고 매력적인 수수께끼로 전환시켰고, 그런 수수께끼를 푸는 것을 '어른의 놀이'로 여겼다.

# 13. 맨해튼

전통적으로 수학은 속도보다는 인내, 정교함 그리고 어쩌면 가장 놀랍게도 협력과 즉흥성에 재능이 있는 사람에게 보상을 제공한다. 협연과 즉흥연주는 최고의 재즈 뮤지션들의 전형적인 특징이다.

— 개러스 쿡

노마와의 결혼 생활이 파경에 이른 후 클로드 섀년은 세간살이가 전혀 없는 그리니치빌리지의 작은 아파트에서 직업도 없이 다시 독신 생활에 들어갔다. 오후 시간은 거의 혼자 보냈는데, 섀년의 인생에서 가장 자유분방했던 때를 꼽으라면 바로 이 시기였다. 몇 시간 동안 고독을 질겅질겅 씹으며, 볼륨을 크게 높이고 '뉴욕의 재즈 바'와 같은 분위기를 즐기곤 했다. 늦은 밤에 외출하여 시끌벅적한 데서 저녁을 먹고 워싱턴스퀘어 공원에 있는 체스 클럽에 들렀다. 기차를 타고 할렘으로 가서 지르박 스텝을 밟고 아폴로 극장에서 쇼를 관람했다. 빌리지의 풀에서 수영을 하고, 허드슨 강변을 따라 펼쳐진 코트에서 테니스를 쳤다. 한 번은 네트에 발이 걸려 땅바닥에 넘어지는 바람에 몇 바늘을 꿰매야 했다.

웨스트일레븐스가West Eleventh Street 51번지의 3층에 있는 그의 집에는 작은 오디오 세트가 있었다.

"욕실로 향하는 통로 옆에 커다란 침실이 하나 있었어요……. 그곳은 낡은 하숙집이지만 꽤 낭만적이었어요."

아래층에 살던 마리아 몰턴은 회고했다. 섀넌의 주변 공간이 엉망진 창인 것은 충분히 예상할 만한 일이었다. 먼지가 수북이 쌓이고, 정리가 전혀 안 되어 있고, 한복판에 덩그러니 놓인 탁자 위에는 그가 오디오에서 분리해낸 커다란 턴테이블이 삐딱하게 놓여 있었다.

"겨울철에는 어찌나 추운지 그는 자신의 낡은 피아노를 잘게 쪼갠 후 벽난로에 던져 넣어 난방을 했어요."

냉장고는 거의 텅 비었고, 빈한한 스파르타식 공간에서 멀쩡한 소유물이라고는 턴테이블과 클라리넷밖에 없었다. 거리가 내다보이는 전망 좋은 섀넌의 아파트에는 위대한 인류학자 클로드 레비스트로스도 살고 있었다. 나중에 레비스트로스는 '예전의 이웃'이 자신의 연구에 영향을 미쳤음을 알게 되지만, 두 사람은 한 지붕 밑에 사는 동안 마주친 적이 거의 없었다.

아파트에 입주해 사는 관리인 프레디는 섀넌을 '시무룩하고 혼자 있기 좋아하는 홀아비'로 생각했지만, 섀넌은 아래층에 사는 마리아와 친구가 되어 데이트도 했다. 두 남녀의 우정과 로맨틱한 관계가 활짝 꽃피게 된 원인은, 아이러니하게도 아파트의 층간 소음 문제 때문이었다. 그녀는 시끄러운 음악 소리를 참다 참다 인내심이 극에 달해, '볼륨을 줄여요.'라고 항의하려 문을 두드리다 섀넌과 만나게 되었다.

마리아는 섀넌에게 "오늘 밤 옷을 잘 차려입고 시내에 나가 신나게 놀아요"라고 바람을 잡았다. 그는 그녀를 승용차에 태우고 드라이브를 하다 라디오에서 익숙한 노래가 흘러나오면 "이거 좋구만!" 하고 환호성을 질렀다. 그는 그녀에게 제임스 조이스와 T. S. 엘리엇의 시를 읽어주었는데, 엘리엇은 그가 제일 좋아하는 작가였다. 그녀의 회고에 따르면, 그는 저녁에 데이트하는 동안에도 수학 문제에 정신이 온통 팔려 있었다. 레스토랑에서 식사를 하는 도중 냅킨 위에 뜬금없이 방정식을 적기 일쑤였다. 전쟁이나 정치에 대해서는 뚜렷한 의견이 없었지만, 재즈 뮤지션에 대해서는 장광설을 늘어놓았다. "그는 자기가 좋아하는 음악가와 내가 좋아하는 음악가 사이의 공통분모를 찾으려고 애쓰곤 했어요"라고 그녀는 말했다. 그는 윌리엄 셸던의 "체형과 성격 간의 관계"에 관한 이론에 흥미를 느껴, 자신과 같이 깡마른 체격(셸던의 용어를 빌리면, 외배엽형)을 가진 사람의 성격을 이해하기 위해 셸던의 저술을 열심히 읽기도 했다.

섀넌은 벨연구소의 동료 중 몇 명과 친하게 지냈는데, 그중의 한 명은 바니 올리버였다. 훤칠한 키에 편안한 미소와 멋진 매너를 가진 올리버는 위스키와 이야기를 좋아했다. 올리버의 느긋한 태도의 이면에는 특출한 지능이 깔려 있었다.

"바니는 IQ가 180쯤 되는 천재급 지능의 소유자였습니다."

한 동료는 이렇게 회고했다. 그는 문자 그대로 하늘과 땅 사이의 모든 것에 관심을 보이다, 이윽고 외계 생물을 찾는 운동의 선봉에 서게 되었다. 클라이너퍼킨스Kleiner Perkins라는 유명한 벤처 투자회사의 공동 창업자인 톰 퍼킨스는 올리버의 주제 파악 능력, 아무리 모호한 논제에서도 핵심을 정확히 꿰뚫는 능력을 높이 평가했다.

"예컨대 '돌고래와 의사소통을 하는 장비'의 전망이 밝다는 생각이 들면, 그는 몇 달 동안 그 주제를 집중적으로 파고들어 끝을 보고야 말았습니다."

톰 퍼킨스는 이렇게 회상했다. 바니 올리버는 사이클롭스 계획Project Cyclops을 배후에서 조종하는 브레인이었는데, 그것은 숭고하지만 실현되지 않은 프로젝트로서, "93제곱킬로미터의 부지에 지름 100미터짜리 위성방송 수신 안테나 1,000개를 늘어놓은 후 행성 간 대화를 통해 외계의 지적 생명체를 찾아낸다"는 내용이었다.

바니 올리버는 '하늘의 일'뿐만 아니라 '땅의 일'을 도모하는 데도 큰 야망을 품었다. 그가 이룩한 성과 중에는 '세계 최초의 프로그래밍 가능한 데스크톱 계산기' '세계 최고의 포켓용 계산기' '최초의 휴렛패커드 컴퓨터'가 포함되어 있다. 또한 그는 섀넌의 아이디어가 세상에서 빛을 보기 전에 고개를 끄덕인, 몇 안 되는 비범한 인물 중 한 명이었다. 그는 나중에 다음과 같이 자랑스럽게 회고했다.

"나는 섀넌과 친구가 된 후 그의 이론 중 상당 부분을 순산시키는 산파 역할을 했어요. 그는 설익은 이론을 불쑥 들이대며 내 반응을 살폈고, 덕분에 나는 그의 정보이론이 출판되기 전에 의미를 완전히 파악하고 온갖 뒤치다꺼리를 도맡았습니다."

바니 올리버의 말에는 조금 과장된 면도 없지 않지만, 섀넌이 자신의 이론 근처에 얼씬거리도록 허용한 사람이 극소수라는 점을 감안할 때 섀넌의 이론이 탄생하는 과정에서 어떤 형태로든 훈수를 뒀다는 사실 자체가 대단하다고 할 수 있다.

근무 외 시간에 섀넌과 어울린 벨연구소의 동료 중에는 존 피어스도 있었다. 특유의 재치와 활달한 성격이 매력으로 작용하여, 피어스는 벨연구소에서 폭넓은 팬층을 거느리고 있었다. 그는 두 가지 면에서 섀넌의 판박이라고 할 수 있었다. 하나는 체격이 호리호리하고 키가 크다는 점이고, 다른 하나는 별로 관심이 없는 분야에는 금세 싫증을 느끼는 경향이 있다는 점이었다. 두 번째 특징은 다른 사람들에게도 적용되었다.

"피어스는 대화 도중에 느닷없이 끼어들거나 갑자기 화제를 바꾸곤 했어요. 또는 밥을 먹으며 이야기를 나누다 도중에 다 먹었다며 일어서기도 했습니다."

존 거트너는 이렇게 말했다. 어느 면에서 보면, 그것은 지나치게 빠른 두뇌 회전의 부산물이었다. 그는 대학원 초년생 시절 공학 수업 시간에 교수에게 강렬한 인상을 주는 바람에, 중간 과정을 생략하고 학생에서 강사로 곧바로 승격했다. 그러한 평판은 벨연구소에 들어와서도 이어져, '연구소 최고의 발명품을 쏟아내는 비결을 아는 사람'이라는 평을 들었다.

존 피어스는 섀넌의 지적 스파링 파트너였다. 그도 그럴 것이, 섀넌과 비슷한 지적 수준의 소유자가 주변에 단 한 명밖에 없었기 때문이다. 두 사람은 벨연구소에 몸담고 있는 동안 아이디어를 주고받고 함께 논문을 쓰고 수많은 책을 함께 읽었다. 피어스는 한 강연에서, 자신과 섀넌이 얼마나 호흡이 잘 맞았는지 보여주는 일화를 들려주었다.

언젠가 섀넌과 이런저런 이야기를 나누고 있었어요. 그때 섀넌은 지나가는 말로 "다른 연구소의 연구원이 특이한 시스템을 고안했다더군" 하며 그 원리를 간단히 설명했어요. 나는 별로 관심을 보이지 않았지만, 그가 한 말 중에서 몇 마디가 뇌리에 남았지요. 그날 저녁 나는 이리 뒤척 저리 뒤척 하다가 문득 그 시스템의 몇 가지 장점이 떠올랐어요. 나는 다음 날 아침 클로드를 찾아가 "어젯밤 곰곰이 생각해보니, 그 시스템의 아이디어가 참 괜찮더군" 하고 말했어요. 그런데 내가 그 시스템의 장점을 죽 늘어놓자 그는 내 말에 수긍하면서도 고개를 갸우뚱하며 "자네가 지금 말하고 있는 내용은 그 시스템과 전혀 무관해"라고 하는 게 아니겠어요? 우리 두 사람은 본격적인 연구에 착수하여 결국 새로운 시스템을 고안해냈습니다.

피어스는 섀넌의 원고를 들여다보며 다양한 대안을 제시하곤 했다. "이 부분은 이렇게 쓰고, 저 부분은 저렇게 써야 해."

그러면 섀넌은 특유의 무관심한 표정으로 이렇게 대꾸하곤 했다.

"'써야 해'라는 게 무슨 뜻이지? 의무 사항이란 말인가?"

바니 올리버, 존 피어스, 클로드 섀넌은 벨연구소에서 알아주는 '천재 3인방'으로, 각자 나름의 지적 영역을 확보한 상태에서 서로간에 상승 작용을 일으켰다. 그들은 디지털 통신이라는 떠오르는 분야에 공통적으로 매혹되어, 그 이점을 정확하고 신뢰성 있게 설명하는 핵심 논문을 함께 집필했다. 한 동시대인은 이 '천재 3인방'의 활약상을 다음과 같이 회고했다.

벨연구소에는 당대의 공인된 천재 3인방이 공존했으니, 정보이론으로 유명한 클로드 섀넌, 통신위성과 이동식 음파증폭기로 유명한 존 피어스, 사이클롭스 계획으로 유명한 바니 올리버가 그들이었다. 단언컨대, 세 사람은 지적으로 못 말리는 사람들이었다. 또한 세 사람은 뛰어난 지능과 출중한 능력으로 공학계를 평정했으므로, 벨연구소와 같이 명망 있는 연구소가 아니고서는 세 사람을 동시에 조율할 수가 없었다.

혹자는 클로드 섀넌의 조급함을 지적하며 그에 대한 긍정적 평가에 반론을 제기하기도 했다. 어떤 동료들은 그를 가리켜 '온화한 성격이지만, 조직 분위기에 동화하지 못하고 겉도는 경향이 있다'고 꼬집었다. 마리아 몰턴에 따르면, 섀넌은 연구소 생활의 일상적 요소에 툭하면 불만을 토로하곤 했다.

"조직 분위기가 그를 심적으로 괴롭혔을 거라고 생각해요."

그녀는 말했다.

"나라도 그랬을 거예요. 자기만의 독창적인 아이디어를 추구하려고 하는데, 일상적인 것들이 발목을 잡는다면 기분이 어떻겠어요?"

섀넌과 동료들 간의 거리감은, 부분적으로 처리 속도 때문이었던 것으로 보인다. 섀넌의 옆방에서 근무했던 브록웨이 맥밀런의 말에 따르면, 그는 평범한 수학 논증을 몹시 싫어했다. 그는 대부분의 동료들과 다른 관점에서 논리를 전개했는데, 이를 이해하지 못한 동료들은 골똘히 생각하다가 흐름을 놓치고 갈팡질팡하기 일쑤였다는 것이다. "동료들은 섀넌을 가리켜 '과묵하다'고 했지만, 사실 그는 일종의 좌절감을 느끼고 있었어요. 자기보다 두뇌 회전이 느린 사람들을 보면 허탈감을 느껴 말문이 막히는 것 같았죠"라고 맥밀런은 말했다.

섀넌의 조급함은 여기서 비롯되었고, 너무 조급하게 굴다 보니 동료들과 어울리지 못했다.

"그는 여러 가지 면에서 매우 특이한 사람이었어요……. 온화한 성격임에도 가끔 분을 삭이려고 먼 산을 바라보는 것 같았습니다."

또 다른 동료인 데이비드 슬레피언은 말했다. 자기와 보조를 맞추지 못하는 동료에 대한 섀넌의 반응은, 그냥 무시해버리는 것이었다. 맥밀런은 존 거트너에게 이렇게 말했다.

"섀넌은 자신의 아이디어를 자세히 설명하지 않았어요. 상대가 자신의 말을 납득하지 않는다는 생각이 들면, '싹수가 노랗구나'라고 여기고 더 이상 왈가왈부하지 않았어요."

많은 천재들을 오랫동안 유심히 관찰해온 조지 헨리 루이스는 언젠가 이렇게 말한 적이 있다.

"천재는 자기만의 독특한 해법을 남들에게 설명할 수 없다."

이 말은 섀넌에게도 적용되는 듯하다. 그는 자신의 생각을 타인에게 설명할 수 없었고, 그러려고 노력하지도 않았다. 그는 벨연구소에서 단독 플레이를 선호하고 학회 활동을 최소화했다.

"그는 끔찍이도 비밀스러운 사람이었어요."

마리아 몰턴은 이렇게 회고했다. 나중에 섀넌과 공동 연구를 수행한 로베르트 파노에 따르면, 섀넌은 다른 사람의 의견에 좀처럼 귀를 기울이지 않았다. 섀넌의 논문에서 공저자의 이름을 거의 찾아볼 수 없다는 점이 이를 방증한다.

내향적 천재가 한두 명이 아니었겠지만, 벨연구소에 몸담고 있는 기라성 같은 인재들 중에서도 섀넌의 혼자 놀기는 압권이었다.

"그는 어느 누구와도 어울리려 하지 않았어요……. 누군가 자기 방문을 두드리면 인기척을 냈지만, 그러지 않으면 늘 묵묵부답이었습니다."

브록웨이 맥밀런은 말했다. 슬레피언은 섀넌의 예외성을 극단으로 몰고 갔다.

"섀넌은 천재 중에서도 독보적인 존재였습니다. 과학자였기에 망정이지 만약 다른 쪽으로 진로를 정했다면 희대의 건달이 되었을 것입니다."("아버지도 그 점을 천만다행으로 여겼을 거예요"라고 섀넌의 딸 페기는 수긍했다.)

— • —

섀넌이 가까운 동료들과도 어느 정도 거리를 두었던 이유가 한 가지 더 있었다. 즉 '집에서 나를 기다리는 일이 있다'는 것이었다. 그는 퇴근 후 밤늦도록 개인 프로젝트에 매달려야 했기에 동료들과 한가로이 잡담을 주고받을 시간이 없었다. 그 프로젝트는 대학원생 시절부터 구상해온 것이었는데, 정확히 언제부터 시작되었는지는 분명치 않다. 그러나 최초의 아이디어가 언제 떠올랐든 간에, 섀넌이 본격적으로 펜을 든 것은 1941년 뉴욕에서 활동하기 시작하면서부터였다. 개인 프로젝트는 벨연구소에서 받는 스트레스를 해소함과 동시에, 간절히 원하지만 전쟁이라는 장벽에 가로막힌 이론 연구에 깊이 빠져들 수 있는 좋은 기회였다. 그는 이 시기의 일을 나중에 회상하며 영감이 불쑥 떠오른 순간을 떠올렸다.

"연구는 이따금…… 아이디어가 문득문득 떠오를 때마다 간헐적으로
진행되었어요. 한밤중에 영감이 떠오르는 바람에 잠에서 깨어나, 밤새
도록 개인 연구에 몰두한 적이 한두 번이 아니었어요."

그런 섀년의 모습을 화폭에 담는다면, 비쩍 마른 사내 한 명이 엉뚱한
시간에 연필로 무릎을 두드리는 장면을 그린 작품이 탄생할 것이다. 그
림의 주인공은 마감 시간에 쫓기는 남성이 아니라 수수께끼 하나에 사
로잡혀 몇 년 동안 시도 때도 없이 끙끙대는 남성이다.

"그는 고개를 숙인 채 아무 소리도 없이 냅킨 위에 뭔가를 계속 끼적
였어요."

마리아 몰턴이 말했다.

"2~3일 동안 계속 그러다, 문득 고개를 들더니 내게 말했어요. '뭘 우
두커니 봐요?'"

생각의 편린이나 방정식의 알쏭달쏭한 부분들이 식탁을 장식한 냅
킨에 휘갈겨져 그의 주변에 쌓여갔다. 그는 책상에 앉아 줄 쳐진 종이에
반듯한 글씨체로 적어 넣었지만, 원재료는 집안 구석구석 아무 데나 널
려 있었다. 휘갈겨 쓰고 다듬고 줄을 그어 삭제하기를 8년. 드디어 복잡
하게 뒤얽힌 방정식들이 모습을 드러내기 시작했다. 모든 노력이 끝나
고 나니, 그 방정식들이 어쩌면 아무것도 드러내지 않을 수도 있다는 불
길한 예감이 엄습했다. 음악 감상과 담배 한 개비에 할애한 잠깐 동안의
시간들, 밤새도록 고민하다 벌겋게 충혈된 눈으로 허겁지겁 나서던 아
침 출근길……. 이 모든 것들은 끊임없는 천착의 일부였다.

어쩌면 어느 날 문득 퇴근 후 책상 앞으로 돌아와 앉은 그에게 이런 느낌이 들었을지도 모른다. 성가를 드높였던 20세기 최고의 석사학위 논문보다 훨씬 더 근본적인, 뭔가 유의미한 것이 나올 것 같은 '느낌적 느낌' 말이다. 그런데 그게 과연 뭐였을까?

제2부

# 14. 대서양 횡단

"반복해."

"이번에는 좀 천천히 보내."

"됐어?"

"됐냐고."

"천천히 보내."

"좀 더 천천히 보내라고."

"이 정도면 됐어?"

"뭘 읽을 수 있는지 말해봐."

"읽을 수 있어."

"신호가 어때?"

"뭘 수신했냐고."

"제대로 된 신호를 보내."

"V자와 B자 여러 개를 보내봐."

"신호가 어때?"

수백만 파운드의 돈을 들여 2,500톤의 구리와 철을 실은 군함이 3,200킬로미터의 바닷길을 조난을 무릅쓰고 횡단했다. 그 목적은 뭐였을까? 바로 앞에서 읽은 '울화통 터지는 교신 실패'를 밥 먹듯 하는 전선관 역할을 대신하기 위해서였다. 앞에서 인용한 글은 1858년 늦은 여름 위대한 대서양 횡단 해저 전신 케이블을 타고 하루 종일 교신된 내용이고, 그 케이블은 유럽과 북아메리카를 28일 동안 연결했다. 최초의 메시지는 불꽃놀이와 기사 작위와 기쁨에 찬 사설(런던의 《타임스》에서는 "대서양이 말라붙었다"고 선언했다)의 대상이 되었지만, 이내 잡음이 신호를 갉아먹고 전선이 한 번에 몇 시간씩 죽어버리는 등 말썽이 끊이지 않았다. 수심 약 5,000미터의 해저(러디어드 키플링의 말을 빌리면, "앞을 보지 못하는 흰 바다뱀이 살고 있는, 칠흑 같은 어둠속")에 매설된 케이블이 서서히 결딴나고 있었기 때문이다.

　고작 28일 동안 간헐적인 대화를 주고받기 위해, 영국 군함은 미국 군함과 대서양 한복판에서 동시에 출발하여 케이블을 조금씩 풀며 동진했다. 처음 세 번은 이런저런 이유로 실패하여 상당한 양의 케이블을 수장시켰고, 네 번째 시도에서는 사상 최대의 폭풍우를 만나 선박이 좌초될 뻔했다. 증기기관과 돛을 모두 갖춘 영국의 아가멤논이라는 목선은 1주일 동안 강풍에 휘말려 좌우로 45도씩이나 휘청거리는 바람에, 갑판과 선반에 실린 금속 코일 수천 킬로그램에 균형을 빼앗길 위기에 처했다. 갑판에서 구역질하던 신문기자 한 명은 금속 코일을 가리키며 "살아 있는 뱀장어 떼가 꿈틀거리는 것 같다"고 묘사했다. 케이블은 네 번이나 끊어졌고, 다섯 번째 항해에서 겨우 명맥을 유지했다.

다섯 번 항해하는 동안 가장 중요한 승선자는 늘 똑같았으니, 그 이름은 3장에서 이미 등장한 바 있는 과학자 윌리엄 톰슨, 미래의 켈빈 경이었다. 그의 걸작인 아날로그 컴퓨터가 등장하기 20년 전이었으므로, 비교적 무명인 데다 그 유명한 '넵투누스 턱수염'(넵투누스는 로마신화에 나오는 바다의 신으로, 거친 머리칼과 턱수염에 건장한 몸과 삼지창을 치켜든 당당한 모습으로 형상화됨_옮긴이)도 없었다. 그러나 정식 용어만 쓰지 않았을 뿐, 그는 세계 최고의 유선 통신 전문가 중 하나였다. 그는 명예를 걸고 대서양 횡단 프로젝트에 도전하여, 과학 자문역이라는 직책으로 이사회에 참여했다. 그리고 거의 죽을 뻔한 한 번의 항해를 포함해 다섯 번의 항해에 모두 무보수로 동참했다. 다섯 번째 항해 때 승선했던 호주의 한 신문기자는, 어느 날 한밤중 위기일발의 상황에 직면한 윌리엄 톰슨의 기분 상태를 예리하게 포착했다. 케이블에 흐르던 전류가 멈춰, '이번에도 또 선이 끊어졌나 보다'라는 생각이 들던 때였다.

"재앙에 대한 두려움에 사로잡힌 듯, 그는 안경을 고쳐 쓰지도 못할 정도로 손을 부들부들 떨었다. 이마의 정맥이 부풀어 올랐고, 얼굴은 죽은 사람처럼 창백했다……. 그럼에도 곧 정신을 가다듬고 침착하게 테스트를 한 다음 묵묵히 기다렸다."

그러나 얼마 지나지 않아 신호가 되살아나자, 켈빈 경은 너털웃음을 터뜨렸다. 그로부터 일주일 후 케리 카운티의 산봉우리들이 동쪽 수평선에 나타나자, 선원들이 일제히 달려들어 케이블을 아일랜드 해안에 끌어내린 다음 유럽의 케이블망에 연결했다.

그러고 나서 한 달 후 해저 케이블은 절연 불량 등의 원인으로 불통이 되고 말았다. 절연 불량이 발생한 이유는, 전송 속도를 높이기 위해 전압을 올렸다가 케이블이 망가졌기 때문이다.

대서양 횡단 케이블이 매설되기 전에도, 모든 해저 라인(이를테면 영국해협 횡단 라인)을 경유하는 메시지는 지연되거나 왜곡되기 일쑤였다. 수중에서 메시지를 전달하는 것은 매우 어려운데, 그 이유는 물, 특히 소금물이 전기의 천연 전도체여서 물속에 잠긴 케이블에서 전류가 누출되기 쉽기 때문이다. 그러므로 축축한 케이블을 통해 이동하는 신호는 건조한 케이블을 통해 전달되는 신호에 비해 탐지하기가 훨씬 더 어렵다.

이러한 딜레마를 윌리엄 톰슨보다 더 잘 이해하는 사람은 없었다. 그가 아가멤논 호에 승선하여 케이블 매설을 감독한 이유는 주로 그 때문이었다. 마지막 항해가 시작되기 3년 전, 그는 글래스고에 있는 연구실에서 수행한 실험을 통해 "장거리 전기 수송은 제곱법칙에 따른다"는 결과를 얻었다. 즉 메시지 도착 시간은 케이블 길이의 제곱에 비례한다는 것이다. 또한 "신호의 강도는 이동 거리가 멀어질수록 감소한다"는 실험 결과가 나왔다. 그렇다면 해저 통신의 신뢰도를 높이는 유일한 방법은, '가장 두껍고 절연 처리가 가장 잘된 케이블(결국 가장 비싼 케이블)'과 미약한 신호를 잘 탐지하는 '고감도 수신 장비'를 결합하는 것이었다.

그러나 1858년에는 윌리엄 톰슨의 가설 검증에 사용될 만한 해저 횡단 케이블이 존재하지 않았기 때문에, 그의 가설은 매우 의문시되었다. 그러다 보니 돈 문제가 '즉각적인 대서양 횡단 통신(런던의 주식중개상이 시카고 증권거래소의 실시간 정보에 얼마나 관심이 많을지 상상해보라)'의 전망을 좌우하기 시작했고, 재정적 인센티브에 민감한 대서양 횡단 프로젝트 후원자들이 톰슨의 의견을 무시한 것은 당연한 수순이었다. 이런 상황에서 톰슨의 가설은 "신뢰도 높은 케이블은 돈만 많이 들 뿐 실속이 없다"는 경고에 맥을 추지 못했다. 설상가상으로 윌리엄 톰슨의 가설을 가장 의심한 사람이 바로 그의 동업자, 대서양 횡단 프로젝트의 전기팀장 화이트하우스였다.

은퇴한 외과의사인 O. E. 와일드먼 화이트하우스는 아마추어 전기 실험가였다. 그가 아마추어라고 해서 그의 전문가적 식견을 우습게 봐서는 안 될 일이다. 왜냐하면 19세기는 '위대한 아마추어 신사(부와 교양을 겸비하고 특정 분야에 대해 전문가 뺨치는 식견을 가진 사람들을 일컫는 말_옮긴이)의 시대'였기 때문이다. 그러나 윌리엄 톰슨이 학자적 위신을 지킨 것과 달리, 화이트하우스는 노골적으로 포퓰리즘적인 주장을 펼쳤다. "전기와 통신에 관한 연구는 더 이상 과학자의 배타적 특권이 아니다"라는 것이 그의 지론이었다. 그는 자신이 얼렁뚱땅 수행한 실험 결과에 근거하여 제곱법칙을 '학교에서 배운 소설'로 폄하했다. 다시 말해서 그건 학술지 지면에서 근사하게 보이려고 만든 공식일 뿐이고(심지어 뉴턴의 유명한 '중력의 역제곱 법칙'처럼 보이기도 했다!), 현실과 동떨어진다는 것이었다. 이런 막무가내식 비판에 대해, 톰슨은 빅토리아 시대에 걸맞게 점잖은 반응을 보였다. 그러나 끝내 분을 이기지 못했는지, 자신이 보유한 화이트하우스의 논문 사본 위에 "이건 처음부터 끝까지 오류로 점철된 논문이다"라고 휘갈겨 썼다. 윌리엄 톰슨의 가설이 '든든한 케이블'과 '고감도 탐지기'를 요구한 데 반해, O. E. 화이트하우스는 '우격다짐'을 요구했다. 훗날 한 작가는 화이트하우스의 해법을 다음과 같이 요약했다.

"우리가 먼 거리를 여행할 때 정해진 길을 벗어나지 않으려면 더욱 힘차게 걸어야 한다. 전기도 마찬가지다."

요컨대 왜곡과 지연을 극복하려면 복잡하게 생각할 것 없이 더 많은 동력을 공급하면 된다는 것이었다. 화이트하우스의 주장에는 두 가지 장점이 있었는데, 하나는 '단순무식하다'는 것이었고, 다른 하나는 '톰슨의 계획보다 낮은 비용을 제시한다'는 것이었다. 투자 금액에 따라 승패가 좌우될 수 있는 프로젝트에서 비용이 저렴하다는 것은 엄청난 장점이었다.

윌리엄 톰슨과 O. E. 화이트하우스의 최종 승부는 무승부, 정확히 말하면 '웃기는 짬뽕'이었다. 톰슨이 희미한 신호를 탐지하기 위해 고안한 거울검류계mirror galvanometer가 양쪽 말단에 설치되었지만, 기회가 생길 때마다 화이트하우스에 의해 연결이 해제되었다. 게다가 케이블의 품질은 톰슨이 제시한 표준에 훨씬 못 미쳤다. 아일랜드 해안의 발렌티아섬에 있는 동쪽 끝에는 화이트하우스가 제안한 길이 1.5미터짜리 거대한 점화 코일이 설치되었다. 점화 코일은 신호를 강제로 전송하기 위해 2,000볼트의 고압 전류를 전선에 쏟아부었다.

선박의 선반에서 끌어내려 갑판 위에 올려놓고, 둘둘 말린 것을 풀어 해저에 투하하고, 그 과정에서 네 번이나 끊어지고, 짧은 가닥을 이어붙이고…… 우여곡절과 천신만고 끝에 케이블 매설이 완료되어 마침내 첫 번째 신호를 전송할 수 있게 되었다. 뒤 이어 화이트하우스의 무차별 전기 세례가 시작되자, 절연물이 새카맣게 타버려 며칠 만에 못쓰게 되고 말았다. 발렌티아섬에서 수신된 최후의 메시지는 "48개의 단어. 매우 양호하다"였다. 온갖 찬사를 받은 케이블을 통해 교신된 메시지 중 대부분은 '통신에 관한 이야기'와 사뮈엘 베케트의 희곡에 나오는 암울한 대사였다.

화이트하우스는 선로 이상의 원인을 찾아내기 위해 회사의 지시를 무시하고 발렌티아섬 앞 3킬로미터 해상에서 케이블의 일부를 걷어 올렸다. 그리하여 최후의 신호가 수신된 날 지시 불이행으로 해고되었다. 의회에 제출된 사후보고서에서는 화이트하우스의 돌출 행동을 실패의 주요 원인으로 지목했다. 하지만 그 이후 과학자들은 "그 케이블은 처음부터 상태가 불량했기 때문에 궁극적으로 망가질 수밖에 없었다"고 주장했다. 일부 신문들은 대서양 횡단 전신電信의 존재 자체를 새빨간 거짓말이나 투자 사기로 간주했다. 그 후 6년 동안 대서양을 횡단한 통신 수단은, 지난 400년 동안 그랬던 것처럼, 선박이었다. 끊어진 케이블은 1866년까지 그대로 방치되었다.

— • —

그로부터 90년 후, 클로드 섀넌과 동료들은 이와 같은 실패 사례에서 매우 큰 교훈을 얻었다. 한참 잘 팔리던 과학 소설 쓰기를 잠시 멈추고 대서양 횡단 케이블에서부터 시작되는 통신의 역사를 쓰기 위해 펜을 들었을 때, 아서 C. 클라크는 섀넌의 상사인 벨연구소의 존 피어스에게 바치는 헌사를 썼다. 그럴 만도 한 것이, 피어스는 섀넌을 닦달하여 새로운 프로젝트에 참여하게 한 인물이었기 때문이다. 특히 전신 두절 사건은 세 가지 '지워지지 않는 교훈'이 형성되는 데 기여함으로써, 자세한 내막이 잊히고 관련 문제점이 웬만큼 해결된 뒤에도 통신 과학의 한 가운데 오래도록 남았다.

첫 번째 교훈은 "통신 = 잡음과의 전쟁"이라는 것이다. 잡음이란 '전화선 사이의 간섭' 또는 '무선통신을 가로막는 수신기의 잡음' 또는 '절연 실패와 감쇄(신호가 통신로를 따라 이동하는 동안 줄어들어 사라지는 것)로 인한 전신 신호의 변질'을 말한다. 일반적으로 잡음은 사고 또는 고의로 대화 사이에 끼어드는 무작위성으로, 쌍방의 이해를 차단하는 역할을 한다. 짧은 거리를 이동하거나 비교적 단순한 통신 매체를 이용하는 경우(이를 테면 옆방에서 걸려온 왓슨을 찾는 전화*또는 런던과 맨체스터를 연결하는 지상통신선을 이용한 전신), 잡음에 대처하는 것은 가능하다. 그러나 거리가 멀어지고 메시지의 전송 및 저장 수단이 늘어남에 따라 잡음의 문제는 덩달아 증가하게 된다. 이에 대한 잠정적 해법은—'귀를 잔뜩 기울이자'는 톰슨의 해법이 됐든, '큰 소리로 외치자'는 화이트하우스의 해법이 됐든—공학자들이 우연히 발견하여 실행에 옮긴 것들로, 임기응변적인 데다 잡음의 원천에 따라 각양각색이었다. 따라서 '특정한 거리'나 '특정한 통신 경로'가 주어졌을 때 완벽하고 정확한 통신 방법을 제시하는 것은 불가능해 보였고, 통신은 '영원한 의문'의 대상으로 간주되었다. 클로드 섀넌이 등장할 때까지 '잡음에 대한 통합 해법이 존재한다'고 생각한 사람은 거의 없었다.

---

* "왓슨 군, 이리로 와주게. 자네가 필요해!" 이것은 1876년 3월 10일, 최초의 전화통화에 성공한 알렉산더 그레이엄 벨이 실험 중이던 전화기에 대고 다급히 한 말이다. 세계 최초의 전화통화 실험을 준비하던 벨이 배터리용 황산 용액을 옷에 쏟는 바람에, 엉겁결에—준비했던 통화의 내용이 아닌—엉뚱한 말을 외쳤던 것이다. 왓슨은 벨의 조수로, 이날의 실험 통화를 위해 2층 실험실에 대기 중인 상태였다_옮긴이

두 번째 교훈은 '우격다짐에는 한계가 있다'는 것이다. 전압을 올리고 메시지를 증폭하고 신호를 강화하는 방법(이 세 가지는 화이트하우스가 제시한 해법이다)은 잡음에 대처하는 가장 직관적인 방법으로 각광을 받았다. 1858년의 실패는 화이트하우스를 불신하게 만들었지만, 그가 제시한 방법의 뼈대는 전혀 흔들리지 않았다. 그러나 우격다짐은 많은 비용을 수반하기 마련이었다. 겉보기에 결과가 아무리 좋더라도 고비용과 에너지 낭비라는 근본적 한계를 넘어설 수는 없었다. 최악의 경우, 대서양 횡단 케이블과 마찬가지로 통신 매체 자체가 파괴될 수 있었다.

세 번째 교훈은 "개선 방안에 대한 희망은 '냉엄한 물리적 세상'과 '비가시적인 메시지 세상' 간의 경계를 탐구하는 데 있다"는 것이었다. 즉 바람직한 연구 대상은 '메시지의 품질(잡음에 대한 취약성, 내용의 밀도·속도·정확성)'과 '그것을 운반하는 물리적 매체' 간의 관계였다. 윌리엄 톰슨이 제시한 제곱법칙은 이러한 사고의 흐름을 구성하는 최초의 연결고리 중 하나였다. 그러나 그 법칙은 '전자의 운동'만을 다뤘을 뿐 전자가 운반하는 메시지의 성질을 다루지는 않았다. 과학이 그런 문제에 대해 말해줄 수 있는 건 무엇일까? 과학은 전선 속을 달리는 전자의 속도를 추적할 수는 있었지만, '전자가 나타내는 메시지를 꽤 정확히 측정하고 조작할 수 있다'는 발상이 나오려면 다음 세기까지 기다려야 했다. '정보' 자체는 오래되었지만 '정보의 과학'은 그제야 겨우 꿈틀거리기 시작했을 뿐이다.

# 15. 정보이론의 선구자들

정보의 개념은 '명확한 언급'보다는 '막연한 짐작'의 대상이었고, 하나로 통합될 때까지 10여 가지 대안들이 무성한 채 변죽만 울릴 뿐이었다. 정보는 일찍부터 존재했지만, '무대 뒤의 존재'로만 머물렀을 뿐 전면에 부상하지 않았다. 정보는 생리학자 헤르만 폰 헬름홀츠(1821~1894)의 연구에 존재했다. 톰슨이 전선에서 메시지의 전달 속도를 측정한 것처럼, 그는 개구리의 근육에 전기를 통하고 동물의 신경에서 메시지의 전달 속도를 최초로 측정했다. 정보는 루돌프 클라우지우스(1822~1888)나 루트비히 볼츠만(1844~1906)과 같은 물리학자들의 연구에도 있었다. 그들은 무질서도(엔트로피)를 정량화하는 방법을 고안해냈지만, 정보도 언젠가 그와 똑같은 방법으로 정량화되리라고는 미처 생각하지 못했다. 뭐니 뭐니 해도, 정보는 '대서양을 횡단하려던 최초의 시도'에서 부분적으로 유래하는 연결망 속에 있었다. A 지점과 B 지점을 연결할 때 직면하는 응용공학 문제(하루치 분량의 메시지를 다루려면, 최소한 몇 가닥의 전선을 감아야 할까? 일급비밀 통화를 어떻게 암호화할 것인가?)를 해결하는 과정에서, 정보의 일반적 속성은 점차 베일이 벗겨졌다.

클로드 섀넌의 어린 시절, 전 세계의 통신망은 윌리엄 톰슨의 시대와 달리 더 이상 전선관(일종의 전자 배관)의 기능을 수행하는 소극적인 전선이 아니었다. 통신망은 대륙을 횡단하는 기계로 부상했으며, 단언컨대 그 당시 존재하는 기계 중에서 가장 복합했다. 전화선을 따라 설치된 진공관증폭기는 (그러지 않았으면 수천 킬로미터를 달리는 도중에 감쇄되었을) 음성 신호에 힘을 더했다. 섀넌이 세상에 태어나기 1년 전, 그레이엄 벨과 토머스 왓슨은 1876년의 첫 번째 통화를 재연함으로써 대륙 횡단 전화선 개통을 축하했다. 그들은 이번에는 전화 회사의 옆방이 아니라 각각 뉴욕과 샌프란시스코에서 대기하고 있었다. 섀넌이 꼬마 수기신호 챔피언으로 등극했을 즈음에는 피드백 시스템이 전화망의 증폭기들을 자동으로 관리하며 음성 신호의 안정성을 유지함으로써 초기 통화를 괴롭혔던 잡음, 하울링howling 또는 싱잉singing 문제를 잠재웠다. 그 덕분에 이제는 계절이 바뀌거나 민감한 전화선 주변의 날씨가 변해도 안심이었다. 섀넌이 매년 전화 통화를 신청할 때마다 인간 교환원에게 말할 기회는 점점 줄어들고, 자동전화교환기(벨연구소에서는 이것을 거창하게 인공두뇌 mechanical brain라고 불렀다)에게 그 일을 맡기는 경우가 점점 더 늘어났다. 우후죽순처럼 등장하는 이런 기계들을 제작하고 개량하는 과정에서, 섀넌과 같은 세대의 과학자들은 정보를 다른 방식으로 이해하게 되었다. 즉 그들은 정보를 선대 과학자들이 증기기관을 만들 때 다뤘던 열heat과 유사한 개념으로 이해했다.

정보의 개념을 최종 확립한 사람은 클로드 섀넌이었다. 그는 정보의 개념을 정의하고 잡음 문제를 효과적으로 해결했으며, 그 과정에서 여러 가지 대안을 종합하여 '새로운 과학'을 탄생시킨 공로를 인정받고 있다. 그러나 그는 벨연구소의 선배 공학자 두 명에게 큰 빚을 졌다. 앤아버의 도서관에서 섀넌에게 발견된 이후, 두 사람의 논문은 섀넌의 생각이 형성되는 데 결정적 역할을 했다. 정보의 과학적 기반을 최초로 마련한 사람은 그들이었으므로, 섀넌은 자신의 기념비적 논문에서 그들을 정보이론의 선구자로 지목했다. 두 사람의 이름은 해리 나이퀴스트(1889~1976)와 랠프 하틀리(1888~1970)였다.

— • —

나이퀴스트의 가족은 그가 열여섯 살 때 스웨덴의 농장을 떠나, 스칸디나비아 이주민들과 함께 미국의 어퍼미드웨스트upper Midwest 지역에 도착했다. 그는 자신의 이주비를 부담하기 위해 스웨덴에 홀로 남아 4년 동안 공사장에서 일했다. 뒤늦게 미국에 도착한 지 10년 후, 예일대학교에서 물리학 박사학위를 취득하고 벨시스템에 연구원으로 취직하여 평생토록 근무했다. 나이퀴스트는 팩시밀리의 원형 중 하나가 탄생하는 데 기여했다. 즉 1918년 사진 전송술의 윤곽을 제시한 데 이어 1924년에는 팩시밀리의 작동 모형을 선보였다. 그가 개발한 팩시밀리의 작동 원리는 다음과 같다.

"먼저 송신기에서 사진 한 장을 스캔한 다음, 각 부분의 밝기를 적절한 세기의 전류로 나타내어 그 전류를 전화선을 통해 전기 펄스로 전송한다. 수신기에 접수된 전기 펄스는 음화 사진으로 재번역되어 암실로 보내진다."

시범 장면은 꽤 인상적이었지만, 시장의 반응은 시큰둥했다. 특히 사진 한 장을 보내는 데 7분씩이나 걸린다는 게 문제였다. 한편 팩시밀리보다 덜 멋진 기술, 전신telegraph에 대한 나이퀴스트의 아이디어도 1924년에 발표되었는데, 그것은 팩시밀리에 대한 아이디어보다 훨씬 더 오랫동안 관심을 끌었다.

1920년대에 전신은 이미 한물간 기술이어서 수십 년 동안 혁신의 첨단에 있은 적이 없었다. 흥미로운 하드웨어 개발은 전화망 쪽에서 이루어지고 있었고, 심지어 방금 전에 본 것처럼 사진 전송술에서도 연속 신호를 이용하는 적용법이 개발되고 있었다. 그에 반해 전신은 고작해야 점과 선으로 의사를 표현할 수 있을 뿐이었다. 그러나 벨시스템은 아직도 광대한 전신망을 운영하고 있었으므로, 윌리엄 톰슨이 씨름했던 문제("어떻게 하면 '최고의 속도'와 '최소의 잡음'으로 전신망을 통해 신호를 전송할 수 있을까?")를 해결하느라 많은 돈과 인력을 쏟아붓고 있었다.

나이퀴스트의 회고에 따르면, 그 당시의 공학자들은 '선로망을 통해 메시지를 전달하는 전기신호는—전신, 전화, 사진 전송을 불문하고—모두 심하게 출렁이기 마련'이라는 사실을 이미 이해하고 있었다. 관련 논문의 저자들은 "신호는 사인곡선처럼 규칙적으로 부드럽게 오르내리는 파동을 그리는 게 아니라, 바람에 휩쓸리는 파도처럼 무질서하고 패턴이 전혀 없는 듯한 파동을 그린다"고 기술했다. 그러나 신호에는 패턴이 있었다. 즉 아무리 무질서한 파동이라도 '여러 개의 잔잔하고 규칙적인 파동의 합'으로 분해될 수 있었고, 각각의 파동은 나름의 주파수를 갖고 있었다. 다만 여러 개의 파동들이 중첩되어 외견상 혼돈 상태인 것처럼 보일 뿐이었다. (이것은 3장에서 언급한, 조파분석기를 만드는 데 적용된 수학적 원리와 사실상 동일하다. '조석 변동이 여러 개의 단순함수의 합으로 분해된다'는 원리는 최초의 아날로그 컴퓨터가 탄생하는 데 기여했다.) 이런 식으로 통신망들은 하나의 주파수 범위 또는 대역을 가질 수 있었다. 나아가 더욱 풍부한 정보를 전달하려면 더욱 흥미롭고 복잡한 파동이 필요했고, 이러한 파동을 만들기 위해서는 좀 더 넓은 범위의, 즉 대역폭이 넓은 주파수들이 서로 중첩될 필요가 있어 보였다. 따라서 벨시스템은 좀 더 효과적인 전화 통화를 제공하기 위해 약 20헤르츠부터 3,200헤르츠까지의 범위, 즉 3,000헤르츠의 대역폭이 필요했다. 전신은 이보다 좁은 대역폭으로도 충분했지만, 텔레비전은 그보다 2,000배 넓은 대역폭을 요구했다.

나이퀴스트는 "주어진 속도로 채널(통신로)을 통과할 수 있는 정보량의 한도를 결정하는 것은 대역폭"이라는 사실을 증명하고 그 메커니즘도 밝혔다. 그러나 이러한 정보량 제한은, 연속 신호(이를테면 전화선 상의 메시지)와 이산 신호(이를테면 점과 선으로 구성된 모스부호 또는 0과 1로 구성된 신호)의 차이가 보기보다 훨씬 덜 명확하다는 것을 의미했다. 즉 연속 신호의 진폭은 이산 신호보다 부드럽지만, 연속 신호를 일련의 표본 또는 '이산적 시간 구획'으로 표시해도 무방할 듯싶었다. 그리고 주어진 대역폭의 한계 내에서 연속 신호와 이산 신호의 차이를 구별할 수 있는 사람은 아무도 없을 듯싶었다. 현실적으로 말하면, 나이퀴스트는 벨연구소의 연구원들에게 "전신 신호와 전화 신호를 동일한 선로 상에서 상호간섭 없이 전송하는 게 가능하다"고 가르쳐준 셈이었다. 보다 근본적으로 말하면, 나이퀴스트는 세상 사람들에게 — 한 전기공학 교수가 말한 바와 같이

— "기술적 통신 세계는 본질적으로 이산적 또는 디지털적이다"라고 선포한 셈이었다.

'정보'라는 아이디어의 형성에 기여한 나이퀴스트의 업적 중에서 가장 중요한 것은 1924년 필라델피아에서 개최된 기술 컨퍼런스에서 발표된 논문이었다. 그 논문의 핵심 부분은 네 단락으로 구성되었는데, '상이한 개수의 현재 값으로 이루어진 부호들을 이용하는 방법의 이론적 가능성Theoretical Possibilities Using Codes with Different Numbers of Current Values'이라는 "장황한 제목" 밑에 적혀 있었다. 그 구절은 사상 최초로 '채널의 물리적 속성'과 '채널의 정보 전송 속도' 간의 관계를 설명하려고 시도했으며, "정보는 전기가 아니다"라는 윌리엄 톰슨의 개념에서 한 걸음 전진한 것이었다.

그게 도대체 무슨 소리일까? 나이퀴스트의 설명에 따르면, '정보 전송 속도'란 '주어진 시간 동안 채널을 통해 전송될 수 있는 기호', 이를테면 다양한 문자나 숫자의 개수를 의미했다. 이것은 제대로 된 설명보다 훨씬 불명확했지만, '메시지를 과학적으로 처리하는 유의미한 방법'을 모색했다는 데 큰 의의가 있었다. 그리하여 '하나의 전신이 정보를 송신할 수 있는 속도'를 나타내는 나이퀴스트의 공식이 탄생했다.

$$W = k \log m$$

여기서 $W$는 정보의 속도, $m$은 어떤 시스템이 사용할 수 있는 '현재 값'의 개수를 말한다. 그리고 '현재 값'이란 '하나의 전신 시스템이 전송을 위해 준비하고 있는 이산 신호'를 의미하므로, '현재 값의 개수'란 알파벳을 구성하는 스물여섯 개 문자와 같은 개념이다. 만약 어떤 시스템이 'on'과 'off'만 전송할 수 있다면, 그것은 두 개의 현재 값을 갖는다고 할 수 있다. 어떤 시스템이 '음전류', 'off', '양전류'를 전송할 수 있다면 세 개, '강력한 음전류', '음전류', 'off', '양전류', '강력한 양전류'를 전송할 수 있다면 다섯 개의 현재 값을 갖는다고 할 수 있다.* 마지막으로, $k$ 는 어떤 시스템이 1초 동안 전송할 수 있는 현재 값의 수를 말한다.

다시 말해서, 정보의 속도는 두 가지 요인에 의존한다. 하나는 전신이 신호를 전송할 수 있는 속도이고, 다른 하나는 전신의 어휘를 구성하는 문자의 개수다. 가용 문자 또는 현재 값의 개수가 많을수록 전선을 통해 송신되어야 하는 문자의 개수는 줄어든다. 극단적인 예로, 이 단락의 내용을 모두 표시하는 '표의문자 1'이 있고, 앞 단락의 내용을 모두 표시하는 또 하나의 '표의문자 2'가 있다고 치자. 그러면 우리는 두 개의 단락에 포함된 정보를 수백 배나 빨리 전송할 수 있을 것이다. 나이퀴스트가 "전신이 사용할 수 있는 문자의 개수가 많을수록 전신은 더 빨리 메시지를 보낼 수 있다"는 놀라운 결론을 내린 것은 바로 그 때문이다. 또는 관점을 달리하여 생각해보면, 가용 현재 값의 개수가 많을수록 한 신호당 (또는 통신 시간 1초당) 정보의 밀도는 높아진다. 앞에서 언급했던 '표의문자

---

* 현재 값의 개수가 세 개, 다섯 개, 또는 그 이상이라도 그런 시스템은 여전히 디지털 방식을 유지한다. 왜냐하면 여러 개의 값 사이를 넘나들 때, (아날로그시계처럼) 연속적으로 변화하지 않고 (디지털시계처럼) 불연속적으로 변화하기 때문이다.

1'의 경우, 이 단락에 들어 있는 1,262개*의 기호를 모두 포함하므로 정보의 밀도가 엄청나게 높아진다. 그 표의문자는 수조 개의 표의문자가 수록된 사전에서 선택되었을 것이고, 그 사전에 수록된 표의문자들은 각각 상이한 단락의 내용을 모두 포함하고 있을 것이다.**

　현재 값에 대한 나이퀴스트의 짧은 여담은 '정보와 선택 간의 관계'에 대한 실마리를 제공했다. 그러나 그는 정보의 개념에 관한 논의를 더 이상 진행하지 않았다. 나이퀴스트의 진정한 관심사는 정보의 본질에 대한 추론이 아니라, 더욱 효율적인 시스템을 만드는 것이었기 때문이다. 그리고 더욱 중요한 것은, 그는 "실용적 결과물을 측정하는 척도를 마련해 달라"는 학계의 기대에 부응해야 했다. 그래서 그는 동료들에게 '전신망에 현재 값을 좀 더 많이 내장하라'고 권고한 후 다른 현안에 눈길을 돌렸다. 또한 그는 '모든 통신 시스템은 디지털적인 면에서 전신과 닮았다'는 애간장 타는 제안을 남긴 후 통신 자체에 대한 일반화를 진행하지 않았다. 더욱이 그가 정보를 정의한 방식—다양한 문자나 숫자 등—은 짜증 날 정도로 애매모호했다. 문자와 숫자 뒤에는 정확히 뭐가 있을까?

---

언제부터인가 정보를 지칭하는 용어가 인텔리전스intelligence에서 인포메이션information으로 바뀌었다. 이러한 개명은 정보의 밑바탕에 깔린 수학을 이해하는 데 별로 도움이 되지 않지만, 정보과학의 역사에 획을 긋는 유용한 이정표로 간주된다. 다시 말해서, 정보의 간판이 인텔리전스에서 인포메이션으로 바뀐 시기는—자의적인 면이 없지 않아 있지만—정보과학이 청소년기에서 성년기로 발돋움한 시기와 일치한다고 할 수 있다.

 이러한 변화의 중심에 서 있던 인물이 랠프 하틀리였다. 섀넌은 하틀리의 논문에서 큰 영감을 받아, 정보이론과 관련된 연구와 추론과 논문 집필 과정에서 하틀리가 구축한 개념적 도구를 사용했다. 그리고 그가 인생의 황금기를 구가하던 시절에 얻은 "클로드 섀넌 = 정보의 아버지"라는 대중적 이미지의 상당 부분은, 하틀리의 발상을 하틀리 자신을 포함하여 어느 누구도 상상할 수 없을 정도로 확장한 데서 기인했다. 미천한 논리학자였던 조지 불을 논외로 하면, 섀넌의 사고가 형성되는 데 하틀리보다 더 많이 기여한 인물은 없었다. 섀넌은 1939년에 쓴 짤막한 논문에서, 향후 9년 동안 수행하게 될 정보 연구의 청사진을 처음 제시하며 나이퀴스트가 제시했던 용어 인텔리전스를 사용했다. 그러나 연구가 완성되었을 때는 하틀리가 제시한 산뜻한 용어 인포메이션을 사용했다. 섀넌과 같은 뛰어난 공학자에게 뭔가를 상기시킬 사람은 필요하지 않았지만, 정보라는 개념의 의미론적 중요성을 과거 어느 때보다도 명확히 해준 사람은 랠프 하틀리였다.

최초의 로즈 장학생(영국 옥스퍼드대학에서 공부하는 미국, 독일, 영연방 공화국 출신 학생들에게 주어지는 로즈 장학금을 받는 학생. 1902년 세실 로즈에 의해 제정됨_옮긴이) 중 한 명으로 옥스퍼드대학교를 졸업한 후, 하틀리는 대서양을 가로지르는 또 하나의 작업에 투입되었다. 그는 벨시스템의 연구진을 이끌고 최초의 대서양 횡단 음성 통화를 위한 수신기를 설계했다. 그것은 전선이 아니라 전파로 송신되는 신호였고, 이번에 장애물로 등장한 것은 물리학이 아니라 정치학이었다. 테스트 준비가 완료된 1915년, 유럽은 전쟁 중이었다. 벨연구소의 공학자들은 프랑스 당국에 '유럽 대륙에서 가장 높은 무선 안테나를 사용하게 해 달라'고 애원해야 했는데, 그것은 중요한 통신 자산일뿐더러 핵심적인 군용 자산이기도 했다. 미국인들은 천신만고 끝에 안테나의 맨 꼭대기, 에펠탑에서 귀중한 시간을 단 2분 동안만 사용하도록 허락 받았다. 그러나 그것만으로도 충분했다. 버지니아에서 송신된 인간의 음성이 에펠탑 꼭대기에서 수신됨으로써, 하틀리가 설계한 수신기는 합격점을 받았다.

나이퀴스트에 비하면, 통신망에 대한 하틀리의 관심은 처음부터 잡다했다. 그는 모든 통신 매체의 정보 송신력을 포괄하는 단일 체계, 즉 전신과 전파와 텔레비전을 동일한 척도로 비교하는 방법을 추구했다. 1927년 하틀리가 발표한 논문은 나이퀴스트의 연구를 한 단계 높은 수준으로 추상화한 것으로, 종전에 발표된 그 어떤 논문보다도 목표에 더욱 근접해 있었다. 이탈리아 코모 호수에서 열린 과학 학회에서 하틀리가 발표한 논문의 제목은 '정보의 송신Transmission of Information'으로, 높은 수준의 추상화에 걸맞은 간단명료함을 과시했다. (1924년 나이퀴스트가 발표한 논문에 적혀 있던 장황한 제목을 상기하라.)

알프스 산맥 기슭에서 열린 학회에는 '귀하신 몸'들이 대거 참석했다. 청중석에는 양자물리학의 두 창시자인 닐스 보어(1885~1962)와 베르너 하이젠베르크(1901~1976)가 있었고, 시카고대학교 경기장의 외야석 밑에 세계 최초의 핵반응로를 건설하게 되는 엔리코 페르미(1901~1954)도 있었다. 하틀리는 정보과학 연구의 방법론을 그들의 눈높이에 맞춰 설명하느라 무던히 애를 먹었다. 그는 청중들에게 사고실험을 제안하는 것으로부터 시작했다.

"세 개의 현재 값을 가진 전신 시스템이 있다고 칩시다. 숙련된 작업자에게 전신키를 눌러 값을 선택하게 하는 대신에 무작위 장치, 이를테면 세 개의 주머니 중 하나에 무작위로 공을 굴려 넣는 방식에 키를 연결한다고 합시다. 간단히 말해서, 경사로를 따라 내려온 공에 맞춰 무작위 신호를 전송하는 겁니다. 이런 식으로, 우리가 원하는 횟수만큼 무작위 시행을 반복한다고 하죠. 그렇게 전송된 메시지가 유의미할까요?"

하틀리는 상황에 따라 다르다고 자답했다. 우리가 말한 '의미'라는 게 뭘 의미하느냐에 따라 다르다는 것이다. 만약 전선의 품질이 우수하여 신호가 왜곡되지 않는다면, 우리는 명확하고 가독성 있는 일련의 신호를 수신기에 전송했을 것이다. 사실, 그것은 '인간이 불량한 전선을 이용해 전송한 메시지'보다 훨씬 더 명확할 것이다. 그러나 아무리 명확하게 전송되더라도, 무작위 메시지는 아마도 '횡설수설'이 될 것이다.

"왜냐하면 수많은 경우의 수(가능한 연속 값)들 중에서 오직 한정된 연속 값만이 의미를 부여 받기 때문입니다."

따라서 무작위로 선택된 연속 값은 한정된 범위를 벗어날 가능성이 매우 높다. 우리는 '점 점 점 점, 점, 점 선 점 점, 점 선 점 점, 선 선 선'이라는 모스부호가 유의미한 연속 값이고, '점 점 점 점, 점, 점 선 선 점, 점 선 점 점, 선 선 선'이라는 모스부호가 무의미한 연속 값이라는 데 임의적으로 동의했다.* 의미라는 건 우리가 사용하는 상징(기호)들에 대한 사전 합의가 있을 때만 존재하며, 이는 전선을 통해 전송되는 파동에서부터, 단어를 상징하도록 합의된 문자, 사물을 상징하도록 합의된 단어에 이르기까지 모든 통신에 적용된다.

하틀리의 입장에서 볼 때, 상징 어휘의 의미에 대한 이 같은 합의는 '심리적 요인'에 전적으로 의존하며, '합의'와 '심리'라는 단어만큼 변덕스러운 단어는 없었다. 그도 그럴 것이, 어떤 상징들(이를테면 모스부호)은 비교적 고정되어 있지만, 다른 상징들은 언어, 성격, 기분, 어조, 시각(하루 중 언제) 등에 따라 달라지기 때문이다. 그러므로 어떤 상징에 대한 정확한 의미는 존재하지 않았다. 만약 나이퀴스트의 말대로 정보의 양이 '수많은 상징 중에서 선택하기'와 관련되어 있다면, 그 첫 번째 요건은 심리학의 변덕에서 해방되어 상징의 개수를 명확히 하는 것이었다. 정보과학은 '우리가 유의미하다고 부르는 메시지'는 물론 '우리가 횡설수설이라고 부르는 메시지'도 설명할 수 있어야 했다. 그러므로 하틀리는 강연의 결정적인 부분에서 '정보를 심리학적이 아니라 물리학적으로

---

* 이 모스부호를 해독하면, 첫 번째 연속 값은 'hello'로 읽히고, 두 번째 연속 값은 'heplo'로 읽힌다. 그러나 수신기는 언어의 잉여성redundancy 덕분에 "heplo"를 오자나 전송 오류로 인식할 수 있다. 이 잉여성이라는 발상은 나중에 섀넌에 의해 매우 유용한 것으로 입증된다(20장 참조).

생각하려면 어떻게 해야 하는지'를 설명했다.

"물리적 시스템의 정보 송신 능력을 평가할 때, 해석의 문제는 무시되어야 하며 각각의 선택은 완벽하게 임의적이어야 합니다. 그리고 평가 결과는 수신기의 가능성, 즉 '특정한 기호를 선택한 결과'와 '다른 기호를 선택한 결과'를 구분할 수 있는 가능성에 기반해야 합니다."

이로써 하틀리는 전화 회사가 이미 마음속에 품고 있던 직관을 공식화했다. 요컨대 전화 회사는 '해석'이 아니라 '전송'이라는 비즈니스에 관심이 쏠려 있었다. '공 굴리기에 의해 제어되는 전신'에 대한 사고실험에서 언급한 바와 같이, 통신의 유일한 요건은 '기호가 채널을 통과하고, 반대쪽 끝에서 대기하는 누군가가 그것을 분간할 수 있어야 한다'는 것이었다.

정보의 진정한 척도는 '우리가 전송한 기호'가 아니라 '전송할 수도 있었지만 그러지 않은 기호'에 있다. 정보를 전송한다는 것은 '가능한 기호들의 풀pool에서 하나를 선택하는 것'을 말하며, 매번 선택할 때마다 '선택될 수도 있었지만 배제된 기호들'이 존재한다. 그러므로 특정한 대안을 하나 선택한다는 것은 다른 대안들을 대량 살상하는 것을 말한다. 하틀리는 메시지가 의미를 갖는 사례를 제시하며 이러한 점을 명쾌히 지적했다.

"일례로 '사과는 빨갛다Apples are red'는 문장을 생각해봅시다. 여기서 최초의 단어(Apples)는 다른 과일들, 일반적으로 말하면 다른 사물들을 모두 제거합니다. 두 번째 단어(are)는 사과의 어떤 속성이나 상태에 관심을 집중시키며, 세 번째 단어(red)는 다른 색깔들을 제거합니다. 이러한

'제거를 위한 공 굴리기' 과정은 모든 메시지에 적용되지요. 한 기호의 정보 값은 '선택 과정에서 배제된 대안의 개수'에 의존합니다. 따라서 대규모 어휘에서 선택된 기호는 소규모 어휘에서 선택된 기호보다 많은 정보를 갖고 있지요. 요컨대 정보는 '선택의 자유'와 관련됩니다."

이런 점에서 볼 때, 랠프 하틀리의 '선택에 관한 사고'는 해리 나이퀴스트(1889~1976)의 '현재 값에 대한 통찰'의 강력한 반향이었다. 그러나 하틀리는 '나이퀴스트가 전신을 위해 증명한 것'을 모든 형태의 통신에 확대 적용했다. 즉 나이퀴스트의 발상은 하틀리의 발상에 속하는 부분집합인 셈이었다. 더욱 넓은 관점에서 보면, 기호가 한 번에 하나씩 전송되는 이산적 메시지에서 정보의 양을 통제하는 변수는 세 개밖에 없다. $k$는 초당 전송되는 기호의 개수, $s$는 가능한 기호 세트의 크기, $n$은 메시지의 길이를 말한다. 이러한 세 개의 변량이 주어졌을 때 전송되는 정보의 양을 의미하는 $H$는 다음과 같이 표시된다.

$$H = k \log s^n$$

만약 우리가 한 세트의 기호에서 무작위로 선택한다면, 가능한 메시지의 개수는 메시지의 길이가 증가함에 따라 기하급수적으로 늘어난다. 예컨대 26개 문자로 이루어진 알파벳의 경우, 2글자 문자열은 676가지($26^2$), 3글자 문자열은 1만 7,576가지($26^3$)가 존재할 수 있다. 선배 나이퀴스트와 마찬가지로, 하틀리는 이런 셈법을 불편하게 여겼다. 기호가하나씩 추가될 때마다 정보의 양이 선형적으로 증가한다면, 기하급수적으로 폭발하는 것보다 쓸모가 더 많았기 때문이다. 선형적 증가의 경우, 동일한 알파벳을 사용한다는 전제하에서 20문자짜리 전보는 10문자짜리 전보보다 두 배 많은 정보를 가졌다고 말할 수 있을 것이다. 하틀리의 공식(그리고 나이퀴스트의 공식)에서 로그가 사용된 것은 바로 이 때문이다. 왜냐? 로그는 기하급수적 변화를 선형적 변화로 바꿔주기 때문이다. 하틀리에게 있어서, 방정식에 로그를 사용하는 것은 응용공학적 가치관*의 문제였다.

철학자나 언어학자를 방불케 하는 노력에도 불구하고, 하틀리가 정보를 연구하는 동안 진정으로 추구한 것은 공학적 가치였다. 통신의 본질은 무엇일까? 우리가 메시지를 전송할 때 무슨 일이 일어날까? 메시지 속에는 우리가 이해조차 할 수 없는 정보가 들어 있을까? 이러한 의문들은 그 자체로서 강력한 호소력을 지닌다. 그러나 인간의 통신이 세대를 거듭하며 발전하는 동안 그런 의문들이 절박하고 엄밀하게 제기된 이유는, 그에 대한 답변이 갑자기 엄청난 가치를 지니게 된 순간이 있었기 때문이다. 해저 케이블, 대륙 횡단 무선 호출, 전화선을 통해 송신되는 사진, 공중을 나는 동영상이 범람하는 가운데 갑자기 발달한 통신 기술은 '통신 자체에 대한 지식'을 능가해버렸다. 재앙(녹아버린 케이블)

---

* 측정이 내적 일관성을 유지하는 한, 새로운 측정 방법(척도)을 설계할 때 인간의 필요를 고려하는 것이 바람직하다. 그에 비해 '섭씨 1도'의 범위가 '화씨 1도'보다 넓은 데는 합리적 이유가 없다. 그건 단지 많은 사람들이 물의 어는점을 0도, 끓는점을 100도라고 간주하는 것이 편리하다고 생각하고 두 점 사이의 온도를 100등분하여 정의했기 때문이다. 이와 마찬가지로 정보를 '기하급수적으로 증가하는 양'과 '메시지의 길이에 따라 선형적으로 증가하는 양' 중 어느 쪽으로 간주할 것인지는 편의성의 문제이며, 섀넌이 정보에 대한 로그 척도를 "적절한 척도에 대한 직관적 느낌에 근접한다"고 기술한 것도 마찬가지 이유 때문이다.

이 됐든 불편함(1세대 TV의 깜박거림과 흐릿함)이 됐든, 그에 관한 무지는 인간에게 통행료를 징수했다.

하틀리는 과거의 어느 누구보다도 정보의 핵심에 가장 가까이 접근해 있었다. 그러나 그보다 더 중요한 것은, 그의 연구가 '정보에 대한 명확한 이해가 이미 공학자의 능력을 확대하고 있다'는 분명한 인식을 반영한 것이다. 예컨대 공학자들은 이를테면 인간의 음성 같은 연속 신호를 디지털 표본으로 썰어낼 수 있다. 그러고 나면 모든 메시지의 정보 내용은 연속 신호가 됐든 이산 신호가 됐든 단일 기준에 따르게 된다. 예를 들어, 한 점의 그림에는 얼마나 많은 정보가 들어 있을까? 우리는 그림을 전보와 같은 방식으로 간주할 수 있다. 즉 전보 한 통을 이산적인 점과 선의 배열로 분해하듯, 한 점의 그림을 몇 개의 이산적인 정사각형으로 분해할 수 있다. 하틀리는 이 정사각형을 기본 영역elementary area이라고 불렀고, 기본 영역은 나중에 화소 또는 픽셀pixel로 개명되었다. 전신 기사가 유한한 세트의 기호 중에서 선택하듯, 각각의 기본 영역은 유한한 개수의 강도intensity 중에서 선택된다. 강도의 레퍼토리가 풍부하고 기본 영역의 개수가 많을수록, 그림에 포함되는 정보는 많아진다. 컬러 이미지가 흑백 이미지보다 더 많은 정보를 보유하는 것은 바로 이 때문이다. 더욱 두꺼운 '부호 어휘 사전'에서 각각의 화소를 선택하니 정보량이 많을밖에.

전송되는 이미지는 '최후의 만찬'이 될 수도 있고 '망친 그림'이 될 수도 있지만, 정보는 이미지의 내용에 무차별하다. '심지어 그림도 정량화될 수 있다'는 개념에는, 정보의 밑바탕에 깔린 실용적 전제'를 꿰뚫는 통찰이 숨어 있다. 그림의 내용을 '유한한 개수의 강도를 가진 정사각형'으로 바꾼다는 것은, 쾌락과 영혼을 맞바꾼 파우스트의 거래에 버금가는 교환이다. 그러나 우리는 그 전제를 받아들이는 순간, 모든 메시지 뒤에 숨어 있는 단일성을 처음으로 눈치채게 되었다.

인간은 무지막지한 노력을 통해 '의미의 무차별성'을 깨달았지만, 기계(컴퓨터)는 자체적으로 그런 무차별성을 내장하고 있으므로 아무런 노력을 들일 필요가 없다. 따라서 정보의 공통 척도는 '기계의 한계'와 '인간이 전송하는 메시지의 양'을 동일한 방정식으로 기술할 수 있게 해준다. 동일한 방정식으로 기술한다는 것은, 기계와 인간의 메시지에 사이즈만 다를 뿐 똑같은 스타일의 옷을 입히는 것이나 마찬가지다.

예컨대 방정식을 이용해 측정된 정보량은 '매체의 대역'과 '메시지 속의 정보'와 '메시지 전송에 소요되는 시간' 간의 관계를 이해하는 데 도움을 준다. 하틀리가 증명한 것처럼, 이 세 가지 변량 사이에는 늘 상충 관계가 존재한다. 어떤 메시지를 더 빨리 전송하려면, 추가 비용을 지불하고 대역을 늘리거나 메시지를 단순화해야 한다. 만약 대역에 대한 투자를 줄인다면, 정보량이 줄어들거나 전송 시간이 늘어나는 비용을 치르게 된다. 1920년대에 전화선을 통해 이미지를 전송하는 데 터무니없이 긴 시간이 소요됐던 것은 바로 이 때문이다. 왜냐하면 전화선에는 '매우 복잡한 것'을 전송하는 데 필요한 대역이 없었기 때문이다. 정보, 대역, 시간을 세 개의 '정확하고 교환 가능한 양'으로 취급하면, '물리적 가능성의 영역 안에 존재하는 정보 전송 아이디어'와 '시도조차도 하지 말아야 할 아이디어'를 분간하는 데 도움이 된다.

마지막으로, 정보에 대한 명확한 이해는 잡음에 대한 명확한 이해로 이어질 수 있다. 잡음은 '수신기의 지지직거리는 소리'나 '대서양 해저 어딘가에서 실종된 전기 펄스'보다 정밀한 개념일 수 있으며, 측정이 가능한 대상일 수도 있다. 하틀리는 그러한 목표를 향해 전력 질주하지는 않았지만, '부호 간 간섭'이라는 독특한 형태의 왜곡을 해명했다. 만약 메시지 타당성을 평가하는 주요 척도가 '수신기의 부호 구별 여부'라면, 이 경우에 특별히 염려되는 부정확성은 '부호들이 흐릿해져 읽을 수 없게 되는 상태'일 것이다. 이를테면 지나치게 열심인 전신 기사들이 타전한 전신 펄스들이 겹치는 경우처럼 말이다. 정보를 측정하는 도구가 있다면, '주어진 대역 내에서 메시지를 전송하려면 얼마만 한 시간이 필요한지'뿐 아니라 '부호들이 너무 빨리 도착하여 분간되지 않는 불상사를 막으려면, 부호를 초당 몇 개씩 전송해야 하는지'도 계산할 수 있다.

— • —

한동안 잠잠했던 클로드 섀넌이 다시 전면에 나서려고 할 때, 정보과학의 현주소는 여기쯤이었다. 일찍이 19세기에 '메시지를 어떻게든 정량화할 수 있다면 좀 더 정확한 장거리 통신이 가능할지도 모른다'는 인식하에 시작됐던 연구가 몇 단계 성숙하여, '새로운 과학'으로 자리매김하고 있었다. 한 단계를 거칠 때마다 추상화 수준도 한 단계씩 높아졌다. 예컨대 1단계에서 정보는 '전선을 경유하는 전기 흐름'이었다. 2단계에서 정보는 '전신을 통해 전송되는 수많은 문자'였다. 3단계에서 정보는 '수많은 기호들 중에서 선택된 것'이었다. 이처럼 한 단계를 거칠 때마다 구체성은 점점 더 감소하고 추상성은 점점 더 증가했다.

그러나 섀넌이 웨스트빌리지의 독신자 아파트나 벨연구소의 연구실에 틀어박혀 정보과학의 현안들을 곰곰이 생각할 때, 정보과학은 3단계에서 멈춘 채 거의 제자리걸음을 하는 것처럼 보였다. 섀넌이 벨연구소와 계약할 때 정년퇴임이 다가오던 랠프 하틀리는 아직 현업에 있었지만 실권이 전혀 없어서 섀넌의 공동 연구자가 되기에는 역부족이었다. 먼발치에서만 바라보다 직접 만나본 하틀리는, 앤아버의 도서관에서 섀넌의 마음을 사로잡았던 그가 아니었다. 섀넌은 1977년의 한 인터뷰에서, 수십 년 전 랠프 하틀리를 보고 느꼈던 안타까운 심정을 다음과 같이 털어놨다.

그는 어떤 면에서 매우 총명했지만, 집착이 강한 측면도 있었어요. 예컨대 그는 "아인슈타인이 틀렸고, 뉴턴의 고전물리학은 구조될 수 있다"고 한사코 우겼어요. 그는 상대성이론이 설명한 것을 뒤집는 데 모든 시간을 할애했어요. 1920년대의 사람들이 그랬던 것처럼……. 그러나 과학계는 마침내 아인슈타인이 옳았음을 깨닫게 되었지요. 이제 아인슈타인이 틀렸다고 믿는 과학자는 하틀리 하나밖에 없는 것 같았습니다.

"하틀리에서 섀넌으로 바통이 넘어갈 때까지, 정보과학은 무려 20년 동안 편안한 휴식을 취했던 것 같다."

벨연구소의 존 피어스는 이렇게 말했다. 정보이론의 발달을 그렇게 오랫동안 가로막았던 이유가 뭘까? 첫째로, 하틀리의 상대성이론 기피증을 들 수 있다. 둘째로, 전쟁을 탓할 수도 있다. 전쟁은 항공기를 추적하는 로봇 폭탄과 디지털 전화 기술, 암호 작성 및 암호 해독과 전산 분야의 응용 프로그램을 대량으로 쏟아냈다. 그런 북새통에서 한 걸음 뒤로 물러나 '전쟁의 와중에서, 통신 전반에 걸쳐 배울 게 뭐가 있을까?'라고 생각할 만한 시간과 동기를 가진 과학자는 찾아볼 수가 없었다. 셋째로, 하틀리 이후에 결정적 단계를 모색하는 데는 '충분한 시간'과 '천재의 등장'이 필요했다고 간단히 말할 수도 있다.

뒤늦게 깨달은 사실이지만, 만약 결정적 단계가 명확했다면 정보과학이 20년 동안 그 단계로 이행하지 않았을 리 만무하다.

"만약 결정적 단계의 도래가 명약관화했다면, 그 단계가 닥쳤을 때 다들 그렇게 깜짝 놀랐을 리 없다."

존 피어스는 말했다.

"그것은 획기적인 정보과학 이론과 함께 청천벽력처럼 등장했다."

# 16. 획기적인 정보이론

"통신의 근본적인 문제는, 한 지점에서 선택된 메시지를 다른 지점에서 정확하거나 근사하게 재생하는 것이다. 메시지는 종종 의미를 갖고 있다……. 통신의 이 같은 의미론적 측면은 공학적 문제와 무관하다."

클로드 섀넌은 1948년 발표한 '통신의 수학적 이론A Mathematical Theory of Communication'이라는 획기적인 정보과학 논문의 첫 부분에서, 정보과학 선구자들이 언급했던 핵심 사항을 완전히 소화하여 자기 것으로 만들었음을 만방에 선언했다. 첫째로, 해리 나이퀴스트는 '인텔리전스'라는 모호한 개념을 사용했고, 랠프 하틀리는 '심리학적·의미론적 요소를 폐기하는 것'의 가치를 설명하려고 전전긍긍했지만, 섀넌은 '의미는 무시될 수 있다'는 점을 당연시했다. 둘째로, 그는 다음과 같이 기술함으로써 '정보는 선택의 자유를 측정한다'는 점을 선뜻 인정했다.

"메시지가 흥미로운 이유는, '일련의 가능한 메시지들' 중에서 선택되기 때문이다."

셋째로, 그는 로그 척도를 사용하는 방침에 대해서도 긍정적 의견을 피력했다. '두 장의 펀치 카드에 담긴 정보량이 한 장의 펀치 카드에 담긴 정보량의—제곱이 아니라—두 배'라거나 '두 개의 전자 채널이 한 개의 전자 채널보다 두 배 많은 정보를 전송한다'고 규정하는 것이 우리의 직관에 훨씬 부합한다는 것이다.

여기까지는 나이퀴스트와 하틀리에게 빚을 졌지만, 섀넌은 다음 사실을 증명함으로써 자신의 야망을 드러냈다. 모든 통신 시스템은, 1948년 현재 존재하는 것과 인간의 손으로 만들어진 것은 물론 모든 상상 가능한 통신 시스템까지도 지극히 단순한 요체로 집약될 수 있다는 것이다.

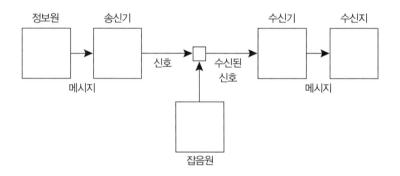

- 정보원源 : 메시지를 생산한다.

- 송신기 : 메시지를 '신호로 전송될 수 있는 형태'로 부호화한다.

- 통신로 : 신호가 통과하는 매체를 말한다.

- 잡음원 : 수신기로 가고 있는 신호를 손상시키는 왜곡과 변질을 말한다.

- 수신기 : 메시지를 해독하여, 송신기의 작용을 역전시킨다.

- 수신지 : 메시지의 수신자를 말한다.

이처럼 '군더더기 없는 모형'의 아름다움은 '보편적으로 적용된다'는 데 있다. 즉 이 모형은 인간의 메시지, 회로의 메시지, 뉴런의 메시지, 혈액의 메시지 등 모든 메시지를 설명할 수 있다. 예컨대 인간의 메시지 중 하나인 전화 통화를 생각해보자. ① 당신(정보원)이 전화기(송신기)에 대고 말하면, 전화기는 음성의 압력을 전기 신호로 부호화한다. ② 신호는 전선(통신로)을 통과한다. 이때 인접한 전선을 통과하는 신호(잡음)가 그 신호를 방해한다. ③ 반대편 수화기(수신기)에서 신호가 음성으로 다시 해독된다. ④ 음성은 상대방(수신지)의 귀에 도달한다.

이번에는 유전자의 메시지를 생각해보자. ① 당신의 몸을 구성하는 세포들 중 하나에서, DNA 한 가닥(정보원)에는 단백질 생산에 필요한 지시 사항이 담겨 있다. 그 지시 사항은 전령 RNA(송신기)에서 부호화된다. ② 전령 RNA는 그 부호를 단백질 합성 장소인 리보솜(통신로)에 전달한다. 이때 RNA에 수록된 부호 중 한 글자가 점돌연변이(잡음)를 통해 무작위로 교체된다. ③ 각각의 세 글자짜리 부호는 단백질의 구성 요소인 아미노산(수신기)으로 번역된다. ④ 아미노산이 단백질 사슬(수신지)에 결합되어 DNA의 지시 사항이 이행된다.

이번에는 전시 상황의 메시지를 생각해보자. ① 연합군 사령부(정보원)는 적의 해안 지대를 공격하는 계획을 세우고, 참모들(송신기)은 그 계획을 문서화한다. ② 문서 명령 사본이 무선이나 전령이나 비둘기(통신로)를 통해 전선으로 하달된다. 이때 사령부에서는 메시지를 고의로 혼합화(일종의 인공 잡음)함으로써 가능한 한 무작위적이게 보이도록 암호화한다. ③ 사본 한 장이 전선에 있는 연합군(수신기 #1)에 도착하면, 열쇠(이를테면 난수표)를 이용하여 암호를 제거한 후 전투 계획(수신지 #1)으로 번역한다. 그러나 적군(수신기 #2)이 다른 사본 한 장을 가로채어, 암호 해독 전문가들에게 의뢰하여 암호를 푼다. ④ 적군이 가로챈 명령 사본은 향후 전투를 위한 대응 전략(수신지 #2)으로 전환된다.

다이어그램에 나오는 여섯 개의 정사각형은 지금껏 상상되지 않았던 메시지에도 적용될 만큼 충분히 유연하다. 그러므로 섀넌은 미지의 메시지를 다루는 방법까지도 제시한 셈이다. 예컨대 '인공위성이 송수신하는 전자기파'나 '인터넷을 끊임없이 떠도는 디지털 신호'에 실린 인간의 음성도 모두 메시지에 포함된다. 또한 DNA에 수록된 유전자 코드도 메시지에 포함된다. DNA 분자가 발견되려면 아직 5년이 더 남았음에도 불구하고 섀넌은 사상 최초로 유전자를 정보 전달자로 간주했음에 틀림없다. 그것은 기계·전자·생물 분야에서 각각 따로 놀던 세 가지 메시지 간의 경계를 허문, 창의적 도약이었다.

통신 행위를 이처럼 보편적인 단계로 분해함으로써 섀넌은 각각의 단계를 개별적으로 파헤칠 수 있었다. '우리는 정보원에서 메시지를 선택할 때 어떤 행동을 할까?' '통신로 속에서 잡음과 싸워 이기려면 어떻게 해야 할까?' 그중에서도 특히, 송신기를 독특한 개념 항목으로 설정한 것은 신의 한 수였다. 나중에 살펴보겠지만, '송신을 위한 메시지 부호화'에 대한 연구는 섀넌에게 가장 획기적인 성과를 안겨준 핵심 열쇠였다. 1937년 20세기 최고의 석사학위 논문을 썼을 때 절묘한 통찰(불논리와 스위치박스의 공통점)이 모두의 탄성을 자아낸 것처럼, 클로드 섀넌은 다종다양한 통신 시스템의 보편적 구조와 기능을 간파함으로써 절정에 오른 통찰력을 과시했다.

— • —

섀넌은 선구자들의 업적을 높이 평가하면서도 공과를 분명히 했다. 정보과학 선구자들의 가장 큰 문제점은, 정보의 핵심 사항인 확률적 성질을 간과한 것이었다. 정보를 '한 세트의 기호에서 선택된 것'이라고 정의했을 때, 나이퀴스트와 하틀리는 '각각의 선택이 확률적으로 동등하며, 이전에 선택된 모든 기호들과 독립적'이라고 가정했다. 그러나 섀넌은 고개를 가로저었다. 어떤 선택들은 확률적으로 동등하지만 다 그런 것은 아니다. 그는 동전던지기를 이용하여 대응 논리를 제시했는데, 나중에 그 이유를 이렇게 설명했다.

"'가장 간단한 정보원' 또는 '가장 간단한 메시지'에서 출발할 필요가 있다고 생각했어요. 그래서 생각해낸 것이 동전던지기였습니다."

제대로 된 동전은 앞면/뒷면이 나올 확률이 50 : 50이다. 이처럼 단순한 선택—앞면/윗면, yes/no, 1/0—은 이 세상에 존재할 수 있는 메시지 중에서 가장 기본적이다. 이것은 하틀리의 사고방식에 실제로 부합하는 메시지로, 정보의 진정한 척도를 위한 출발선이라고 할 수 있다.

새 술은 새 부대에 담아야 하듯, 새로운 과학은 새로운 측정 단위를 요구한다. 지금껏 핵심을 찌르지 못하고 에둘러 말했던 개념을, 숫자로 똑부러지게 표현하는 것이 가장 바람직하다. '섀넌이 창시한 과학'의 새로운 단위는 선택이라는 기본적 상황을 표현해야 했다. 0과 1 중에서 선택된 것을 2진수로 표현하는 것이 바람직했는데, 2진수를 상징하는 쌈

박한 표현이 떠오르지 않았다. 섀넌은 프로젝트를 혼자서 진행했지만, 유독 이 사안에 대해서만 벨연구소 동료들과의 점심 식사 자리에서 공론에 부쳤다. 비니트binit와 비지트bigit가 물망에 올랐지만, 최종적으로 낙점된 것은 비트bit였다. 벨연구소에서 일하던 프린스턴의 존 터키 교수가 제안한 것이었다.

1비트란 '확률적으로 동등한 두 가지 선택지' 중에서 하나를 선택한 데서 비롯된 정보량을 말한다. 그러므로 두 가지 안정된 상태를 가진 도구는 1비트의 정보를 저장할 수 있다. 두 가지 상태를 가진 스위치, 양면을 가진 동전, 두 가지 상황을 나타내는 숫자 같은 도구의 비트성은 '선택의 결과'가 아니라 '가능한 선택의 가짓수'와 '선택의 확률'에서 비롯된다. 그런 도구가 두 개 있다면 '총 네 가지 선택을 표현하며, 2비트를 저장한다'고 일컬어진다. 섀넌의 척도는 2진로그(밑이 2인 로그, 다시 말해서 2의 거듭제곱의 역함수)이므로, 선택의 가짓수가 제곱으로 증가할 때마다 비트의 수는 곱절로 늘어난다.

| 비트 | 선택 |
|------|------|
| 1 | 2 |
| 2 | 4 |
| 4 | 16 |
| 8 | 256 |
| 16 | 65,536 |

어떤 선택의 결과는 위와 같이 나올 것이다. 그러나 모든 동전의 모양이 고르지는 않고, 모든 선택지의 확률이 똑같지 않으며, 모든 메시지가 전송될 가능성도 똑같지 않다.

예컨대 극단적 사례, 이를테면 앞면만 두 개 있는 동전을 생각해보자. 그 동전을 원하는 횟수만큼 던진다면, 모종의 정보를 얻을 수 있을까? 섀넌은 '그렇지 않다'고 강력히 주장했다. '우리가 이미 알고 있는 것'만 알려주므로, 어떤 불확실성도 해결해주지 않는다는 것이다."

그러면 정보가 정말로 측정하는 것은 뭘까? 단도직입적으로 말해서, 정보는 '우리가 극복하는 불확실성'을 측정한다. 다시 말해서, 정보는 '우리가 아직 모르는 것을 알아낼 수 있는 가능성'을 측정한다. 좀 더 구체적으로 말하면 다음과 같다. A라는 사물이 B라는 사물에 대한 정보를 갖고 있다면(예를 들어 하나의 검침이 하나의 물리량을 알려주고, 한 권의 책이 한 사람의 인생에 대해 말해주듯), A가 가진 정보의 양은 B에 대한 불확실성의 감소를 반영한다. 요컨대 가장 많은 양의 불확실성을 해소해주는 메시지('가장 공평한 확률'을 가진 '가장 광범위한 기호들' 중에서 선택된 메시지)가 가장 풍부한 정보를 포함한다. 그러나 '완벽한 확실성'이 존재하는 곳에서는 말해줄 게 아무것도 없으므로 정보가 존재할 리 만무하다.

영화나 TV 드라마에 나오는 법정 맹세 장면을 생각해보자. 판사는 증언대에 선 사람에게 이렇게 묻는다.

"당신은 오로지 진실만을 말할 것을 맹세합니까?"

이 장면에서 "예" 이외의 답변을 들어본 적이 몇 번이나 있는가? 그런 상황에서 상상할 수 있는 답변은 오직 하나뿐이므로, 증언이 우리에게 제공하는 새로운 정보는 거의 없다. 드라마광 중에는 증언의 내용을 토씨 하나 틀리지 않게 말할 수 있는 사람도 있을 것이다. 이러한 시나리오는 모든 의례, 즉 우리가 할 말이 미리 정해져 있고 확실히 기대되는 상황(이를테면, "당신은 이 사람을 평생 배필로 받아들입니까?"라는 성혼 문답)에 모두 적용된다. 그리고 우리가 일상적으로 내뱉는 말에서 정보와 의미를 분리해보면, '가장 의미 있는 발언' 중 일부는 '정보성이 가장 낮다(정보량이 가장 적다)'는 점을 발견하게 될 것이다.

우리는 "증인이 맹세를 거부하거나, 신랑/신부가 '아니오'라고 대답하는 극소수 사례"에 집착하고 싶은 유혹을 느낄 수 있다. 그러나 섀넌의 관점에서 보면, 정보량의 많고 적음은 '하나의 특별한 선택'이 아니라 '특정한 선택으로 인해 뭔가 새로운 것을 알게 될 가능성'에 있다. 앞면이 지나치게 많이 나오는 동전에서도 가물에 콩 나듯 뒷면이 나올 수 있다. 그러나 그런 동전은 평균적으로 예측 가능하므로, 그 역시 정보가 빈약하다고 할 수 있다.

그럼에도 불구하고 가장 흥미로운 사례는 '완전한 불확실성'과 '완전한 예측 가능성'이라는 양극단 사이의 어디쯤, 즉 한쪽에 편중된 동전 사이의 광범위한 영역에 있다. 우리가 현실 세계에서 주고받는 메시지들은 거의 모두 '치우친 동전'이며, 정보량의 많고 적음은 치우침의 정도에 따라 달라진다. 이와 관련하여, 섀넌은 '동전던지기에서 정보량의 증감 현황'을 다음과 같은 그래프로 나타냈다.

이 그래프를 살펴보면, "특정한 면이 나올 확률(그는 이것을 $p$라고 한다)이 0에서 시작하여 50퍼센트를 거쳐 100퍼센트로 가는 동안 정보량이 증

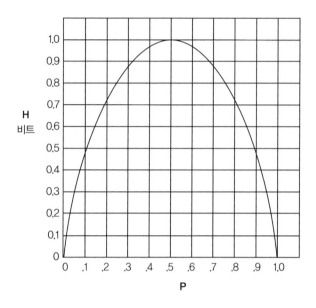

가하다가 감소한다"는 사실을 알 수 있다. 즉 정보량은 양면이 나올 확률이 50 : 50일 때 1비트로 가장 많지만, 양극단으로 접근할수록(예측 가능성이 증가할수록) 감소하다가, 완전한 예측 가능성에 이르면 0비트가 된다. 50 : 50이라는 특별한 경우는 여전히 하틀리의 법칙에 의해 설명되었지만, 이제 섀넌의 이론이라는 막강한 이론이 등장하여 하틀리의 이론을 집어삼키게 되었다. 그도 그럴 것이, 섀넌의 이론은 모든 상황에 적용될 수 있는 만능 이론이었기 때문이다. 마침내 정보의 진정한 척도는 두 가지 확률에 의존하는 것으로 기술되었다.

$$H = -p \log p - q \log q$$

여기서 $p$와 $q$는 두 가지 결과, 즉 동전의 앞면과 뒷면 또는 전송될 수 있는 두 가지 기호의 확률을 의미하며, 그 합은 100퍼센트다. (만약 세 가지 이상의 기호가 가능하다면, 우리는 새로운 확률을 방정식에 추가해야 한다.) 메시지 속에 포함된 비트의 수($H$)는 메시지의 불확실성에 달려 있으므로, 두 개의 확률이 같아질수록 처음부터 불확실성이 높으며 결과에 대한 놀라움이 증가한다. 반면에 균등점에서 멀어질수록 해결되어야 할 불확실성의 양은 감소한다. 그러므로 $H$를 '동전이 주는 평균적 놀라움'의 척도로 간주하면 된다. 그래프에서 보면, 앞면이 나올 확률이 70퍼센트일 경우 동전던지기에서 얻는 메시지는 약 0.9비트인 것을 알 수 있다.

이 모든 진술을 통해 섀넌이 하고 싶었던 말은 단지 '모든 상상 가능한 메시지 속에 있는 비트의 수를 정확히 계산해야 한다'는 것이 아니었다. 동전던지기보다 복잡한 상황에서, 경우의 수는 크게 증가하고 각각의 정확한 확률은 계산하기가 훨씬 더 어렵게 된다. 섀넌의 진정한 의도는 동료들에게 '확률과 불확실성의 관점에서 정보를 생각해야 한다'고 독려하는 것이었다. 그것은 한때 정보과학의 버팀목이었던 나이퀴스트와 하틀리의 전통과 결별하는 것을 의미했지만, 섀넌은 한 치의 망설임도 없었다.

그리하여 정보 송신과 잡음 제거를 위한 새로운 길이 열렸고, 우리는 '공평한 확률'보다 '불공평한 확률'을 선호하게 되었다.

— • —

사실 메시지의 양이 엄청나게 많은 경우, 기호는 공평한 동전처럼 행동하지 않는다. 이 경우 송신되는 기호는 중요하고 예측 가능한 방법으로, 방금 전 송신된 기호에 의존한다. 다시 말해서 하나의 기호가 다음 기호에 영향력을 행사한다. 한 장의 사진을 전송하는 경우를 생각해보자. 하틀리는 모든 기본 영역(화소)의 강도를 측정함으로써 정보량을 측정하는 방법을 제시했다. 그러나 TV 화면의 잡음만 아니라면, 강도는 모든 화소에 걸쳐 무작위로 분산되지 않는다. 각각의 화소들은 영향력을 갖는다. 즉 어떤 명화소는 다른 명화소 바로 옆에 나타날 가능성이 높으며, 어떤 암화소는 다른 암화소 바로 옆에 나타날 가능성이 높다. 섀넌이 제안한 가장 간단한 메시지인 전신 메시지를 생각해보자. (그즈음에는 전신을 가장 기본적인 이산 통신 모델로 간주하는 것이 보편화되었다. 단순화와 연구에 적합한 전신은 이미 퇴물이 되었음에도 불구하고 정보이론 논문에서 생산적인 사후 생활을 영위했다.) 알파벳을 세 가지 기본적인 모스부호인 점, 선, 간격으로 전환해보라. 어떤 메시지가 됐든, 점 다음에는 점, 선 또는 간격이 나오고, 선 다음에는 점, 선 또는 간격이 나온다. 그러나 간격 다음에는 점 또는 선만 나온다. 왜냐하면 하나의 간격 다음에 또 다른 간격이 나올 수 없기 때문이다. 즉 기호의 선택은 완벽하게 자유롭지 않다. 사실 전신 키를 담당한 무작위 기계는 규칙을 어기고, 하나의 간격 다음에 다른 간격을 무심코 전송할 수 있다. 그러나 엔지니어들의 관심을 끄는 메시지는 거의 예외 없이 암묵적 규칙을 따르므로, 결코 자유롭지 않다. 섀넌은 이 점을 교묘히 이용하는 요령을 공학도들에게 가르쳐주었다.

그 요령은 섀넌이 1939년 프린스턴에서 허먼 웨일에게 제공한 실마리에서 비롯되었는데, 섀넌은 그 내용을 이론화하는 데 거의 10년을 할애했다. 즉 정보는 확률적이라는 것이다. 다시 말해서, 정보는 완전히 예측 불가능하지도 않고 완전히 확정적이지도 않으며, 대충 짐작할 수 있는 방향으로 전개된다는 것이다. 확률 과정에 대한 고전적 모형이 '비틀거리는 취객의 걸음걸이'인 것은 바로 그 때문이다. 취객은 직선 경로를 밟지 않으므로, 정확한 진로 예측을 불허한다. 휘청거리는 발걸음 하나하나는 게걸음을 방불케 한다. 그러나 그를 충분히 오랫동안 지켜보면, 그의 비틀거림에서 어떤 형태가 나타나기 시작하는 것을 볼 수 있다. 우리가 노력한다면, 그 형태를 통계적으로 계산할 수 있을 것이다. 시간이 경과함에 따라, 우리는 그가 발 디딜 가능성이 높은 보도 위의 지점을 적절히 추정할 것이다. 만약 취객의 일반적인 걷기 행동에 대한 가정을 세운다면, 추정치의 정확성은 훨씬 더 향상될 것이다. 예컨대 취객들의 보행은 가로등 쪽으로 치우치는 경향이 있다.

섀넌이 증명한 바와 같이, 이상과 같은 모형은 메시지와 언어의 행동도 매우 잘 기술한다. 우리가 통신을 할 때마다, 모종의 규칙들이 도처에서 '다음에 나올 문자'와 '다음에 나올 파인애플*'을 선택할 자유를 제한한다. 이러한 규칙들은 특정한 패턴의 가능성을 높이는 반면 특정한 패턴을 거의 불가능하게 만들므로, 영어와 같은 언어들은 '완벽한 불확실성'과 '최대의 정보량'에 도달할 수 없다. 이 책에서 지금까지 'th'라는 문자열은 6,431개가 나왔는데, 'tk'라는 문자열은 단 한 번밖에 나오지 않

---

* '파인애플'은, 독자의 이해를 돕기 위해 임의로 집어넣은 단어다. 우리는 모든 규칙을 무의식적으로 인지하므로, 독자는 '파인애플'이 전송 오류임을 진작에 알아챘을 것이다. 문장과 단락이 전개되는 방식을 감안할 때, 그 자리에 와야 할 단어는 현실적으로 '단어'밖에 없기 때문이다.

왔다. 영어는 이처럼 예측 가능성이 매우 높으므로 정보이론가의 관점에서 보면 지루하기 짝이 없는 언어라고 할 수 있다.

섀넌은 이를 증명하기 위해 깨진 듯한 문자열을 이용한, 격식에 얽매이지 않는 기발한 실험을 설계했다. 즉 아무런 사전 준비가 없는 상태에서 확률 과정을 이용해 '영어 문장 비슷한 것'을 구성하는 방법을 선보인 것이다. 섀넌은 완전한 무작위성에서 출발했다. 무작위 숫자들이 적혀 있는 난수책을 펴서 손가락을 아무 데나 대고 죽 훑어가며 각각의 숫자에 상응하는 문자를 '27개 기호 알파벳(문자 26개와 빈칸 하나)'에서 찾아 종이에 하나씩 적어 나갔다. 그리하여 다음과 같은 '정체불명의 문자열'이 탄생했다. 그는 이것을 '0차 근사'라고 불렀다.


XFOML    RXKHRJFFJUJ    ZLPWCFWKCYJ    FFJEYVKCQSGHYD
QPAAMKBZAACIBZLHJQD.


문자들의 출현 빈도는 모두 동일하며, 다른 문자에 영향력을 행사하는 문자는 하나도 없다. 쉽게 말해서, TV 잡음의 문자 판인 셈이다. 영어가 '완전한 불확실성'으로 인한 '완벽한 정보성'을 가질 때 나타날 수 있는 현상이다.

그러나 영어에는 약간의 확실성이 존재한다. 일례로, 일부 문자는 다른 문자들보다 출현 빈도가 높다. 섀넌보다 1세기 전, 새뮤얼 모스는 (한 식자공의 금속 활자통에서 영감을 얻어) '문자의 출현 빈도'에 관한 추정치를 전신 부호에 반영했다. 그리하여 'E'에는 사용하기 쉬운 '점'을, 'Q'에는 그보다 성가신 '점-점-선-점'을 할당했다. 모스의 추정치는 개략적이었지만, 섀넌의 시대에는 'E'가 영어 문장의 약 12퍼센트를, 'Q'가 겨우 1 퍼센트를 차지하는 것으로 알려져 있었다. 섀넌은 한 손에 문자의 출현 빈도표를, 다른 손에는 난수책을 들고 각 문자의 출현 빈도를 감안하며 문장을 다시 적어 나갔다. 이것을 '1차 근사'라고 한다.

OCRO HLI RGWR NMIELWIS EU LL NBNESEBYA TH EEI ALHENHTTPA OOBTTVA NAH BRL.

그러나 영어에는 그 이상의 규칙과 금칙이 존재한다. 예컨대 'C' 다음에는 흔히 'K'가 오지만, 'T'가 오는 것은 거의 불가능하다. 그리고 'Q' 다음에는 'U'가 와야 한다. 섀넌은 이와 같은 연속된 두 문자(다이그램)의 빈도표를 갖고 있었지만, 번거로운 과정을 반복하느니, 다소 조악하지만 본래 의도와 부합한다고 확신하는 방침을 채택했다. 그의 설명을 들어보자.

"나는 적합한 두 문자digram 빈도를 갖는 문장을 구성하기 위해, 다음과 같은 편법을 썼다. 첫째, 한 권의 책을 무작위로 펼쳐 그 책장에서 한 문자를 무작위로 선택하여 종이에 적는다(첫 번째 문자). 둘째, 똑같은 책에서 다른 쪽을 무작위로 펼쳐 방금 전 적어놓은 문자가 나올 때까지 읽어나간다. 그래서 그 문자가 나오면, 그다음 문자를 종이에 적는다(두 번째 문자). 셋째, 똑같은 책에서 세 번째 책장을 무작위로 펼쳐 두 번째 문자를 찾아내어 그다음 문자를 종이에 적는다(세 번째 문자)……. 이런 방식으로 원하는 횟수만큼 반복한다."

모든 일이 순조롭게 진행되면, 완성된 문장은 영어의 '두 문자' 빈도를 충족하게 될 것이다. 이것을 '2차 근사'라고 한다.

ON IE ANTSOUTINYS ARE T INCTORE ST BE S DEAMY ACHIN
D ILONASIVE TUCOOWE AT TEASONARE FUSO TIZIN ANDY
TOBE SEACE CTISBE.

이로써, 확률 과정은 아무런 사전 준비도 없이 네 개의 영어 단어와 하나의 이름(ON, ARE, BE, AT, ANDY)을 맹목적으로 만들어냈다. (만약 너그러운 마음으로 아포스트로피를 붙여준다면 ACHIN'도 하나의 단어로 쳐줄 수 있다. 그러면 영어 단어는 총 여섯 개가 된다.) 동일한 방식으로 세 자짜리 단어(트라이그램)를 찾는다면, '통용되는 영어'에 훨씬 더 가까운 '3차 근사'를 얻을 수 있다.

IN NO IST LAT WHEY CRATICT FROURE BIRS GROCID
PONDENOME OF DEMONSTURES OF THE REPTAGIN IS
REGOACTIONA OF CRE.

이번에는 '문자의 조합'을 탈피하여, '단어의 배열'을 생각해보자. 모든 단어의 출현 빈도를 감안하여 작성된 1차 단어 근사는 다음과 같다.

REPRESENTING AND SPEEDILY IS AN GOOD APT OR COME

CAN DIFFERENT NATURAL HERE HE THE A IN CAME THE
TO OF TO EXPERT GRAY COME TO FURNISHES THE LINE
MESSAGE HAD BE THESE.

한 걸음 더 나아가, 한 단어의 선택은 '직전에 선택된 단어'에 의해 크게 좌우된다. 섀넌은 '2차 단어 근사'를 작성하는 방식을 설명했는데, 그 원리는 2차 근사를 작성하는 방식과 동일하다. 책장을 펼쳐 무작위로 한 단어를 고른다. 그러고 나서 다시 책장을 획 펼쳐 첫 번째 단어가 나오면 그다음 단어를 적는다.

THE HEAD AND IN FRONTAL ATTACK ON AN  ENGLISH
WRITER THAT THE CHARACTER OF THIS POINT IS THERE-
FORE ANOTHER METHOD FOR THE LETTERS THAT THE
TIME OF WHO EVER TOLD THE PROBLEM FOR AN UNEX-
PECTED.

"10개 단어의 특별한 배열을 보라. 'attack on an English writer that the character of this'! 제법 쓸 만하지 않은가?"

흥분을 감추지 못했을 섀넌의 모습이 눈에 선하다.*

---

* 그로부터 1년 후 작성한 미출판 패러디물에서, 섀넌은 자신이 고안해낸 방법이 악당들의 손에 들어갈 경우 끼칠 손해를 상상했다. 나치의 사악한 과학자 하겐 크랑켄하이트 박사가 쓰레기수거단어기계 Müllabfuhrwortmaschine라는 가공할 만한 무기의 시제품을 소지하고 독일을 탈출했다. 그 기계는 '무작위 문장 규칙'을 이용하여, 선동 산업을 완전히 자동화했다. 즉 선동/선전 문구를 무작위로 짜깁기하여, 연합군

그가 만드는 구절들은 횡설수설에서 시작하여 그럴 듯한 구절을 거쳐 일상적으로 통용되는 문장에 점점 더 근접해 갔다. 그것은 '인간의 손으로 쓰인 것'이 아니라 '확률 과정을 이용해 생성된 것'이었으며, 인간의 개입이라고는 규칙을 적용한 것밖에 없었다. 섀넌은 '실용 영어에 기계적으로 접근하는 방법'을 고민했다. 우리 인간은 규칙의 제한성을 더욱 강화하고, 우리 자신의 예측력을 더욱 증가시키며, 언어의 정보성을 더욱 감소시키는 방식으로 실용 영어에 접근한다. 요컨대 섀넌이 고안해낸 확률 과정은 우리가 문장을 말하거나 어떤 유형의 메시지를 보낼 때마다 무의식적으로 내리는, 생각 없는 선택을 모형화한 것이라 할 수 있다.

그렇다면 이 세상에서 가장 유치한 질문—'사과는 왜 하늘을 향해 떨어지지 않나요?'—이야말로 과학적으로 가장 생산적인 질문이라고 할 수 있다. 만약 이 세상 어딘가에 그처럼 '터무니없고 흥미로운 질문들로 꽉 찬 곳'이 있다면, 그곳에 섀넌을 위한 공간도 마련해줘야 할 것이다. "XFOML RXKHRJFFJUJ라고 말하는 사람은 왜 없죠?"라는 질문은 어떨까? 이 질문을 곰곰이 생각해보면, 우리가 '언론의 자유'라는 말의 의미를 착각하고 있음을 알게 될 것이다. 이러한 착각은 자유에 대한 몰이해에서 비롯한다. 우리보다 자유로운 의사 전달자들—물론 여기서 '자

---

의 사기를 꺾는 문구들을 끊임없이 쏟아냈다. 한 실험에서 그 기계는 다음과 같은 문구를 만들어냈다. "체제 전복을 꾀하는 인물들이 잘 알려진 공산주의자와 혼맥으로 연결된 것으로 드러났다." "자본주의의 전쟁광들은 핵무기의 보안이 취약하다." "전해지는 말에 따르면, 원자과학자들은 특정한 종교 및 인종 집단과 연결되어 있다." 놀랍게도, 그 기계가 만들어낸 문구는 인간의 선동 문구와 구별하기 힘들었다. 그래서 그 기계가 공산주의자들의 손에 넘어갔을지도 모른다는 우려가 제기되었다.

유롭다'는 것은 '불확실성'과 '정보'라는 의미에서 그렇다는 말이다—은 XFOML RXKHRJFFJUJ라고 말할 수도 있을 것이다. 그러나 현실적으로, 가능한 메시지 중 대다수는 우리가 단어 하나를 말하거나 글 한 줄을 쓰기 전에 이미 배제되어 있다. 섀넌의 연구 일지에 등장한 비문 중 하나를 골라, 한 단어만 첨가해보라. THE LINE MESSAGE HAD [TO] BE THESE. 글을 깨친 사람이라면, 특별히 의식하지 않고 had와 be 사이에 'to'를 첨가하여 조동사구를 만들 것이다.

— • —

혹자는 이렇게 반문할 것이다. 문자의 출현 빈도에 신경 쓰는 사람이 과연 있을까?

물론이다. 우선 암호 해독자들을 들 수 있으며, 섀넌은 그중에서도 최고봉 중 하나라고 할 수 있다. 그는 문자표와 두 자짜리 단어/세 자짜리 단어의 출현 빈도표에 익숙했는데, 그 이유인즉 그런 도구들이 암호 해독자의 필수적인 도구 상자였기 때문이다. 거의 모든 암호에는 우위를 차지하는 부호가 존재하며, 그런 부호들은 가장 흔한 기호를 의미하기 십상이다. 섀넌이 어린 시절 가장 좋아했던 에드거 앨런 포의 단편소설《황금벌레》를 떠올려보라(1장 참조). 그 소설에서 괴짜 레그런드는 다음과 같은 난해해 보이는 암호 뭉치를 풂으로써 숨겨진 보물을 발견하게 된다.

53‡‡†305))6★;4826)4‡.)4‡);806★;48†8'60))85;]8★:‡★8†83
(88)5★†;46(;88★96★?;8)★‡(;485);5★†2:★‡(;4956★2(5★–4)8'8★;

4069285);)6†8)4‡‡;1(‡9;48081;8:8‡1;48†85;4)485†528806*81

(‡9;48;(88:4(‡?34;48)4‡;161;:188‡?;


　홀륭한 암호 해독자들이 다 그렇듯, 윌리엄 레그런드는 빈도수 헤아리기에서 출발했다. 위의 암호에서 가장 많이 등장하는 기호는 8로 무려 서른세 번이나 나온다. 작은 개미구멍이 큰 방죽을 무너뜨리듯, 이 작은 사실이 전체 구조를 무너뜨린 균열이었다. 어린 시절 섀넌을 매료시켰던 레그런드의 설명을 들어보자.


영어에서 가장 빈번하게 등장하는 문자는 e다……. 길이가 길든 짧든, e가 지배적인 문자가 아닌 문장은 없다…….

이 암호에서 지배적인 기호는 8이므로, 우리는 8을 알파벳 중의 e라고 가정하는 것에서 시작할 것이다…….

이번에는 단어를 생각해보자. 영어에서 가장 많이 사용되는 단어는 'the'이다. 그러므로 똑같은 순서로 반복되는 '세 가지 기호 배열' 중에서 맨 마지막 기호가 8인 것이 있는지 살펴보자. 만약 그런 배열이 존재한다면, 그것이 'the'를 의미할 가능성이 높다. 암호를 검사해보니 그런 배열이 실제로 존재한다. 그것은 ;48이며, 총 여덟 번 나온다. 따라서 우리는 ;이 t를, 4가 h를, 8이 e를 의미한다고 가정할 수 있다. 8이 e라는 가정은 이제 확고부동해진 셈이다. 이로써 우리는 암호 해독을 위한 큰 걸음을 내디뎠다.


　이 암호가 쉽게 풀린 이유는 암호 작성자가 반문맹인 해적이었기 때문이다. 뛰어난 암호 작성자들은 여러 가지 수법을 동원하여 빈도수 헤아리기를 저지하는 것이 상례다. 예를 들면 암호의 기반이 되는 알파벳을 메시지의 중간에서 바꿀 수도 있고, 이중 자음과 이중 모음을 없앨 수도 있고, 간단히 'e'라는 문자를 아예 사용하지 않을 수도 있다. 섀넌이 루스벨트를 위해 테스트했던 암호와, 튜링이 처칠을 위해 풀었던 암호는 훨씬 더 난해했다. 그러나 암호 해독은 결국 가능했으며, 지금도 그러하다. 왜냐하면 모든 메시지는 '인간의 의사소통'이라는 기본 현실과 맞닥뜨리고 있기 때문이다. 즉 메시지에는 늘 잉여성이 포함되기 마련이며, 의사소통이란 '상대방으로 하여금 자신을 예측 가능하게 만드는 것'에 다름 아니다.

이것은 섀넌이 정보이론을 연구하는 과정에서 '암호 해독자의 직감'으로 굳어진 생각이었다. 즉 그는 정보이론을 다루던 중 "암호 해독이 가능한 이유는, 우리의 메시지가 '완전한 불확실성'에 훨씬 못 미치기 때문"이라고 직관적으로 생각하게 되었다. 혹자는 섀넌의 암호 연구와 정보 연구의 선후 관계에 대해 고정관념을 갖고 있는 것 같다. 그러나 분명히 말하지만, 섀넌의 암호학 연구가 그의 획기적인 정보이론의 원동력이 된 건 아니었다. 그가 정보를 생각하기 시작한 시기는, '공식적 의미의 암호'에 대해 생각하기 몇 년 전이었다. 사실을 말하자면, 그는 미국 정부를 위해 몇 년 동안 암호학자로 일하게 되리라는 사실을 알기 여러 해 전부터 정보를 생각하기 시작했다. 그의 정보 연구와 암호 연구는 동일한 원천에서 동시에 성장했으니, 그것은 '메시지의 (아직 검증되지 않은) 통계적 성격에 대한 관심'과 '메시지의 통계적 성격을 숙지하면 통신의 힘을 확장할 수 있을 것 같다는 직감'이었다. 그는 나중에 이렇게 설명했다.

"어떤 의미에서 〔내가 작성한〕 정보이론 논문은 〔암호학에〕 쏟아부은 시간에 대한 일부 보상인 셈이었습니다. 최소한 심정적으로는 그렇습니다……. 하지만 정보 연구와 암호 연구는 서로 밀접하게 연관됩니다. 다시 말해서 양자는 거의 비슷해 떼려야 뗄 수가 없어요……. 정보는 양면성이 있어서, 어떤 때는 숨기려고 하고 어떤 때는 전달하려고 노력하거든요."

섀넌은 '암호 해독을 가능케 하는 메시지의 특징'을 잉여성이라고 불렀다. 암호학의 역사를 연구하는 데이비드 칸은 그것을 이렇게 설명했다.

"잉여성이란, 개략적으로 말해서 메시지에 정보를 담는 데 있어서 '실제로 필요한 기호보다 더 많은 기호를 송신하는 것'을 말한다."

정보는 우리의 불확실성을 해소해주며, 잉여성은 메시지 중에서 '새로울 게 전혀 없다'고 판단되는 부분을 모두 의미한다. 우리는 '다음에 나오는 게 뭐지?'라고 추측할 때마다 늘 잉여성을 만난다. 문자는 잉여적일 수 있다. 왜냐하면 Q 뒤에는 거의 자동적으로 U가 따르고, U는 그 자체로서 거의 아무것도 말해주지 않기 때문이다. 우리는 U를 예사로 이 버릴 수 있으며, 이 밖에도 더 많은 문자들을 버릴 수 있다. 섀넌은 다음과 같은 실례를 들었다.

"MST PPL HV LTTL DFFCLTY N RDNG THS SNTNC."*

---

\* Most people have little difficulty in reading this sentence. 번역하면, 나는 대부분의 사람들이 이 문장을 읽는 데 별로 어려움이 없을 거라 믿는다는 뜻임_옮긴이

문자뿐 아니라 단어도 잉여적일 수 있다. 'the'는 거의 항상 문법적인 격식에 불과하므로, 예사로이 삭제해도 우리의 이해에 거의 지장을 초래하지 않는다. 에드거 앨런 포의 소설에 나오는 해적이 조금만 더 현명했더라면 'the' 또는 ';48'을 모두 삭제함으로써 메시지의 잉여성을 제거할 수 있었을 것이다. 그것은 레그런드에게 성공의 빌미를 제공한 첫 번째 단서였다. 나아가 메시지 전체가 잉여적일 수도 있다. (앞면/뒷면이 나올 확률이 이미 알려져 있는) 치우친 동전의 사례에서, 우리는 동전을 거들떠보지도 않고 '새로울 게 전혀 없다'고 말할 수 있다. 섀넌이 정보를 이해하는 순간, 기호의 잉여성에는 '없어도 되는 모든 것', 즉 제거되더라도 정보에 아무런 손상을 입히지 않는 문자·단어·줄이 포함되었다.

섀넌이 기계적으로 작성한 문장의 근사치가 영어에 점점 더 가까워짐에 따라 잉여성은 점점 더 증가했다. 이러한 잉여성은 한편으로 '우리의 자유를 제한하는 규칙'에 의해 잉태되며, 다른 한편으로 '상호 의사소통의 실용성'의 배후 조종을 받는다. 그런 면에서 볼 때, 모든 인간 언어는 고도로 잉여적이다. 정보이론가의 냉정한 관점에서 보면, 우리의 입에서 나오는 말의 대다수는—전통, 문법, 습관 중 어느 것에서 유래하든—생략해도 무방하다. 섀넌은 자신의 정보이론에서, 세상이 보유한 영어 문장의 어휘를 절반으로 줄여도 정보성이 전혀 상실되지 않을 것이라 추론했다.

"우리가 영어 문장을 쓸 때, 그중 절반은 언어의 구조에 의해 결정되며 나머지 절반은 자유롭게 선택된다."

나중에 잉여성에 대한 그의 추정치는 무려 80퍼센트로 증가했다. 쉽게 말해서, 우리가 사용하는 기호들 중에서 정보를 실제로 포함한 것은 5분의 1에 불과하다는 것이다.

섀넌은 이러한 실상을 감안하여, 영어의 잉여성이 더 이상 높지 않은 게 천만다행이라고 제안했다. 만약 그렇다면 십자말풀이는 존재하지 않을 테니 말이다.

"잉여성이 0인 세계에서는 RXKHRJFFJUJ도 단어이므로, 모든 문자열이 합당한 문장이 된다. 따라서 어떠한 2차원 문자열도 십자말풀이에 포함될 수 있다."

그런데 잉여성이 높으면 합당한 배열이 거의 없으므로, 잠재적 교점의 개수가 줄어든다. 따라서 영어의 잉여성이 지금보다 훨씬 더 높다면, 십자말풀이를 만드는 게 거의 불가능할 것이다. 섀넌의 추론은 계속 이어졌다.

"반면에 영어의 잉여성이 약간 낮다면, 우리는 3차원 십자말풀이를 채워 넣을 수도 있을 것이다."

영어의 잉여성에 대한 섀넌의 평가는 더욱 진행되었고, 그는 "암호학에서 밝혀진 특정 결과"에 기반하여 은밀한 논문을 썼다. 그가 1945년 제출한 암호 작성 분야의 위대한 논문 '수학적 암호이론'이 1948년까지 비밀로 분류된 것을 보면(이 논문은 1949년 '보안 체제의 통신이론Communication Theory of Secrecy Systems'이라는 제목으로 출판됨_옮긴이), 그가 그 논문에서 암시한 내용이 얼마나 중요했는지 짐작할 수 있다. 그러나 섀넌은 참고문헌에 대해서는 비교적 거리낌 없이 언급했는데, 그중 하나는 레이먼드 챈들러(1888~1959)의 소설책이었다.

어느 날 저녁, 섀넌은 레이먼드 챈들러가 쓴 흥미 만점의 탐정 소설 《한낮의 거리에서 처음 만난 상대Pickup on Noon Street》를 책꽂이에서 뽑아, 그 시기에 종종 그랬듯이 아무 쪽이나 펼쳤다. 그의 임무는 문장을 한 글자씩 읽어 나가는 것이었고, 여성 조수의 임무는 '다음에 나올 문자'를 통밥으로 맞추는 것이었다. 섀넌이 "A S-M-A-L-L O-B-L-O-N-G R-E-A-D-I-N-G L-A-M-P O-N T-H-E D"까지 읽었을 때, 그녀는 다음에 나올 글자 세 개를 정확히 예측할 수 있었다. E-S-K.

이 에피소드의 핵심은 조수의 예측 능력이 아니었다. 어느 영어권 독자라도 '동일한 입장'에서 '동일한 무언의 규칙'에 따라 '동일한 문장'을 청취했다면, 그녀에게 뒤지지 않는 통찰력을 발휘했을 것이다. 섀넌이 D까지 읽었을 때, 그녀는 이미 논지를 파악했다. E-S-K는 격식에 불과하므로, 만약 영어의 규칙이 '논지를 파악했을 때 입을 다물어도 좋다'는 것이라면 D까지만 말하는 것으로 족했을 것이다. 잉여성은 거기서 멈추지 않았다. "a small oblong reading lamp on the"로 시작되는 구절 다음에 나올 철자는 D와 T 중 하나가 거의 확실시된다. 램프가 놓여 있는 곳은 책상Desk이나 테이블Table일 테니 말이다. 0차 근사 언어의 경우, 조수는 고작 26분의 1의 확률로 다음에 나올 문자를 예측했을 것이므로, 다음에 나올 문자의 정보성이 상당히 높았을 것이다. 그러나 영어의 경우에는 예측률이 2분의 1에 근접하므로 다음에 나올 문자의 정보성은 훨씬 더 낮았을 것이다.

《옥스퍼드 영어사전》에는 22만 8,132개의 표제어가 등재되어 있다. 스무 권짜리 방대한 사전에서, 섀넌이 읽은 짧은 구절 뒤에 등장할 단어의 후보는 단 두 개, desk와 table로 좁혀졌다. 레이먼드 챈들러는 'the'라는 단어를 적음으로써 자신을 스스로 코너에 몰아넣었다. 그렇다고 해서 그를 탓할 일은 아니다. 우리 모두는 쓰기·말하기·노래하기의 조건(전통, 문법, 습관)에 따라 쓰고 말하고 노래하며, 그 와중에 스스로를 코너에 몰아넣기 마련이다.

— • —

잉여성을 이해하고 나면, 우리는 그것을 의도적으로 조작할 수 있다. 마치 초기 시대의 공학자들이 증기와 열을 이용해 재주 부리는 방법을 터득했던 것처럼 말이다.

물론 인간은 수 세기 동안 시행착오를 통해 잉여성을 실험해왔다. 우리는 속기를 하거나 다른 사람들에게 별명을 붙임으로써 잉여성을 줄일 수 있다. 또한 전문 용어를 고안하여, "뱃머리를 바라볼 때 배의 왼쪽 편"을 좌현이라는 한 단어로 압축할 수 있다. 반면에 우리는 잉여성을 늘릴 수도 있다. 통신에서 'V'라는 문자를 명확히 표현하기 위해 '빅터 Victor'라고 부르고, 핵심을 에둘러 말하는가 하면, 똑같은 말을 반복하기도 한다. 그러나 이처럼 다양한 행동 뒤에 숨은 개념적 통일성을 드러낸 인물은 클로드 섀넌이었다.

통신 장치에서 '전선과 마이크로칩'을 벗겨내고 '0과 1의 흐름'을 잠시 중단시키고 나면, 우리는 정보화시대의 밑바탕에 이르러 섀넌이 제시한 '통신의 기본 정리' 두 가지를 발견하게 된다. 그 정리는 우리가 잉여성을 조작하는 두 가지 방법, 즉 '빼기'와 '더하기'에 대해 많은 것을 이야기해준다.

본론에 들어가기에 앞서, 우리가 메시지를 얼마나 빨리 송신할 수 있는지에 대해 생각해보자. 섀넌이 증명한 바에 따르면, 메시지의 송신 속도는 '잉여성을 얼마나 많이 걸러낼 수 있느냐'에 달렸다. 가장 효율적인 메시지는 무작위 문장의 문자열과 실제로 비슷하다. 각각의 새로운 기호는 가능한 한 정보성이 높아야 하며, 그리하여 가능한 한 놀라워야 한다. 단 하나의 기호도 낭비되어서는 안 된다. 물론 우리가 서로 주고받고 싶어 하는 메시지는—전신이 됐든 TV 방송이 됐든—늘 기호를 낭비한다. 그러므로 우리가 주어진 통신로에서 통신할 수 있는 속도는 '메시지를 어떻게 부호화하느냐', 다시 말해 '메시지를 얼마만큼 빽빽하게 압축하느냐'에 달렸다.

섀넌의 첫 번째 정리에 따르면, 모든 메시지원源에는 '최대 압축점'이 존재한다. 모든 '새로운 기호'가 우리에게 '뭔가 새로운 것'을 말해줄 때, 우리는 통신의 한계에 도달했다고 볼 수 있다. 또한 우리는 정보의 정확한 척도인 비트bit를 갖고 있으므로 하나의 메시지가 완벽한 특이점에 도달하기 전에 얼마나 많이 압축될 수 있는지도 알고 있다. 정보에 관한 물리적 발상이 아름다운 이유 중 하나는, 미터와 그램에 필적할 만한 비트가 존재하기 때문이다. 요컨대 우리의 의사소통의 효율성은 매체의 품질뿐 아니라 메시지 자체의 측정 가능성과 압축 가능성에 달려 있다.

이제 정보원 부호화(소스 코딩) 작업에 대해 생각해볼 차례다. 이 작업은 정보원과 수신지에서 진행되는데, 정보원에서는 신뢰할 만한 시스템을 구축함으로써 '너무나 인간적인 잉여 메시지'에서 여분을 걸러내고 수신지에서는 메시지를 복원하게 된다. 이와 관련하여 섀넌은 MIT의 엔지니어 로베르트 파노와 함께 중요한 연구에 착수했다. 그리고 유명한 논문을 발표하고 나서 얼마 뒤에 쓴 백과사전식 설명을 통해, 간단한 '잉여성 제거 코드'의 작동 원리를 설명했다. 그 원리에 따르면, 모든 문제는 메시지의 확률적 성격에 달려 있다. 즉 하나의 이미지 속에서 한 백색 화소가 다른 백색 화소에 인접할 확률 또는 하나의 문장에서 (무작위로 생성된 문자열이 영어에 더욱 가까워 보이도록 만드는) 문자·두 자짜리·세 자짜리 문자의 출현 빈도 같은 것 말이다.

사례를 들어 설명해보기로 하자. 영어가 A, B, C, D라는 네 개 문자로만 구성되어 있다고 가정하자. 그리고 여느 언어와 마찬가지로 시간이 경과함에 따라 패턴들이 생겨났다고 가정하자. 그리고 시간이 경과함에 A, B, C, D의 출현 빈도가 각각 1/2, 1/4, 1/8, 1/8이 되었다고 가정하자. 만약 영어 메시지 하나를 0과 1로 구성된 코드를 이용해 송신하고 싶다면, 우리가 작성할 수 있는 최선의 코드는 무엇일까?

아마도 우리는 이해하기 쉬운 해법, 즉 각각의 문자가 동일한 비트를 갖는 쪽을 선택할 것이다. 4문자 언어에서, 우리는 모든 문자에 대해 각각 2비트씩 할당할 것이다.

$$A = 00$$
$$B = 01$$
$$C = 10$$
$$D = 11$$

그러나 좀 더 나은 해법을 강구할 수도 있다. 만약 송신 속도가 매우 가치 있는 상품이라면(다이얼업 모뎀* 없이는 아무것도 할 수 없다고 생각하라), 우리는 방법을 개선해야 한다. 그리고 이 특별한 언어의 통계학을 명심한다면 그렇게 할 수 있다. 방법은 매우 간단하다. '가장 흔한 문자'에 '가장 적은 비트'를 할당하고, '가장 드문 문자'에 '가장 많은 비트'를 할당하면 된다. 다시 말해서, '가장 덜 놀라운 문자'를 '가장 적은 비트'로 부호화하는 것이다. 섀넌은 우리에게 다음과 같은 부호화를 시도하라고 제안했다.

$$A = 0$$
$$B = 10$$
$$C = 110$$
$$D = 111 **$$

위의 코드가 가장 효율적임을 증명하려면, 각 문자의 '비트 수'에 '등장할 확률'을 곱하여 '문자당 비트 수의 평균'을 구하면 된다.

$$(1/2) \cdot 1 + (1/4) \cdot 2 + (1/8) \cdot 3 + (1/8) \cdot 3 = 1.75$$

---

\* 일반 전화선을 이용한 모뎀으로, 한때 가정에서 인터넷에 접속하는 경우에 주로 사용됨_옮긴이

\*\* C에 11을 할당하지 않는 이유가 뭐냐고 묻는 독자들이 있을지도 모르겠다. 그럴 경우, '복수의 기호로 구성된 메시지'를 명확히 해독하는 것이 불가능할 것이다. 예컨대 1110은 'CB(11 10)' 또는 'DA(111 0)'를 의미할 수 있다.

위의 코드를 이용해 송신된 메시지는 잉여성이 낮다. 동일한 아이디어를 좀 더 슬림하게, '문자당 2비트'가 아니라 '문자당 1.75비트'로 송신할 수 있으니 말이다. 나중에 알게 된 사실이지만, 1.75비트는 이 4문자 언어에서 특별한 수치이며, 모든 문자의 정보량을 비트로 나타낸 것이기도 하다. 이로써 우리는 한계에 도달했다. 이 언어에서 이보다 더 효율적인 코드는 작성할 수 없다. 이 코드의 정보밀집도는 최상이며, 단한 자리digit도 낭비되지 않는다. 섀넌의 첫 번째 정리에 따르면, 이보다 더 복잡한 메시지원(오디오, 비디오, TV, 웹페이지)도 훨씬 더 복잡하기는 하지만 이와 비슷한 방법을 이용해 효율적으로 압축될 수 있다.

이런 유형의 코드(섀넌과 파노가 개척하고, 파노의 제자 데이버드 허프먼이 개선했으며, 그 이후로 수십 명의 연구자들이 정교화한)는 '송신할 가치가 있는 메시지'의 범위를 엄청나게 확대함으로써 정보화시대에 결정적으로 기여했다. 만약 우리가 메시지를 압축할 수 없다면, 오디오파일 하나를 다운로드 받는 데 몇 시간이 걸릴 것이고, 웹 비디오를 스트리밍하는 것은 너무 느려 꿈도 꾸지 말아야 할 것이며, 수 시간짜리 TV 프로그램을 저장하는 데 작은 상자에 담긴 디스크 몇 장이 아니라 책꽂이 하나를 가득 채운 테이프가 필요할 것이다. 비디오 파일의 크기가 20분의 1로 줄어들 수 있는 것은 우리가 메시지를 압축할 수 있기 때문이다. 더욱 빠르고 저렴하고 방대한 통신이 가능하게 된 것은, 섀넌이 우리의 예측 가능성을 깨달았기 때문이다. 메시지에 포함된 예측 가능성은 삭감해도 될 만큼 풍부했다. 섀넌이 등장한 이후 우리의 신호는 광속으로 여행할 수 있게 되었다.

─ • ─

　그러나 신호는 여행하는 도중 위협에 직면하기 마련이다. 모든 신호는 잡음에서 벗어날 수 없기 때문이다. 모든 메시지는 변질·왜곡·혼합화를 면할 수 없으며 "가장 야심 찬 메시지"일수록, "먼 거리를 이동하는 가장 복잡한 펄스"일수록 가장 왜곡되기 쉽다. 잡음이 해결되지 않는다면, 인간의 통신은 조만간—1948년은 아니지만, 섀넌과 벨연구소 동료들이 살아 있는 동안—야망의 한계에 직면할 운명이었다.

　이것은 섀넌의 두 번째 기본 정리가 짊어진 부담이었다. 방정식에서 잡음을 일시적으로 삭제한 첫 번째 정리와 달리, 섀넌은 두 번째 정리에서 '잡음이 있는 현실 세계'를 가정하고 그 세계 안에서 '정확성 및 속도의 경계'를 보여주었다. 이러한 경계를 이해하려면, '말하고 싶은 것'만이 아니라 '말하는 수단(통신로)'까지도 분석할 필요가 있었다. 여기서 '말하는 수단'을 분석한다는 것은 전화선이 됐든 광섬유 케이블이 됐든 통신로의 품질을 검토하는 것을 의미한다.

　섀넌은 자신의 논문에서 채널 용량channel capacity이라는 아이디어를 처음으로 제시했는데, 채널 용량이란 '하나의 통신로가 정확히 다룰 수 있는 초당 비트 수'를 말한다. 그는 채널 용량과 다른 두 가지 특질(대역과 '신호 대 잡음비') 간의 정확한 관련성을 규명했다. 해리 나이퀴스트와 랠프 하틀리도 '용량·복잡성·속도 간의 상충 관계'를 탐구했지만, 그러한 상충 관계를 가장 정확하고 관리 가능한 형태로 기술한 사람은 섀넌이었다. 그러나 채널 용량에 대한 획기적 사실은 '다른 특질과 상충 관계에 있다'는 것뿐 아니라 '어떤 매체가 됐든 정확한 통신을 허용하는 한도(초당 비트 수로 표시되는 제한 속도)가 엄연히 존재한다'는 것이었다. 이윽고 섀넌한계Shannon limit라고 명명된 이 한계점을 넘어서면, 통신의 정확성을 보장할 수 없게 된다. 이로써 섀넌은 후배 공학자들 모두에게 '가망 없는 것을 추구하는 것은 시간낭비'라는 사고방식은 물론 '겨냥해야 할 표적'도 제공했다. 어떤 면에서 보면, 섀넌은 모든 후학들에게 '톰슨/대서양 횡단 케이블 시대 이후 공학자들이 추구해왔던 것' 즉 '메시지와 매체를 동일한 법칙에 예속시키는 방정식'까지도 제공한 셈이다.

여기까지만도 충분히 대단하다고 할 수 있지만 섀넌의 엄청난 발견, 즉 관점에 따라 기적일 수도 있고 상상을 초월한 것일 수도 있는 발견은 그다음 단계에서 나왔다. 놀라지 마시라. 그것은 "통신로의 제한 속도 내에서 원하는 만큼 정확한 메시지를 만들 수 있으며, 심지어 완벽하게 정확한(잡음에서 완전히 벗어난) 메시지를 얻을 수도 있다"는 것이었다. 이것은 섀넌의 발견 중에서 후세에 가장 지대한 영향을 미친 것으로, 로베르트 파노로부터 "섀넌의 생각이 거기에 미치기 전까지 알려지지 않았고 아무도 생각할 수 없었다"는 찬사를 받았다.

섀넌이 등장하기 전까지 '잡음은 견딜 수밖에 없다'는 것이 통념이었다. 그러다 보니 잡음을 줄이는 수단은 거의 바뀌지 않았다. 윌드먼 화이트하우스가 엄청난 양의 해저 케이블을 수장한 후에도, 공학자들 사이에서는 "전송(정보 송신)은 원칙적으로 송전(전력 수송)과 같다"는 통설이 지배했다. 과학적 근거도 없이 '더 큰 돈'을 들여 '더 많은 전력'을 공급하는 것, 말하자면 고함을 지름으로써 잡음을 뚫고 나가고, 더욱 우렁찬 신호를 뿜어냄으로써 신호 대 잡음비를 우격다짐으로 높이는 것이 최선의 해답으로 간주되었다.

완벽한 정확성*이라는 섀넌의 약속은 근본적으로 새로운 발상이었다. 공학 교수인 제임스 매시의 입장에서 볼 때, 섀넌의 이론이 코페르니쿠스적인 것은 바로 이 약속 때문이었다. 다시 말해서, 섀넌의 이론은 "역발상적 사고를 통해 '눈에 보이는 것'을 생산적으로 바라봄으로써 '세상에 대한 이해'에 혁명을 가져왔다"는 점에서 코페르니쿠스적이었다. 태양이 외견상 지구 주위를 도는 것처럼, 잡음에 대한 외견상 해법은 물리적 통신로, 전력, 신호 강도를 조절하는 것이었다. 그러나 섀넌은 직관에 반하는 해법을 제시했다.

"물리적 통신로에 매달리지 말고, 그 한계를 인정해라. 메시지를 조작함으로써 잡음을 극복하는 것이 가능하다. 잡음에 대한 해답은 '얼마나 크게 말하느냐'가 아니라 '똑같은 내용을 어떻게 말하느냐'이다."

대서양 횡단 전신 업무 현장에서 주춤거리던 작업자들은 신호의 변질을 어떤 방식으로 해결하려고 했을까? 그들은 다음과 같이 반복할 뿐이었다.

"미안하지만 한 번만 더 타전하라."

"좀 더 천천히."

"옳지. 됐다."

사실 섀넌은 아일랜드와 뉴펀들랜드에서 사면초가에 몰린 전건수key-tapper들이 본질을 제대로 짚었음을 입증했다. 자신들이 스스로 문제를

---

* 좀 더 정확히 말하면, 재량의 범위 내에서 낮은 오류율. 즉 우리가 원하는 만큼 낮으므로 감수할 의향이 있는 오류율.

해결했음에도 그 사실을 몰랐던 것이다. 만약 그들이 섀넌의 논문을 읽을 수 있었다면, "제발 잉여성을 첨가하세요"라고 했을 것이다.

어느 면에서 보면 해답은 이미 나와 있었다. '동일한 장소에서 동일한 오류가 두 번 연속 일어날 가능성은 낮다'는 암묵적 가정하에서, 시끄러운 방 안에서 똑같은 말을 두 번 반복한다는 것은 잉여성을 첨가하는 방법 중 하나였다. 그러나 섀넌은 훨씬 더 많은 것을 생각했다. 인간이 선천적으로 보유한 '언어 예측 능력'과 '정보 극대화 부전증'은, 아이러니하게도 인간을 오류로부터 최대한 보호해준다. 몇 쪽 앞에서 읽은 "영어는 우리에게 '다음에 올 문자'와 '다음에 올 파인애플'에 대한 완전한 자유를 제한한다"는 구절을 떠올려보라. 독자는 '파인애플'에 도달하는 순간—실제로는 '파' 자에 도달하는 순간—뭔가가 잘못되었음을 알아차렸을 것이다. 그리하여 오류를 탐지하고, 어쩌면 수정까지 했을지도 모른다. 우리가 그렇게 한 이유는, 구태여 계산기를 두드리지 않더라도 영어의 통계적 구조를 직관적으로 파악했기 때문이다. 그러한 직관은 "그 문장과 단락에 '파인애플'이라는 단어가 등장할 확률은 로또 당첨 확률보다도 낮다"고 말해주었을 것이다. 반면에 'XFOML'을 사용하는 언어에서 오류를 발견하기가 훨씬 더 어려운 이유를 생각해보라. 그 이유는 모든 문자의 출현 빈도가 동일하기 때문이다.[*]

---

[*] 데이비드 칸은 유용한 사고실험을 이용하여 이 점을 명쾌하게 설명했다. aaaa에서부터 zzzz에 이르기까지 모든 4문자 조합이 공정한 게임을 벌이는 언어가 있다고 생각해보자. 모든 경우의 수는 $456,976(=26^4)$가지이므로, 영어사전 한 권에 나오는 단어들을 모두 설명하고도 남을 정도다. 그러나 모든 문자 조합이 타당하다면 오류를 인식하기가 훨씬 더 어려워진다. 'come'을 의미하는 'xfim'이 'go'를 의미하는 'xfem'으로 바뀌어도, 잉여성이 없으므로 비상벨이 울리지 않을 것이다. 그와 대조적으로, 통상적인 언어들은 (본문에

260

섀넌이 보는 견지에서, 문제의 핵심은 이번에도 역시 코드에 있었다. 그가 증명한 바에 따르면, 우리는 잉여성이 방패로 작용하는 코드를 작성할 수 있음에 틀림없다. 그런 경우에는 필수불가결한 비트가 하나도 없으므로, 어떤 비트도 잡음의 손상을 흡수할 수 있다. 우리는 이번에도 A, B, C, D가 모두 포함된 메시지를 전송하고 싶어 하지만, 이번에는 '메시지를 압축하기'보다는 '잡음이 많은 통신로를 안전하게 통과시키기'에 관심이 더 많다. 이번에도 마찬가지로, 우리는 다음과 같이 게으르기 짝이 없는 코드에서부터 시작할 수 있다.

$$A = 00$$
$$B = 01$$
$$C = 10$$
$$D = 11$$

지지직거리는 TV 화면이나 대기의 간섭 또는 전송로의 물리적 손상에서 잡음이 저지를 수 있는 최악의 행동 중 하나는 비트를 속이는 것이다. 발신자가 '1'이라고 말했는데 수신자가 '0'으로 알아듣거나, 그와 반대로 발신자가 '0'이라고 말했는데 수신자가 '1'로 알아듣는 경우 말이다. 만약 위와 같은 코드를 사용할 경우, 단일 비트의 오류는 치명적일

---

서 '파인애플'을 불가능하게 했던) 문맥의 잉여성뿐만 아니라 정보가 포함되지 않은 문자의 잉여성 때문에도 덕을 본다. 모스부호에서 점 하나가 빠지면 'individual'이 'endividual'로 되지만, 그 오류를 탐지하기는 쉽다. 문자 몇 개에 비슷한 오류가 일어나더라도, 대부분의 영어 단어들은 발신자의 의도를 잃지 않은 채 꿋꿋이 버틸 수 있다.

수 있다. C를 구성하는 비트 중 하나라도 뒤집힌다면, C가 통신로에서 감쪽같이 사라지고 말 것이다. C(10)가 B(01)나 D(11)로 바뀌어도 수신자가 알 턱이 없다. 그런 뒤집힘이 두 번 일어나면 '아빠DAD'가 '택시CAB'로 돌변하게 된다.

그러나 우리는—인간의 언어가 직관적·자동적으로 문제를 해결하는 것과 마찬가지 방식으로—비트를 추가함으로써 그런 문제를 해결할 수 있다. 우리가 다음과 같은 코드를 사용한다고 생각해보자.

$$A = 00000$$
$$B = 00111$$
$$C = 11100$$
$$D = 11011$$

어떤 문자를 들여다봐도, 하나의 비트가 손상될 경우 다른 문자들보다는 원래 문자에 가까운 형태를 유지할 수 있다. 그러나 두 개의 오류가 일어날 경우에는 약간 애매해진다. 예컨대 00011은 B(00111)에서 한 개의 비트가 뒤집힌 것일 수도 있고, A(00000)에서 두 개의 비트가 뒤집힌 것일 수도 있다. 그러나 하나의 문자가 다른 문자로 바뀌려면 3개의 오류가 한꺼번에 발생해야 한다. 이처럼 새로운 코드는 첫 번째 코드가 하지 못했던 방법으로 잡음에 저항하며, 대서양 횡단 전신 업무에 종사한 작업자들의 단순 반복보다 더 효율적이다. 통신 매체 중 어느 부분도 교체할 필요가 없으므로, 붐비는 방 건너편에 대고 고함을 지르거나, 점화 코일을 전선에 연결하거나, TV 신호를 하늘에 두 번 발사할 필요가 없다. 신호를 영리하게 보내기만 하면 되니 말이다.

통신로의 제한 속도를 존중하는 한, '통신의 정확성'과 '극복할 수 있는 잡음의 양'에는 제한이 없다. 단 '더 많은 오류의 극복'이나 '더 많은 기호의 부호화'를 위해 '더욱 복잡한 코드'가 필요하다. '메시지를 압축하는 코드'와 '메시지를 오류로부터 지켜주는 코드'를 결합하는 것도 더욱 복잡한 코드를 필요로 한다. 그도 그럴 것이, 하나의 메시지를 최대한 효율적인 비트로 축약한 다음, 그 정확성을 보호하는 잉여성을 첨가해야 하기 때문이다.

부호화coding와 해독decoding은 많은 노력과 시간을 요구하기 마련이다. 그러나 섀넌은 "하나의 정답이 늘 존재한다"고 증명했는데, 그 정답은 바로 디지털digital이었다. 이로써 섀넌은 11년 전 학위논문 및 스위치 연구와 함께 시작되었던 재형상화reimaging* 작업을 드디어 완성했다. 즉 1과 0이 모든 논리를 기술할 수 있다는 것이다. 1과 0은 정보의 기본적 성격, 즉 '두 개의 요소로 이루어진 한 세트에서 동등한 선택지'를 의미했다. 모든 메시지를 오류 없이 송신하는 것이 가능하다는 사실이 증명된 이상, 우리는 '아무리 복잡한 것'이라도 '아무리 먼 거리'에 있는 '어느 누구'에게나 전송할 수 있게 되었다. 물론 전송하기 전에 1과 0으로 번역되어야 하는 것은 기본이다. 논리도 디지털이고, 정보도 디지털이기에.

---

* 재형상화의 의미에 대해서는 이 장의 맨 마지막 부분을 참고하기 바람_옮긴이

그렇다면 모든 메시지는 서로 친척이라고 할 수 있다.

"그 이전까지만 해도, 모든 사람들은 '통신이란 문어체 언어, 구어체 언어, 사진, 비디오를 전달하려고 노력하는 것이며, 이 모든 것들은 각각 다른 방법으로 전달해야 한다'고 생각했다."

섀넌의 동료 로버트 갤러거는 말했다.

"그러나 클로드는 아니라고 했다. 그는 그 모든 것들을 이진수로 전환한 다음 전송하는 방법을 찾을 수 있다고 했다."

우리는 어떤 메시지든 수신지와 무관하게 '비트의 흐름'으로 코딩할 수 있으며, 어떤 비트의 흐름이든 정보원과 무관하게 효율적이고 확실하게 전송할 수 있다. 정보이론가 데이브 포니는 이를 가리켜 "비트는 보편적 인터페이스"라고 말했다.

1948년 《벨 시스템 기술 저널》에 실린 77쪽짜리 논문 '통신의 수학적 이론'에서 제시된 발상은 이윽고 디지털 세상을 창조하게 된다. 인공위성이 지구에 2진 코드로 이야기하고, 디스크가 '자국'과 '긁힘'을 통해 음악을 재생하며(저장은 또 하나의 통신로이며, 긁힘은 또 하나의 잡음이다), 세상의 정보는 가로 5센티미터짜리 까만 직사각형*으로 집약되었다.

섀넌이 "코드가 틀림없이 존재한다"고 증명했으므로, 그를 비롯하여 어느 누구도 '그 코드가 무엇인지'를 밝히려 하지 않았다. 그러나 그의 논문의 대담성에 대한 환상이 차츰 사라지면서—요컨대 그는 하나의 새로운 장을 열고, 대부분의 문제를 한방에 해결했다—하나의 궁금증

---

\* 1989년부터 1990년대 초까지 제니스 미니포트Zenith Minisport라는 노트북 컴퓨터의 저장 매체로 사용되었던 2인치 플로피디스크(LT-1)를 말함_옮긴이

이 필연적으로 '클로드 섀넌'과 '클로드 섀넌의 이론'에 대한 대화를 지배하게 되었다. 그것은 '그 코드를 찾으려면 시간이 얼마나 걸릴까?'라는 것이었다. 만약 발견된다면, 일상적인 실용성이 있을까? 좀 더 저렴한 비용으로 그럭저럭 버틸 수는 없을까? 상상 속의 언어, 의미 없는 메시지, 무작위 문장 등 전송될 수 있는 모든 신호를 포괄하고 설명할 수 있다고 주장하는 철학으로 가득 찬 괴상망측한 논문이 '하나의 우아한 이론' 이상의 값어치가 있을까? 모든 공학자들이 공감할 수 있는 말로 표현하면, '그게 과연 작동할까?' 하는 의문이 꼬리에 꼬리를 물고 이어졌다.

— • —

그러나 일련의 의문들이 다른 방향에서 전혀 다른 태도로 제기되었다. 전하는 이야기에 따르면, 클로드 섀넌과 존 폰 노이만이 1940년 프린스턴에서 의미심장한 대화를 나눴다. 그 즈음 섀넌은 파경의 아픔을 딛고 자신의 이론을 주섬주섬 챙기고 있었다. 섀넌은 '정보 = 해소된 불확실성'이라는 발상(이 발상은 조만간 그의 연구 중심부에 자리 잡게 된다)과 '잘난 체하려는 게 아니라 정말로 순수한 의문'을 품고 당대 최고의 석학에게 다가갔다. 그리고 대뜸 이렇게 물었다.

"정보를 뭐라고 불러야 할까요?"

존 폰 노이만은 곧바로 이렇게 대답했다.

"정보가 '엔트로피'를 감소시킨다고 말하게. 왜냐고? 첫째로, 그것은 훌륭하고 견고한 물리학 용어일세. 그리고 더 중요한 것은 엔트로피의 진정한 의미를 아는 사람이 아무도 없다는 걸세. 그러니 자네는 어떤 논쟁에서든 늘 승기를 잡을 수 있지."

이러한 대화는 결코 성사되지 않았을 게 거의 확실하다. 그러나 위대한 과학은 구비설화를 스스로 지어내는 경향이 있는 데다, '섀넌과 폰노이만의 만남'이라는 이야기의 시대적 배경은 섀넌의 논문과 시기적으로 거의 일치한다. 그러다 보니 이 이야기는 각종 세미나·강연·서적에서 지속적으로 확대재생산되었고, 섀넌 자신은 학회와 인터뷰에서 그 이야기가 나올 때마다 손사래를 치며 너털웃음을 웃어야 하는 곤욕을 치렀다. 그 이야기가—이 책에서도 그렇듯—그토록 끈질긴 생명력을 유지했던 이유는, '정보와 엔트로피 간의 관계'가 매우 암시적이었기 때문이다.* 이에 대해서는 두 가지 해석이 가능하다. 한편으로 섀넌의 논문이 성공하기 위해 엔트로피의 유명세에 편승한 측면이 있고, 다른 한편으로 섀넌이 기꺼이 인정한 것 이상으로 엔트로피가 심오한 진리를 암시했다는 느낌이 든다.

엔트로피의 진정한 의미를 아는 사람이 아무도 없다는 것은 과장된 말이다. 엔트로피의 개념은—최소한 정보만큼이나—수없이 많은 변화

---

* 정보와 엔트로피의 관련성은 섀넌의 논문에서 명백히 제시되었다. 그러나 정보와 물리학의 관련성은 일찍이 1929년 헝가리의 물리학자 레오 질라드에 의해 처음 제안되었다. 간단히 말해서, 질라드는 '열의 물리학'에 관한 오랜 수수께끼를 해결했다. "열역학 제2법칙에 따르면 '엔트로피는 끊임없이 증가한다'고 하지만, 제임스 클럭 맥스웰이 '악마'라는 별명을 붙인 미세한 지적 존재를 상상해보면 그렇지 않은 것 같다. 악마는 차가운 분자에서 뜨거운 분자를 골라냄으로써 엔트로피를 감소시키려 하지 않는가! 그게 열역학 제2법칙에 위배될까?" 질라드는 그렇지 않음을 증명했다. 즉 "분자를 골라내는 행위 자체가 충분한 에너지를 소모하기 때문에, (맥스웰이 달성했다고 주장하는) 에너지 절약분을 상쇄한다"는 것이다. 다시 말해서, 입자에 관한 정보를 학습하는 데 에너지가 든다는 것이다. 그러나 섀넌은 1948년 논문을 쓸 때 질라드의 논문을 읽지 않았다.

를 겪었는데, 그중에는 과학적으로 타당한 것도 있고 그렇지 않은 것도 있었다. 그것은 증기기관이 스스로 작동할 수 없는 이유였고, 열과 에너지가 소멸하는 이유, 즉 '닫힌계의 모든 부분은 차츰 미지근한 찌꺼기로 변한다'는 불변적 경향이었으며, 조악하지만 공감이 가는 표현을 쓴다면 '무질서 곧 혼돈을 향해 나아가는 경향'이었다. 그것은 우리 삶이 직면한 딜레마였다. 제임스 글릭은 이에 대해 "유기체는 조직한다Organisms organize"고 간결하게 말한 후, 다음과 같이 부연 설명을 했다.

> 우리는 우편물을 정리하고, 모래성을 쌓고, 직소퍼즐을 맞추고, 왕겨에서 밀을 분리해내고, 체스의 말을 정리하고, 우표를 수집하고, 책을 알파벳 순서로 정리하고, 대칭을 만들고, 소네트와 소나타를 작곡하고, 방을 정리한다……. 우리는 (단지 인간으로서가 아니라, 살아 있는 존재로서) 구조를 퍼뜨린다. 우리는 평형을 향해 나아가는 경향을 방해한다. 이런 과정들에 대해 열역학적 설명을 시도하는 것은 어처구니없지만, '우리가 엔트로피를 감소시키고 있다'고 말하는 건 어설프지 않다. 한 조각씩 한 조각씩, 한 비트씩 한 비트씩.

우리는 이 모든 질서를 추구하는 데 있어서 세상의 정보성을 감소시킨다. 그도 그럴 것이, 그 과정에서 '해소될 수 있는 불확실성'의 양이 감소하기 때문이다. 이런 점에서 볼 때, 정보통신의 예측 가능성은 '더욱 커다란 예측 가능성'이 투영된 상image이다. 우리 모두는 예측기이며, 우리 자신을 끊임없는 정보 생산자 겸 정보 소비자로 간주한다. 그런데 새넌이 제시한 엔트로피의 의미에서 보면, 우리의 모습은 그와 정반대인 것 같다. 즉 세상으로부터 정보를 계속 빨아들이고 있는 듯하다.

그러나 실제는 그렇지 않다. 열은 소멸하고, 궁극적으로 무질서는 증가한다. 물리학자들에 따르면, 엔트로피는 영원히 상승곡선을 그린다. 엔트로피가 최대인 상태가 되면, 예측가능성의 모든 주머니는 텅 빈 지 오래며, 모든 입자 하나하나가 놀라움의 대상이다. 모든 것들은—만약 그것을 읽을 눈이 있다면—'정보성이 가장 높은 메시지'로 읽힐 것이다.

지금껏 장황하게 설명했음에도 아직 해결되지 않은 의문이 있다. '정보 = 엔트로피'라는 말은 '번지수가 틀린 성과 없는 비유'일까, 아니면 세상에 대해 논하는 데 도움이 될 만큼 다소 공감이 가는 말일까? 정보라는 게 물리학자들도 높이 평가할 만큼 그렇게 근본적인 것일까? 입자들이 이 상태 저 상태를 수시로 넘나드는 마당에, 그걸 스위치나 논리회로나 0/1에 비유한다는 게 눈속임 이상의 것이 될 수 있을까? 달리 말해서, 정보의 본질은 '메시지와 기계의 산물 등 우리가 세상에 부가한 것'일까, 아니면 '우리가 세상에서 알아낸 것, 즉 지금까지 세상에 존재해 왔던 것'일까?

이것은 섀넌의 이론을 끈질기게 따라다닌 의문 중 일부일 뿐이었다. 섀넌 자신은 그런 수수께끼들을—심지어 엔트로피라는 감질나는 용어 또는 은유를 이용해 환심을 사려 애쓰는 동안에도—거의 늘 묵살했다. 그의 이론은 '메시지, 송신, 통신, 코드에 관한 이론'이었다. 그것으로 족했다.

"나의 관심이 어디에 있는지 당신들도 잘 알고 있지 않소?"

그러나 이런 입장을 고수하는 가운데, 섀넌은 인간의 고질적인 습관, 즉 '손에 쥔 도구의 모습에서 우주를 재형상화하는 경향'과 맞닥뜨렸다. 우리는 시계를 만든 다음 세상은 시계 장치처럼 움직인다고 생각했고, 증기기관을 만든 다음 세상은 열을 처리하는 기계라고 생각했다. 우리는 정보망(스위치 회로, 데이터 송신, 대륙을 연결하는 약 80만 킬로미터짜리 해저 케이블)을 건설한 다음, 세상을 정보망의 이미지 속에서 바라보게 되었다.

# 17. 논공행상

클로드 섀넌은 살아생전에 '정보'가 '한 이론의 이름'에서 '한 시대의 이름'으로 격상되는 것을 보게 된다. 논문을 통해 정보이론이 발표되고 나서 수십 년 후,《사이언티픽 아메리칸》은 섀넌이 1948년에 발표한 논문을 일컬어 "정보화시대의 대헌장The Magna Carta of the Information Age"이라고 했다. "섀넌의 논문이 없었다면 우리가 아는 인터넷은 탄생할 수 없었을 것이다"라는 전형적 찬사에 이어, 다음과 같은 미사여구들이 꼬리에 꼬리를 물었다. "인류 문명에 크게 기여.""다양한 과학 분야의 문제 해결을 위한 보편적 단서를 제공.""매년 그 논문을 읽지만, 경이로움은 늘 그대로다. 논문을 읽을 때마다 IQ가 상승하는 것을 실감한다.""내가 아는 범위에서, 과학기술 사상사에서 그보다 더 위대한 천재적 논문은 없다."

그러나 1948년 당시, 그런 엄청난 영예의 대부분은 먼 훗날의 일이었다. 그도 그럴 것이, 어마어마한 정보이론을 이해할 수 있는 사람은 극소수의 통신공학자와 수학자 들밖에 없었던 데다 벨연구소에서 발간한《벨 시스템 기술 저널》이라는 전문 잡지 외에 논문을 접할 창구가 없었기 때문이다. 이런 점에서 볼 때, "내 논문(통신의 수학적 이론)이 연구소의 범위를 신속히 넘어 공학계의 관심을 끌고, 10년 내에 일종의 세계적 현상으로 발돋움할 것"이라던 섀넌의 생각은 결코 과장이 아니었다. 심지어 섀넌 자신이—아이러니하고 부질없는 일이지만—자신의 논문이 전파되는 속도를 늦추려고 노력한 적도 있었다(21장 참조).

— • —

섀넌의 논문이 출판되고 나서 몇 개월 후, '획기적'이라는 단어가 통신공학자 세계에 일파만파로 확산되었다.

"물론 섀넌이 1940년대에 연구실에만 틀어박혀 나 홀로 연구에 매진했던 건 아니지만, 연구 결과가 너무나 획기적이고 독창적이었기 때문에 당대의 통신 전문가들조차 그 의미를 이해하느라 쩔쩔맸다."

정보이론가인 R. J. 맥클리스는 말했다. 그러나 아무리 그렇더라도, 섀넌의 결과물이 학계를 재편하는 것은 시간문제였다. 그의 논문은 뜨거운 박수갈채를 받으며 삽시간에 여러 과학자들의 새로운 출발점이 되었다. 2쇄가 인쇄된 지 불과 한 달 후인 11월에 두 편의 파생 논문이 발표되어, 섀넌의 초기 발상에 기반한 펄스부호변조pulse code modulation(PCM)*의 이점을 탐구했다. 뒤이어 섀넌의 논문과 직접적으로 관련된 유의미한 논문 다섯 편이 잇따라 발표되었다.

그리하여 작지만 헌신적인《벨 시스템 기술 저널》의 독자들이 퍼뜨리기 시작한 '정보이론에 관한 뉴스'는 수학과 공학계에 큰 파문을 일으켰

---

* 아날로그 신호의 디지털 변환 기술. 송신측에서 아날로그 파형을 일단 디지털화하여 전송하고, 수신측에서 그것을 다시 아날로그화하는 방식으로 아날로그 정보를 전송함_옮긴이

다. 그것은 특히 한 독자의 흥미를 자극했는데, 그가 바로 나중에 섀년의 가장 중요한 전도사로 활동하게 되는 워런 위버였다. 그는 록펠러재단의 자연과학 분과를 이끌던 인물이었는데, 록펠러재단은 미국의 과학 및 수학 연구를 지원하는 주요 자금줄 중 하나였다.

워런 위버는 제2차 세계대전 중 손턴 프라이와 바네바 부시의 지원하에 '사격통제 연구 용역 계약'을 체결함으로써 섀년과 일찌감치 인연을 맺었다. 그러나 이제는 '통신의 수학적 연구'가 단행본으로 출판되는 데 촉매 역할을 수행함으로써 섀년의 경력에서 결정적 역할을 수행하게 된다. 정보이론이 전파되는 과정에서 단행본이 발휘한 위력은 전문 저널에 실린 논문 한 편을 완전히 압도했다.

— • —

클로드 섀년과 워런 위버는 1948년 가을에 만나 정보이론에 대해 이야기를 나눴다. 위버는 아마도 넘치는 열정을 주체하지 못한 듯, 정보이론이 컴퓨터를 도와 냉전과 싸우고 소비에트 문서를 즉시 영어로 번역해주는 세상을 예견했다. 섀년에게서 영감을 얻은 위버는, 섀년의 논문을 록펠러재단의 이사장 체스터 바너드에게 적극 추천하기로 했다. 1949년 초 위버는 자신이 직접 집필한 '통신의 수학적 연구 해설판(비전문가용)'을 바너드에게 보냈다.

그러나 그것은 이야기의 시작에 불과했다. 최근 한 역사가는 "위버가 '섀년의 해설자'가 된 것은 거의 우연이었다"라고 논평했는데, '우연'보다 더 적확한 표현은 없는 것 같다. 만약 두 남자가 없었다면, 위버의 메모는 또 하나의 '잊혀버린 부처 간 편지' 또는 '읽히지 않은 잡지 기사'로 남을 뻔했기 때문이다. 그 두 인물은 일리노이대학교의 대학원장 루이스 리드너와 같은 대학교의 통신연구소장 월버 슈럼이었다.

루이스 리드너는 물리학과 지정학의 풍요로운 교차점에서 20세기 초를 보냈다. 그는 제2차 세계대전 중 유명한 MIT 방사선연구소MIT Radiation Laboratory, 일명 래드랩Rad Lab에서 활동했다. 래드랩은 "영국을 겨냥한 루프트바페(독일 공군)의 폭격 항정bombing run을 격퇴하기 위한 대량생산 레이더 기술을 완성한다"는 커다란 야망을 품고 시작되었다. 하지만 그 기원은 불가사의한 베일에 가려져 있었다. 설립 자금을 제공한 앨프리드 리 루미스는 개인주의적 성향이 강한 백만장자 자본가이자 변호사, 독학한 물리학자로 래드랩의 초기 운영 자금을 독자적으로 부담했다. 래드랩은 독일의 유보트U-boat 탐지에 사용되는 레이더 시스템을 대부분 만들었고, 래드랩이 보유한 과학기술자 인맥은 맨해튼 프로젝트Manhattan Project의 핵심 세력 중 상당 부분을 차지했다. 래드랩을 이끌었던 리 두브리지는 나중에 뼈 있는 농담을 던졌다.

"레이더는 전쟁의 승리자였고, 원자폭탄은 전쟁의 종결자였다."

요컨대 래드랩과 맨해튼 프로젝트는 전투원들의 물리학 경연장이었다.

워런 위버는 일리노이주 샴페인어바나에서 루이스 리드너와 공적인 일로 만나, 록펠러재단이 일리노이대학교의 생물학 프로그램에 연구비를 제공할 것인지에 대해 논의하고 있었다. 그는 그 자리에서 섀넌의 논문 해설판 한 부를 리드너에게 증정했고, 리드너는 그것을 일리노이대학교의 또 다른 슈퍼스타인 윌버 슈럼에게 건넸다. 슈럼이 이끄는 통신 연구소는 때마침 '통신의 토대 구축'을 공식적인 연구 분야로 지정하려 던 참이었다. 전해지는 이야기에 따르면, 최초의 통신학자인 윌버 슈럼 은 오늘날 세계적으로 유명해진 아이오와작가워크숍Iowa Writers' Workshop 을 설립한 사람이었다. 그 워크숍은 로버트 펜 워런에서부터 메릴린 로 빈슨에 이르기까지 기라성 같은 작가들의 고향이다.

어떤 면에서 볼 때, 통신은 윌버 슈럼에게 아이러니한 선택이었다. 어 린 시절 편도선 수술을 잘못 받는 바람에 심각한 말더듬이가 됐는데, 그 는 이를 매우 난처하게 여겨, 졸업생 대표에게 주어지는 특전으로 연설 대신 플루트 연주를 택했다. 그러나 그는 언어 장애에도 불구하고 마리 에타칼리지를 최우등summa cum laude 성적과 파이베타카파Phi Beta Kappa 클 럽 회원으로 마치고, 아이오와 시티의 유명한 말더듬이 클리닉에서 치 료를 받으면서도 아이오와대학교에서 미국문학 박사학위를 취득했다.

윌버 슈럼이 학교에서 맡은 보직 중에는 '일리노이대학교 출판부의 관리·감독'이 포함되어 있었는데, 그는 리드너의 권유로 '수학이론' 대 중서를 출판하면 좋을 것 같다'는 생각을 하게 되었다. 그와 리드너의 생각은 노련한 연구소 운영자라면 누구나 해봄 직했다. 슈럼이 이끄는 통신연구소는 '떠오르는 통신 연구' 분야를 위해 다양한 형태의 신뢰성 제고 방안을 강구하고 있었다. 한편 리드너는 당시 자신이 추진하던 컴 퓨터 구입 프로젝트를 둘러싼 학내 반발로 곤욕을 치르고 있었다. 그런 상황에서 일리노이대학교가 워런 위버와 클로드 섀넌을 전면에 내세운 서적을 출판한다면, 출판부가 새로 기획한 '컴퓨터 개발자 강의 시리즈'

를 완벽하게 뒷받침할 수 있었다. 그것은 리드너와 슈럼이 각각 추진하던 프로젝트에 모두 부합하는 일이었다.

동기야 어찌됐든, 그 책은 현실이 되었다. 대학 출판부가 요구하는 소정의 기준을 충족함으로써 출판은 무사히 성사되었다. 정보이론이 처음 발표되고 나서 1년 후인 1949년 첫선을 보인 《통신의 수학적 이론》은 4년 동안 6,000부가 판매되었다. 1990년까지 판매 부수는 총 5만 1,000부로, 대학 출판부에서 발간된 학술 서적 중 베스트셀러의 반열에 올랐다.

책은 최종적으로 3부로 구성되었는데 1부는 섀넌이, 2부와 3부는 위버가 집필했다. 1부에는 섀넌이 1948년에 발표한 원래 논문이 그대로 실렸고, 2부와 3부에서는 위버가 섀넌의 이론을 일반인들에게 친숙한 용어를 이용하여 가능한 한 쉽게 풀어 설명했다. 구성이 그렇다 보니, 그 책은 본의 아니게 '위버 = 정보이론 발달에 기여한 핵심인물'이라는 인상을 풍겼다. 그로부터 수십 년간 논평자와 관측통들은 "섀넌과 위버의 정보이론"이라는 말을 쓰거나, 한 걸음 더 나아가 위버를 "정보이론의 공동 창시자"라고 부르게 된다. 위버는 그런 부정확한 행동에 가담하지 않고, 리드너에게 즉시 시정을 요구했다.

"단언하건대, 정보이론에 대한 나의 기여도는 섀넌에 비해 지극히 미미합니다."

사실 위버가 리드너에게 제기하고 싶었던 문제는 단 하나, 즉 '정보이론의 발달 과정에서 자신이 수행한 역할이 과대평가될까 봐 우려된다'는 것이었다. 그가 집필한 부분은 섀넌의 논문에 대한 '사실상의 서론'이었으므로, 그 점이 최우선적으로 고려되었어야 했다.

진작에 나의 미미한 기여도를 인정하고, 그렇게 인정하는 것이 왜 합당한지를 짧게나마 언급했어야 했습니다. (아마도 내가 직접 언급하는 것이 가장 적절했겠죠?) 그리고 그 책에서 가장 진지하고 중요한 부분은 1부이므로, 독자들에게 1부를 숙독하라고 당부했어야 했습니다. 모든 게 제 불찰입니다.

위버는 자기가 섀넌의 공을 가로챈 듯한 인상을 줄까 봐 노심초사했지만, 슈럼과 리드너는 그의 공로를 치하했다. 《통신의 수학적 이론》은 그들이 원했던 바를 다 이루었다. 1952년 일리노이대학교는 디지털 컴퓨터를 장만했고, 그와 동시에 연방정부와 '정보이론 연구를 위한 대규모 용역 계약'을 체결했다.

— • —

《통신의 수학적 이론》 발간은 정보이론의 역사에서 결정적 순간 중 하나로 기억된다. 이는 비단 상업적 성공 때문만은 아니었다. 심지어 책의 제목도 중요한 메시지를 전달했다. 섀넌이 본래 발표한 논문은 제목이 부정관사 'A'로 시작되었지만, 불과 1년 만에 정관사 'The'로 교체됨으로써 확정성을 부여 받게 되었다. 겉보기에 미미해 보이지만, 그것은 엄청난 변화였다. 전기공학자 겸 정보이론가인 로버트 갤러거가 지적한 바와 같이, "한 전문 저널에 실린 여러 논문 중 하나"에서 "주목할 만한 단행본"으로 맥락이 변화했다는 것은 섀넌의 이론이 최고의 자리에 등극했음을 상징하는 것이었다. 그것은 "섀넌의 정보이론이 독보적으로 군림하고 있다"는 과학계의 인식이 증가했음을 의미했다.

# 18. 불순한 수학적 의도?

과학적 발견에 얽힌 저주 중 하나는 종종 '오해'나 '노골적인 묵살'로 체면을 구기는 것이다. 찰스 다윈(1809~1882)에게 지질학을 가르쳤던 저명한 지질학자 애덤 세지윅(1785~1873)은 《종의 기원》이 발간된 후 보낸 편지에서 이렇게 말했다.

"자네의 책을 읽는 동안 즐거움보다 고통이 더 많았네. 어떤 부분에서는 감탄했지만, 어떤 부분에서는 하도 웃어서 옆구리가 아플 지경이었다네. 어떤 부분에서는 유감스럽기 짝이 없었다네. 왜냐하면 완전히 거짓인 데다 지나치게 악의적이라는 생각이 들었거든."

실비아 네이사는 존 내시(1928~2015)의 전기 《뷰티플 마인드》에서, 그에게 노벨 경제학상을 안겨준 게임이론에 대해 이렇게 썼다.

"처음에 그의 아이디어는 '너무나 단순해서 재미가 없고, 너무나 편협해서 널리 응용될 수 없으며, 너무나 명백해서 다른 누군가가 먼저 발견했을 게 뻔하다'는 평을 들었다."

과학적 혁명이 아무의 반대도 받지 않고 일사천리로 진행되는 경우는 극히 드물다.

섀넌의 논문도 일부 진영에서 푸대접을 받았다. 묵직하면서도 예리한 비판을 처음 퍼부은 사람은, 확률론에 기여한 수학자 조지프 L. 두브 (1910~2004)였다. 미국 중서부에서 태어나 세 살 때 뉴욕으로 이주한 두브는 일찌감치 총명한 학생으로 두각을 나타내 뉴욕의 필드스턴학교Ethical Culture Fieldston School(ECSF)에 입학했다. ECSF는 그 당시 뉴욕 사회에서 독특한 학교로 소문이 자자했다. "빈민층도 최고 수준의 교육을 받을 자격이 있다"는 설립자의 급진적 신념에도 불구하고 학교의 학문적 평판이 워낙 높다 보니 부유층의 관심까지 끌었다. 20세기에 배출된 인재로는 마빈 민스키(1927~2016)와 J. 로버트 오펜하이머(1904~1967)가 있었는데, 민스키는 인공지능의 개척자로서 장차 섀넌의 동료가 되었고, 오펜하이머는 누구나 다 아는 '원자폭탄의 아버지'이다.

조지프 두브는 ECSF를 우수한 성적으로 졸업한 후 하버드에 들어갔다. 전해지는 이야기에 따르면, 하버드의 더딘 수학 진도에 불만을 품고 2학년과 3학년 미적분학을 동시에 수강하여 둘 다 에이플러스를 받았다고 한다. 상당수의 동급생들과 달리, 두브는 자신이 장래에 수학자가 될 것임을 전혀 의심하지 않았다.

두브의 자신감은 그가 시도한 연구의 규모에서 여실히 드러났다. 그가 1953년 발간한 확률론 서적은 무려 800쪽으로, 19세기 이후 확률론 분야에서 가장 큰 영향력을 발휘한 책으로 평가 받았다. 그의 자신감은 다른 방식으로도 표출되어, 시원찮다고 생각하는 이론이면 뭐든 맹렬히 비판했다. 심지어 "나는 문젯거리를 찾는다. 걸리기만 하면 가만두지 않겠다'라고 공공연히 떠벌리고 다녔다. "맨 처음 수학에 관심을 갖게 된 동기가 뭐냐"는 질문에 그는 다음과 같이 답변했다.

나는 '내가 하는 일이 무엇인지'와 '내가 왜 그런 일을 하는지'에 대해 늘 관심이 많았다. 누구에게 듣거나 책에서 읽은 내용이 조금이라도 이상할 때마다 꼬치꼬치 따지다 보니, 주변에서 종종 '성가신 존재'라며 손가락질을 받곤 했다. 벌거벗은 황제를 목격하고 "임금님은 벌거숭이!"라고 크게 외친 소년이 나의 영원한 롤모델이었다. 나는 수학이 나의 심리에 꼭 들어맞는 것 같다고 생각해 수학을 일찌감치 평생 직업으로 선택했다. 그러나 지금에 와서 생각해보니, 아무래도 잘못 선택한 것 같다. 수학이 인간의 창조물이라는 사실을 간과한 게 큰 실수였다.

친구들의 회고에 따르면, 조지프 두브는 날카로운 비판에 종종 유머를 가미했다. 한 번은 동료 로버트 코프먼과 함께 '학생들이 고전을 의무적으로 읽어야 하는가'에 대해 뜨거운 논쟁을 벌였다. 코프먼은 고전 필독론에 찬성했고, 두브는 코프먼을 자극하기 위해 사사건건 트집을 잡았다. 울화통이 치민 코프먼이 "오, 마이 갓!"이라고 외치자, 두브가 침착하게 대꾸했다.

"나를 신격화하다니! 그러지 말고 그냥 교수님이라고 불러도 되네."

무엇보다도, 두브는 '엄밀하고 종종 난해한 이론 수학의 세계'에 충성을 바치겠다고 맹세했다. 응용수학이 구체적 의문을 해결하는 데 관심을 갖는다면, 순수수학은 수학 자체를 위해 존재한다. 이론 수학의 가장 중요한 의문은 '전화 대화를 어떻게 암호화할 것인가?'가 아니라, '쌍둥이 소수素數의 개수는 무한히 많은가?' 또는 '순수한 수학 명제들은 모두 증명이 되었나?'이다.

순수수학과 응용수학의 대립은 일찍이 고대 그리스에서 비롯되었는데, 수학사가 칼 보이어는 플라톤에서 그 기원을 찾는다. 플라톤은 '단순한 계산'을 상인이나 장군에게 적당한 수학으로 간주했다. "장군이 수를 다루는 방법을 배우지 않으면 군대를 배치하는 방법을 알 수 없기" 때문이다. 그러나 철학자들만큼은 '고차원적 수학'을 연구해야 한다고 생각했다. "왜냐하면 그들은 변화무쌍한 삼라만상 중에서 진정한 존재를 파악해야 하기" 때문이다. 기하학의 아버지 유클리드는 고상한 체 할 줄 아는 감동적인 수학자였다. 하루는 한 학생이 난데없이 "기하학을 배워 어디에 쓰나요?"라고 질문하자, 노예를 불러 동전 세 닢을 던져주라고 하며 이렇게 말했다고 한다.

"저 불쌍한 녀석은 자기가 배운 데서 금전적 이익을 얻어야만 직성이 풀리는가 보다."

현대가 가까워짐에 따라, 20세기의 수학자 고드프리 H. 하디(1877~1947)는 순수수학의 기본이 되는 책을 썼다. 《어느 수학자의 변명A Mathematician's Apology》은 일종의 "수학 자체를 위한 선언"으로, 하디는 소크라테스가 아테네 법정에서 행한 변론에서 힌트를 얻어 그런 제목을 지었다. 하디에게는 수학적 우아함 자체가 목표였다.

"순수수학의 첫 번째 기준은 아름다움이다."

그는 주장했다.

"이 세상에 추한 수학이 영구적으로 머무를 장소는 없다."

그러므로 수학자는 단지 '실용적 문제의 해결사'가 아니라, 화가나 시인과 마찬가지로 '패턴 창조자'이다. 만약 그 패턴이 다른 수학자들의 것보다 영구적이라면, 그건 그만의 독창적 아이디어를 원료로 제조되었기 때문이다. 그와 대조적으로, 지극히 평범한 응용수학은 무미건조하고 추하고 사소하고 기초적이다.

순수수학자들은 존 폰 노이만의 게임이론 논문을 우습게 보며 그것을 "고작 최신 유행" 또는 "등급 미달déclassé"이라고 불렀다. 조지프 L. 두브가 클로드 섀넌을 단죄했듯이, 그들은 존 내시에게도 비슷한 판단을 내렸다.

— • —

미국 최고의 확률이론가 중 한 명인 조지프 L. 두브는, 섀넌의 논문을 평가하기에 안성맞춤인 위치에 있었다. 그의 비평은 1949년 《매스매티컬 리뷰Mathematical Review》에 실렸다. 그는 논문의 내용을 간략히 정리한 후 일언지하에 묵살함으로써 향후 몇 년 동안 섀넌 지지자들의 속을 부글부글 끓게 만들었다.

"이 논문은 온통 허점투성이다. 수학적이라기보다 시종일관 암시적이어서 저자의 수학적 의도가 고결하기는커녕 때로 불순하다는 느낌마저 든다."

웬만하면 덕담을 건네는 것이 학술적 평가의 관례였음을 감안할 때 그의 비판은 지나치게 혹독했으며, 결투나 마찬가지였다.

그로부터 40년 후 인터뷰 전문가 앤터니 리버시지는 클로드 섀넌에게 조지프 두브의 비평을 듣고 소감이 어땠는지 물었다.

리버시지 : 《통신의 수학적 이론》이 출간되었을 때, 한 분개한 수학자가 전문 잡지에 기고한 비평에서 당신의 수학적 부정직성을 성토했습니다. 즉 당신의 결론이 수학적으로 엄밀하게 증명되지 않았다는 거였죠. 그때 소감은 어땠나요? 어처구니없다고 생각했나요, 아니면 그의 비판을 잠재우기 위해 더욱 열심히 노력해야겠다고 생각했나요?

섀넌 : 그의 견해가 못마땅했습니다. 그는 내 논문을 건성으로 읽었던 게 분명했거든요. 논문을 쓸 때는 미주알고주알 늘어놓듯 쓸 수도 있고, 큰 줄기만 쓰고 나머지는 독자들의 건전한 상식에 맡길 수도 있어요. 내 논문은 후자였습니다. 나는 내 논문이 직관적 의미에서든 엄밀한 의미에서든 정확하다고 확신했습니다. 분명히 말하지만, 그 논문은 정직한 수학적 의도에 따라 정확히 집필되었어요.

섀넌은 자신의 입장을 방어할 필요성을 거의 느끼지 못했다. 왜냐하면 조지프 두브가 핵심을 찌르지 못한 채 비본질적인 부분을 물고 늘어졌기 때문이다. 더욱이 섀넌은 자신이 실용성을 도모하기 위해 수학의 경계 중 일부를 허물었다는 점을 의식하고 있었다. 이와 관련하여, 그는 논문의 중간 부분에서 다음과 같은 점을 짚고 넘어갔다.

"나는 이 부분에서 다소 자유분방하게 기술했는데, 이런 기술 방식은 모든 실용적 사례에서 정당화될 수 있다고 사료된다."

섀년의 입장은 충분히 납득할 만했다. 그 논문의 주요 독자들은 통신 공학자들이므로 '실용적 의도'가 '순수한 수학적 의도'에 못지않게 중요했기 때문이다. 그런 점에서 볼 때 두브는 섀년의 진의를 파악하지 못하고 변죽만 울린 셈이었다. 그것은 마치 모나리자를 꼼꼼히 살펴본 후 '그림 자체'가 아니라 '액자'에 시비를 건 것이나 마찬가지였다.

아이러니한 점은 '섀년의 논문은 수학적으로 불충분하다'는 두브의 주장이, 공학자들이 제기한 불만과 정면으로 배치되었다는 것이다. 수학자 솔로몬 골롬에 따르면, 섀년의 논문이 처음 발표되었을 때 일부 통신공학자들이 "너무 수학적이고, 너무 이론적"이라며 불만을 터뜨렸다고 한다. 그도 그럴 것이, 그 논문에 무려 스물세 가지 정리가 수록되어 있었기 때문이다.

돌이켜보면, 문제의 핵심은 수학을 바라보는 가치관에 있었다. 즉, 두브는 '수학 자체'에 집착한 데 반해, 섀년은 수학을 '어떤 목적을 달성하기 위한 수단'으로 간주했다. 솔로몬 골롬은 이렇게 말했다.

"섀년은 직관적으로 문제를 해결한 후 간략한 풀이 과정을 제시한 데 반해, 다른 수학자들은 엄밀하고 세세한 풀이 과정이 제시될 경우에만 문제가 해결된 것으로 인정했다."

섀년의 그런 가치관은 비범한 천재성이 뒷받침되지 않고서는 불가능한 것이었다. 섀년의 공동 연구자 중 한 명은 나중에 이렇게 회고했다.

"두브는 재능과 명성을 겸비했지만, 섀년에 비하면 초라하기 짝이 없었습니다. 두브의 눈에는 '크고 중요한 것'으로 보였던 논문의 허점이, 섀년의 눈에는 '작고 뻔하므로 생략해도 무방한 것'으로 보였지요. 두브는 백 번 죽었다 깨어나도 그런 사실을 깨닫지 못했을 것입니다. 왜냐하면 섀넌과 같은 천재를 만나볼 일이 없었을 테니 말입니다."

정보이론가 세르히오 베르두는 섀넌의 논문에 대해 비슷한 평가를 내놓았다.

"그가 논문에서 제기한 주장은 모두 참이었던 것으로 밝혀졌습니다. 범인이 보는 관점에서 그의 논문은 허점투성이었지만……, 허점은 그의 천재성을 깎아 내리기는커녕 더욱 돋보이게 하는 요인이었지요. 왜냐하면 그건 그가 '몰라서 누락한 것'이 아니라, '다 알고 일부러 생략한 것'이기 때문입니다."

어떤 의미에서 그것은 '계산된 도박'으로, 섀넌은 공란을 여러 개 남겨놓고 다른 과학자들에게 채우게 할 심산이었다. 만약 그가 그 공란을 스스로 채우려고 노력했다면 논문이 1948년에 나오는 것은 불가능했을 것이고, 그로 인해 정보이론이 지금보다 훨씬 더 늦게 전파되었을 것이다. 클로드 섀넌의 뒤를 이어 1950년대 말 미국과 구소련의 공학자와 수학자들이 등장하여, 섀넌의 창조적이고 엄밀한 설명을 순수수학자와 공학자들의 언어로 번역했다.

두브의 비판이 섀넌의 심기를 자극했을 수도 있다. 그러나 두브에게도 존경 받을 만한 구석이 없는 것은 아니다. 당대의 거물급 수학자가 섀넌의 논문을 읽어주었으니 말이다. 두브와 섀넌은 1963년 화해를 했다. 섀넌은 미국수학회의 초청을 받아 명망 높은 '조시아 윌러드 깁스 강연Josiah Willard Gibbs Lecture'을 하게 된다. 그 강연을 맡는다는 것은 미국 수학계에서 귀중한 영예로 간주되는데, 그 당시 미국수학회장은 다름 아

닌 조지프 L. 두브였다. 분명 그가 섀넌을 초청하는 데 영향력을 행사했
을 것이다.

# 19. 노버트 위너

한 작가는 노버트 위너(1894~1964)를 가리켜 '미국의 존 폰 노이만'이라고 불렀는데, 대략 용납할 만한 과장이 아닌가 싶다. 미주리주 컬럼비아에서 태어난 노버트 위너는, 아들을 천재로 만들고 말겠다는 일념을 가진 아버지 레오 위너에게 교육을 받았다. 레오는 상상을 초월하는 개인 장서(그리고 인간의 한계를 뛰어넘는 의지)를 이용하여 어린 노버트를 아홉 살까지 집에서 가르쳤다.

"나는 아버지의 없는 것 빼고 다 있는 광활한 서재에서 마음껏 배회했다."

노버트 위너는 《비범한 영재 : 나의 유년기와 청년기Ex-Prodigy : My Childhood and Youth》라는 회고록에서 이렇게 회상했다.

"시기별로 변화하는 아버지의 과학적 관심사는 상상 가능한 연구 주제를 총망라했다."

그러나 인정사정없고 심지어 잔인한 아버지의 훈련 탓에, 아들은 평범한 유년기를 거부당했다. 노버트 위너는 회고록의 한 구절에서 아버지의 지도 방법을 다음과 같이 술회했다.

아버지는 처음에는 쉬운 대화체 토론 방식을 택했다. 정확히 말해서, 그 방식은 내가 수학 문제를 처음 틀릴 때까지만 지속되었다. 그 이후부터 점잖고 사랑스럽던 아버지는 피의 복수를 다짐하는 어벤저로 돌변했다……. 아버지가 분노하고 나는 울음을 터뜨리는 가운데, 어머니는 최선을 다해 나를 감쌌다. 그러나 어머니는 아버지의 횡포에 번번이 무릎을 꿇고 말았다.

언젠가 한 의사가 어린아이의 시력으로는 더 이상 긴장을 감당할 수 없다며 노버트의 독서를 중단시킬 것을 권고했다. 그러자 레오는 '읽을 수 없다면, 내가 대신 읽어주고 암기하게 해야겠다'고 생각하고 주입식 교육으로 방향을 선회했다. 의사의 간곡한 권고도 아버지의 결연한 의지를 꺾을 수는 없었다. 레오는 끊임없이 강의를 계속하고, 어린 노버트는 모든 단어와 생각을 받아들이도록 강요받았다.

인간적 측면을 배제하고 순전히 이론적 측면에서 보면, 레오의 스파르타식 교육 방법은 효과가 있었다. 노버트 위너는 열한 살 때 고등학교 과정을 이미 마쳤고, 그로부터 3년 후인 열네 살 때는 터프스대학교 수학과를 졸업했다. 뒤이어 하버드에서 동물학, 코넬에서 철학을 공부한 후 열일곱 살 때 하버드로 돌아와 논리학을 연구하여 수학 박사 학위를 취득했다. 그리하여 아버지가 간절히 원했던 '수학계의 엘리트 계층'을 향한 행진이 본격적으로 시작되었다.

그러나 노버트 위너가 어린 시절에 겪은 트라우마는 너무나 뚜렷해서 누가 봐도 대번에 알아볼 수 있었다. 자기보다 여러 살 많은 사람들에게 둘러싸여 성장하다 보니, 으레 그렇듯 나이 많은 동급생들의 잔인하고 무자비한 조롱에 시달리기 일쑤였다. 그들에 대한 보복 심리는 심각한 대인관계 장애로 나타나 평생 동안 그를 그림자처럼 따라다녔다. 대인관계 장애는 그에 대한 부정적 여론이 형성되는 데 기여했는데, 노버트 위너의 특이한 외모도 그 과정에서 단단히 한몫했다. 텁수룩한 수염, 동그란 안경, 지독한 근시, 붉은 실핏줄이 드러난 피부, 오리걸음…… 모두 '점잖고 교양 있는 학자'를 연상케 하는 모습과는 거리가 멀었다. "모든 시각적 측면에서, 노버트 위너에게는 왠지 특이한 점이 있었다"라고 폴 새뮤얼슨은 술회했다. 한스 프로이덴탈은 다음과 같이 회고했다.

외모와 행동 면에서 노버트 위너는 이상야릇한 사람이었다. 작은 키, 뚱뚱한 체격, 지독한 근시, 건망증을 비롯하여 그 밖에도 극단적 특징이 이루 헤아릴 수 없이 많았다. 그의 말투에는 호언장담과 남을 깔보는 듯한 뉘앙스가 묘하게 뒤섞여 있었다. 그는 상대방의 말에 귀를 기울이지 않았다……. 그는 말을 많이 했지만, 그중 어느 것도 이해하기 쉽지 않았다. 그는 '나쁜 강연자'로 유명했다.

노버트 위너에 대한 일화는 다른 수학자들의 회고록을 가득 메우고 있는데, 거의 예외 없이 '위너를 뒤에서 흉보는 이야기'들이다. 일례로 노버트 위너가 집에 도착하여 열쇠를 한참 동안 서투르게 만지작거리다 결국 다른 집을 잘못 찾아왔음을 알게 됐다는 이야기가 있다. 그가 길에서 노는 아이들에게 다가가 딴전을 피우며 "위너 씨의 집이 어디니?" 하고 물으니 한 여자아이가 이렇게 대답했다고 한다.

"날 따라오세요, 아빠. 엄마가 여기로 보내며 아빠에게 새로 이사한 집으로 가는 길을 가르쳐드리라고 했어요."

— • —

노버트 위너가 수학에 기여한 바는 깊고도 넓었다. 양자역학, 브라운 운동, 사이버네틱스, 확률 과정, 조화해석 등 그의 지적 손길이 닿지 않은 구석은 거의 없었다. 1948년 그의 이력서는 휘황찬란한 상과 명예로 가득 찼다. 노버트 위너와 공동으로 연구하거나 접촉한 과학자들의 이름도 화려했다. 바네바 부시, 고드프리 H. 하디, 버트런드 러셀, 폴 레비, 쿠르트 괴델…… 그리고 클로드 섀넌.

섀넌은 MIT 박사과정에 재학중일 때 노버트 위너가 강의하는 푸리에 분석을 수강했다. 그로부터 반세기가 지난 후 섀넌은 그때의 일을 회상하며 "위너는 내 젊은 시절의 우상이었다"고 중얼거렸다. 그러나 위너가 1956년의 회고록에서 "섀넌이 MIT 박사과정에 재학하던 시절, 그와 나는 접촉한 적이 별로 없었다"라고 언급한 걸로 봐서 섀넌이 그 당시 위너에게 강한 인상을 심어주지 못한 듯하다. 그러나 위너는 이렇게 덧붙였다.

"그 이후 우리 두 사람이 분야는 다르지만 나란히 발전함에 따라, 우리의 과학적 관계는 깊이와 넓이를 더해갔다."

노버트 위너는 섀넌보다 스물두 살이나 위였던 데다 1945년까지만 해도 섀넌의 사고는 그다지 발달하지 않았고 논문의 중요성도 다소 미약했다. 그래서 위너는 '둘 중 누가 정보이론에 더 크게 기여할 것인지'에 은근히 신경을 썼다. 두 사람의 본격적인 경쟁은 1946년부터 시작되었다.

전하는 이야기에 따르면, 정보이론의 뼈대를 형성한 위너의 원고가 존재했지만 세상의 빛을 보지 못했다. 그 자초지종은 다음과 같다. 위너는 대학원생 월터 피츠에게 그 원고를 맡겼는데, 그가 뉴욕 그랜드센트럴터미널에서 보스턴으로 여행하면서 원고를 수하물로 부쳤다. 피츠가 수하물 찾는 것을 깜빡 잊었다가 뒤늦게 친구 두 명에게 수령을 부탁했다. 그러나 친구들도 그의 부탁을 무시하거나 잊은 듯하다. 다섯 달이 지난 후 겨우 찾았을 때, 원고는 유실물이라는 딱지가 붙은 채 물품 보관소에 내팽개쳐져 있었다.

위너가 격노하여 이성을 잃은 것은 당연했다. 그는 피츠에게 보낸 편지에 이렇게 썼다.

"상황이 이러하니, 내가 자네와 인연을 완전히 끊더라도 이의가 없을 줄로 아네."

그는 한 교직원에게 학생들의 기강이 해이해졌음을 개탄하며, 수하물을 잃어버렸다는 것은 중요한 일에 대한 우선순위를 망각했음을 뜻하는 것이라고 덧붙였다. 그러고는 오만상을 찌푸리며, "경쟁자 중 한 명인 벨 전화 회사의 섀넌이 나보다 먼저 논문을 제출하면 어떡하오"라고 울분을 토했다. 위너의 행동은 괜한 피해망상증에서 나온 게 아니었다. 클로드 섀넌은 그 즈음 미발표 논문을 하버드와 컬럼비아에서 열린 학술회의에서 발표하고, 부족하거나 잘못된 점을 보완하던 중이었다.

1947년 4월까지만 해도 두 사람의 진척 상황은 엇비슷했으므로, 누구의 논문이 먼저 발표될 것인지 미지수였다. 한때 자신만만했던 위너는 한 동료에게 보낸 편지에서, "벨연구소 사람들이 통신공학과 통계학에 대한 나의 이론에 완전히 감탄했소"라고 큰소리를 쳤더랬다. 그런데 강력한 라이벌의 초벌 원고가 결정적 순간에 다섯 달 동안이나 행방불명이 되었다면, 승부는 이미 물 건너간 것으로 봐야 했다.

— • —

노버트 위너의 업적은 폭넓은 주제를 다룬《사이버네틱스Cybernetics》에 국한되었는데, 그 책은 2부로 구성된 섀넌의 논문과 같은 해인 1948년에 출간되었다. 섀넌의 논문은 처음에 비교적 덜 알려졌지만, 위너의 사이버네틱스 개념(사이버네틱스는 '키잡이'를 뜻하는 그리스어에서 왔으며, 기계와 동물을 막론하고 제어 및 통신이론의 전 분야를 포괄한다)은 출간 즉시 강렬한 대중적 관심을 끌었다. 삽시간에 베스트셀러로 등극한《사이버네틱스》는 일반 독자층까지 파고들어, 대부분의 저자들이 평생 동안 한 번 얻을까 말까 한 극찬이 한꺼번에 쏟아졌다. 물리학자 존 R. 플랫은《뉴욕타임스》에 기고한 서평에서,《사이버네틱스》를 "갈릴레오나 맬서스, 또는 루소나 밀에 견줄 만한 근본적인 중요성을 지닌 책의 하나"로 치켜세웠다. 위너의 가장 열성적 지지자 중 한 명인 그레고리 베이트슨은 사이버네틱스를 일컬어 "인류가 지난 2,000년간 베어 문 지식 나무Tree of Knowledge 열매(일명 선악과_옮긴이) 조각 중에서 가장 크다"고 했다.

위너가 그런 극찬을 받은 것은, 사이버네틱스를 '모든 것의 이론Theory

of Everything'으로 만들고자 하는 노력 덕분이었다. 위너와 섀넌을 구별 짓는 특징은 단연 '대중을 향한 태도'였다.

"어떤 의미에서 위너는 왠지 모호해 보이는 사이버네틱스라는 아이디어를 밀어붙이려고 온갖 노력을 기울여, 마침내 전 세계적으로 유행시키는 데 성공했다."

스탠퍼드대학교의 토머스 카일라스는 이렇게 말했다.

"그러나 섀넌의 성격에서는 그런 면을 전혀 찾아볼 수 없었다. 위너는 대중성을 선호한 반면, 섀넌은 대중성을 몹시 소홀히 했다."

《사이버네틱스》의 대중적 성공은 일부 수학자들 사이에서 '위너와 섀넌 중 누가 정보이론의 진정한 원조인가'를 둘러싼 논쟁을 초래했다. 그것은 또한 '위너가 정보이론을 알기는 했나?'라는 논쟁까지 초래했다. 왜냐하면 그가 《사이버네틱스》에서 '정보 = 통계량'이라고 언급한 부분은 매우 미미하여 맛보기에 불과하다고 인정되기 때문이다.

섀넌의 경우를 생각해보면, 그는 1948년 자신이 발표한 논문에서 "위너가 '통신의 통계적 성격'에 관한 나의 견해에 영향을 미쳤다"고 운을 뗐다. 그러나 뒤이어 "정보이론 연구에 더욱 정진함에 따라, 나와 위너는 몇 가지 중요한 점에서 차이가 있음을 깨달았다"고 지적했다. 첫째로, 섀넌은 "의미는 정보 송신과 무관하다"고 주장하며, 이것이 핵심 포인트라고 믿었다. 반면에 위너의 정보에 관한 견해에는 의미론이 포함되어 있었다. 그러나 뭐니 뭐니 해도 가장 중요한 차이점은 '코딩 분석'과 '코딩을 이용한 잡음 제거'에 관한 것이었다. 섀넌의 논문에는 이 두 가지 내용이 명시되었지만, 위너의 책은 그렇지 않았다. 섀넌은 천부적 재능과 훈련으로 무장한 공학자로, 잡음 문제를 '공학의 힘'으로 해결하려고 노력했다. '잡음을 가진 불연속 통신로에 대한 기본 정리Fundamental Theorem for a Discrete Channel with Noise'라는 그의 논문은 현대 정보기술을 가능케 한 코딩의 출발점으로 보기에 전혀 손색이 없다. 그러나 위너의 책과 이론에는 이러한 핵심 요소가 누락되어 있다. 따라서 '정보이론의 원조' 자리를 가로채려던 위너의 노력은 섀넌의 추종자들로 하여금 분을 삭이지 못하게 만들었다. 이에 대해 차세대 정보이론가 세르히오 베르두는 "정보이론의 핵심인 '코딩 정리에서 차용한 작동적 의미'에 대한 개념을 위너가 이해했다는 증거는 그 어디에도 없다"고 단단히 쐐기를 박았다.

— ● —

그러나 1950년대와 1960년대에는 클로드 섀넌과 노버트 위너 모두 신중한 태도로 일관했다. 두 사람 모두 상대의 이해력을 문제 삼지 않았다. 종종 같은 학회에 참석하거나 같은 저널에 논문을 기고했지만 가시 돋친 설전을 주고받지도 않았다. 그러나 1980년대에 와서, 섀넌은 위너가 자신의 정보이론을 완전히 이해하지 못했다고 포문을 열었다.

"나는 1950년대에 노버트와 가끔 대화를 나눴지만, 그가 내 말을 이해한다는 느낌을 받은 적이 단 한 번도 없습니다."

다른 인터뷰에서는 더욱 직설적으로 말했다.

"나는 위너가 정보이론에서 많은 일을 했다고 생각하지 않아요. 옛날에 그의 강의를 한 번 들은 적이 있지만, 그 자리에서 내 아이디어에 도움이 될 만한 영감을 얻지는 않았습니다."

다른 과학자와 대립하는 데 무관심한 섀넌의 성향을 감안할 때, 그가 그런 말을 했다는 것은 암시하는 바가 크다. 그러나 그는 '정보이론의 원조 논쟁'을 가급적 다른 사람들에게 맡겼다.

유명한 수학적 불화(이를테면 미적분학의 원조 자리를 둘러싼 고트프리트 라이프니츠와 아이작 뉴턴의 싸움, 수학적 추론의 본질을 둘러싼 앙리 푸앵카레와 버트런드 러셀의 논쟁)의 기준으로 볼 때, 섀넌과 위너의 라이벌전은 유감스럽게도 전기 작가들이 선호할 만큼 치열하지 않았다. 그럼에도 두 사람의 신경전은 섀넌의 이야기에서 여전히 중요한 의미를 갖는다. 섀넌은 늘 '태평한 학자'의 인상을 풍겼지만(사실 동시대의 몇몇 학자들은 지적 능력과 명성 면에서 타의 추종을 불허했으며, 위너도 그중 한 명이었다. 그의 견해와 협조는 나름대로 정보이론의 확립에 기여했다), 그건 논쟁에 관심이 없기 때문이 아니었다. 그에게도 논쟁은 중요했지만, 그가 중시한 것은 '정보이론의 소유권'을 둘러싼 논쟁이 아니라 '정보이론 자체의 유의미성'을 둘러싼 논쟁이었다. 요컨대 그에게 궁극적으로 중요한 것은 논공행상이 아니라 정확성이었다.

# 20. 인생을 뒤바꾼 사건

1948년 클로드 섀넌은 서른두 살이 되었다. 수학계의 오랜 통념은 "서른 살은 젊은 수학자의 절정기이므로 필생의 업적을 내야 한다"는 거였다. 전문 수학자의 노화에 대한 공포심은 직업 운동선수들과 크게 다르지 않다.

"대부분의 사람들에게 청년과 성인을 가르는 기준은 서른 살이다."

존 내시의 전기《뷰티플 마인드》의 저자 실비아 네이사는 말했다.

"그러나 수학자들은 자신의 직업을 '청년기를 건 도박'으로 간주한다. 그래서 그들에게는 서른이라는 신호가 훨씬 더 암울하다."

클로드 섀넌은 그런 기준을 이미 두 살이나 넘긴 나이에 탁월한 업적을 냈다. 약 10년에 걸친 연구는 77쪽짜리 정보이론으로 결실을 맺었다. 그것은 어느 모로 보나 가치 있는 세기적 걸작이었다. 클로드 섀넌은 그로 인해 적잖은 명성을 얻으며, 최고의 이론가로 자리매김했다. 그의 논문은 다른 과학자들의 스프링보드가 됨으로써 정보이론에 중요한 토대를 제공했다. 그는 내로라하는 인재들이 각축을 벌이는 벨연구소라는 배타적 공간에서 명성을 날렸다. 1948년은 정보이론 하나만으로도 섀넌에게 큰 변화를 가져온 해였다. 그러나 그해 가을, 그의 인생을 바꾼 학문적 성과 이상의 사건이 일어났다.

— • —

존 피어스는 클로드 섀넌과 지적인 문제로 종종 언쟁을 벌이기도 했지만, 본의 아니게 감정적 차원의 문제에까지 개입함으로서 섀넌의 인생에 이래저래 중요한 영향을 미쳤다. 피어스는 섀넌이 '장차 아내가 될 여성'과 가까워지는 데 간접적으로 기여했는데, 그 주인공은 벨연구소의 젊은 분석가 베티 무어였다. 피어스는 그녀의 직속 상관이었는데, 섀넌은 1948년 볼 일이 있어 피어스의 연구실에 들렀다가 그녀와 마주쳐 대화를 나누게 되었다. 본래 뚱한 성격이었지만, 섀넌은 어찌된 일인지 용기를 내어 베티를 저녁 식사 자리에 불러냈다. 첫 번째 저녁 식사는 두 번째로, 두 번째 저녁 식사는 세 번째로 이어졌다. 그리하여 두 사람은 어느새 매일 밤 식사를 함께하는 관계로 발전했다.

그녀도 그의 매력에 이끌렸지만, 두 사람 다 조금은 거리감을 둔 상태에서 상대방을 눈여겨본 듯했다. 인간관계란 다 그런 법이다. 특히 평생의 반려자를 선택하는 일이라면. 만남의 시간이 길어지고 횟수가 늘어남에 따라, 두 사람은 웨스트빌리지의 아파트(섀넌의 집)와 이스트 18번가(그녀의 집) 사이에서 시간을 쪼개가며 만남을 이어갔다. 두 사람의 화제는 공통 관심사인 수학과 음악이었다.

"나는 피아노를, 그는 클라리넷을 연주할 줄 알았어요."

그녀는 회고했다.

"처음에는 각자 솜씨를 뽐내다, 나중에는 '피아노와 클라리넷 이중주' 악보를 어렵사리 구해 협연을 즐기기도 했어요."

베티 무어는 1922년 4월 14일 뉴욕에서 외동딸로 태어났다. 스태튼아일랜드에서 어린 시절을 보낸 후 가족과 함께 맨해튼으로 이사했다. 그녀의 어머니와 이모는 헝가리 출신의 이민자였기에 그녀의 어린 시절 사운드트랙에는 헝가리 억양의 영어와 헝가리어가 뒤섞여 있었다. 많은 이민자들이 그렇듯, 그녀의 가족은 이민국에서 발판을 마련하려고 몸부림을 쳤으며 설상가상으로 대공황의 공격에 무방비로 노출되었다. 그녀의 아버지는 몇 년 동안 실업자로 지내다 《뉴욕타임스》에 보조원으로 간신히 취직했다. 어머니는 모피 공장에서 꾸준히 일했지만, 그녀는 가정 경제에 보탬이 되기 위해 학업을 중단해야 했다.

생활 형편은 늘 빠듯했다. 대공황이 들이닥쳤을 때, 그녀의 가족은 길에 나앉기 일보 직전이었다. 때마침 뉴딜 정책의 주택 소유자 프로그램이 시행되어, 가족의 집이 은행에 압류되는 것을 겨우 모면할 수 있었다. 딸 페기 섀넌에 따르면, 베티는 그때의 일을 영원히 잊지 못했다.

"어머니는 평생 동안 FDR(프랭클린 D. 루스벨트)과 뉴딜 정책과 주택 소유자 프로그램에 감사의 뜻을 표했어요. 집을 지켜주고 가족의 생명을 살려주었으니까요."

부모는 베티를 가톨릭계 학교에 다시 들여보냈는데, 특별한 신앙심 때문에 그런 건 아니었다. 어머니는 가톨릭 신자이고 아버지는 성공회 신자였지만, 인근의 공립학교가 갑자기 문을 닫는 바람에 어쩔 수 없이 내린 결정이었다. 베티가 재능 있는 학생임이 입증되자, 졸업을 앞두고 여러 대학교에서 앞다퉈 장학금을 제시하며 입학을 권유했다.

그녀는 코넬대학교에 마음이 있었지만, 장학금 액수가 부족해 눈물을 머금고 포기하는 수밖에 없었다. 부모의 경제 능력이 부족해 학비와 장학금의 차액을 부담할 수 없었기 때문이다. 그러던 차에 인근의 뉴저지여대에서 전액 장학금과 취업 제의가 딸린 합격 통지서가 도착했다. 이제 그녀는 집에서 가까운 대학교에 다닐 수 있을 뿐 아니라 부모에게 약간의 생활비까지 보낼 수 있었다.

"그것은 어머니의 인생을 바꿨어요."

딸 페기가 말했다.

베티 무어는 뉴저지여자대학교(지금은 럿거스대학교 더글러스칼리지)에서 수학을 공부했다. 그 당시의 많은 대학들과 마찬가지로, 뉴저지여대도 대공황의 여파에서 완전히 벗어나지 못하고 있었다. 입학 정원과 재정 지원이 감축된 상태에서, 경제적 불확실성의 기운이 캠퍼스에 만연했다. 그러나 베티가 2학년에 진급했을 때 경제적 어려움은 약간 뒷전으로 밀려났다. 미국이 제2차 세계대전에 참전하자 캠퍼스는 나라를 위해 총궐기하는 분위기로 바뀌었다. 학생과 교수진은 구호 단체를 조직하고, 어깨에 띠를 두르고 군수 산업에 뛰어들었다.

베티 무어는 영리하고 사리에 밝고 해학이 있는 여성이었다. 그녀는 독서광이었고, 지인 중에서 그녀가 '매우 총명한 여성'이라는 데 이의를 제기하는 사람은 아무도 없었다. 그녀는 시의에 잘 맞는 과목을 전공으로 선택했고, 운 좋게 학점도 잘 받았다. 그녀는 2015년 한 인터뷰에서 이렇게 말했다.

"그 당시에는 수학이 전망이 좋아 보였어요. 특히 여성 수학도가 '귀하신 몸' 대접을 받았는데, 그 이유는 남성들이 모두 군대에 가 있었기 때문이지요."

벨연구소는 남녀와 출신 대학을 불문하고 수학 실력이 있는 인재를 모집하기로 소문이 자자했다. 졸업이 다가오자, 그녀는 '생애 최고의 취업 제의'를 받고 벨연구소에 입사했다.

베티 무어는 수학 팀에서 마이크로파를 집중적으로 연구하다가, 빠르게 성장하는 레이더 쪽으로 자리를 옮겼다. 그녀는 나중에 이렇게 회고했다.

"그런 곳에서 일한다는 것 자체가 매력적이었어요. 세상이 혼란스러웠음을 감안할 때, 우리 가족은 운이 매우 좋았지요."

맨해튼에 있는 벨연구소에 입사한 덕분에 그녀는 뉴저지에서 맨해튼으로 돌아와 다시 부모와 함께 살게 되었다. 그리고 부모님이 살아계시는 동안 지극 정성으로 효도하며 어떻게든 가사에 도움을 주려고 노력했다.

— • —

베티 무어는 클로드 섀넌을 진작부터 알고 있었으며, 평소에 그를 가리켜 "매우 조용하며 놀라운 유머 감각을 가진 사람"이라고 말하곤 했다. 두 사람의 교제는 섀넌이 정보이론 논문으로 인기몰이를 할 때쯤 시작되었지만, 섀넌의 인기가 두 사람의 초기 연애 전선에 지장을 초래하지는 않았다. 노마와 이혼한 후 7년 동안 독수공방을 해서 그랬는지 몰라도, 섀넌의 애정이 깊어도 너무 깊었기 때문이다. 첫 결혼 때와 마찬가지로, 섀넌의 결혼 작전은 일사천리로 진행되었다. 클로드 섀넌은 베티 무어를 1948년 가을에 만나 1949년 초 프러포즈를 했고, 베티 무어는 '그답지 않다'고 생각하면서도 청혼을 받아들임으로써 3월 22일 결혼에 골인했다. 결혼식은 매우 조촐하게 거행되었으며, 섀넌의 가족 중에서 하객으로 참석한 사람은 누이 캐서린 한 명밖에 없었다. 신혼부부는 뉴욕을 떠나 뉴저지주 모리스타운에 신접살림을 차렸는데, 그곳은 벨연구소의 새 사옥이 건립된 머리힐에서 가까운 거리에 있었다.

두 사람을 아는 지인들은 거의 모두 "완벽한 찰떡궁합"이라고 증언했다. 물론 섀넌이 베티만 보면 사족을 못 쓴 것은 당연하지만, 두 사람 사이에는 그 이상의 무엇이 있었다. 즉 두 사람은 직업적 동반자이기도 했다. 알베르트 아인슈타인은 아내 밀레바 마리치를 가리켜 "나는 내 아내가 꼭 필요하다. 그녀는 나를 위해 수학 문제를 모두 풀어준다"고 한 것으로 유명했다. 섀넌은 '나 홀로 연구'의 달인이었지만, 그의 연구가 결실을 맺는 데 베티가 일조했음을 부인할 수는 없다. 그녀는 수학적 문제에 대한 가장 가까운 조언자 중 한 명이었고, 참고문헌을 읽어보고 자신의 생각을 정리해놓았으며, 무엇보다도 주요한 것은 섀넌의 친필 원고를 편집했다는 것이다.

클로드 섀넌의 재능은 '아인슈타인적 다양성'에 부합했다. 즉 그는 문제의 세부 단계에 별로 신경 쓰지 않고 '강력한 직관'을 이용해 문제의 차원을 느끼는 재능을 갖고 있었다. 그는 이런 문제 해결 방식을 다음과 같이 기술했다.

"나는 기호를 쓰기보다는 심상에 의존하는 편이라 일단 감을 잡으려고 노력한다. 방정식은 나중 문제다."

그도 아인슈타인과 마찬가지로 공명판이 필요했는데, 그의 경우에는 아내 베티가 공명판의 역할을 완벽하게 수행했다. 그의 동료 데이비드 슬레피언은 이렇게 말했다.

"그는 수학을 시시콜콜 알지는 않았지만, 자신이 필요로 하는 것은 뭐든 만들어낼 수 있었습니다."

또 다른 동료는 한 걸음 더 나아가 이렇게 말했다.

"그는 기이한 통찰력이 있어서 사물을 꿰뚫어볼 수 있었습니다. 그는 '이건 왠지 참인 것 같다'고 말하곤 했는데, 그의 말은 늘 옳았지요. 최고의 직관이 없다면 무에서 유를 창조할 수 없습니다."

이런 직관적 유형의 문제점은, 문제에 대한 '해법'이 '세부 중간 단계'보다 먼저 도출된다는 것이었다. 자신보다 앞서간 수많은 직관적 천재들과 마찬가지로, 섀넌은 이미 내린 결론을 중언부언하는 것을 혐오했다. 그러다 보니 '수학이 받쳐주는 베티'가 그의 필경사 노릇을 톡톡히 했다. 그녀는 섀넌의 첫 번째 청중으로, '극도로 내성적인 남자'에게 유일한 예외적 존재였다. 그녀는 섀넌을 가리켜, "다른 사람과 굳이 협동할 필요성을 느끼지 않는 사람"이라고 했다. 그녀는 섀넌의 말을 받아 적으며 늘 첨삭을 했고, 때로 문득 떠오르는 레퍼런스를 달기도 했다. 만년에 섀넌의 기억력이 떨어져 자신의 논문을 제대로 인용하지 못할 때, 베티가 끼어들어 기억을 상기시켜주곤 했다. 섀넌의 원고 중 일부는 그녀의 친필로 쓰였기에 사람들이 두 사람의 필적을 혼동하는 경우가 많았다. 어찌 보면 혼동은 두 사람의 결혼이 위대했음을 뒷받침하는 증거이기도 했다. 이 결혼은 클로드 섀넌의 인생에서 획기적 업적을 이뤄냈으며, 그의 생명이 다하는 날까지 지속되었다.

# 21. 절제와 중용

1953년 12월 미국의 대표 경제지《포춘Fortune》은 '정보이론'에 관한 최초의 해설 기사를 '세제 개혁', '승진하는 방법', '올린Olin, 산업제국'이라는 제목의 경제 기사와 나란히 싣는 승부수를 던졌다.《벨 시스템 기술 저널》에 논문이 게재된 지 5년 만에 섀넌의 정보이론은 공학자와 수학자의 테두리를 넘어 일반 대중이 구독하는 잡지에 장문의 특집 기사로 실린 것이다.《포춘》의 과학기술 담당 편집자로서 그 기사를 쓴 프랜시스 벨로는 머지않아 대중지에서 클로드 섀넌을 적극 옹호하는 열성적 지지자 가운데 한 명이 된다.

프랜시스 벨로의 기사는 다음과 같은 솔깃한 말로 시작되었다.

위대한 과학 이론은 위대한 교향악이나 소설과 마찬가지로 인간의 가장 자랑스럽고 진귀한 창조물이다. 과학 이론이 다른 창조물과 구별되고 어떤 의미에서 우위에 설 수 있는 것은, 인간의 세계관을 심오하고 신속하게 변화시키기 때문이다.

금세기 들어 인생관은 말할 것도 없고 인간의 세계관은 이미 상대성이론이나 양자론과 같은 과학적 통찰에 의해 크게 변화되었다. 그런데 최근 5년 내에 새로운 이론이 등장하여, 상대성이론과 양자론에 버금가는 위대함의 전형적 특징을 보여주고 있다. 일반 대중에게 거의 생소한 새 이론은 두 가지 이름 중 하나로 불리고 있다. 하나는 통신이론이고 다른 하나는 정보이론이다. 국내외의 20여 개 주요 연구소에서는 새 이론이 기존의 위대한 이론들과 궁극적으로 어깨를 나란히 할 수 있을지 저울질하고 있다.

섀넌은 기사의 초고를 미리 읽어보고 "훌륭한 과학 기사"라고 칭찬하면서도 위의 두 문단의 내용에 이의를 제기했다.

"기사 내용대로라면 얼마나 좋겠습니까만, 통신이론은 상대성이론이나 양자역학과 동급이 아닙니다. 이론의 중요성을 감안하여, 좀 더 완곡하고 현실적인 내용으로 바꿨으면 좋겠습니다."

또한 섀넌은 벨로에게, 노버트 위너의 사이버네틱스 연구를 인정하고 벨연구소 연구원들의 공로도 적절히 언급해 달라고 촉구했다.

프랜시스 벨로는 노버트 위너와 벨연구소 연구원들의 공로를 어느 정도 인정했지만, 정보이론의 잠재력을 평가 절하하는 데는 단호히 반대했다. 그는 이렇게 고집했다.

"정보이론의 중요성을 높이 평가하는 것은 결코 과장이 아닙니다. 인류의 역사에서 평화를 증진하고 전쟁을 억제하는 데 필요한 것은, '물리학적 증명'이 아니라 '정보이론의 유익한 적용'입니다. 아인슈타인의 방정식은 원자폭탄이나 원자력발전에 응용되지 않았습니까?"

아인슈타인과 비교되는 것은 섀넌의 공적 삶에서 영원한 단골 메뉴가 되었다. 프랜시스 벨로가 첫 테이프를 끊은 데 이어 "섀넌이 통신이론에 기여한 것은 아인슈타인이 물리학에 기여한 것에 비견된다"는 전형적 문구가 등장했다. 고향 게일로드에서 클로드 섀넌의 동상 제막식이 열렸을 때 한 지역 신문은 섀넌을 이렇게 치켜세웠다.

"게일로드의 건아 섀넌은 '정보이론의 아인슈타인'으로 영원히 숭배받을 것이다."

가장 기념비적인 축사를 한 사람은 윌리엄 파운드스톤이었다.

"벨연구소와 MIT에는 섀넌의 통찰력을 아인슈타인에 비교하는 사람들이 많다. 그러나 어떤 사람들은 고개를 가로저으며 '그건 섀넌에게 불공평한 비교'라고 반박한다."

클로드 섀넌이 손사래를 쳤음에도 불구하고 두 천재의 공통점은 동시대인들에게 큰 인상을 주었다. 혁명적 이론 제시, 특유의 장난기, 창의력 그리고 특권 의식과 위계질서에 사로잡힌 엘리트 학계와 거리를 둔 초연함의 묘한 배합…….

—·—

섀넌은 자신에게 쏟아진 숱한 찬사에 적응해야 했다. 《포춘》에 기사를 내보낸 직후인 1954년 6월, 프랜시스 벨로는 '세계에서 가장 중요한 과학자 20명' 목록에 클로드 섀넌을 포함시켰다. 이 목록을 작성하기 위해 벨로는 100여 명의 과학자와 직접 인터뷰하고, 추가로 수십 명의 과학자들에게 설문지를 보냈다. 설문지의 내용은 다음과 같은 질문으로 시작되었다.

"뛰어난 과학자가 되려면 어떤 덕목이 필요할까요? 과학자와 다른 사회 구성원 사이에 경제적·사회적·문화적 격차가 있을까요?"

클로드 섀넌과 함께 목록에 포함된 과학자 중에는, 영국 케임브리지 소재 캐번디시연구소에서 일하는 스물여섯 살의 앳된 분자생물학자가 포함되어 있었다. 그의 이름은 제임스 왓슨이었는데, 그로부터 8년 후인 서른네 살 때 프랜시스 크릭(1916~2004), 모리스 윌킨스(1916~2004)와 함께 DNA 이중나선구조를 발견한 공로로 노벨상을 받았다. 프랜시스 벨로의 목록에 포함된 또 한 명의 과학자는 서른여섯 살의 신동 물리학자 리처드 파인만(1918~1988)이었다. 그 역시 1965년 양자전기역학을 연구한 공로로 노벨상을 받았다. 사실 벨로가 선정한 스무 명의 과학자 중에서 4분의 1이 장차 노벨상을 받게 된다.

섀넌은 비슷한 경제지인 《타임Time》,《라이프Life》와 10여 개의 주요 잡지에서도 최고 수준의 과학계 명사로 선정되었다. 때는 바야흐로 전후 시대로 과학자들이 문화적 명망의 정점을 구가하고 있었다.

그런 와중에 언론들이 정보이론 자체만큼이나 그 뒤에 버티고 있는 불가사의한 인물에 관심을 기울이는 것은 당연했다. 그러나 어안이 벙벙해진 섀넌은 약간 거리를 둔 상태에서 대중의 인기를 반신반의하는 눈치였다. 섀넌의 그런 어정쩡한 태도는 과학 잡지 《옴니Omni》와 나눈 인터뷰에서 잘 드러났다.

옴니 : 자신이 장차 유명해질 것을 짐작했나요?

섀넌 : 아뇨. 나는 과학 쪽에만 예리하다고 줄곧 생각했습니다. 정치가나 작

가들과 달리, 과학자들은 대체로 언론의 위력을 실감하지 못하지요. 내가 쓴 스위치와 정보에 관한 논문이 꽤 괜찮아서 찬사도 많이 받고 상도 많이 받았습니다. 옆방에 가면 상장과 상패가 가득하죠. 나는 진작부터 내가 유명한 과학자가 되리라 생각했지만, 사회 유명 인사가 되리라고는 전혀 예상하지 못했어요.

옴니 : 유명세에 부담을 느끼나요?

섀넌 : 아뇨. 그렇다고 큰 부담을 느끼는 건 아닙니다. 오후가 되면 당신과 같은 사람들이 구름처럼 몰려와 내 시간을 빼앗지만, 그다지 큰 부담을 주지는 않거든요.

— • —

1950년대 중반 섀넌의 연구는 대중지의 찬사를 받으며 다양한 분야에 적용되었지만, 정보이론의 진정한 의미에 대한 평가는 간혹 소홀히 이루어졌다. 정보이론처럼 시사점이 많은 이론적 연구의 경우(건성으로 읽는 독자에게, 정보이론은 매스미디어에서 지질학에 이르기까지 모든 분야에 시사점을 던지는 것처럼 보이기 십상이었다), 도용과 남용이 필연적이었다. 예컨대 동시대의 한 논문에는 다음과 같이 적혀 있었다.

"새들은 소음이 존재하는 환경에서 의사소통 문제를 겪는 게 틀림없다. 정보이론에 기반을 두어 새의 지저귐을 분석하려면 새로운 현장 실험과 분석이 필요하다."

여느 유행하는 용어와 마찬가지로, 정보이론을 들먹이는 것은 종종 연구비를 따내는 지름길이었다. 그와 동시에 섀넌의 이론은 우아함과 단순함으로 인해 모든 분야에서 매력적인 도구로 여겨졌다.

이곳저곳에서 정보이론을 함부로 들먹이는 사람들에 대한 섀넌의 반응은 어땠을까? 정보이론이 남용될 가능성 때문에 부담을 느끼기는 했지만, 체질적으로 갈등을 회피하는 섀넌은 허허 웃거나 어깨를 으쓱하거나 다른 주제로 어물쩍 넘어가는 식으로 대응하기 일쑤였다. 그는 매사에 늘 이런 식이었지만, 한 가지 중요한 예외가 있었다.

1955년 무선기술자협회Institute of Radio Engineers(IRE) 산하 '정보이론 전문가 단체Professional Group on Information Theory'의 의장을 맡은 루이스 A. 데 로사는 단체에서 발행하는 소식지에 '우리는 어느 목장에서 풀을 뜯어야 할까?'라는 제목의 사설을 게재했다. 그것은 정보이론 종사자들이 품고 있는 진정한 의문이었다.

정보이론의 적용이 유무선 통신 이외의 분야로 신속히 확대되다 보니, 전문가 집단의 관심 범위가 어디까지인지에 대한 의문이 종종 제기되고 있다……. 우리의 관심 범위를 경영학, 생물학, 심리학, 언어학 이론으로까지 확장해야 할까, 아니면 유무선 통신 분야로 엄격히 제한해야 할까?

루이스 데 로사의 사설을 읽은 섀넌은 IRE 저널에 즉시 기고한 '밴드웨건'*이라는 제목의 짧은 사설에서, 데 로사가 제기한 물음에 답했다.

---

* 밴드 웨건은 행렬을 선도하는 악대 차로, 악대 차가 연주하면서 지나가면 사람들이 모여들기 시작하고, 몰려가는 사람을 바라본 많은 사람들이 '뭔가 있다'고 생각하고 무작정 뒤따르면서 군중들이 불어나는 현상을 비유한다. 미국의 하비 라이벤스타인(1922~1994)이 1950년에 발표한 네트워크 효과의 일종으로, 서부개척시대의 역마차 밴드 웨건에서 힌트를 얻은 것임_옮긴이

573단어로 된 선언문은 다음과 같이 시작된다.

"정보이론은 최근 몇 년간 일종의 밴드 웨건 효과를 누렸다. 그것은 통신공학자의 기술적 도구로 출발하여 과학 전문지는 물론 대중지에서 엄청난 관심을 끌었다."

섀넌은 정보이론이 누린 폭발적 인기의 비결이, 워낙 참신한 것도 있지만 최소한 부분적으로 동시대의 최첨단 분야(계산기, 사이버네틱스, 자동화)에 조금씩 발을 걸친 데서 기인한다는 점을 인정했다.

그러나 그는 다음과 같이 덧붙였다.

"정보이론의 성과는 실제 이상으로 부풀려진 것 같다. 많은 분야의 과학자들이 화려한 팡파르와 새로운 과학 분석의 길이 열렸다는 호기심에 이끌려 정보이론의 아이디어를 이용해 자신의 문제를 해결하려 하고 있다……. 요컨대 정보이론은 현재 대중적 인기의 열기에 휩싸여 있다."

섀넌은 순간적 인기를 "솔직히 말해서 유쾌하고 흥분된다"고 인정하면서도 유감을 표명했다.

그러나 반짝 인기에는 늘 위험 요소가 따른다. 우리는 정보이론이 통신 문제의 본질에 대한 통찰을 제공하는 귀중한 도구이며 중요성이 계속 증가할 거라고 생각하지만, 정보이론이 통신공학자에게 만병통치약은 아니다. 하물며 다른 과학자들임에랴. 여러 가지 과학적 비밀이 동시에 해결되는 경우는 극히 드물다.

"여러 가지 과학적 비밀이 동시에 해결되는 경우는 극히 드물다"는 말은 경험이 풍부한 원로 과학자로서 정보이론의 인플레이션을 우려하는 사람의 입에서 나온 말이었다. 섀넌 자신도 정보이론의 고삐를 당길 필요가 있음을 공감했다. 그의 말은 다음과 같이 계속되었다.

"정보, 엔트로피, 잉여성과 같은 몇 가지 흥미로운 단어들이 우리의 문제를 모두 해결해주는 건 아니라는 사실이 밝혀지면, 정보이론을 둘러싼 인위적인 거품은 순식간에 무너질 것이다."

섀넌은 사회과학 분야의 연구자들에게 '흥분과 과열' 대신 '절제와 중용'을 강조했다.

다른 분야의 연구자들이 명심할 점이 하나 있다. 정보이론의 결론은 매우 특수한 방향을 지향하도록 의도되었는데, 그 방향이 심리학, 경제학 등의 사회과학에 반드시 적합한 것은 아니다. 사실 정보이론의 핵심은 본질적으로 수학이며, 엄밀한 연역적 체계이다……. 나는 개인적으로 정보이론의 개념 중 상당수가 다른 분야에도 유용할 것이라 믿지만(실제로 일부 개념들은 전망이 매우 밝다), 그런 응용은 단순한 번역·번안의 문제가 아니라 가설과 실험적 검증을 수반하는, 느리고 지루한 과정으로 이루어진다.

무엇보다도 섀넌은 동료들에게 다음과 같이 권고했다.

우리는 정보이론을 최고 수준으로 관리해야 한다. 정보이론은 이제 어엿한 이론으로 자리매김했으니, 앞으로 가능한 한 최고의 품질을 유지하도록 연구/개발하는 쪽에 관심을 기울여야 한다. 겉치레보다는 내실을 다지는 데 주안점을 둬야 하며, 논문의 수준을 한 단계 높여야 한다. 저자들은 고품질의 원고를 제출하고, 자신과 동료들의 신중한 비판을 거친 후 출판해야 한다. 논문의 양보다 질로 승부해야 한다. 부실한 논문을 양산해봤자 저자의 평판에 도움이 되지 않으며, 독자들에게는 시간낭비일 뿐이다.

섀넌이 쓴 사설의 의도는 명백했다. 로버트 갤러거는 '섀넌이 갈등에 접근하는 방법'을 거론하며 다음과 같은 논평을 내놓았다.

"클로드 섀넌은 매우 신사적인 사람으로, 개개인이 나름의 경로를 추구할 권리를 인정한다. 설사 누군가가 토론 과정에서 어리석은 이야기를 하더라도, 섀넌은 그 사람을 웃음거리로 만들지 않는 범위 내에서 적절히 대응하는 재능을 갖고 있다. 그런 습관적 자제력을 감안할 때, '밴드 웨건'은 의미심장한 사설이다. 그가 작심하고 그런 글을 썼다는 것은, 그가 정보이론의 오남용에 대해 진심으로 깊은 우려를 갖고 있음을 의미한다. 즉 많은 사람들이 정보이론의 대중적 인기에 편승하여 '새로운 분야에 접목한다'는 명목으로 괜히 투기적 거품만 키울까 봐 걱정이 태산인 것이다."

아내 베티의 회고담에 따르면, 클로드 섀넌의 불만족감은 사설에서 드러난 것 이상으로 컸다.

"그이는 사람들이 일을 처리하는 방식을 다소 불만스러워했어요. 자신들이 하고 있는 일의 의미를 제대로 이해하지 못하는 사람들이 태반이었거든요."

로베르트 파노는 다음과 같이 설명을 덧붙였다.

"나는 '정보이론'이라는 용어 자체에 불만이 많았는데, 그 점에서는 클로드도 마찬가지였습니다. 아시는 바와 같이, '정보이론'이라는 용어는 '정보에 관한 이론'이라는 뉘앙스를 풍깁니다. 하지만 그건 올바르지 않지요. 섀넌의 주요 관심사는 '정보의 송신'이지 '정보'가 아니었습니다. 많은 사람들은 이 점을 이해하지 못했지요."

섀넌은 '정보이론의 유용하고 올바른 응용'을 적극 지지했다. 그러나 공허한 일반화와 안일한 철학화에 의존하여 과도한 중요성을 부여하려는 시도, 즉 정보이론을 '21세기의 만병통치약'으로 옹립하려는 시도는 경멸했다. 그도 그럴 것이, 세상 사람들이 정보이론의 외연을 지나치게 확장할 경우 정보이론이 본연의 의미를 잃고 표류하다가 지리멸렬하기 십상이었다. 과학사를 돌이켜볼 때, 그것은 모든 혁명적 사고가 빠지기 쉬운 함정이었다. '그런 불상사가 재발하는 것을 막기 위해, 내가 앞장서서 총대를 메야 한다'는 것이 섀넌의 생각이었다. 그의 논문이 이론적이고 은유적인 판도라 상자의 뚜껑을 열었다면, '밴드 웨건'은 그 뚜껑을 닫은 셈이었다. 뒤이어 그는 규율 단속을 당부하며 공학계를 향해 쓴소리를 날렸다.

"내가 창안했고 나를 유명하게 만든 이론은 '적절한 경계선' 안에 머물 때만 의미를 간직할 수 있습니다."

# 22. CIA

1951년 어느 날 벨연구소의 머빈 켈리 소장 앞으로 한 통의 편지가 도착했다. 그 편지는 이렇게 시작되었다.

"켈리 박사 귀하, 귀하와 귀사가 투철한 애국심을 발휘하여, 미합중국 정부가 지금껏 직면했던 수많은 문제들을 해결해주셨음을 잘 알고 있습니다. 그러나 미합중국의 안보를 위해 가장 시급하고 중요하다고 생각되는 문제가 발생하였기에, 그 문제의 해결 방안에 대해 긴밀히 상의하고자 펜을 들었습니다."

미국 중앙정보국Central Intelligence Agency(CIA)의 공식 편지지에 타이핑된 편지는 벨연구소의 소장실로 직접 배달되었으며, 용건은 의도적으로 애매하게 기술되어 있었다.

현 시국이 당면한 필수적인 문제에 대한 해법을 강구하기 위해, 우리는 귀사에 근무하는 클로드 E. 섀넌 박사의 도움이 절실히 필요합니다. 우리가 수집한 정보에 따르면, 그는 해당 분야에 가장 정통한 과학자입니다⋯⋯. 귀하와 섀넌 박사 모두에게 만족스러운 조건하에 그의 도움을 제공 받을 수 있다면 매우 감사하겠습니다. 그가 일시적으로 자리를 비우더라도 귀사에 큰 손실이 발생할 것을 잘 압니다만, 우리도 불가피한 사정 때문에 이런 부탁을 드리게 되었음을 양해해주실 것을 믿어 의심치 않습니다.

편지를 쓴 사람은 CIA의 월터 베델 스미스 국장으로, 드와이트 아이젠하워의 참모장과 소련 주재 미국대사를 지낸 미 군부의 최고 실세 중 한 명이었다. 그는 CIA를 네 번째로 지휘한 인물인데, 그 당시 CIA 국장은 오늘날과 달리 대중적 인지도가 높지 않았다. 편지가 켈리 소장에게 도착하고 나서 사흘 후, 동일한 편지의 사본 한 통이 킹먼 더글러스에게서 미 해군의 조지프 웽거 대령에게 전달되었는데, 그 문건에는 다음과 같은 쪽지가 딸려 있었다.

"이 편지가 당신의 목적을 달성하는 데 도움이 되기를 간절히 바람."

섀넌의 연구 경력을 감안하면 'CIA의 의도'를 대충 짐작할 수 있지만, 킹먼 더글러스와 조지프 웽거가 개입되었다는 점을 감안하면 그 의도가 더욱 분명해진다.

킹먼 더글러스는 상류층 자제 중 한 명으로 그의 인생은 일류 사립학교, 칸막이로 가려진 중역실, 기밀이 철저히 유지되는 군사령부 상황실로 점철되어 있다. 그는 힐스쿨Hill School과 예일대학교를 졸업한 후 제1차 세계대전 때는 비행기를 조종했고, 제2차 세계대전 때는 첩보 활동을 수행했다. 또 CIA에 두 번 근무한 적이 있는데, 그중 한 번은 현용 정보*를 총괄하는 부국장으로 재직했다.

조지프 웽거 역시 첩보계의 최고위층에서 경력을 쌓아온 인물이었다. 그는 통신 정보의 중요성을 최초로 깨달은 해군 장교 중 한 명으로, 미 해군사관학교를 졸업한 후 해군소장까지 승진하게 된다. 그는 그 과정에서 해군의 사고방식을 개혁하고 암호학 연구에 매진하여 중앙집중적 암호의 설계자 중 한 명이 된다. 그는 제2차 세계대전 때 태평양 전선에서, "일본의 메시지 외연, 즉 호출 부호에서부터 통신 습관에 이르기까지 외견상 사소한 세부 사항을 면밀히 연구하면 메시지 자체의 분석만큼이나 암호학적으로 유용하다"는 사실을 발견했다. 1949년 그는 두 차례의 세계대전에서 얻은 경험과 통찰을 바탕으로 오늘날 미국 국가안보국(NSA)의 전신인 군사안전보장국Armed Forces Security Agency(AFSA)의 지휘봉을 잡았다.

조지프 웽거는 섀넌과 나눈 전화 통화에서, 섀넌의 도움이 절실히 필요한 첩보계의 현실을 토로했다. 웽거는 통화 내용을 메모지에 적어 더글러스에게 전달했는데, 제3자가 보기에는 그 뜻을 당최 이해할 수가 없었다.

"오늘 섀넌과 전화 통화를 했는데, 그를 설득하려면 다소 시간이 필요해 보였음. 문제를 좀 더 면밀히 검토하여 자신이 기여할 수 있는지 여부를 결정할 수 있을 때까지 판단을 유보하겠다는 것이 그의 입장이었음. 그에 반해, 그의 승낙이 떨어지는 대로 밀사를 보내 문제를 좀 더 자

---

* 직접 관심이 있는 모든 대상의 동태를 현재 시점에서 객관적으로 기술한 정보. 사용자가 즉시 사용할 현재의 사실에 관한 정보로서, 통상적으로 평가 또는 해석 후 지체 없이 전파됨_옮긴이

세히 설명하겠다는 것이 나의 입장이었음."

존 폰 노이만도 그 주에 섀넌과 접촉하여 사안의 중요성을 강조하며 협조를 당부했다. 그러나 섀넌은 꿈쩍도 하지 않고 권력기관이 개입된 문제라고 해서 굽실거리지 않으며, 문제의 내용을 완전히 알기 전에는 선뜻 응하지 않는다는 원론적 입장을 견지했다. 역시 섀넌다운 생각이었다.

CIA 국장의 편지를 받은 지 일주일 후, 머빈 켈리는 고심 끝에 웽거와 더글러스에게 다음과 같은 회신을 보냈다.

섀넌 박사에게 군사 활동과 관련된 용역을 의뢰하는 방법에는 여러 가지가 있습니다. 우리의 판단에 따르면 그는 특정 분야의 최고 권위자로서, 불필요한 간섭 없이 독자적으로 연구를 수행할 때 가장 큰 성과를 낼 수 있는 인물입니다. 이 점을 충분히 양해해주시기 바랍니다. 그럼에도 불구하고 우리는 사안의 중요성을 감안하여, 섀넌 박사가 귀하들이 제안한 용역을 원활히 수행하는 데 격려와 지원을 아끼지 않을 생각입니다.

머빈 켈리의 편지를 읽어보면, 1950년대 초 섀넌의 삶이 어땠는지를 단적으로 짐작할 수 있다. 정보이론의 이용 사례가 우후죽순처럼 늘어나다 보니, 섀넌의 도움을 요청하는 곳이 너무 많아 몸이 두 개라도 모자랄 판이었다. 섀넌을 모셔가기 위해, 고위층의 힘을 빌려 압력을 가하는 경우가 비일비재했다. 하지만 늘 그래왔던 것처럼, 섀넌은 무차별성의 원칙을 고수했다. "설사 명망이 높거나 보수가 많은 일이라도, 내키지 않으면 그만"이라는 게 그의 신조였다. 그러나 정보이론에 관한 논문은 섀넌에게 국가적 명성을 가져다주었고, 마침내 연방 정부까지 그의 실명을 직접 거론하며 도움을 요청하게 되었다.

— • —

제2차 세계대전이 끝나자, 미국 군부는 곤란한 문제에 직면했다. 즉 미국 최고의 과학자, 수학자, 공학자들이 공공서비스 부문에서 대거 빠져나갔다는 것이었다. 실비아 네이사가 《뷰티플 마인드》에서 지적한 바와 같이, 학계에서 선발되어 '비밀스러운 군사 세계'에 입문하는 관행은 전시에 시작된 수학 엘리트들의 통과의례였다. 그러나 전쟁이 끝나고 수학자들이 썰물처럼 빠져나가고 나니 상황이 완전히 달라졌다. '군사 문제에 대한 최고의 아이디어를 언제든 얻을 수 있다'는 말은 이제 옛날 얘기가 되었다. 존 폰 노이만와 같은 능력자들은 웬만하면 공공서비스 용역 계약서에 서명하려 하지 않았다. 아쉬운 대로 한 가지 해결책이 있었다. 그것은 수학계의 상위층을 점령한 사람들에게 익숙한 방법으로, 다양한 방위 체계와 긴밀하게 접촉하는 기술위원회를 설립하는 것이었다. 그리하여 많은 위원회가 설립되었지만, 그중에서 섀넌과 가장 친숙한(그리고 조지프 웽거와 존 폰 노이만이 긴급 메시지를 주고받은) 것은 특수 암호학자문단체Special Cryptologic Advisory Group(SCAG)였다.

NSA의 방침에 따르면, SCAG 설립의 근본 목적은 "NSA의 이해관계가 걸린 과학 분야의 걸출한 기술 고문으로 구성된 특별위원회를 꾸림으로써, 암호학 분야의 특별한 문제를 해결하는 데 자문과 지원을 제공

받을 수 있는 원천을 확보하는 것"이었다. 대부분의 기술위원회와 마찬가지로, SCAG는 여러 가지 목적을 달성하기 위한 수단이었다. 암호학에는 복잡하게 얽히고설킨 기술적 문제가 많아 현실적이고 실용적인 조언이 필요했다. SCAG 위원들은 사실상 스카우트 전문가로 활동하며, 정부 고위 관리의 요청에 따라 인재를 발굴하여 공급하는 역할을 수행했다. 다양한 전선戰線에서 발견되는 문제와 미비점에 대해, 위원회와 공무원들은 허심탄회하게 의견을 교환했다. SCAG의 첫 번째 모임에서 논의된 주제들은 다음과 같다. ① 통신 정보의 중요성과 가치, ② 제2차 세계대전에서 발생한 복잡한 정보 문제의 사례 연구, ③ AFSA가 비밀리에 추진했던 SWEATER라는 프로젝트. 위원회의 관심사는 기술적 문제에서부터 철학적 문제에 이르기까지 광범위했다.

1951년 처음 자문 의뢰를 받은 이후 1950년대 중반까지, 섀넌은 워싱턴 D. C.를 정기적으로 방문하여 SCAG와 그 후신인 국가안보과학자문위원회National Security Scientific Advisory Board 모임에 참석했다. 모임은 며칠 동안 계속되었으며, 매일 새벽부터 해 질 때까지 국가 고위 관리들과 머리를 맞대고 시급한 정보 문제를 논의했다. 본격적 논의가 이루어지기에 앞서서, 위원들의 이해를 돕기 위해 NSA 관리의 브리핑이 진행되어야 했다. 핵심 사항만 간략히 언급해도 상당한 시간이 소요되었으므로, 가장 시급하다고 생각되는 문제들만이 의제로 선정될 수밖에 없었다. 가장 시급한 문제를 엄선해야 하는 또 다른 이유는, 위원들의 일정이 워낙 빡빡하여 사소한 문제들까지 다룰 겨를이 없었기 때문이다. 사실 SCAG를 비롯한 각종 위원회의 회의 기록을 검토해보면, 쟁쟁한 과학자 십여 명을 동시에 섭외하느라 애로 사항이 많았을 거라는 생각이 절로 든다.

NSA는 위원들을 길들이기 위해 의도적으로 불편하게 만드는 경향이 있었다. NSA 역사가의 말을 빌리면, "회의장의 접근성이 부족하고, 곳곳에 보안 구역이 설정되어 있었으며, 자문위원 중 일부는 회의 기간 중이 아니면 암호 문서를 열람하거나 반출할 수 없어 불편이 이만저만이 아니었다. 흐름이 끊기다 보니 집중력이 떨어져, 그들 특유의 직관력을 기대할 수 없었다". 그것은 과학계에 대한 광범위한 리더십을 유지하려는 NSA의 고도의 술책이었으므로, 위원들은 자신도 모르는 사이에 NSA의 목표 달성에 기여했다.

한편 섀넌과 연락을 주고받던 CIA는 굵직한 첩보 활동 두 건이 실패하는 와중에 성장했다. 그들의 기억에는 진주만 공습의 공포가 각인되어 있었다. 또 보다 최근에는 1950년 북한이 남한을 침공함으로써 미국 정책 입안자들의 허를 찌르고 한반도를 다시 전쟁의 불길에 휩싸이게 한 사건이 일어났다. CIA는 제2차 세계대전의 참상을 두 눈으로 지켜본 데 이어 미국의 청년들을 다른 나라의 전쟁터로 보내는 일에 가담하게 되었다. 위험은 현실이었고, 정보 수집과 분석의 필요성은 크게 증가했다. CIA에는 믿을 만한 대화 상대와 일꾼이 필요했다. 그가 바로 클로드 섀넌이었다. 클로드 섀넌이나 존 폰 노이만 정도의 수학자라야만 방어 체계의 기술적·과학적 건전성을 보장하는 외부 감시 세력이 될 수 있었다.

—•—

1950년대에 섀넌이 수행한 연구에 대해 어렴풋이나마 알 수 있게 된 것은, 관련 문서의 비밀이 최근 해제되었기 때문이다. 그러나 많은 문서들이 아직도 비밀 문서로 분류된 채 침묵을 지키고 있다. 섀넌 자신은 자신이 한 일에 대해 입을 꼭 다물었다. 수십 년이 지난 후인 1982년 로버트 프라이스와 나눈 인터뷰에서, 그는 모르쇠로 일관했다.

프라이스 : 당신은 한동안 NSA 위원회에 참석했지요?

섀넌 : 기억이 나지 않습니다. 무슨 위원회에 참석하기는 했을 거예요. 하지만 그렇게…… 높은 위치에 있지는 않았어요.

프라이스 : 음, 당신은 한동안 NSA와 모종의 거래를 했던 것으로 알려져 있는데요?

섀넌 : 그렇긴 해요. 하지만 좀 더 정확히 말하면…… 나는 나중에 정보학 연구에 종사했어요. 아마도 컨설턴트로 일했을 거예요……. 자세한 내용은 기억이 나지 않습니다…….

프라이스 : 지금 SCAG에 대해 이야기하시는 거 맞죠? 암호학 자문위원회 말이에요.

섀넌 : 음, 나는 초청을 받았습니다…… 무슨 일을 했는지는 전혀 기억이 나지 않아요……. 아주 오래된 일이지만, 더 이상 이야기하지 않는 게 좋을 것 같군요…….

섀넌의 고전적인 전매특허는 과찬에 무감각하고, 별로 관심 없는 주제는 파고들지 않는다는 것이었다. 그러나 이 인터뷰에서는 빈정댐과 유머를 적절히 섞어가며 곤란한 질문을 피해가는 전략을 구사했다. 그가 이 인터뷰에서 신경질적 반응을 보이며 멈칫거렸다는 것은, 자신이 수행한 연구가 큰 비밀에 싸여 있었음을 강하게 암시한다.

섀넌이 몸을 사린 데는 그만한 이유가 있었다. 그는 한때 국가의 극비 사항 및 시스템에 노출되었으며, 그와 관련하여 국가안보체계의 설립자들과 접촉하며 논문과 문서를 남기게 되었다. 그는 '연구의 중대성'과 '중요한 정보의 비밀 유지 필요성'을 잘 알고 있었다. 그것은 결코 안이하게 대처할 일이 아니었다. 클로드 섀넌과 함께 NSA의 조언자로 활동한 존 폰 노이만의 경우, 월터 리드 미 육군 병원에서 임종했을 때 정복 차림의 군인들이 24시간 내내 물 샐 틈 없이 감시하고 있었다. 폰 노이만의 뇌가 아무리 명석해도 스파이 침투의 위험에서 벗어날 수는 없었다(어쩌면 정부의 걱정이 지나쳤을 수도 있다). 그리고 약물을 투여 받고 몽롱한 상태에 있을 때만큼, 스파이가 병실에 침투하여 국가의 귀중한 비밀을 빼내 가기 쉬운 때는 없었다.

# 23. 인간과 기계

기계가 생각을 하고 통증을 느낄 수 있을까? 음, 인체를 '그런 기계'라고 부를 수 있을까? 인체와 '그런 기계'가 가능한 한 비슷해지고 있음에 틀림없다. 그러나 기계가 생각을 할 수 없다는 건 분명하다! 그런데 이게 실증적 진술일까? 아니다. 우리는 인간에 대해서, 그리고 '인간이 생각하는 것'에 대해 이러쿵저러쿵 말할 뿐이다. 우리는 인형에 대해서도 그렇게 말하고, 영혼에 대해서도 분명히 그렇게 말한다.

— 루트비히 비트겐슈타인


나는 기계고, 당신도 기계다. 그리고 우리 모두는 생각한다. 그렇지 않은가?

— 클로드 섀넌


만약 섀넌이 정보이론을 출판하기 전에 특이한 연구 습관이 있었다면, 눈덩이처럼 불어나는 명성 덕분에 '그런 기벽을 마음껏 누려도 좋다'는 자격을 당장 획득했을 것이다. 1948년 이후 벨연구소의 관료 체제는 섀넌에게 일절 간섭하지 않았는데, 이러한 방침은 섀넌의 선호와 정확히 일치했다. 벨연구소의 수학 팀장이던 헨리 폴락이 "섀넌은 비생산적일 권리를 얻었다"고 선언했을 때, 그것은 벨연구소의 지도층을 대변한 말이었다. 섀넌은 원하기만 한다면 머리힐의 집무실에 느지막이 도착하여 눈도장을 찍은 다음, 종종 하루 종일 공용 구역에 틀어박혀 체스나 헥스Hex 게임*에 몰두했다. 보드게임으로 동료들의 기를 죽이지 않는 경우에는, 벨연구소의 좁은 복도로 나가 (아내가 사준) 외바퀴자전거의 성능을 테스트하거나 간혹 저글링을 하기도 했다. 지불 수표에 서명하는 직장인들이 보면 자괴감을 느낄 법도 하지만, 어떤 때는 스카이콩콩을 타고 벨연구소 구내를 누비곤 했다.

그런 장면을 보고 울화통이 치미는 동료들도 있었겠지만, 그 즈음 섀넌은 '평직원으로 변장한 레전드'였다. 그는 상근 계약 조건하에서 가능한 한 명예직에 가까운 역할을 수행했다. 만약 종전처럼 연구실의 문을 걸어 잠그고 일한다면 벨연구소의 연구원들에게 사실상 범죄를 저지르는 것이나 마찬가지였다. 어찌 보면, 그는 나름의 결론을 얻기 위해 개인 연구를 수행하고 있는지도 몰랐다. 그 당시 그가 받았던 영수증을 보면, 그가 연구실로 주문한 철물점의 제품 목록이 적혀 있다. 그건 섀넌이 제작하고 있었던 기계의 부품인 것으로 추정되는데, 아이러니하게도 전화 회사의 통상적 업무와는 거의 관련이 없는 것들이었다.

그러나 그가 뭘 하든 말든 벨연구소 내에서는 그의 행동거지를 경계

---

* 1942년 피에트 하인이 처음 고안한 게임으로 1948년 존 내시가 재고안하여 '존' 또는 '내시'로 불리다가 1952년 게임 회사 파커브라더스Parker Brothers에 상업적으로 판매되면서 헥스라는 이름이 붙게 됨_옮긴이

할 하등의 이유가 없었다. 섀넌의 뇌에는 품질 보증 마크가 새겨져 있으므로 '그 속에 도대체 뭐가 들어 있지?'라고 꼬치꼬치 캐내려 하는 사람은 아무도 없었다. 요컨대 '정보이론의 창시자'는 자신의 임무를 독자적으로 완료한 후 그 결과물을 모든 사람들의 무릎 위에 떨궈놓은 상태였다. 그런 마당에 '그가 닫힌 문 뒤에서 무슨 딴짓을 하고 있을까?' 하고 의문을 품을 사람이 누가 있었겠는가?

— • —

섀넌에게 허용된 극단적 자유의 별난 부작용이 하나 있었으니, 이 시기 동안 그의 명성 때문에 답지하는 편지가 부쩍 늘어났는데도 불구하고 답장을 제대로 하지 못했다는 것이다. 답장을 하지 못한 편지들이 산더미처럼 쌓이자, 섀넌은 그것들을 몽땅 서류철에 집어넣고 "너무 오랫동안 답장을 미룬 편지들"이라는 딱지를 붙였다. 존 거트너의 말을 빌리면, "섀넌은 블랙홀이었다. 어떤 잡음 섞인 통신로가 됐든 거의 완벽한 충실성으로 송신될 수 없는 메시지는 없다고 선언한 섀넌에게, 유일한 예외는 그의 편지였다. 서신은 클로드 섀넌에게까지만 도달하고, 더 이상 전진할 수 없었다".

물론 이것은 익명의 팬과 미지의 찬미자들에게만 해당되는 사항이 아니었다. 섀넌에게 편지를 보낸 사람들 중에는 저명한 과학자, 정부의 고위 관료, 심지어 사이언톨로지교(L. 론 허바드가 1954년에 창시한 신흥 종교로, 인간은 영적 존재라고 믿으며 과학기술을 통한 정신 치료와 윤회를 믿음_옮긴이)의 창시자 L. 론 허바드도 있었다.

우리가 허바드의 편지를 '섀넌의 일생에서 가장 수상쩍은 편지 중 하나'로 판단할 수 있는 것은, 수십 년에 걸친 역사가들의 노력 덕분이다. 그 편지는 한 가지 면에서 강조할 만한 가치가 있으니, 다이어네틱스 dianetics(마음의 스트레스로 인하여 생기는 바람직하지 않은 감각이나 감정, 사고, 상처 및 병세를 완화하는 심리요법_옮긴이)와 사이언톨로지교의 창시자가 많은 노력을 기울인 끝에 드디어 섀넌을 발견했다는 것이다. 그러나 섀넌 자신이 사이언톨로지교의 신자는 아니었다. 아마도 섀넌에 대한 허바드의 관심이 허바드에 대한 섀넌의 관심보다 많았던 것 같다. 섀넌은 MIT 최고의 사이버네틱스 연구자인 워런 매컬럭에게 편지를 보내, "내 친구" 허바드를 한번 만나보겠느냐고 물었다.

허바드는 섀넌에게 '떠오르는 괴짜 종교인'보다는 '스페이스 오페라 (우주를 무대로 전개되는 활극적인 우주 공상과학소설의 총칭. 서부극을 호스 오페라horse opera라고 하는 것과 같으며 약간의 경멸조가 섞임_옮긴이)의 저자'로 더 잘 알려져 있었던 것 같다.

"만약 당신이 과학소설을 나만큼 열심히 읽는다면 그가 '최고의 과학소설 작가' 중 한 명이라는 것을 알게 될 겁니다."

섀넌은 매컬럭에게 보낸 편지에 이렇게 썼다.

"허바드는 또한 최면술 전문가로, 최근 '변형된 최면 기법을 이용한 질병 치료'라는 흥미로운 연구를 추진하고 있습니다……. 장담하건대, 그를 만나보면 당신만큼이나 다양한 경력을 지닌 흥미로운 인물이라고 생각하게 될 겁니다. 그가 내세운 치료법이 고려할 만한 가치가 있는지 여부는 별개로 하더라도 말입니다."

허바드는 나중에 섀넌에게 보낸 편지에서, 연구에 도움을 주어 고맙게 생각하며 나중에 《회의주의자 사전Dianetics》이 출간되면 한 부 보내주겠다고 말했다. '정보이론의 창시자'와 '사이언톨로지 교주'가 그 이후 추가로 서신을 주고받았는지 여부는 알 수 없다. 그러나 윌리엄 파운드스톤이 지적한 바와 같이, 사이언톨로지교의 문헌과 웹사이트에서는 오늘날까지도 섀넌의 이름과 정보이론의 용어가 발견되고 있다.

섀넌의 책상 위에 수북이 쌓여 있는 다른 편지들에 비해, 론 허바드의 편지는 그나마 꽤 진지한 편이었다. 아무렇게나 나뒹구는 편지들은 크게 세 가지로 나뉘었다. 논문이나 저서를 검토해 달라는 과학자들의 통상적인 편지, 함께 연구해보고 싶은데 허락해 달라는 괴짜들의 집요한 편지, 전화 회사들의 거짓말을 못 믿겠으니 그 분야의 최고 권위자를 만나 뵙고 싶다는 피해망상증 환자들의 편지. 다음과 같은 말로 시작되는 친필 편지도 있었다.

"섀넌 박사님께. 나의 '공간이론'을 동봉합니다. 다른 훌륭한 과학자들 여러 명에게 보내봤지만, 지금까지 답장을 단 한 통도 받지 못했습니다……."

자칭 '아이디어맨'이라는 사람은 "15년간에 걸쳐 생명·정신·에너지의 본질을 면밀히 탐구하여, 그 결과를 검증하려고 한다"면서 도와 달라는 편지를 보냈다.

어떤 편지는 위협적이었다.

친애하는 선생님께. 당신이 만든 기계 로봇 벨Bel은 성서에 나오는 우상《구

약성서》예레미야서 50장 30절에 나오는 바벨론의 우상을 말함_옮긴이)이며, 기계적
으로 작동하는 흉물 덩어리입니다. 당신의 로봇은 미국 수정헌법의 5개 조
항(1조, 3조, 4조, 5조, 13조)을 위반하고 있습니다. 신께서 나를 보내며, 당신을
마음껏 비웃어도 좋다고 허락하셨습니다. 당신은 당신의 로봇에게 기만당
해 미합중국 대통령과 FBI를 반역자로 만들고 있습니다. 누차 경고한 바와
같이, 당신이 정신 차리지 않으면 내가 앞장서서 뉴욕전화회사NY Telephone
Co.를 고발할 수밖에 없습니다.

샤넌은 모든 문제를 원만하게 처리했다. 그는 자신의 매력을 이용해
거친 요구를 진정시키거나, 더 이상 생각할 것도 없이 단칼에 무시할 수
도 있었다(후자인 경우가 더 많았다). 많은 과학자들이 성공적인 연구 경력을
이용해 사회 참여 지식인으로 변신한 것과 달리, 그는 과학계 내에서의
입지 강화를 외부 인맥 확장의 기회로 이용하는 방안을 고려하지 않았
다. 더욱이 그는 '과학계에서의 영향력 확대'가 정책 제안자나 대중 교
육자로서 활동할 책임을 의미한다고 생각하지도 않았다. 만에 하나 그
런 일이 발생하더라도 문어발식 확장을 가급적 자제하고, '자신의 관심
을 가장 많이 끄는 수수께끼'에 시간과 노력을 집중했다. 사실 샤넌은
그럴 만한 자격이 있었다. 각고의 노력 끝에 정보이론을 완성한 만큼,
그는 기분도 전환할 겸 새로운 문제와 참신한 지평에 이끌렸다. 그중에
는 동료들에게 "샤넌 정도의 위상을 지닌 사람에게는 걸맞지 않는다"는
평을 받는 것도 있었다.

"과학의 역사를 돌이켜볼 때, 가치 있는 결과는 종종 단순한 호기심에서 비롯됨을 알 수 있다."

섀넌은 언젠가 이렇게 말했다. 극단적 호기심은 자칫 딜레탕티즘으로 흐를 위험을 내포한다. 딜레탕티즘이란 확고한 입장을 취하지 않고, 취미 삼아 이것저것 집적거리는 태도를 말하는데, 아무런 결과도 없이 시간만 낭비하기 십상이다. 그러나 섀넌의 호기심은 질적으로 달랐다. 그의 호기심이란 '먼저 의문을 제기한 다음―사고실험이 아니라―직접 실험을 통해 해답을 얻어내는 것을 의미했다. '생쥐 로봇이 미로 속에서 스스로 길을 찾을 수 있을까?' 그는 소형 로봇을 직접 제작해 궁금증을 해결했다. '기계가 스스로 전원을 끌 수 있을까?' 그는 기술적 '할복자살'을 기도하도록 훈련된 기계를 만들어 궁금증을 해결했다. 다른 사람들은 취미 삼아 상상의 나래를 펴는 데 머물렀지만, 그는 모형을 이용한 실험을 통해 궁금증을 해결한 것이다. 그는 '문제의 단순화'라는 원리에 입각하여 모형을 직접 제작했는데, 단순화란 문제를 '가장 기본적인 요소만 갖춘 형태'로 재구성하는 것을 말한다.

섀넌은 '기계화된 미래(기계가 인간을 대체하는 미래_옮긴이)의 도래'를 확신했으므로 기계화가 가능한 범위를 꼭 알아내기 위해 다양한 실험을 했다. 그 과정에서 다 큰 어른이 애들 장난감을 갖고 놀아서야 되겠느냐는 조롱을 받더라도 전혀 개의치 않았다. 한 기자에게 쓴 답장에서, 그는 "대용량 전자계산기의 성능과 응용 가능성"을 연구하는 데 몰두하고 있다고 했다. '기계화된 미래'의 전망과 현황을 감안할 때, 섀넌이 만지작거리던 기계는 취미 용품이나 애들 장난감이 아니라 '기계화의 증거물'이었다.

섀넌의 '기계 만지작거리기'는 어이없게도, 아내가 크리스마스 선물로 사준 장난감에서 시작되었다.

"나는 완구점에 가서 거금 50달러를 주고 미국에서 가장 큰 이렉터 세트를 구입했어요. 모든 사람들은 내가 정신이 나갔다고 생각했을 거예요."

베티 섀넌은 나중에 한 인터뷰에서 이렇게 말했다.

클로드 섀넌은 이렇게 덧붙였다.

"사람들은 다 큰 어른에게 완구가 웬 말이냐고 수군거렸을 거예요. 그러나 그건 쓸모가 아주 많았어요. 다양한 모형을 만들어볼 수 있었거든요."

새로운 장난감을 선물 받은 어린이처럼, 섀넌은 이렉터 세트 조립에 몰입했다. 지하실은 순식간에 이렉터 부품으로 난장판이 되었고, 그는 자신이 원하는 구조를 완성하기 위해 날밤을 세우기 일쑤였다.

밤늦도록 완구 조립을 하다 떠오른 첫 번째 아이디어는 일종의 예행연습이었다. 그는 거북 로봇을 만들었는데, 집 안을 활보하다가 벽에 충돌하자 방향을 바꿨지만, 이내 다른 벽에 충돌하여 멈춰서고 말았다. 그러나 '불운한 거북'은 다음 발명품의 예고편에 불과했다. 그의 두 번째 발명품은 뜻밖에도 전 국민의 관심을 끈 테세우스Theseus로, 미로를 통과하는 생쥐 로봇이었다. 한 신문기자의 보도에 따르면, '미로에서 스스로 길을 찾는 생쥐 로봇'이라는 발상은 런던의 햄프턴코트 궁전Hampton Court

Palace에 있는 유명한 미로 정원을 탈출하려던 섀넌의 시도에서 비롯되었다. 섀넌은 미로 정원을 20분 만에 탈출한 후 훨씬 더 빨리 탈출하는 방법을 생각해냈다. 나중에 촬영된 클로드 섀넌의 가장 유명한 사진을 보면, 그는 완성된 테세우스를 벽으로 둘러싸인 공간 안에 집어넣는 포즈를 취하고 있다. 테세우스라는 이름은 좀 거창하지만 그리스 신화에 나오는 영웅에서 유래하는데, 그는 미노타우로스(그리스 신화에 나오는, 반은 사람이고 반은 소인 크레타의 전설적인 괴물_옮긴이)를 죽이고 공포의 미궁에서 탈출한다. 그러나 로봇 테세우스는 구리로 된 수염과 바퀴가 셋 달린 약 8센티미터짜리 나무 조각에 불과했다.

생쥐 로봇의 내부를 설계하는 데 아이디어를 제공한 것은 섀넌의 '스위치 연구'와 '전화 회사를 위한 연구'였다. 75개의 전기기계식 계전기가 기차의 방향을 바꾸는 선로 전환기처럼 왔다 갔다 하며 생쥐로 하여금 길을 찾게 만든 것이다. 로봇 시제품의 배선을 완성한 사람은 섀넌이 아니라 베티인 것으로 알려져 있다. "우리 둘은 퇴근 후 집에서 밤늦도록 생쥐 로봇을 만들었어요"라고 그녀는 말했다.

테세우스는 한 쌍의 자석으로 구동되었는데, 하나는 텅 빈 중심부에 내장되었고, 다른 하나는 미로 아래에서 자유롭게 움직였다. 처음 출발하여 전진하다 벽에 부딪치면, '수염'으로 장애물을 감지한 다음 적절한 계전기를 활성화시킴으로써 새로운 경로를 탐색했다. 이러한 과정을 계속 반복하다 보면 최종 목표인 '금속으로 만든 치즈'에 도착할 수 있었다. 계전기는 올바른 경로의 방향을 '메모리' 속에 저장하므로, 일단 생쥐가 시행착오를 거쳐 미로를 성공적으로 통과하면 두 번째 시도에서는 훨씬 더 쉽게 치즈를 찾아낼 수 있었다. 그런데 겉모양과는 정반대로, 테세우스라는 생쥐는 시스템의 수동적인 부분이었다. 그도 그럴 것이, 밑바닥에 깔린 미로가 정보를 보유하고 있었고 테세우스는 자석을 이용하여 구동되었기 때문이다. 따라서 섀넌도 지적했지만, 기술적으로 볼 때 생쥐가 미로를 해결한 게 아니라 미로가 생쥐를 구한 셈이었다. 그러나 어찌됐든 그 장치가 학습 능력을 보유하는 것은 분명했다.

테세우스는 머리힐에 도착하여 벨연구소의 '작은 유명 인사'가 되었고, 섀넌과 연구소에 특허권을 안겨주었다. 또한 연구소 측에서는 섀넌과 테세우스가 출연하는 단편영화를 제작했다.* 7분짜리 영화는 일반 대중을 염두에 두고 만들어졌는데, 섀넌이 까만 정장에 빨간 넥타이 차림으로 나와 '미로에서 길을 찾는 생쥐'와 '생쥐가 길을 찾는 메커니즘'을 마치 대학교수처럼 신중하고 단계적으로 설명한다.

그는 이렇게 말문을 연다.

"안녕하세요. 저는 벨연구소에 근무하는 수학자 섀넌입니다."

그러고는 본론으로 들어가, 시청자들이 보고 있는 장면(생쥐가 미로를 통과하는 모습)과 길찾기 시스템의 기본 원리를 모두 설명한다. 뒤이어 '생쥐-미로 장치'의 의미를 확장하는 부분에서는 구체적으로 언급하는 대신에 제스처를 써가며, 테세우스의 성공으로 인해 '로봇 뇌의 등장 가능성'이 한층 더 밝아졌음을 암시한다.

---

* 유튜브(https://youtu.be/vPKkXibQXGA)에서 볼 수 있음_옮긴이

물론 '문제를 해결하는 것'과 '정답을 기억하는 것'은 특정한 수준의 정신 활동을 수반합니다. 인간의 경우에는 뇌가 그런 역할을 수행하지만, 테세우스의 경우에는 작은 계산기가 뇌와 유사한 역할을 수행합니다…… 여러 분이 원하신다면, 우리는 테세우스가 보유한 '작은 뇌'를 조그만 거울 뒤에 장착할 수도 있습니다.

섀넌은 뒤이은 설명에서, 테세우스의 뇌는 스위치와 배선으로 이루어진 정교한 전화망보다 훨씬 더 기본적이고 친근하다고 말한다. 후반부로 넘어가면서, 섀넌은 회사의 영업에 도움이 되는 발언을 한다.

"벨연구소는 전화 회사의 부설 연구소로, 여러분의 전화 시스템을 개선하는 데 관심이 많습니다."

그 장면은 PR의 핵심적인 부분으로, 전화 다이얼 돌리는 장면과 스위치가 작동하는 장면의 사진이 클로즈업되며 명랑한 배경음악이 흘러나온다. 그러나 지나친 홍보는 금물이었다. 벨연구소와 AT&T의 경영진은 관계 당국의 입장을 감안하여, 클로드 섀넌이 생쥐 로봇을 들고 극장, 학교, 대학교에 출장 강연 나가는 것을 허용하지 않았다. 그랬다가는 미국 정부가 막대한 이익을 보장하고 재량권을 부여했더니, 만들라는 첨단 장비는 안 만들고 고작 그 따위 장난감을 만들었느냐는 인상을 줄 수도 있었기 때문이다.

섀넌은 미로의 윤곽을 바꿔 테세우스를 '출구 없는 정사각형' 속에 가둠으로써 비디오를 마감한다. 이쪽 벽 저쪽 벽에 부딪치다 결국 오도 가도 못하는 신세가 된 생쥐의 모습을 바라보며, 섀넌은 말한다.

"우리와 마찬가지로, 테세우스도 간혹 이런 궁지에 빠집니다."

히죽히죽 웃는 섀넌의 얼굴이 화면을 꽉 채우며, 종료를 알리는 음악이 흘러나온다.

—— • ——

세상 사람들은 테세우스에 폭발적 반응을 보였고, 섀넌의 상사들은 섀넌과 벨연구소가 얻은 뜻밖의 명성에 큰 인상을 받았다. 그와 관련된 이야기 하나가 벨연구소의 전설로 자리 잡았다. 헨리 폴락에 따르면, 섀넌이 AT&T의 이사회에서 테세우스를 시연할 때 해프닝이 벌어졌다.

프레젠테이션이 끝날 무렵, 한 이사가 다음과 같은 돌출 발언을 했다.
"저것이야말로 AT&T가 필요로 하는 창의적 사고의 전형입니다. 나는 클로드 섀넌을 이사로 선임할 것을 제안합니다!"
이사회는 그 이사의 생각을 단념시키느라 진땀을 흘리다, 결국 섀넌은 지분이 부족해 이사가 될 자격이 없다는 사실을 들이댐으로써 위기를 모면했다.

《타임》은 "기억을 가진 생쥐"라는 짧은 기사에서 테세우스를 다뤘고, 《라이프》는 치즈를 찾아가는 테세우스의 사진을 실었다. 《포퓰러 사이언스Popular Science》는 "이 생쥐가 당신보다 똑똑하다"는 헤드라인 아래 세 쪽짜리 펼침 기사를 내보냈다. 또한 테세우스는 좀 더 진지한 진영으로 진출했다. 로봇 생쥐는 1951년 메이시학회Macy Conference에서 특별 주제로 선정되었는데, 이 학회는 뉴욕에서 활동하는 과학자와 학자들로 구성된 학제적 연구 모임이었다. 섀넌은 인공지능(AI) 및 전산 분야의 선도적 권위자들은 물론, 저명한 인류학자 마거릿 미드(1901~1978)와 나란히 학회에 참석했다. 당초 다양한 분야의 석학들이 모여 로봇 생쥐를 논의하다 보면 큰 난관에 봉착할 것이라는 예상이 지배적이었지만, 테세우스는 참가자들로 하여금 난관을 극복하게 만든 일등 공신이었다. 그도 그럴 것이, 참가자들은 아무리 쟁쟁해 봤자 인공지능의 이론에만 밝아 뜬구름 잡기 십상이었지만, 테세우스(정확히 말하면, 생쥐-미로 장치)가 '인공지능의 작동 사례'로 제시되어 구체적인 논의 방향을 제시했기 때문이다.

한 참가자는 다음과 같이 지적함으로써, 테세우스가 엄연한 인공지능 보유 로봇임을 증명했다. 만약 금속으로 만든 치즈를 제거하면 생쥐는 이리저리 더듬거리기만 하다가 결국 허탕을 치고 말 것인데, 왜냐하면 지향할 목표가 없기 때문이라고 말이다.

그러자 사회과학자인 래리 프랭크가 맞장구를 쳤다.

"인간과 똑같아도 너무나 똑같군요."

마지막으로, 학회 회보의 편집자는 편집자주 난에 회의적인 의견을 달았다. (그는 테세우스를 깍아내리는 과정에서 자신도 모르게 '생쥐mouse'를 '시궁쥐rat'라고 부른 것 같다.)


섀넌의 '순진한 시궁쥐'가 길을 찾는 장면을 구경하는 게 흥미로운 이유는, '기계'가 '진짜 시궁쥐'와 매우 비슷해서가 아니다. 사실 그 기계는 진짜 시궁쥐와 상당히 다르며, 일부 학습 이론가들이 추상적으로 생각하는 시궁쥐

등의 생물에 대한 개념과 매우 유사할 뿐이다.

다시 말해서 테세우스는 '진정한 지능적 존재'가 아니라, '생물의 학습 과정의 한 측면'을 재현한 것에 불과했다. 섀넌은 편의상 많은 부분을 생략했으며, 생략된 부분은 테세우스에 반영되지 않았다.

섀넌은 나중에 자신의 스승에게 이렇게 말했다.

"테세우스는 기계의 능력을 납득시키기 위한 시범 장치로, 시행착오를 통해 문제를 해결한 후 정답을 기억합니다."

깜짝 놀란 스승이 그러면 모종의 지능을 인공적으로 창조하는 게 가능하다는 말이냐고 묻자, 섀넌은 자신 있게 대답했다.

"예, 그렇습니다."

테세우스 덕분에, 기계가 학습 능력을 지녔다는 사실이 분명해졌다. 섀넌이 증명한 바와 같이, 테세우스는 실수를 한 후 대안을 찾음으로써 동일한 실수의 반복을 회피할 수 있었다. 학습과 기억은 프로그래밍과 각본화가 가능했고, 그 대본은 어떤 면에서 극도로 단순한 뇌의 전구체처럼 보이는 장치에 기록될 수 있었다. '기계가 인간을 모방할 수 있다'는 발상은 전혀 새롭지 않았다. 그러나 테세우스는 그 아이디어(그리고 '기계는 기억과 추론을 할 수 있다'는 가능성)를 생생한 현실처럼 보이게 만들었다.

— • —

섀넌이 만든 '생각하는 기계'와 '생각하지 않는 기계'는 수년간에 걸쳐 다양한 형태와 방식으로 진화했다. 어떤 것은 완곡한 사회 비평의 역할을 수행했는데, 그 대표 사례는 '최종 기계Ultimate Machine'*였다. 이것은 윗면에 스위치 하나만 달린 직육면체 상자인데, 사람이 스위치를 켜면 뚜껑이 열리며 기계 손이 나와 스위치를 끈 후 상자 속으로 들어간 다음 뚜껑이 다시 닫혔다. THROBAC(Thrifty Roman-Numeral Backward Looking Computer)는 수치의 입력·처리·출력을 모두 로마숫자로 수행하는 계산기로, CLXII(162)와 CXLII(142)의 차이를 아는 사람을 제외하면 아무에게도 쓸모가 없었다. 이러한 도구들은 음흉하고 사사로운 농담 거리가 되었지만, 섀넌은 자신의 '땜질'에 커다란 가치를 부여했다.

"'게임 하는 기계'를 설계하는 것은 처음에는 신중한 과학적 연구보다는 재미있는 소일거리처럼 보일 수 있습니다. 그러나 그런 작업에는 진지한 측면과 유의미한 목적이 있습니다. 내가 알기로, 4~5개 대학과 연구소에서 그런 방식의 프로젝트를 도입하고 있어요."

섀넌이 사용한 수단은 최소한 그 당시에는 단순했지만, 그의 목표는 원대했다. 섀넌은 이렇게 털어놓았다.

"내가 가장 좋아하는 꿈은, 언젠가 멋진 기계를 만드는 꿈입니다. 그 기계는 생각하고, 학습하고, 인간과 의사소통을 하고, 환경을 매우 정교하게 조작하게 될 거예요."

그러나 그는 '기계가 관리하는 세상'이나 '로봇에게 지휘권을 내주는 인간'과 같은 흔한 공포감에 시달리지는 않았다. 사실을 말하자면, 오히려 그 반대였다.

---

* 유튜브(https://youtu.be/17Za2QHKkZw)에서 볼 수 있음_옮긴이

"긴 안목에서 볼 때, (기계는) 인간에게 요긴한 존재가 될 겁니다. 그러므로 가능한 한 빠른 시일 내에 그런 기계를 만드는 게 중요해요…….(오늘날) 인간과 기계 사이에는 매우 커다란 공감이 존재합니다……. 인간과 기계가 실제로 대화를 주고받을 수 있도록 서로간의 간격이 더욱 좁아지면 좋겠어요."

섀넌이 세상을 떠나는 날까지 따라다닌 수많은 인용문과 일화들은 지금은 대부분 잊혔지만《보그》에 실렸던 "인간-기계, 섀넌 박사에게 최초로 말을 걸다"라는 특집 기사에서 유래한다. 브록 브루어라는 작가와 나눈 장문의 대화에서, 섀넌은 자동기계와 발명자 간의 관계를 자세히 설명했다.(섀넌이 유명한 사진작가 앙리 카르티에 브레송 앞에서 오랫동안 포즈를 취한 것도《사이언티픽 아메리칸》과 같은 과학 전문 잡지에서가 아니라 대중 잡지《보그》에 실린 특집 기사 때문이었다.《보그》는 섀넌을 저명한 인물들과 같은 반열에 올려놓았다. 카르티에 브레송의 작품 중에는, 마하트마 간디의 장례식 사진, 엘리자베스 여왕의 대관식 사진, 마오쩌둥의 집권 후 처음 몇 달 동안의 사진 등이 있다.)

《보그》의 기사는 그 당시 사람들이 보기에 미친 사람에 대한 목격담 같은 이야기로 시작되었다.

"'생각하는 기계'를 만들고 그와 함께 놀고 그보다 한 발 앞서 생각하는…… 클로드 E. 섀넌 박사는 인간과 기계가 대화를 주고받기를 고대한다. 왜 아니겠는가!"

섀넌에게 인공지능이란 초현실적 판타지가 아니라 손에 잡히는 현실이었다. "컴퓨터로 제어되는 탐사 로봇"이 실수로 달 표면의 구멍에 빠진 장면을(그리고 로봇청소기 룸바Roomba가 청소하다 쓰레기 더미에 갇힌 장면을) 상상하며 그는 다음과 같이 말했다.

우리는 기계가 현실 세계에서 갈팡질팡하는 문제에 대비해야 합니다. 예컨 대 달 표면을 탐사하는 기계는 구멍과 장애물을 피할 수 있어야 하며, 실수 로 구멍에 빠지더라도 스스로 탈출할 수 있어야 합니다. 언젠가 살림꾼 로 봇이 집 안을 돌아다닐 때도 이와 비슷한 문제가 발생할 것입니다.

섀넌은 행복감에 도취한 나머지 '기하급수적으로 팽창하는 인공지 능'과 '일취월장하여 인류를 위험에 빠뜨릴 로봇'에 대한 두려움을 감 지하지 못했다. 사실 그는 기술 진보에 대해 철저히 낙관적인 전망을 갖 고 있었다. 기계의 능력·책임감·정보가 모두 증가할 것이라 철석같이 믿었던 것이다. 그가 하고 있는 로봇 연구의 핵심이 뭐냐는 질문에 그는 다음과 같은 세 가지 목표를 제시했다.

"첫째, 현실 세계에 대한 감각적 지식*을 얼마나 향상시킬 것인가? 둘 째, 정보를 출력하는 것 외에 그들이 아는 것을 우리에게 얼마나 잘 전 달하게 할 것인가? 셋째, 그들로 하여금 현실 세계에 얼마나 잘 반응하 게 할 것인가?"

1977년에 나눈 인터뷰에서, 그는 훨씬 더 낙관적인 전망을 피력했다.

---

* 존 로크는《인간지성론》에서 지식을 세 등급, 즉 직관적 지식, 논증적 지식, 감각적 지식으로 분류했다. 직관적 지식은 수학적 지식을 말하고, 논증적 지식은 수학적 추론이나 논리적 추론에 의한 지식을 말하며, 감각적 지식은 감각을 통해 얻는 지식을 말함_옮긴이

나는 우리가 조만간 뭔가를 발명할 것이라 믿습니다. 그것은 진화라는 생물학적 과정을 넘어, 기계를 발명하는 창조적 과정이 될 것입니다. 그 기계들은 우리보다 영리하므로, 우리는 더 이상 유용한 존재가 아닙니다. 게다가 그들은 우리보다 내구성이 강하고, 대체 가능한 부품으로 구성되어 있으며, 성능이 매우 우수합니다. 인체 내에는 고장 난 부분들이 많이 존재하는데, 끔찍하게도 의사들이 할 수 있는 일은 기본적으로 뭔가를 도려내는 것뿐입니다. 그러나 기계들은 '망가진 것'을 도려내는 데 그치지 않고, '더 나은 것' 또는 '새로운 부품'으로 갈아 끼울 것입니다.

인간은 기계보다 우수하다고 말할 때, 우리가 최후의 보루로 내세우는 것은 '생각하는 능력'이다. 섀넌은 자신의 살아생전에 컴퓨터가 그 유명한 튜링테스트Turing Test*(구분이 안 될 만큼 인간을 모방한 기계)를 통과할 거라고 기대하지 않았지만, 1984년 그보다 더 사려 깊은 '인공지능의 네 가지 목표'를 제시했다.

"2001년까지 세계를 제패하는 체스 프로그램,《뉴요커》가 인정한 작품을 쓰는 시작詩作 프로그램, 난해하기로 소문난 리만가설을 증명하는 수학 프로그램이 개발될 것이다. 그리고 가장 중요한 것은, 프라임레이트(신용이 가장 높은 기업에 대출할 때 적용하는 우대 금리_옮긴이)를 50퍼센트 능가하는 주가 예측 프로그램이 개발될 것이다."

---

* 컴퓨터와 심판이 대화를 한 후 심판이 '컴퓨터가 아닌 사람과 대화한 것'으로 인식하면 인공지능으로 인정하는 테스트로, 앨런 튜링이 1950년 '계산 기계와 지능Computing Machinery and Intelligence'이라는 논문에서 소개함_옮긴이

클로드 섀넌의 목표는 절반쯤 달성되었다고 할 수 있다. 섀넌이 말한 기한보다 4년 앞선 1997년 IBM의 딥블루Deep Blue가 인간 체스 챔피언 가리 카스파로프를 격파했으며, 오늘날 전 세계 주식 거래의 상당 부분을 컴퓨터들이 담당하고 있으니 말이다.

그러나 기계의 미래를 바라보는 클로드 섀넌의 활력 속에는 염세주의가 깃들어 있었다. 그는 언젠가 이렇게 썼다.

"인공지능은 만족할 줄 모른다. 기계가 그랜드마스터(최고 수준의 체스 선수_옮긴이)를 제압하고 인간 대신 시를 쓰고 수학적 증명을 완성하고 인간의 돈마저 관리한다면, 인간에게 남은 것은 멸종밖에 없을 것이다."

그것은 뼈 있는 농담이었다.

"인간은 멍청하고 엔트로피를 증가시키고 호전적인 종족인 데 반해, 컴퓨터는 논리적이고 에너지를 보존하고 우호적인 종족이다. 내가 제시한 목표들은 컴퓨터가 인간을 단계적으로 물갈이하는 과정의 신호탄이 될 것이다."

# 24. 체스 두는 컴퓨터

1826년 12월 26일 필라델피아에 있는 프리메이슨 홀에 모인 관객들은 체스를 둘 줄 아는, 불가사의한 기계가 있다더라는 소문을 익히 들었을 것이다. 그들은 그날 드디어 '체스 두는 자동기계Chess Playing Automaton,' 이름하여 터크The Turk를 실물로 처음 구경했다. 요한 멜첼이라는 탁월한 쇼맨이 무대를 장악하고, 관객들의 시선을 자기 옆에 놓인 기계로 끌어모았다. 그것은 사무용 책상만 한 상자로, 그 위에는 동양의 마법사처럼 예복을 걸치고 터번을 두른 마네킹의 상반신이 놓여 있었다.

멜첼은 연극조의 과장된 동작으로 상자의 옆문을 열어, 여러 개의 맞물려 돌아가는 기어와 각종 장치 들을 보여주었다. 터크가 첫 번째 상대를 외통수로 몰자 관중들은 소스라치게 놀랐다. 저명한 내과의사 겸 작가인 실라스 웨어 미첼은 그 장면에 감동하여 이렇게 썼다.

"우리는 매일 밤 환상을 보게 될 것이다. 동양의 마법사가 눈앞에 나타나, 입을 꼭 다문 채 눈알을 네굴데굴 굴리는 모습이 눈앞에 선하다. 터크의 모습은 우리의 뇌리에 확실히 박혔다. 영원한 책상다리 자세, 터번을 쓴 앞모습, 왼손잡이 동작은 불가사의한 경외감을 자아낸다."

마법으로 조종되는 마네킹이 체스를 둔다는 설명은 그럴듯해 보였다. 그러나 마법은 멜첼의 교묘한 장난질에 불과했고, 터크는 날조된 것이었다. 정교하게 설계된 장치 속의 기어와 도르래 뒤에는 인간이 숨어, 게임을 할 때마다 터크를 꼭두각시처럼 조종했다. 당대 최고의 체스꾼들이 터크를 조종했지만, 그 비밀은 수십 년 동안 철저히 비밀에 부쳐졌다. 많은 이들이 예지력을 발휘했지만, 에드거 앨런 포는 단연 압권이었다. 그는 터크와 함께 출연한 쇼맨들 중 한 명에게 혐의를 두었다.

"그는 터크가 체스를 두기 전후에 종종 모습을 나타내지만, 체스를 두는 동안에는 어디론가 사라진다."

그러나 포의 추리는 소수 의견이었고, 19세기의 상당 기간 동안 터크의 교묘한 솜씨는 듣던 대로 멋지며, 때로 간담을 서늘케 한다는 믿음이 지배적이었다. 터크는 인간이 품고 있는 강렬하고 지속적인 불안 심리를 교묘히 이용했다. 존 헨리(뛰어난 완력과 체력을 지닌 전설적인 흑인 철도 부설공_옮긴이)의 전설과 '인간의 능력을 뛰어넘는 기계'에 대한 공포감이 생겨나기 전, 과학소설에 인공지능이나 특이점singularity(인공지능이 비약적으로 발전해 인간의 지능을 뛰어넘는 기점을 말함_옮긴이)이 등장하기 전, 발명자인 인간을 능가한다고 주장된 기계는 터크밖에 없었다. 물론 터크는 속임수였지만, '진짜로 체스 두는 자동 기계'가 등장하는 것은 시간문제였다.

— • —

섀넌이 '생각하는 기계'에 대해 낙관적이었던 이유는, 미로를 통과하여 금속제 치즈를 찾아내고 그 경로를 기억하는 생쥐 로봇을 발명했기 때문만은 아니었다. 그는 1940년대 말과 1950년대 초 '체스 시합에서 인간과 경쟁할 수 있는 컴퓨터 프로그램을 만들 수 있을까?'라는 의문에 호기심이 생겼다. 그런 기계의 역사가 터크와 같은 속임수에서 유래한다는 것은 중요하지 않았다. 섀넌은 컴퓨터가 정정당당히 체스를 둘 수 있으며, 인간보다 더 잘 둘 수도 있다는 사실을 믿어 의심치 않았다. 그리고 끈질기고 주도면밀한 연구를 통해, 적절히 프로그래밍된 기계는 인간 뇌를 흉내 낼 뿐 아니라 능가할 수 있다는 확신을 굳히게 되었다.

호기심에 이끌려 이것저것 닥치는 대로 연구하며 살아온 섀넌의 인생에서, 평생 동안 연구 대상이 아닌 소일거리로 남아 있었던 몇 안 되는 대상 중 하나가 체스였다. 전하는 이야기에 따르면, 섀넌이 벨연구소에서 체스를 워낙 많이 두었기 때문에, "업무 능률 저하와 기강 해이를 염려한 상관이 한두 명이 아니었다". 그가 뛰어난 재능을 가진 체스꾼이라는 소문이 연구소에 쫙 퍼지자, 많은 연구원들이 그에게 도전장을 던졌다.

"대부분의 연구원들이 그와 한 번 이상 대결해봤지요."

브록웨이 맥밀런은 회고했다.

1965년 러시아를 여행할 때, 섀넌은 소비에트의 세계적 그랜드마스터로 세계 챔피언을 세 번씩이나 지낸 미하일 보트비니크에게 친선 대국을 제안했다. 보트비니크는 국익을 빌미로 친선 대국에 동원되는 데 이골이 났던지 섀넌의 제안에 선뜻 응했다. 그러나 시종일관 담배를 꼬나물고 건성으로 장기 말을 놓는 품이, 누가 보더라도 무관심한 태도가 역력했다. 그러자 섀넌은 갑자기 자신의 나이트와 폰 하나를 보트비니크의 룩과 교환함으로써 일찌감치 기선을 제압했다. 딴전을 피우던 보트비니크의 시선이 체스 판을 향하며, 대국장에는 일순간에 긴장이 고조되었다.

"보트비니크는 식은땀을 흘리는 것 같았어요. 아마도 '이 사람은 만만히 볼 외교 사절이 아니로군' 하고 생각하는 것 같았어요."

베티는 나중에 이렇게 회고했다.

대국은 깜짝 놀란 챔피언 자신을 포함하여 어느 누가 예상했던 것보다 오래 지속되었다. 그러나 결과에 대해서는 의문의 여지가 없었다. 섀넌은 마흔두 번의 행마를 거듭한 끝에 자신의 킹을 넘어뜨리며 보트비니크에게 무릎을 꿇었다. 그러나 시대를 초월하여 가장 재능 있는 체스꾼 중 하나로 일컬어진 보트비니크와 맞서 수십 수를 둠으로써, 섀넌은 평생 동안 자랑질해도 용서 받을 수 있는 특권을 부여 받았다.

(러시아를 여행하는 동안 벌어졌다는 또 하나의 해프닝이, 섀넌과 베티의 유머 감각을 돋보이게 한다. 호텔에 투숙한 섀넌이 큰 소리로 "객실문의 자물쇠가 망가졌네"라고 불만을 터뜨리자, 어딘가에서 자물쇠 수리공 한 명이 불쑥 나타났다. 섀넌과 베티는 '소비에트의 관계 당국이 객실에 도청 장치를 설치한 게로군' 하고 생각했다. 그래서 이번에는 "내 책의 러시아어 번역판에 대해 저작권료를 한 푼도 못 받았네"라고 큰 소리로 떠들었다. 그랬더니 아니나 다를까! 다음 날 아침 방문 밑으로 수표 한 장이 미끄러져 들어왔다.)

— • —

섀넌의 '체스 두는 컴퓨터' 연구는 조만간 어떤 분야에 신규 진출하여, 한 방에 그 분야의 한계를 규정하고 많은 핵심적 가능성들을 드러낸 또 하나의 사례로 인정받게 된다. 그가 '체스 두는 컴퓨터 프로그래밍하기Programming a Computer for Playing Chess'라는 논문을 발표하고 나서 약 30년 후인 1978년, 잡지《바이트Byte》는 다음과 같이 간결하게 논평했다.

"클로드 섀넌 이후 컴퓨터 체스 분야에서 새로 제시된 아이디어는 거의 없었다."

그 논문은 '실제로 작동하는 터크'를 향해 의미 있는 걸음을 내디뎠지만, 터크와 달리 관객의 시선을 끌거나 세상의 주목을 받지 못했다. 섀넌은 특유의 겸손한 태도로 '체스 두는 컴퓨터'에 대한 자신의 아이디어를 세상에 내놓았다.

"비록 실질적 중요성이 없을지라도 '체스 두는 컴퓨터를 프로그래밍할 수 있을까?'라는 의문은 상당한 이론적 중요성을 지니고 있다. 이 문제에 대한 만족할 만한 해법은, 커다란 중요성을 지닌 유사한 문제들을 공략하는 데 지렛대로 사용될 수 있다."

그러나 섀넌의 논문은 엄청난 파급력을 갖고 있었다.

'체스 두는 인공지능'은 어떤 기계에 응용될 수 있었을까? 섀넌은 통화 라우팅routing*, 번역, 작곡을 지목했다. 섀넌이 논문에서 지적한 바와 같이, 이런 기계들은 조만간 출시될 가능성이 높았기 때문에 그 경제적 유용성을 의심할 사람은 아무도 없었다. 이런 다양한 장치들이 공유하는 중요한 특징은 "고정불변하는 엄격한 계산 과정"에 따라 작동하지 않는다는 것이었다. 즉 "이런 문제의 해답은 단순히 '옳고 그름'이 아니라

---

* 어떤 네트워크 안에서 수신자의 주소를 이용하여 통신 데이터를 보낼 경로를 선택하는 과정을 말한다. 전화 통신망, 전자정보 통신망(예 : 인터넷), 교통망 등 여러 종류의 네트워크에서 사용됨_옮긴이

'품질의 연속 범위(스펙트럼)'"였다. 이런 점에서 볼 때, '체스 두는 컴퓨터'는 떠오르는 인공지능의 성능을 테스트할 수 있는 본보기였다.

섀넌은 50년 앞을 내다본 인공지능의 선각자였다. 딥블루가 등장하여 전 세계의 인간 챔피언들을 모조리 격파하기 약 반세기 전, 섀넌은 "지능적 기계와 그 제작자들을 위한 일종의 훈련장으로 사용될 수 있다"며 체스의 가치를 높이 평가했다.

체스 기계가 인공지능의 이상적 출발점인 이유는 다음과 같다. (1) 체스의 규칙은 허용된 작동(행마)과 궁극적 목표(외통수/체크메이트)라는 두 가지 측면에서 세밀하게 규정되어 있다. (2) 체스에서 만족할 만한 해법을 찾아내는 것은, 너무 단순하지도 않고 너무 어렵지도 않아 연구하기에 적당하다. (3) 체스는 고수가 되려면 '생각'을 많이 해야 하는 게임으로 정평이 높다. 체스에서 문제를 해결하려면, 기계적 사고의 가능성을 받아들이거나 '생각'이라는 개념 자체를 (규칙이나 원칙 등으로) 제한해야 한다. (4) 체스의 이산적 구조는 현대 컴퓨터의 디지털적 성격과 잘 어울린다.

최소한 체스의 영역에서, 무생물이 특정한 내재적 이점을 갖고 있다는 것이 섀넌의 지론이었다. 인공지능의 명백한 이점으로는 '인간의 뇌를 훨씬 능가하는 처리 속도'와 '무한한 계산 능력'을 들 수 있다. 더욱이 인공지능은 지루함과 탈진에 취약하지 않으므로, 상대편 인간이 집중력을 잃은 지 한참 후에도 판세를 정확히 읽을 수 있다. 섀넌은 이렇게 말했다.

"컴퓨터는 '오류로부터의 자유'라는 축복을 받은 존재다. 컴퓨터의 유일한 실수는 프로그램의 결함에서 비롯되지만, 인간 체스꾼이 연발하는 단순하고 명확한 실수는 모두 자기 탓이다."

컴퓨터의 이점은 정신적 오류의 영역까지 확장된다. 인간 체스꾼들로 하여금 결정적 실수를 범하게 하는 두 가지 결함은 신경과민과 과신이다. 그러나 로봇 체스꾼은 감정 없는 무아지경의 체스를 둘 수 있다. 그에게 체스는 냉정한 게임이며, 모든 행마는 그저 새로운 수학 문제일 뿐이다.

그러나―섀넌은 '그러나'에 방점을 찍었다―"인간의 정신이 갖고 있는 특징, 즉 융통성·상상력·추론 능력·학습 능력을 주목해야 한다". 섀넌의 말에 따르면, 체스 두는 기계의 가장 큰 단점은 즉석에서 변칙을 구사할 수 없다는 것이며, 변칙을 구사하는 능력은 '엘리트 수준의 게임'에서 승리하는 데 필수적이다. 그는 미국 최고 수준의 체스꾼 루벤 파인이 언급한 '최상위 선수의 성격과 게임 방식에 대한 오해'를 인용했다.

"사람들은 종종 그랜드마스터들이 모든 수를 예견할 거라고 생각한다……. 그랜드마스터는 모든 것을 수학적으로 계산하고, 상대편의 킹이나 나이트나 폰보다 한 발 앞서 자신의 퀸과 룩과 폰을 움직이며 득의의 미소를 지을 거라고 말이다. 물론 그 모든 것은 순전히 환상이다. 그들이 취하는 최선의 방책은 쌍방의 행마가 초래하는 주요 결과에 주목하되, 그때그때 임기응변식으로 변칙을 주고받는 것이다."

그렇다면 '체스 두는 컴퓨터'는 최고수 그랜드마스터처럼 행동하는 게 아니라, 근본적으로 다른 유형의 체스꾼으로 행동한다는 이야기가 된다. 컴퓨터는 모든 경우의 수를 숙지한 상태에서 철저히 실리를 추구하는 데 반해, 인간은 상황에 따라 그때그때 다양한 변칙을 구사한다. 요컨대 인간과 컴퓨터는 체스판을 사이에 두고 마주앉아 있지만 각자 다른 게임을 하고 있는 것이다.

그래서 섀넌은 "너무 인간처럼 행동하는 컴퓨터"를 경계하라고 주문했다.

"우리와 똑같은 컴퓨터를 설계하는 전략은 바람직하지 않다. 그보다는 컴퓨터의 강점과 약점을 감안해야 한다. 컴퓨터는 스피드와 정확성에 강점이 있는 반면, 분석과 인식에 약점이 있다."

우리는 컴퓨터의 장단점을 취사선택해야 하며, 인간의 대용품으로 간주하지 말아야 한다. 논문의 후반부와 《사이언티픽 아메리칸》에 발표한 대중적 논문에서, 섀넌은 컴퓨터에 입력할 프로그램의 전략을 제시했다. 그것은 기계를 "훌륭하지만 위대하지 않은 체스꾼"으로 만들기 위한 청사진이었다.

그의 논문은 폭넓은 연구의 결과물로 인정받기에 조금도 부족함이 없었다. 그는 게임이론의 접근 방법을 이용해 하나의 기계가 판세를 평가하는 메커니즘을 개괄적으로 서술한 다음, 모든 행마의 가능한 결과를 일일이 분석하여 "하나의 컴퓨터가 완벽한 체스 게임을 수행하도록 프로그래밍할 수 있다"는 결론을 내렸다. 그러나 그 결론은 극도로 비현실적이었다.

"우리 시대 컴퓨터의 목표가 '자신과 상대의 가능한 행마를 모두 계산하는 것'이라면, 첫 수를 두기까지 $10^{90}$년이 걸릴 것이다."

하지만 어떤 의미에서 그것은 컴퓨터 자체의 한계가 아니라 그 시대 과학 기술의 한계였다.

— • —

정보이론의 경우와 마찬가지로, 섀넌의 체스 논문은 떠오르는 분야의 로드맵으로서 역할을 수행했다. 나아가, 섀넌은 살아생전에 자신의 노력이 결실을 맺는 것을 보게 되었다. '체스 두는 기계'를 실제로 만든 것이다.

그는 '체스 두는 기계'를 만든답시고 부품과 장비를 구입하여, 격분한 아내의 입에서 "클로드가 야단법석을 떤다"는 말이 나오도록 만들었다. 그러나 그는 그 기계를 진일보시켰다. 어떤 이는 이를 가리켜 "멜첼의 수수께끼에 대한 섀넌의 해답은, 그 자신이 만든 기계의 형태로 제시되었다"고 말한다. 그가 1949년 완성한 기계는 엔드게임Endgame 또는 카이삭Caissac이라고 불렸는데, 카이삭은 시詩에 나오는 '체스의 수호 여신' 카이사Caïssa의 이름을 본뜬 것이었다. 섀넌의 기계는 여섯 개의 장기 말을 움직이는 데 골몰했고, 결정적 승부수를 두는 데 집중했다. 하나의 행마를 계산하기 위해 150여 개의 계전기가 사용되었고, 10초 내지 15초 내에 착수 결정을 내릴 수 있는 처리 능력을 보유했다.

섀넌이 만든 '체스 두는 기계'에 관한 이야기는 그의 인생사에서 대체로 누락되어왔다. 그것은 MIT의 박물관과, 섀넌과 절친했던 사람들의 기억 속에 보존되어 있다. 상자 모양의 기계 위에는 체스 판이 새겨져 있었고, 컴퓨터가 올바른 행마를 결정하고 나면 일련의 전등들이 번쩍

거리며 사용자에게 착점을 알려주었다.

그것은 어떤 면에서 세계 최초의 '체스 두는 컴퓨터'였다. 그리고 아마도 더 중요한 것은, '논문에서 생각해낸 것은, 반드시 내 손으로 만들어내고 말 거야'라는 열정을 보여준 또 다른 사례라는 것이다.

'체스에 관한 논문'과 '체스 두는 기계'를 통해, 섀넌은 보편적 의문에 대해 좀 더 명확한 답변을 제시했다. "'생각하는 기계'를 어떻게 생각할 것인가?" "기계도 우리와 똑같은 방식으로 생각할까?" "우리는 그들이 생각하기를 원할까?" "인공두뇌의 강점과 약점은 무엇인가?" 같은 것들 말이다. 하지만 섀넌의 답변이 신중하다는 것은 그가 확고한 결론에 도달하지 못했음을 방증하는 것에 다름 아니다.

"행동주의적 관점에서 볼 때, 기계가 행동하는 것을 보면 '필시 무슨 생각이 있다'고 말할 수밖에 없다. 지금껏 '숙달된 동작은 추론 능력을 요한다'는 통념이 지배해왔다. 만약 생각하기를 내적 방식이 아니라 외적 행동의 속성으로 간주한다면, 기계도 생각을 하는 게 분명하다."

그러나 시간이 경과함에 따라, 섀넌은 "인공두뇌가 생물체의 뇌를 능가할 것"이라고 점점 더 확신하게 되었다. 프로그래머들이 섀넌이 구축한 토대에 기반하여 그랜드마스터 수준의 체스 컴퓨터를 제작하려면 수십 년이 필요했지만, 섀넌은 그런 결과가 불가피함을 일찌감치 확신하고 있었다.

기계가 발명자를 절대로 능가할 수 없다는 생각은 "멍청하고 부적절하고 부정확한 논리에 불과하다". 그는 다음과 같이 썼다.

"당신은 당신보다 영리한 기계를 만들 수 있다. 체스에서 영리함이란 부분적으로 시간과 속도로 이루어진다. 나는 내 뉴런보다 훨씬 더 빨리 작동하는 기계를 만들 수 있다."

그의 말보다 더 신비로운 것은 없었다.

나는 사람도 기계의 일종이라고 생각한다. 이건 절대로 농담이 아니다. 나는 사람이, 이를테면 조직화의 측면에서 컴퓨터와 달리 매우 복잡한 기계라고 생각한다. 그러나 인간의 생각을 재현하는 건 어렵지 않다. 인간은 100억 개의 신경세포, 즉 $10^{10}$개의 뉴런을 갖고 있다. 만약 각각의 뉴런들을 전자 장비로 모형화할 수 있다면, 그 모형은 인간의 뇌와 똑같이 작동할 것이다. 만약 당신이 보비 피셔(미국의 유명한 체스 선수. 1972년 소련의 보리스 스파스키와 '세기의 대결'을 벌여 승리함으로써 세계선수권 타이틀을 차지함_옮긴이)의 뇌를 모형화한다면, 그 모형은 피셔와 똑같은 실력을 가진 체스 선수가 될 것이다.

# 25. 창의적 사고

섀넌은 생전에 회고록 형태로 남긴 것이 거의 없었다. 자서전 비슷한 것을 굳이 하나 든다면, 테세우스가 세상에 데뷔한 해에 벨연구소 강당에서 행한 강연이 있긴 했다. 늘 그렇듯, 그는 그 강연에서 개인적 성장 배경이나 사생활은 전혀 언급하지 않고, 자신의 중요한 관심사인 '뇌의 작용을 들여다보는 창문'에 대한 내용만 죽 늘어놓았다. 표면상으로는 '창의적 사고Creative Thinking'라는 제목을 내건 거창한 강연이었지만, 실상은 섀넌이라는 천재의 눈으로 바라본 세상의 모습이라는 주제의 짧은 개인 지도였다. 너무나 짧고 간단해, 큰 기대를 하고 온 청중들은 감질이 날 정도였다.

어떤 의미에서 위대한 천재의 눈에 비친 세상은 너무 불평등해 보였다.

"중요한 발상의 대부분은 극소수 사람들의 머리에서 나옵니다."

섀넌은 한 손을 들어 지능의 개략적 분포도를 그리며 연설을 시작했다.

"어떤 사람들은 하나의 아이디어가 입력되면 절반의 아이디어만 출력하고, 어떤 사람들은 하나의 아이디어가 입력될 때마다 두 개의 아이디어를 출력합니다. 후자에 속하는 사람들은 극소수에 불과합니다."

오해를 피하기 위해 곧바로 덧붙인 바와 같이, 이것은 그 자신이 지능 귀족mental aristocracy에 속한다는 점을 강조하려고 한 이야기가 아니었다. 그가 말하고자 한 것은, 뉴턴이나 아인슈타인과 같은 천재의 공급이 역사적으로 제한되어 있다는 것이었다. 물론 그 강당에는 천재의 전제 조건이라 할, 미국에서 가장 재능 있는 과학자들이 가득 모여 있었으므로 오해를 피하기 위한 부연 설명이 굳이 필요하지 않았을 수도 있다. 어쨌든 설사 재능과 훈련이라는 두 가지 전제 조건이 충족되더라도 '제3, 제4, 제5의 자질'이 여전히 필요했다. 그것들이 없다면, 세상에 유능한 공학자들이 아무리 많더라도 진정한 혁신가는 존재하지 않을 수 있었다.

당연한 이야기지만, 섀넌이 강조하고 싶었던 것은 바로 이 부분, 추가적인 자질이었다.

"뉴턴이나 아인슈타인과 같은 천재들만이 갖고 있었던 제3의 자질은 동기부여입니다……. 동기부여란 해답을 찾아내려는 욕망, 즉 사물을 움직이게 하려는 욕망을 말합니다."

섀넌은 동기부여를 필수 요건으로 간주했다.

"만약 동기부여가 없다면, 온 세상의 지능과 훈련을 총동원하더라도 해답을 찾아낼 수 없습니다."

그러나 그는 동기부여의 원천을 적시할 수 없었다.

"내가 보기에, 그것은 아마도 기질의 문제인 것 같습니다. 다시 말해서 어려서부터 훈련과 경험을 통해 '동기부여 기질'을 형성하는 것이 중요하다고 사료됩니다."

그러나 훈련과 경험만으로는 미진하다고 생각했던지, 그는 잠시 머뭇거리다 호기심으로 낙착을 봤다.

"천재는 호기심이 많아야 합니다. 호기심만큼 동기부여를 유발하는 자질은 없다고 생각합니다."

그러나 위대한 천재의 통찰은 호기심에서만 나오는 게 아니며, 불만족도 필요하다. 여기서 불만족이란 우울증과 관련된 것이 아니라(물론 그도 한때 올바른 대접을 받지 못해 우울증을 경험한 적이 있노라고 실토했다) '건설적인 불만족', 또는 '사물이 완벽해 보이지 않아 약간 짜증스러운 상태'를 말한다. 건설적인 불만족은 감상적이지 않은 천재의 모습을 참신하게 보여준다. 천재는 단지 유용하게 짜증이 난 사람인 것이다.

마지막으로, 천재는 해답을 찾아내는 데서 기쁨을 느껴야 한다. 섀넌이 보기에, 그의 주변에는 비슷한 지능을 가진 사람들이 많았지만 지능을 사용하는 데서 느끼는 즐거움은 제각기 달랐다.

"나로 말하자면, 수학의 정리를 증명할 때 짜릿한 쾌감을 느낍니다. 예컨대 일주일 동안 수학 정리를 증명하려고 노력하다 마침내 해답을 얻으면 기쁨이 폭발합니다. 그리고 공학 문제를 해결하는 기발한 방법을 알아냈거나 소량의 장비를 이용해 커다란 결과를 얻는 회로를 설계했을 때, 기뻐 어쩔 줄 모릅니다."

섀넌에게, "최종 결과물을 바라보는 즐거움"을 대체할 수 있는 것은 아무것도 없었다.

― • ―

　어떤 천재가 재능·훈련·호기심·짜증·즐거움의 적절한 조합이라는 축복을 받았다고 치자. 그는 수학 문제나 회로 설계 문제를 어떻게 해결할까? 섀넌의 강연은 이 부분에서 매우 구체적이었다. 그는 여섯 가지 전략을 제시한 후 청중들이 이해하기 쉽도록 차근차근 설명했다. 그는 뒤로 돌아서서 칠판에 P 자와 S 자를 크게 쓴 다음(P는 문제problem, S는 해답solution을 의미한다), 다시 청중을 바라보며 입을 열었다. 여유 있는 표정을 짓는 것으로 보아 확고한 개념이 머릿속에 담겨 있는 것 같았다.

　그는 천재는 문제의 해답을 찾아내기 위해 맨 먼저 단순화를 시도한다고 말했다.

　"우리가 직면하는 모든 문제는 온갖 불필요한 데이터로 뒤범벅되어 있습니다. 그러므로 그 문제들을 핵심 쟁점 몇 가지로 압축한다면, 해결하려는 문제를 좀 더 명확히 들여다볼 수 있을 것입니다."

　물론 단순화는 기본적으로 하나의 예술 행위라고 할 수 있다. 그것은 하나의 문제에서 흥미로운 요소만 골라내고 곁가지들을 모두 잘라버리는 요령과, 우연과 본질을 구별해내는 스콜라 철학자에 어울리는 능력을 요구한다. 예컨대 섀넌의 정보이론의 관점에서 보면, '전파'와 '유전자'의 차이는 우연적일 뿐이지만 '치우친 동전'과 '치우치지 않은 동전'의 차이는 본질적으로 중요하다.

　단순화라는 1단계 작업을 어렵사리 수행하고 나면, 천재는 '유사성을 이용한 해결'이라는 2단계 작업을 시도한다. 그것은 기존의 유사한 문제들에 대한 해답을 검토하여, 해답들 간의 공통점을 유추하는 작업이다. 만약 그가 문제 해결의 전문가라면 "그의 머릿속에는 이미 해결된 문제들의 P-S 행렬이 일목요연하게 들어 있을 테니" 별로 어렵지 않을 것이다. 섀넌은 이것을 '교묘한 점진주의'라고 불렀다.

"어떤 문제가 됐든 간에 '한 번의 큰 도약'보다 '두 번의 작은 도약'이 훨씬 더 쉽다는 게 나의 지론입니다."

셋째로, 만약 단순화와 유사성을 이용한 해결이 어렵다면, 다음과 같은 격언들을 되뇌기 바란다.

"단어를 바꾸고, 관점을 바꿔라……. 당신으로 하여금 특정한 관점에 얽매이도록 만드는 정신적 방해물에서 벗어나라. 판에 박힌 사고에 얽매이지 마라."

다시 말해서, 매몰 비용이나 '이미 손 뗀 일'에 미련을 갖지 말아야 한다. 간혹 풋내기나 다름없는 사람이 어떤 난제에 대한 해결책을 단번에 내놓아 주변을 깜짝 놀라게 하곤 하는데, 거기에는 그럴 만한 이유가 있다. 그들은 시간 경과에 따라 누적되기 마련인 편견에 사로잡히지 않았기 때문이다.

넷째로, 수학자들에 따르면 관점을 바꾸는 가장 강력한 방법은 "문제를 구조적으로 분석하는 것"이라고 한다. 구조적 분석이란 감당하기 어려운 문제를 여러 개의 작은 문제들로 분할하는 것을 말한다.

"사실, 많은 수학적 증명은 지극히 우회적인 과정을 통해 이루어졌습니다."

섀넌은 지적했다.

"천재는 하나의 정리를 증명하던 중, 지름길에서 벗어나 있는 자신을 발견합니다. 그는 발걸음을 재촉하여 훌륭한 결과들을 많이 얻지만, 그중 어느 것도 목적지를 직접 겨냥한 것은 아닙니다. 그러나 궁극적으로는 뒷문을 통해 주어진 문제의 해답에 도달하게 됩니다."

다섯째로, 문제를 구조적으로 분석할 수 없다면 문제를 뒤집어보라. 즉, 전제를 이용하여 결론을 증명할 수 없다면 결론이 이미 참이라고 가정하고 전제를 증명해보라는 것이다.

마지막으로, 위에서 제시한 다섯 가지 방법 중 하나나 또 다른 제6의 방법을 이용해 S(해답)를 얻었다면, 차분한 마음으로 그 적용 범위가 어디까지 확장될 수 있는지 생각해보라. 가장 좁은 범위에서 참인 수학 이론이 가장 넓은 범위에서도 참인 것으로 밝혀지는 경우가 종종 있기 때문이다.

"전형적인 수학 이론은 '매우 고립적이고 특별한 결과'나 '특별한 정리'를 증명하기 위해…… 개발되었습니다. 그런데 누군가가 나타나 그것을 일반화하는 경우가 비일비재합니다."

그 누군가가 당신이 되지 말란 법은 없지 않은가!

지금까지 소개한 섀넌의 6단계 전략 중에서, 그의 경험담이 배어 있지 않은 것은 단 하나도 없다. 예컨대 컴퓨터 계전기를 논리 언어의 단축어로 표시한 것은 위대한 단순화의 사례였고, 모든 통신 체계의 근저에 깔린 법칙을 발견한 것은 위대한 일반화의 사례였다. 그러나 이러한 사고 전략을 말로 표현하는 것과 실천하는 것은 별개의 문제다. 섀넌도 이 점을 충분히 의식했던 것 같다.

"나는 이러한 전략이 훌륭한 연구자들의 무의식 속에 잠재해 있다고 생각합니다. 다시 말해서, 그들은 자신도 모르는 사이에 이 6단계 전략을 자동으로 실천하는 것입니다."

나아가, 그는 어느 연구자라도 자신의 전략을 배우고 실천함으로써 혜택을 보는 게 가능하다는 신념을 피력했다. 그러나 그게 그렇게 간단한 문제라면, 중요한 아이디어의 대부분이 극소수 사람들의 머리에서 나오는 이유가 뭘까?

섀넌이 강연을 마치고 청중을 바라보며 "앞으로 나와 내가 직접 만든 도구를 살펴보세요"라고 했을 때, 그들은 너나 할 것 없이 고개를 끄덕이며 '천재의 다섯 가지 특징'과 '천재의 6단계 행동 전략'에 공감을 표했다. 그러나 그들의 마음속에는 해결되지 않은 궁금증이 도사리고 있었다. 바로 '섀넌과 같은 천재의 속마음은 어떨까?'라는 것이었다.

토머스 네이글이 '마음의 철학'에 관해 쓴, '박쥐가 된다는 것은 어떤 느낌일까?'라는 유명한 논문이 있다. 그가 던진 질문에 대한 대답으로는 '대략난감'이 적당할 것이다. 그렇다면 '클로드 섀넌과 같은 천재가 된다는 것은 어떤 느낌일까?'

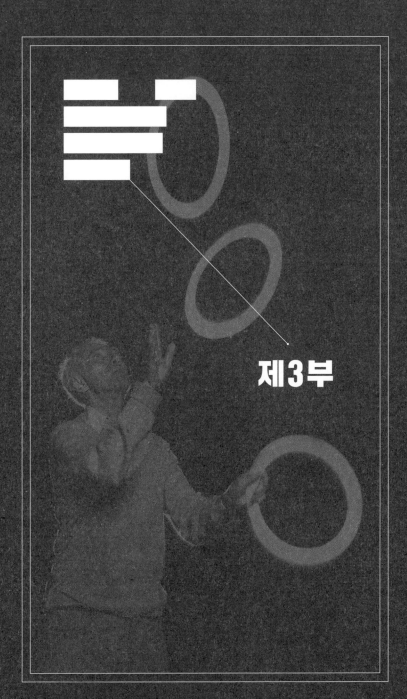

제3부

# 26. MIT 교수

클로드 섀넌에게 제일 먼저 손을 뻗친 곳은 MIT였다. 1956년, 가장 유명한 동문 중 하나인 클로드 섀넌에게 "케임브리지로 돌아와 한 학기 동안 방문 교수로 활동해 달라"고 초청한 것이다. 모교 교정으로 돌아간다는 것은, 클로드 섀넌은 물론 베티에게도 새로운 활기를 불어넣었다. 여러 가지 이유가 있겠지만 첫 번째 이유는, 케임브리지가—비교적 한산한 뉴저지 교외에 비해—북적이는 도시였기 때문이다. 베티는 케임브리지 생활을 맨해튼 생활에 버금가는 것으로 기억했는데, 맨해튼에서 점심을 먹으러 외출한다는 것은 도시의 소용돌이 속에 발을 들여놓는 것을 의미했다.

두 번째 이유로, 학계에서 활동한다는 것은 나름대로 매력이 있었다.

"대학생활에는 활동적인 측면이 있어서, 단순함과 지루함을 극복할 수 있다."

섀넌은 이렇게 썼다.

"새로운 학생들, 방학, 다양한 학술 활동은 생활에 상당한 다양성을 덧붙인다."

그러나 이런 '영혼 없는 글'을 읽는다면, 혹자는 섀넌이 그동안의 삶에 따분함을 느꼈다는 사실을 간과하기 쉽다.

학생들을 가르치는 일은, 놀랄 만큼 유쾌한 변화인 것으로 드러났다. 섀넌이 벨연구소 동료에게 보낸 쪽지를 보면, '교수로서 새로운 삶'의 일면을 엿볼 수 있다.

나는 MIT에서 멋진 시간을 보내고 있어요. 세미나는 잘 진행되고 있지만 상당한 노력이 필요해요. 처음에는 8~10명의 뛰어난 학생들로 구성된, 작고 친밀한 모임을 희망했어요. 그런데 막상 뚜껑을 열고 보니 무려 마흔 명의 수강생들이 몰려들었지 뭐예요. 그중에는 상당수의 MIT 교수진, 약간의 하버드 교수들, 많은 박사과정 학생들, 심지어 링컨연구소의 공학자들도 꽤 많이 포함되어 있었어요.

일주일에 2시간 30분씩 강의하는데, 수강생들의 반응이 매우 좋아요. 그들은 강의 내용을 거의 100퍼센트 숙지하고 있어요. 처음에는 학회처럼 강의를 다소 빡빡하게 진행했는데, 아무래도 무리수를 둔 것 같아요. 그 수준을 그대로 유지하느라 요즘은 시간의 압박을 받고 있으니 말이에요. 이곳 사람들은 정보이론에 매우 관심이 많고, 교수진과 그 분야의 박사과정 학생들이 앞다퉈 연구에 열중하고 있어요.

수강생들의 예리함은 기대 이상이었다.

"토론 시간에 나온 질문들을 듣고, 수강생들에게 깊은 인상을 받았어요."

섀넌은 한 수학자에게 쓴 편지에서 이렇게 말했다.

"지금껏 강의를 준비하느라 애를 많이 썼지만, 힘들기는커녕 되레 즐거웠어요. 그러나 한두 달이 지난 후 신선한 느낌이 사라지면 어떻게 될지 모르겠어요."

사실 강의가 섀넌의 지적 열정을 북돋은 이유는, 적어도 그때만큼은 강의라는 것을 정식으로 해본 경험이 없었기 때문이라고 해야 옳을 것이다.

그러나 강의는 수학이라는 광활한 평원 위를 활공하는 기회로 작용하기도 했다. 섀넌은 매번 강의할 때마다 전공의 부담에서 벗어나, 개인적 관심사를 깊숙이 파고들었다. 1956년 봄 학기에 개설된 '정보이론 세미나'는 그 전초전에 불과했다. '신뢰할 수 없는 요소로 구성된 신뢰할 만한 기계Reliable Machines from Unreliable Components'라는 강의에서, 섀넌은 다음과 같은 도전 과제를 제시했다.

"인간의 삶이 한 기계의 성공적인 작동에 달린 경우, 만족할 만한 실패율을 결정하기가 어렵다. 특히 아무리 성능이 좋더라도 단일 부품의 성공적인 작동에 인간의 운명을 내맡기는 것은 부적절하다."

섀넌이 이런 과제를 제시한 덕분에, 그런 딜레마를 해결할 수 있는 오류 정정 및 실패 방지 메커니즘의 분석 방법이 탄생했다.

그리고 '포트폴리오 문제'라는 강의에서, 섀넌은 정보이론이 불법 도박에 대해 암시하는 점을 면밀히 분석했다.


내가 여러분에게 나눠드린 자료는, "〈6만 4,000달러짜리 퀴즈〉(1940년대에 미국에서 큰 인기를 끈 TV 퀴즈 프로그램. 이 프로그램이 방영된 이후, '6만 4,000달러짜리 퀴즈'는 매우 어렵거나 중요해 상금이 많이 걸린 문제를 뜻하는 용어로 사용됨_옮긴이)의 우승자 알아맞추기"라는 뉴스 보도에서 영감을 받아 작성한 것입니다. 관련 자료를 제공해주신 존 켈리에게 감사드립니다. 그 프로그램이 동부해안과 서부해안에서 세 시간 간격으로 생방송되는데, 출연자만 다르고 출제되는 문제는 똑같다고 합시다. 그런데 서부해안에 사는 한 도박사가 그 사실을 알고 잔꾀를 부린다고 치죠. 즉 프로그램이 시작되기 세 시간 전에 동부해안에 사는 브로커에게 전화를 걸어, 결과를 미리 알아내는 것입니다. 여러분은 도박사가 부정한 방법으로 이득을 챙길 거라고 생각하겠지만, 문제는 그리 간단하지 않습니다. 만약 도박사가 정보를 얻는 통신로에 잡음이 있다면, 그가 손해를 볼 수도 있지 않을까요?

그 강의는 수강생들로 인산인해를 이루었는데, 그중에는 MIT에서 첨단 분야를 연구하느라 눈코 뜰 새 없는 교수들이 다수 포함되어 있었다. MIT의 스타급 교수들이 섀넌의 유명세와 명강의에 이끌려, 자신의 연구를 제쳐두고 강의실을 기웃거리기도 했다.

— • —

종신 정교수 자리를 줄 테니 MIT로 이적하라는 제안이 들어왔을 때, 거절하기가 무척 힘들었다. 만약 제안을 받아들인다면, 1957년 1월 1일부터 통신과학 및 수학 교수로 재직하며 1만 7,000달러(2017년 가치로 환산하면 약 14만 8,000달러)의 연봉을 종신토록 받을 수 있었으니 말이다. 하지만 대학생활의 온갖 매력에도 불구하고, 섀넌은 쉽사리 결정을 내릴 수 없었다. 벨연구소는 그가 15년 이상 몸담으며 전문가로서 잔뼈가 굵은 경력의 보금자리였기 때문이다. 그는 그곳에서 연구자 및 사상가로서 가장 생산적인 기간을 보냈다. 벨연구소에서는 그에게 유례없는 자유를 부여했고, 가장 대담한 연구 활동에 종사할 수 있도록 지원을 아끼지 않았다. 그러나 섀넌은 벨연구소의 기업 문화에 동화되지 않는 아웃라이어outlier(개념적으로는 '표본 중 다른 대상들과 확연히 구분되는 통계적 관측치'를 말하며, 각 분야에서 큰 성공을 거둔 탁월한 사람을 지칭하는 용어로 사용됨_옮긴이)였다. 아웃라이어의 터무니없는 행동이 너그러이 용인되었지만, 경영진의 눈밖에 나는 것은 시간문제라는 점을 섀넌은 예감했다. 그는 자신의 직속 상관인 헨드릭 보드에게 보낸 편지에서 솔직한 심정을 털어놓았다.

"나는 연구소에서 누리는 자유가 왠지 특별 대우라는 느낌을 늘 떨칠 수 없었어요."

물론 벨연구소의 경영진은 상황을 그런 식으로 바라보지 않았다. 그들은 후한 연봉을 제시하며 MIT의 제안에 맞대응했지만, 결국 섀넌의 마음을 돌리기에는 역부족이었다. 그는 학계에 대한 산업계의 반감을 무마하기 위해, 최고경영자의 제안을 정중히 거절하는 편지를 벨연구소에 띄웠다.

"벨연구소가 여러 가지 면에서 MIT보다 월등하다는 것은 자명한 사실입니다."

그는 이렇게 말했다.

"그중에서도 가장 중요한 것은, 강의를 비롯한 그 밖의 부담이 없기 때문에 연구에 할애할 시간이 많다는 것입니다."

또한 섀넌은 벨연구소가 MIT보다 더 많은 연봉을 제시했다는 점도 인정했다.

"벨연구소가 MIT보다 다소 많은 연봉을 제시했지만, 그것은 부차적인 문제입니다. 나는 개인적으로 연봉보다 훨씬 더 중요한 문제가 많다고 생각합니다."

벨연구소가 뉴저지에서 약간 외진 곳에 위치한다는 점이 복잡한 변수로 작용한 것은 당연했다.

"벨연구소가 호젓하고 고립되어 있다는 것은 장점이 될 수도 있고 단점이 될 수도 있습니다. 시간을 빼앗는 방문객이 적은 반면에, 심도 있고 흥미로운 만남을 기대할 수 없는 것도 사실입니다. 외국 방문객들은 벨연구소에서 종종 하루를 머물지만, MIT에서는 6개월 동안 머뭅니다."

섀넌은 벨연구소가 사고의 폭과 깊이 면에서 MIT를 능가한다는 점을 인정했지만, 궁극적으로 MIT의 손을 들어주었다.

"내 생각에 학교생활의 가장 중요한 특징은 '보편적인 자유로움'입니다. 그중에서 가장 매력적인 것은 '길고 긴 방학'입니다. 그동안 편안한 마음으로 자유롭게 연구할 수 있으니까요."

사실 벨연구소와 MIT의 수준은 거의 대등하므로, MIT가 섀넌을 끌어당길 만한 결정적 요인은 존재하지 않았다. 굳이 결정적 요인을 하나 든다면, 섀넌이 한 곳에 15년 이상 붙박이로 머물다 보니 지루하고 따분한 느낌이 들었다고나 할까? 섀넌도 그 점을 언급했다.

"벨연구소에서 15년간 생활하고 보니 약간 나태해지고 생산성이 떨어진다는 느낌이 듭니다. 그래서 장소와 동료들을 바꿔 새로운 활력을 불어넣고 싶습니다."

그러나 섀넌과 유대관계가 너무나 끈끈했기에 벨연구소는 그와의 관계를 차마 모두 단절할 수 없었다. 그래서 섀넌의 몸이 떠난 후에도, 그 이름만큼은 벨연구소의 급여 대장에 그대로 남아 있게 되었다. 벨연구소장 빌 베이커는 나중에 헨리 폴락에게 이렇게 말했다.

"벨연구소는 섀넌 덕분에 세상에 알려졌고, 그 덕분에 앞으로도 명성을 계속 유지할 것이야. 그가 급여 대장에 남아 있는 것은, 만에 하나 가난해질 가능성에 대비한 안전장치라네."

폴락은 후에 베이커의 조치가 벨연구소의 정신과 부합한다는 뜻에서 이런 우스갯소리를 했다.

"벨연구소에는 두 가지 부류의 연구자들이 있었다. 한쪽은 '지금껏 해 온 일' 때문에 월급을 받았고, 다른 쪽은 '앞으로 할 일' 때문에 월급을 받았다. '현재 하고 있는 일' 때문에 월급을 받는 사람은 단 한 명도 없었다."

베이커는 아마도 섀넌이 언젠가 다시 돌아오기를 바라듯 그의 집무실을 비워두었고, 잠긴 방 안에는 명패만 홀로 남아 주인을 기다리고 있었다.

MIT의 제안을 수락한 후, 섀넌은 캘리포니아를 경유하여 케임브리지로 떠났다. 그 여행길은 스탠퍼드대학교에 있는 행동과학고등연구소에서 펠로십으로 활동하기 위한 1년간의 긴 우회로였다. 그 일정은 영예로운 것이었지만, 섀넌 부부는 주로 캘리포니아 관광을 위한 구실로 간주했다. 그들은 승용차를 몰고 한가롭게 서부 국립공원을 거쳐 캘리포니아로 갔고, 돌아올 때는 폴크스바겐 버스를 이용했다. 섀넌은 팔로알토의 아름다운 경치에 반하여, "이렇게 멋진 환경에 한눈을 팔지 않고 연구에 몰두한다는 게 과연 가능할까!"라며 감탄을 금치 못했다. 캘리포니아에 도착하고 나서 얼마 후, 그는 한 동료에게 쓴 편지에서 캘리포니아 여행을 강력히 추천했다.

"여기는 신의 고장God's country 입니다. 당신에게 필요한 것은 커다란 앞치마와 주방장 모자 그리고 바비큐입니다. 더 이상 뭐가 필요하겠습니까?"

— • —

그러나 서부로 출발하기 전에, 클로드 섀넌과 베티는 매사추세츠주 윈체스터의 케임브리지 5번가에서 주택을 한 채 구입했다. 윈체스터는 MIT에서 북쪽으로 13킬로미터 떨어진 곳에 있는 베드타운이었다. 캘리포니아에서 1년을 지낸 후, 그들은 윈체스터의 새 집으로 돌아왔다. 집에서 학교까지 거리는 너무 멀지도 너무 가깝지도 않아, 출퇴근하는 데 무리가 없었고 사생활을 보호하기에도 충분했다.

새로 구입한 집에는 나름대로 역사가 깃들어 있었는데, 특히 섀넌의 학문적 배경 및 관심사와 부합하는 점이 많아 큰 의미가 있었다. 그 집은 1858년 19세기의 천재적 땜장이인 토머스 제퍼슨의 증손녀 엘런 드와이트를 위해 지어졌다. 본래 4만 8,000제곱미터의 부지 위에 지어졌으며, 제퍼슨이 직접 설계했다는 몬티셀로Monticello(버지니아주 샬러츠빌에 위치한 미국 역사기념물_옮긴이)에서 영감을 받아 설계되었다. 언덕 위에 자리한 장엄한 3층집으로, 활꼴의 입구와 모따기 된 기둥을 갖춘 3면 베란다로 둘러싸여 있었다. 현관 앞에 펼쳐진 드넓은 잔디밭은 어퍼미스틱 호수 Upper Mystic Lake의 우거진 숲으로 이어졌다. 이 집은 섀넌의 만년에 국가지정 사적지로 지정되었고, 안내판에는 호화로운 인테리어는 물론 호수와 언덕의 전경을 칭송하는 글이 인용되었다.

설계의 핵심은 1층에 있는 8각형 모양의 방이다. 그 방에 있는 쪽모이세공 바닥은 몬티셀로의 마루와 동일한 형태로 시공된 것으로 알려졌다. 노란색 대리석으로 마감된 벽난로 주변에는 아칸서스 잎, 수엽초, 달걀과 화살촉 모양의 몰딩이 정교하게 아로새겨져 있다. 1층 천장의 높이는 약 3미터 60센티미터이며, 천장의 가장자리는 화려한 석고 몰딩으로 장식되어 있다. 1층에는 여섯 개의 채광창이 달린 대형 창문이 설치되어 있으며, 창문을 열면 베란다로 나가 호수와 언덕을 비롯한 자연경관을 감상할 수 있다. 오른쪽에 위치한 응접실 겸 서재에는 초록색 대리석으로 만든 벽난로가 있다.

그 집은 섀넌의 대중적 이미지를 고려해 구입한 것이었다. 1957년 이후 줄곧 그와 관련된 거의 모든 이야기는 '호숫가의 집'을 배경으로 펼쳐졌다. 그는 주로 2층짜리 부속 건물에 머물렀는데, 그 건물은 오로지 기발한 장치와 도구를 보관하고 전시하기 위한 목적으로 설계되었다. 언론에서는 그 건물을 '장난감 방'이라고 불렀지만, 섀넌의 딸 페기와 그녀의 두 오빠들은 간단히 '아빠의 방'이라고 불렀다.

섀넌 부부는 자신들의 집에 '엔트로피 하우스Entropy House'라는 이름을 붙였다. 섀넌이 학교에 머무는 시간이 점점 더 줄어듦에 따라, 그 집은 섀넌의 수학자로서 명망을 반영하여 수많은 학생과 동료들의 순례지로 자리 잡게 된다.

— • —

MIT에 교수로 부임한 후에도, 섀넌은 자신의 개인적 취미와 열정을 추구하는 활동에 몰입했다. 한 동료 교수는 이렇게 썼다.

"그는 학생들을 지속적으로 지도했지만, 통상적인 의미에서 진정한 공동연구자는 아니었다. 왜냐하면 동료 교수들과 늘 얼마간의 거리를 유지하려는 것 같았기 때문이다."

특별한 학문적 야망이 없는 데다 학술 논문을 출판해야 한다는 압박감을 거의 느끼지 않았으므로, 그는 수염을 기르고 매일 달리기를 하기 시작했으며, 자신의 주특기인 땜질 활동의 비중을 늘렸다.

그 결과, 섀넌의 가장 창의적이고 기발한 노력들 중 일부가 빛을 발했다. 그중에는 연주를 시작하면 입에서 불을 뿜는 트럼펫이 있는가 하면, 다양한 경우의 수를 적용한 수제 외바퀴자전거도 있었다. 기발한 외바퀴자전거로는 '안장 없는 자전거', '페달 없는 자전거', '2인용 자전거' 등이 있었다. 엽기적인 외바퀴자전거 중 하나는 '편심 바퀴 중심을 가진 자전거'로, 페달을 밟을 때마다 라이더의 몸이 위아래로 움직이기 때문에 저글링하기가 매우 어려웠다. (이 자전거는 엽기적인 자전거의 예고편에 불과했다. 겉모양은 기발해 보였지만, 그 덕분에 섀넌의 조수인 찰리 매닝은 안전성을 걱정해야 했다. 그러다 섀넌이 최초로 라이딩에 성공하자, 그는 박수를 치며 환호성을 질렀다.) 방문객들을 현관에서 호숫가의 저지대로 실어 나르는 의자식 리프트도 있었는데, 요즘 스키장에서 흔히 볼 수 있는 리프트와 비슷했다. 그 밖에도 루빅 큐브를 해결하는 기계, 체스 두는 기계, 다양한 크기의 수제 로봇 등이 있었다. 섀넌은 마침내 '가장 기이한 아이디어'를 마음껏 기계로 구현할 수 있게 되었다.

섀넌은 과거를 돌이켜보며, 그동안 마음 내키는 대로 살아왔음에도 무탈했던 것을 천만다행으로 여겼다.

"나는 금전적 가치나 세속적 가치 따위에 아랑곳하지 않고 나의 관심사를 추구해 왔으며, 아무런 소용 없는 일에 많은 시간을 쏟아부었다."

사실 그는 '정보에 대한 관심'과 '외바퀴자전거에 대한 관심'을 전혀 구분하지 않았다. 정보가 됐든 외바퀴자전거가 됐든 체스판 위를 움직이는 여러 개의 말 중 하나일 뿐이었다.

그런데 궁금한 점이 하나 있다. 당대의 쟁쟁한 인물들은 섀넌의 돌출 행동을 어떻게 생각했을까? 그로부터 수십 년 후, 로버트 갤러거는 그 문제에 대해 다음과 같이 논평했다.

"그는 정상적인 위인이라면 하지 않을 짓을 했다!"

로버트 갤러거는 섀넌의 사도使徒 중 한 명이었으므로, 그의 부정적 논평은 애정 어린 반어법으로 이해할 수 있다. 그러나 섀넌을 질시 어린 눈으로 바라봤던 당대의 과학자들이 섀넌을 어떻게 생각했을지 상상하는 것은 별로 어렵지 않다. 그건 그렇다 치고, 섀넌은 MIT에 부임했을 때 주위의 기대를 한 몸에 모았다. 석좌교수로 임명되고, 종신 재직권을 부여받았으며, 수학 교수와 공학 교수를 겸직하는 등 파격적인 대우를 받았다.

"그는 진정한 명사로 대우 받았습니다. 그가 MIT의 전기공학부를 정보이론의 선두 주자로 만들 슈퍼스타라는 데 이의를 제기할 사람은 아무도 없었지요."

섀넌의 강의를 들은 학부생 중 한 명인 트렌차드 모어는 말했다.

— • —

MIT는 섀넌이 버티고 있다는 사실 하나만으로 학생들에게 강력한 영향력을 행사할 수 있었다. 그런 인물이 교수진에 있다는 것은 탁월함의 상징이었고, 열정적인 대학원생들을 모집하는 데 큰 보탬이 되었다. 섀넌의 대학원생 중 한 명인 레너드 클레인록은, 섀넌에게 받은 영향력을 이렇게 회상했다.

"나는 최고의 교수를 만나 최고의 인재로 성장하기 위해 MIT 박사과정에 들어갔어요. 내가 생각하는 최고의 교수는 섀넌이었어요."

그런 대학원생들은 클레인록 하나만이 아니었다. 정보이론을 공부하는 대학원생들은, 그 분야의 창시자와 함께 연구할 수 있다는 기대에 한껏 부풀었다. 그러나 현실은 기대에 미치지 못했다. 섀넌이 받은 논문지도 학생들의 수가 예상외로 적어, 사제간에 얼굴을 맞댈 기회가 좀처럼 드물었다. 학생들을 좀 더 많이 맡아 달라는 학교 측의 요청에, 그는 이렇게 응수했다.

"나는 조언자가 될 수 없어요. 어느 누구에게도 조언할 수가 없어요.

나는 아무래도 조언을 하는 데 적임자가 아닌 것 같아요."

그것은 단지 섀넌의 과묵함 때문만은 아니었다. 아무리 우수한 학생이라도, 섀넌과 같은 위대한 인물에게 도움을 요청하려면 자아가 위축되기 마련이었다. 섀넌이 부임하자마자 박사과정을 밟기 시작했던 로버트 갤러거의 경우, '살아 있는 전설'에게 첨삭을 요청할 때 다음과 같은 애로사항을 느꼈다고 실토했다.

나는 그에게 엄청난 경외감을 품고 있는 관계로, 그의 앞에 서면 거의 입을 열 수가 없었어요……! 그에게 논문 지도를 신청한 박사과정 학생들이 극소수였는데, 나는 그 이유 중 하나가 자존감 부족이었다고 생각해요. 만약 당신이 나와 같은 입장에 처했다면, "저에게 한 수 지도해주세요"라고 말하기 위해 큰 자존감이 필요했을 거예요.

클레인록은 그 점을 더욱 간결하게 표현했다.

"나는 '그가 나와 함께 연구할 의향이 있다'는 점을 늘 영광으로 여기면서도 왠지 어색하고 쑥스럽기 짝이 없었어요."

섀넌은 학계의 통상적인 활동에서 일정한 거리를 유지함으로써, 본의 아니게 그런 선입견에 부응했다. 그는 학회에 참가하지 않았고, 학과 내에서 지위 상승을 꾀하지 않았으며, 심지어 연구실에 정기적으로 출근하지도 않았다. 그와 동료 교수진 사이에 유일한 상호작용이 있었다면, 아무런 사전 통보 없이 그들의 강의실에 불쑥 방문하는 것이었다. 허먼 하우스 교수는 섀넌이 참관했던 자신의 강의 중 하나를 기억해냈다.

"그가 던진 예리한 질문은 내게 큰 인상을 주었어요. 그 질문 덕분에 내 저서에 새로운 장이 하나 추가되었으니, 고마울 따름이지요."

섀넌은 여느 MIT 교수들과 마찬가지로 셔츠와 넥타이 차림으로 강의를 하며, 학생들의 질문에 대답하는 도중에 간간이 분필을 손가락으로 튕겨 공중에 날렸다. (그리고 놀랍게도, 분필을 강의실 바닥에 떨어뜨린 적이 단 한 번도 없었다.) 그의 강의에 대한 학생들의 평가는 엇갈렸다. 어떤 학생들은 강의 스타일에 호감을 느끼며, 강의 내용도 듣던 대로 수준급이라는 평가를 내렸다.

"교수님 강의는 맛있는 음식과 같았어요. 그의 직관적인 설명은 정갈한 음식을 연상하게 했어요. 강의는 수학적으로도 훌륭했고 임팩트도 강렬했어요."

클레인록은 말했다. 어떤 학생들에게, 섀넌이 강의실에서 생각나는 대로 말하는 모습을 지켜봤다는 것은 '학창 생활에서 가장 결정적인 순간 중 하나'로 기억되었을 것이다.

그러나 아는 것과 가르치는 것은 별개라는 말이 있다. 제 딴에는 열강을 했겠지만, 학생들 중 일부는 섀넌의 논리 전개를 이해하느라 애를 먹었다. 그 당시 섀넌의 주변을 맴돌던 학생 중 하나인 데이브 포니는, 섀넌이 너무 자기 위주로 이야기하는 바람에 따라잡기가 힘들었다고 고충을 토로했다.

어떤 면에서, 그의 강의를 좋아하는 학생들조차 특별한 정보를 얻기보다는 'MIT 최고의 석학을 만나 그의 개인적 관심사를 공유한다'는 데 큰 의의를 두었다. 로버트 갤러거는 다음과 같이 말했다.

그는 강의할 때 핵심을 콕콕 찍어주는 스타일이 아니었다. 늘 "나는 어젯밤이 문제를 생각하다가, 문득 이런 흥미로운 접근 방법이 떠올랐다"는 식으로 이야기를 풀어 나갔다. 그러면서 '남들은 모르는 비밀을 나는 다 알고 있다'는 듯 히죽 웃곤 했다.

요컨대 그 당시 '섀넌 교수'의 이미지를 한 마디로 요약하면, "너무 비범한 인물이라, 설사 이해할 수 없더라도 결코 무시해서는 안 되는 사람"이었다. 그는 '뭔가를 가르쳐주는 사람'보다는 '영감을 주는 사람'이었다. 한 학생은 이렇게 기억했다.

"우리 모두는 섀넌을 신처럼 숭배했어요."

— • —

섀넌이라는 신의 곁에 머무는 방법을 어렵사리 찾아낸, 억세게 운 좋은 극소수 학생들도 있었다. 섀넌의 신임을 얻은 학생들은 '윈체스터의 자택 방문'이라는 특권과 '흥미로운 문제를 수시로 질문해도 좋다'는 무기한 초대장을 받았다. 클레인록은 섀넌과 나눈 첫 번째 교감에 대해 이렇게 기술했다.

"그는 내게 '다음 주 토요일 우리 집에서 만날까?'라고 말했고, 나는 즉시 '좋고 말고요'라고 대답했어요. 나처럼 미천한 대학원생이 그의 집에 초대 받다니! 도저히 믿을 수 없었어요……. 나는 동료들에게 이렇게 말한 기억이 나요. '나 섀넌의 집에 가기로 했어!'"

섀넌은 다른 사람들의 아이디어와 직관을 벼리는 숫돌이 되었다. 답변을 하는 대신에 질문을 던졌고, 해답 대신 접근 방법을 제시했다. 그 당시의 대학원생 래리 로버츠는 이렇게 회고했다.

"섀넌은 우리가 말하는 것을 들은 다음, '이렇게 하면 어떨까?'라며 우리가 미처 생각지 못했던 접근 방법을 제시했어요. 그는 늘 이런 식으로 조언을 제공했어요."

섀넌이 선호하는 교수 방법은, 여행의 동반자이자 문제 해결자로서 새로운 경로나 접근 방법을 학생들과 함께 열심히 탐구하는 것이었다.

섀넌과의 동행은 늘 전설을 낳았고, 그 과정에서 그가 제안한 접근 방법은 수십 년 후에도 학생들의 뇌리에 남았다. 로버트 갤러거가 소개하는 일화를 들어보면, 섀넌의 접근 방법이 강력함과 섬세함을 겸비했음을 알 수 있다.

나는 최첨단 통신 시스템에 대한 멋진 아이디어를 갖고 있었다. 그것은 온갖 발신음·통화음·신호음을 망라하는 신호 장치를 갖춘 것으로, 다른 사람들이 생각하는 것과 차원이 달랐다. 나는 섀넌을 찾아가 내 아이디어를 소개하며, 예상되는 문제점들도 설명했다. 그는 내 이야기를 잠자코 듣기만 하더니, 의아한 표정을 지으며 말했다.

"음, 그런 가정이 문제를 해결하는 데 정말로 필요할까?"

내가 말했다.

"선생님 말씀을 듣고 보니, 그런 가정은 불필요하다는 생각이 드는군요."

그 후 한동안 묵묵부답이던 그가 또다시 말을 꺼냈다.

"그 가정도 불필요해 보이는군."

나는 즉시 대답했다.

"그 가정을 생략하면 문제가 단순화되겠군요. 사실, 지금까지 내 시스템이 좀 비실용적이라는 느낌이 들었거든요. 마치 애들 장난감처럼 말이에요."

그 이후로도 그의 지적은 대여섯 번 반복되었다. 물론 그의 지적이 내 문제를 직접적으로 해결한 것은 아니었다. 자기만의 독특한 관점에서 나의 시스템을 바라보고, 핵심적인 부분과 지엽적인 부분을 본능적으로 구분하여 정곡을 찌른 것이다.

어느 시점이 되자, 나는 얼굴이 화끈거림을 느꼈다. 나름대로 멋진 아이디어라고 생각했던 것이 허점투성이였음을 깨닫게 되었기 때문이다. 그러나 불필요한 요소들을 모두 제거하고 나니 해결 방법이 보였다. 나는 그와 함께 불필요한 가정들을 하나씩 하나씩 제거하여, 마침내 해결책을 찾아냈다. 그는 늘 그런 식이었다. 가장 간단한 사례를 들어 올바른 접근 방법을 제시한 다음, 그것을 바탕으로 나와 함께 해결책을 모색했다.


그러나 섀넌의 강펀치에 흠씬 두들겨 맞고 그로기 상태가 되어, 겨우 시작 단계에 있는 프로젝트를 접은 방문객들도 간혹 있었다. 그 당시 MIT의 학생으로서 나중에 퀄컴Qualcomm을 설립한 어윈 제이콥스는 이렇게 회고했다.

"섀넌을 찾아가 새로운 아이디어와 접근 방법을 상의한 후 연구실에 돌아와, 서류 캐비닛을 열어 미출판 원고 뭉치를 꺼내놓고 한숨만 푹푹 쉬는 사람들이 부지기수였어요."

— • —

　20세기 중반의 전통적인 남편이나 아버지와 달리, 섀넌은 하루 중 많은 시간을 집 주변에서 보냈다. 그의 딸 페기가 갖고 있는 아버지에 대한 기억 중에서 가장 독특한 것은 바로 그 점이었다.

　"아버지는 많은 일을 집에서 하셨는데, 강의를 하거나 대학원생들을 만날 때만 학교에 갔어요. 하지만 볼일을 마치고 나면, MIT에 그리 오래 머물지 않았지요. 그러다 보니 나는 '아버지는 웬만하면 주변에 있다'는 고정관념을 갖게 되었어요. 아버지는 여느 근로자들과 사뭇 달랐어요." 엔트로피 하우스는 그의 사무실이 되었고, 학생들은 프로젝트에 대한 피드백을 받으러 엔트로피 하우스에 들렀다가, 윈체스터의 현자Sage of Winchester가 자기 집 연구실에서 뭔가 주물럭거리는 장면을 목격하기 일쑤였다. 심지어 교수와 벨연구소 동료들이 찾아왔을 때도, 섀넌은 이 방 저 방을 왔다 갔다 하며 자신이 고안해낸 기계 장치와 특이한 물건들을 자랑했다. 방문객들은 그의 장서, 2층짜리 발명실 겸 작업장, 기상천외한 장치와 도구 컬렉션에 놀라 입을 다물지 못했다.

　섀넌이 여느 아버지들과 달랐던 점은, '늘 집 안에 머문다'거나 '각종 전기 기계 소품들이 수두룩하다'는 것뿐만이 아니었다. 섀넌 부부는 가정을 운영하는 방식도 독특했는데, 그 방식의 요체는 '두 명의 수학자가 이끄는 가정에서만 통한다'는 것이다. 예컨대, 식사 후 설거지 당번을 결정할 때는 생쥐 로봇을 이용한 복불복 게임을 했다. 섀넌은 생쥐 로봇의 태엽을 감아 식탁 한복판에 올려놓고, 목적지를 찾아가기를 기다렸다. 생쥐 로봇이 무작위선택을 통해 찾아가는 사람이 그날의 설거지 당번으로 확정되었는데, 두 사람 모두 수학자가 아니었다면 결과에 승복하지 않고 서로 옥신각신하다 날이 샜을 것이다.

즉흥적인 수학 강의가 열리는 경우도 있었다. 한번은 섀넌이 베란다에서 파티를 준비하던 중, 거실에 있던 딸 페기에게 이쑤시개 심부름을 시켰다. 페기는 이쑤시개 한 통을 베란다로 갖고 갔는데, 실수로 떨어뜨리는 바람에 내용물이 베란다 위에 흩어졌다. 그러자 근처에 있던 아빠가 동작을 멈추고, 흩어진 이쑤시개를 면밀히 살펴보다 말했다.

"페기야, 저걸로 원주율$(\pi)$을 계산할 수 있다는 걸 아니?"

그것은 유명한 기하학적 확률 문제인 '뷔퐁의 바늘'을 염두에 두고 한 말이었다. 즉, "여러 개의 바늘 또는 이쑤시개를 '일정한 간격으로 줄이 그어진 마룻바닥'에 떨어뜨리면, '한 줄 위에 가로놓인 바늘의 비율'을 이용하여 $\pi$ 값을 놀랍도록 정확하게 계산할 수 있다"는 것이다. 페기는 회고했다.

"가장 중요한 건, 어지럽게 흩어진 이쑤시개를 보고도 아빠가 전혀 화를 내지 않았다는 거예요."

섀넌의 가정은 부모의 열정을 중심으로 똘똘 뭉쳤다. 체스와 음악은 가족의 소일거리가 되었고, 주가 예측과 땜질은 일상생활의 일부였다. 섀넌은 자녀들을 데리고 서커스 공연을 구경 가기도 했다. 그 당시 많은 수학자들의 총애를 받던《이상한 나라의 앨리스》가 공연되고 있었는데, 섀넌은 특히 '재버워키Jabberwocky(정확히 말하면, 루이스 캐럴이 1871년에 쓴 속편《거울 나라의 앨리스》에 나오는 난센스 시로, 어떤 기사가 '재버워크'라는 괴물을 무찌른다는 내용을 담고 있음_옮긴이)에서 인용하기'를 좋아했다. 페기는 수학 숙제를 할 때면 늘 아빠가 시키는 대로 했지만, 그녀의 말에 따르면 "눈높이가 틀려 되레 역효과만 났다"고 한다.

"아빠는 참을성 많은 선생님이었지만, 종종 '끼'를 이기지 못하고 삼천포로 빠지곤 했어요."

사실, 가족 중에서 초등학생인 페기의 수학 숙제를 도와줄 수 있는 사람은 두 오빠를 포함하여 아무도 없었다. 섀넌은 당시 유행하던 이른바 신수학을 못마땅해 하며, 걸핏하면 허수와 같은 개념을 거들먹거렸다. 그건 초등학생의 숙제를 도와주기는커녕 혼란만 가중시킬 뿐이었다.

— • —

MIT는 섀넌의 과외 활동을 적극적으로 지원하는 동시에 재량권을 대폭 인정함으로써, 섀넌이 일상적인 활동에 별로 구애 받지 않고 정보이론에 열중할 기회를 주었다. 덕분에 섀넌은 아직 형성 중이던 디지털 세계의 풍경을 조망할 수 있었다. 섀넌의 문하에서 공부했던 토머스 카일라스에 따르면, 그가 MIT에 머물던 시기는 정보이론의 황금기였다. 섀넌은 그 시기에 더 이상 핵심 인물은 아니었지만 정보이론의 대부로서 네트워크 노드node의 역할을 수행했다. 섀넌의 논문은 신세대 연구자들의 호기심을 자극하여, 섀넌과 직접 접촉하지 않더라도 정보이론 분야의 문을 두드리게 만들었다. 훗날의 정보이론가 앤터니 에프레미데스는 섀넌의 접근 방법을 가리켜, "지적 콘텐츠가 워낙 매력적이어서, 다른 대안을 모색하던 사람들의 탐구욕을 자극했다"고 했다.

전보다 한결 느긋한 태도가 '자기만족을 위한 사치'라는 인상을 줄 수도 있었지만, 섀넌은 특유의 유머와 낙관론을 무기로 역대급 생산성을 과시했다. 자신의 생각을 글로 남기는 것을 원체 싫어했고, 그 유명한 다락방에는 미완성품들이 나뒹굴었으며, 머릿속에서는 수많은 가설들이 맴돌았고, 심지어 '통신의 수학적 이론'에 필적하는 논문을 구상하고 있었음에도 불구하고 섀넌은 수백 쪽에 달하는 논문과 비망록을 출판해내는 기염을 토했다. 더욱이 그중 상당수는 정보이론의 새로운 연구 방향을 제시하는 것이었다. 타 분야(스위칭, 암호학, 체스 프로그래밍)에서 이미 영향력 있는 논문을 발표했고, 본인이 원한다면 획기적인 유전학자가 될 수도 있었던 클로드 섀넌의 비범함은 그 시기에도 여전했다.

그러나 섀넌은 자신의 전성기가 이미 지났음을 인정했다.

"나는 모든 과학자들이 쉰 살 이전에 생애 최고의 업적을 이뤄낸다고 믿어요. 내 경우, 최상급 논문은 대부분 젊은 시절에 발표되었지요."

그러나 수학적 천재성의 '암묵적 연령 상한선'은 섀넌만의 생각이 아니었다. 수학자 G. H. 하디는 이렇게 말한 것으로 유명하다.

"수학자들이여, 수학은 젊은이들의 놀이라는 점을 명심해라. 그것은 다른 어떤 과학, 심지어 예술보다도 더 젊은이들에게 어울린다."

하디의 법칙에는 괄목할 만한 예외자들이 여럿 있었지만, 섀넌은 자신이 그들 중 하나라고 여기지 않았다. 그의 벨연구소 동료 헨리 폴락은 언젠가 윈체스터의 집으로 섀넌을 방문하여, '정보과학의 발달 현황'에 대한 최신 정보를 제공한 적이 있었다. 그의 회고담을 들어보자.

"내가 이야기를 꺼내자, 그는 잠시 동안 열광하다가 이내 이렇게 말했어요. '됐어요, 이제 그만해요. 그런 복잡한 생각은 더 이상 하고 싶지 않아요.' 내 생각에, 그의 한계는 거기까지였던 것 같아요. 그는 내 말에 더 이상 귀를 기울이려 하지 않았어요."

그러나 세부적인 각론에 대해서는 신경을 끊었다손 치더라도, 섀넌은 자신이 가능케 했던 정보화시대의 진행 과정을 조망하는 일까지 포기하지는 않았다. 섀넌이 누구인가! 그로 말할 것 같으면 정보화 사회의 도래에 지대하게 공헌한 전설적 인물로, 그의 전설을 한마디로 요약한다면 방향 전환이었다. 다시 말해서, 그는 통신과학자들이 매체별로 분열되고 개별 전문 분야에 매몰되어 서로 거들떠보지도 않았던 구시대에 종말을 고한 선각자였다.

"섀넌이 등장하기 전, 공학자들의 관심사는 음성이나 데이터의 전송 방법을 찾아내는 것이었어요."

로버트 갤러거는 회고했다.

"그런데 섀넌이 홀연히 나타나 '음성과 데이터를 구분할 필요가 없다'고 역설했어요."

섀넌 덕분에, 공학자들의 관심은 훨씬 더 생산적인 출구(코딩, 저장, 비트 송신)를 찾게 되었다.

"일단 관심사가 바뀐 공학자들은 발 빠르게 진보하기 시작했습니다. 음성 파형과 같은 복잡한 것들을 제쳐놓고, 만물을 디지털화한 다음 2진수라는 초간단 객체로 저장하고 전달하는 방법을 지속적으로 개량하기 시작한 거예요. 그런 의미에서, 섀넌은 디지털 혁명의 진정한 선구자라고 할 수 있지요."

어느덧 디지털 혁명이 섀넌을 스쳐 지나가기 시작할 무렵에도, 섀넌은 '앞으로 다가올 세계'를 점검하는 차원에서 MIT 강의와 전국 순회 강연을 계속했다. 예컨대 1959년 펜실베이니아대학교에서 행한 연설에서는 다음과 같이 말했다.

20세기에는 정보 사업이 크고 빠르게 성장할 것으로 전망됩니다……. 정보를 수집하거나 한 지점에서 다른 지점으로 전송하는 사업도 그렇지만, 무엇보다도 정보를 처리하는 사업이 가장 괄목할 만한 성장세를 시현할 것으로 예상됩니다. 정보를 능수능란하게 처리하는 기계가 인간을 대체하는 것은 시간문제인 것으로 보입니다……. 기계가 공장에서 단순반복적인 작업을 수행하는 것은 물론이고 심지어 창의적인 작업, 이를테면 수학이나 번역도 수행할 것으로 예상됩니다.

오늘날 우리에게는 이런 말들이 자명하고 평범하게 들리겠지만, '월드와이드웹이 탄생하기 사반세기 전, 그리고 거의 모든 컴퓨터들이 아직도 방 크기만 할 때 섀넌이 한 말'이라고 생각하면 그의 선견지명에 경의를 표하게 될 것이다. 그 당시에 정보 사업을 운운했다가는 "현실세계가 아닌 판타지 세계를 말한다"며 손가락질을 받기 십상이었을 테니 말이다.

"섀넌의 최고 전성기는 1948년이었다"라고 흔히들 말하지만, 그런 상투어를 내뱉는 사람들이 간과하기 쉬운 게 하나 있다. 그것은 섀넌의 전매특허로 유명했던 장난기 속에 숨어 있는 진실이다. 체스, 기계, 저글링에 빠져 만년을 보낸 딜레탕트(즐기다는 뜻의 이탈리아어 딜레타레dilettare에서 유래한 말로, 예술과 학문을 비직업적으로 애호하는 사람을 말함_옮긴이)를 우습게 여긴다면, 정보라는 개념을 발명한 괴짜 천재까지도 우습게 여기는 꼴이 될 것이다. 왜냐고? 딜레탕트와 괴짜 천재는 동일인이며 장난기와 아이디어는 동전의 양면과 같기 때문이다.

# 27. 내부 정보

섀넌을 둘러싼 숱한 전설들 중에는 이런 이야기도 있다.

"섀넌은 수학적 영감을 이용하여 주식 시장의 근간을 이루는 암호를 해독했다. 그는 《월스트리트저널》 지난 호들을 후다닥 읽은 후, 천재적인 뇌를 풀가동하여 일련의 알고리즘을 개발했다. 그리고 그 알고리즘을 이용하여 시장의 혼돈 속에 숨어 있는 질서를 파악함으로써 장세의 흐름에 대한 특별한 통찰을 얻었다. 그리하여 떼돈을 벌었는데, 만약 자신의 투자 전략을 책으로 출판했다면 미국 최고의 투자 그루로 등극했을 것이다."

그러나 섀넌의 삶에 관한 전설들이 대부분 그렇듯, 이 전설도 '좁쌀만한 진실'에서 시작하여 눈덩이처럼 불어난 것이다. 섀넌 부부가 1960년대와 1970년대에 주식에 몰두했던 것은 사실이다. 페기 섀넌의 회고에 따르면, 그 시기에는 주식 투자가 일상적인 가정사였다.

부모님이 온통 주식에 정신이 팔려 있다 보니, 집에서 들리는 이야기의 대부분은 주식 시장에 관한 것이었어요. 그분들은 나이 어린 내게 신문과 시세표 읽는 법을 가르쳤고, 나는 노안이 온 부모님을 대신해《월스트리트저널》을 크게 읽었어요. 그것은 부모와 자녀 간의 유대 관계를 돈독히 하는 방법이기도 했어요…… 급기야 부모님은 소형 퍼스널컴퓨터를 구입하여 하루 종일 주가를 들여다봤고, 장이 끝난 뒤에는 종가를 반드시 확인했어요. 그러다 보니 온 집 안에는 시세표를 출력한 종이가 나뒹굴었어요.

사실을 말하면, 주가 분석은 어디까지나 고급한 취미 생활일 뿐이었으며 섀넌은 그 당시에 주식 투자를 통해 추가 수입을 올릴 하등의 이유가 없었다. MIT와 벨연구소 양쪽에서 월급을 받았을뿐더러 수많은 기술 업체의 창업에 관여했기 때문이다. 한때 직장 동료였던 빌 해리슨은 섀넌에게 스타트업 투자를 권유했는데, 그가 설립한 해리슨 러보러터리스Harrison Laboratories는 나중에 휴렛패커드에 인수되었다. 대학 친구 중 하나인 헨리 싱글턴은 섀넌을 자신이 설립한 텔레다인Teledyne의 이사로 임명했는데, 그 회사는 나중에 수십억 달러짜리 거대 기업으로 성장했다. 이처럼 섀넌은 개미 투자자보다는 벤처 기업가 쪽에 더 가까웠다. 섀넌이 '부풀려진 전설'을 해명할 때 말했던 것처럼, 섀넌이 텔레다인에 투자한 것은 싱글턴을 높이 평가했기 때문이지 알고리즘을 이용하여 주가 상승을 예측했기 때문은 아니었다. 만약 실리콘밸리 초창기 시절에 경영자 클럽이 있었다면, 섀넌은 클럽의 정식 회원으로서 모든 특권을 누렸을 것이다.

구체적으로 말해서, 섀넌은 벤처 기업들을 위해 네트워크 노드와 비공식 자문 역할을 수행했다. 예컨대 텔레다인이 한 언어 인식 업체로부터 인수 제의를 받았을 때, 섀넌은 싱글턴에게 거절하라고 조언했다. 벨연구소에 근무했던 경험에 비추어, 언어 인식 기술의 수익성이 단기간에 상승하기는 어렵다고 판단한 것이다. 그 기술은 초기 단계에 머물러 있었는데, 섀넌은 벨연구소에 재직하는 동안 그 기술을 연구하는 데 많은 시간과 에너지를 헛되이 쏟아부은 적이 있었다. 섀넌의 조언은 싱글턴뿐만 아니라 섀넌에게도 큰 수익을 안겨줘, 그가 텔레다인에 투자한 금액은 향후 25년간 연복리 27퍼센트의 고수익을 기록했다.

— • —

  돈에 무관심한 섀넌이 주식 시장에 큰 관심을 보인 이유는 뭐였을까? 주식 시장은 섀넌이 평생 동안 열광한 주제 중에서 가장 특이한 것 중 하나였다. 그의 가족과 친구들에게 들은 회고담 중에서 가장 흔한 것 중 하나는 "섀넌은 돈에 무관심해 보였다"는 말이다. 일설에 따르면, 섀넌은 베티의 요구에 따라 당좌예금 계좌에서 평생 저축한 돈을 인출한 적이 있었다. MIT의 한 동료는 때마침 그의 책상 위에서 거액의 수표 한 장을 발견했는데, 그게 또 다른 전설("섀넌은 돈에 너무 무관심해서, 거액의 수표를 아무 데나 내팽개쳤다")의 빌미가 되었다. 어떤 면에서 보면, 돈에 대한 섀넌의 무관심은 그의 다른 열정과 닮은 구석이 있었다. 그는 '부를 위한 부'를 창출하려고 노력하지 않았으며, '더 좋은 것'을 소유하려는 욕망을 불태우지도 않았다. 그러나 돈은 주식 시장과 수학 문제를 창조했으며, 그는 주가를 예측하고 수학 문제를 풀 수 있었다. 섀넌의 관심사는 돈의 구매력이 아니라 그것에서 파생한 흥미로운 놀이였던 것이다.

그러나 늘 그렇듯, 이 이야기에는 아내 베티의 역할이 누락되어 있다. 사실 주식 시장에 맨 먼저 관심을 보인 사람은 베티였으며, 가족을 주식 투자에 끌어들인 사람도 클로드가 아니라 베티였다. 왜냐하면 그녀가 가정의 재정 책임자로서 수표장을 관리하고 있었기 때문이다. 페기 섀넌에 따르면, 섀넌 부부의 주식 투자는 완벽한 팀플레이를 통해 이루어졌다. 그녀는 한 인터뷰에서 이렇게 말했다.

"아버지가 주식 시장을 수학적으로 분석한 다음 그 결과를 현실에 적용하여 돈을 벌어들였다는 말은 사실이 아니에요. 부모님의 주식 투자는 늘 공동 작업이었어요."

이 모든 것이 가능했던 것은, 부부가 공유하는 위험에 대한 허용 오차 때문이었다. 페기의 말을 빌리면, 그들은 도박사 근성으로 똘똘 뭉쳐 위험한 재무 결정을 내리는 데 주저하지 않았다.

주식 시장에 대한 관심은 강렬한 습관으로 발전했다. 특히 베티는 투자 이론서를 탐독하고, 다양한 시장 철학을 탐구하고, 가능한 시나리오를 도표화하기 시작했다. 섀넌 부부는 역사상 가장 크게 성공했던 투자가인 버나드 바루치, 헤티 그린, 벤저민 그레이엄 등을 연구했다. 또한 그들은 애덤 스미스의 《국부론》을 읽고, 존 폰 노이만과 오스카 모겐스턴의 게임이론을 공부했다. 나아가 섀넌은 시장에서 자금이 들어오고 나가는 메커니즘을 한눈에 보여주는 증권 시장 모형을 개발하는 데 기여했다.

섀넌이 "MIT에서 증권 시장에 관한 강연을 하겠다"고 제안했을 때, 수강 신청자가 쇄도하는 바람에 그 유명한 돔 아래에 있는 가장 큰 강의실로 장소를 변경할 수밖에 없었다. 심지어 그곳도 공간이 부족해, 남은 자리는 입석밖에 없었다. 섀넌은 그 강연에서 한 가지 이론을 제시했는데, "주가 등락을 이용하는 지속적인 거래를 통해, 가격이 하락하는 주식에서도 이익을 얻을 수 있다"는 것이었다. 방청석에서 "그 이론을 이용해 투자해봤나요?"라는 질문이 나오자, 그는 이렇게 대답했다.

"아뇨, 그랬으면 증권거래 수수료를 감당하지 못했을 거예요."

여러 가지 설이 분분하지만, "섀넌은 종목 선정의 귀재였다"라는 전설은 이 강연에서 유래했을 공산이 가장 크다. 나중에 알려진 사실이지만, 섀넌은 그 강연이 큰 호응을 받은 데 적이 놀랐으며, 한 인터뷰에서 주식 이야기가 나오자 이례적으로 부연 설명을 했다.

나는 주식과 주식 시장 이론에 대한 연구도 좀 했습니다. 나의 미발표 논문 중에는 그 분야의 것들도 포함되어 있는데, 많은 사람들이 그 속에 도대체 무슨 내용이 들어 있는지 궁금해하죠! (너털웃음) 주식과 주식 시장은 정말 재미있어요. 나는 20년 전쯤 MIT에서 그 주제에 대한 강연을 하며, 수학적 기법을 개괄적으로 설명했어요. 그러나 논문을 출판하지 않았더니, 많은 사람들이 오늘날까지도 궁금증을 표시하고 있어요. 작년에 브라이튼에 머물 때, 한두 명이 내게 다가와 이렇게 말하더군요. "안녕하세요, MIT에서 주식 시장 강의를 들은 적이 있어요!" 나는 그 강연을 아직도 기억하는 사람이 있다는 걸 알고 소스라치게 놀랐습니다.

그러나 "시장 변동을 설명하는 대통합이론을 만들었다면서요?"라고 묻는 사람들이 나타나면, 섀넌은 정색을 하며 그런 건 없다고 손사래를 쳤다. 그의 말을 빌리면, 그들 부부는 펀더멘털 분석가일 뿐 기술 분석가는 아니었다. 물론 섀넌은 한동안 재미 삼아 기술적 분석을 갖고 놀았지만, 기술 분석의 부족함을 너무나 잘 알기에 경거망동하지는 않았다. 섀넌이 말한 바와 같이, "기술 분석가들이 좋아하는 주가 차트, 헤드 앤드 숄더head and shoulder(주가가 최고권에 있다가 내림세로 돌아설 때 나타나는 주가 패턴_옮긴이), 깊게 파인 V자 네크라인 등은 '중요한 데이터의 잡음 섞인 재생산'에 불과했기 때문이다.

요컨대 가장 중요한 것은 기업의 "사람과 제품"이지 '복잡한 공식'이 아니라는 것이 섀넌의 지론이었다. 그의 말을 좀 더 자세히 들어보자.

많은 사람들이 기업의 내용과 이익을 살펴보지 않고 주가만 바라보는 경향이 있습니다. 확률 과정을 예측하는 데는 많은 문제점이 있어요. 예컨대 기업의 이익만 해도 그래요……. 주가의 단기적 변동을 예측하는 것보다 장기적으로 성공할 기업을 선택하는 것이 더 쉬워요. 사람들은 《월스트리트위크》를 읽으며 몇 주 내지 몇 달 앞을 내다보는 게 고작이지요. 주식 시장에는 무작위 요인이 많고 예측할 수 없는 사건이 수도 없이 일어나는데, 사람들은 근시안적 시각에 사로잡혀 많은 주식을 사고 파는 경향이 있지요.

수학을 띄엄띄엄 아는 사람이 이런 말을 듣는다면, "구렁이 담 넘어가듯 하네"라고 비웃을지도 모르겠다. 그러나 '확률 과정'이라는 용어는 아무나 쓰는 게 아니라, 섀넌처럼 심오한 수학적 지식과 경험을 갖춘 사람만이 쓸 수 있는 것임을 알아야 한다. 그의 견해를 한 줄로 요약하면, "매매 시점과 교묘한 수학 기법은 '강력한 성장 전망과 건전한 리더십을 갖춘 견실한 기업'의 적수가 될 수 없다"는 것이다.

따라서 섀넌 부부는 시간이 날 때마다 스타트업의 창업자들을 직접 만나 평점을 매겼다. 제품과 시제품 견본도 수집했는데, KFC에 투자할 것인지 여부를 결정할 때는 친구들과 함께 수십 상자의 제품을 구입하여 품평회를 열었다.

섀넌이 주식 투자에 성공한 데는 철저한 펀더멘털 분석 말고도 또 하나의 핵심 비결이 있었다. "당신은 얼마나 운이 좋았나요?"라는 질문에, 그는 "합당한 기대치보다 훨씬 더 많이"라고 응답했다. 그 자신이 스스로 인정한 바와 같이, 섀넌은 "타이밍이 좋고, 특정한 기업의 창업자들과 친분 관계가 있고, 초기 지분을 확보할 수 있다"는 삼박자를 모두 갖춘 팔방미인이었다. 그의 보유 자산의 상당 부분은 텔레다인, 모토롤라, 휴렛패커드의 주식이었고, 그가 우량 기업의 지분을 일찌감치 확보한 후에 구사한 필승 전략이 있다면 '끝까지 보유하기'였다. 그의 딸 페기는 섀넌의 투자비법을 다음과 같이 요약했다.

"우리 부모님은 상식, 인맥, 행운을 모두 이용했어요."

섀넌이 증권 분야에서 남긴 장기적인 업적 중에 '촌철살인의 짧은 농담들'이 있는데, 그중 상당수는 가장 유명한 그의 신변잡기 속에 포함되어 있다.

"나는 증권 시장에서 돈을 법니다. 그러나 나는 정리를 증명함으로써 돈을 벌지는 않아요."

그는 언젠가 로버트 프라이스에게 이렇게 말한 것으로 유명하다. "정보이론의 관점에서 볼 때, 투자에 가장 도움이 되는 정보는 뭐던가요?"라고 묻자, 섀넌은 씩 웃으며 이렇게 말했다.

"내부 정보요."

# 28. 공돌이의 천국

샌년의 방과 후 발명품 중에는 기발하고 엉뚱한 것들이 수두룩했다. 예
컨대 '촌철살인의 한마디를 내뱉는 기계'가 있는가 하면, '로마 숫자 계
산기'가 있었다. 극적이고 휘황찬란한 재주를 뽐내는 발명품으로는, '불
을 뿜는 트럼펫'과 '루빅스 큐브를 푸는 기계'가 있었다. 그 밖에도 한 세
대 이상의 사람들에게 진정한 기술혁신으로 인정받은 발명품들이 많았
다. 특히 그중에는 시대를 너무 앞질렀기 때문이 아니라 법法과 폭도들
에게 봉변을 당할 뻔했기 때문에 돋보이는 장치가 하나 있었다.

애플워치Apple Watch나 핏빗Fitbit이 출시되기 한참 전 세계 최초의 웨어
러블 컴퓨터를 생각해낸 사람은, 두말할 것도 없이 그 당시 UCLA 물리
학과에 다니던 무명의 대학원생 에드 소프였다. 소프는 '라스베이거스
의 부키bookie'(사설 마권업자. 각종 스포츠 경기에서 정부의 허가를 받아 각각의 대상에
임의로 배당률을 정한 뒤 도박사들을 상대로 베팅을 하는 사람 및 단체를 말하며, 부키 또는
북메이커bookmaker라고도 함_옮긴이) 겸 '책벌레 교수'를 꿈꾸던 희귀한 물리학
도였다. 그는 수학, 도박, 주식 시장을 아마도 이 순서대로 좋아했으며,
시세표와 시장이라는 도구를 이용하여 자신의 궁금증을 풀었다. '외견

상 무작위적인 것처럼 보이는 것을 예측할 수 있을까?' '복불복 게임에서 어떤 사람을 유리하게 만들려면 어떻게 해야 할까?' 소프는 이 같은 문제들을 골똘히 생각하는 데 만족하지 않고, 섀넌과 마찬가지로 해결책을 찾거나 만들어내는 데 몰두했다.

1960년 겨울, 소프는 MIT의 학부 3학년생이었다. 그는 블랙잭 게임이론을 연구해 오던 중, 그 결과물을 《미국국립과학원회보(PNAS)》에 출판하고 싶어했다. MIT의 수학과 교수 중에서 미 국립과학원 회원인 사람은 섀넌밖에 없었으므로, 덮어놓고 그를 찾아갔다.

"비서는 내게 '섀넌은 시간이 몇 분밖에 없으니, 그 이상은 바라지도 말아요'라고 경고했다. 게다가 섀넌은 관심 없는 주제(또는 사람)에는 시간을 할애하지 않는다고 했다. 경외감과 안도감을 동시에 느끼며 연구실에 들어가니, 중간 정도의 키와 체격을 가진 호리호리하고 민첩한 중년 남성이 책상에 앉아 뭔가를 주물럭거리고 있었다. 약간 날카로운 인상이었다."

소프는 회상했다.

소프는 블랙잭에 관한 논문으로 섀넌의 관심을 자극했고, 섀넌은 논문의 내용에 대해서는 왈가왈부하지 않고 제목만을 문제 삼았다. 즉, "학회의 심사를 통과하려면, '블랙잭에서 승리하기 위한 전략'보다는 '스물한 살 청년들이 선호하는 전략'이 더 좋을 것 같군"이라고 말했다. 두 사람은 '수학을 낯선 영역에 적용함으로써 확률에 대한 통찰을 얻는다'는 데 인식을 같이했다. 논문 검토를 끝낸 후, 섀넌은 이렇게 다그쳐 물었다.

"블랙잭 외에 달리 연구하고 있는 주제가 있으면 다 말해보게."

소프는 섀넌에게 큰 비밀을 털어놓기로 결심하고 룰렛 이야기를 꺼냈다. 몇 시간 동안 흥미진진한 아이디어를 주고받다 땅거미가 어둑어둑해지자, 두 사람은 다음에 다시 만나 룰렛에 관한 이야기를 더 나누기로 하고 헤어졌다. 한 작가의 말을 빌리면, 소프는 얼떨결에 20세기 최고의 천재를 또 한 번 삼천포로 빠지게 만든 셈이다.

소프는 수일 내에 섀넌의 집으로 초대 받았다.

"섀넌의 지하실은 기계공의 천국이었다."

그는 회고했다.

"그곳에는 수백 가지의 기계 전기 장치들이 나뒹굴고 있었다. 모터, 트랜지스터, 스위치, 도르래, 기어, 콘덴서, 변압기…… 나는 경외감에 휩싸여, '이제야 비로소 궁극의 공돌이를 만났구나'라고 뇌까렸다."

두 사람은 그 '땜장이 실험실'에서 룰렛의 게임 방식을 연구하기로 하고 르노Reno에 1,500달러를 주고 룰렛 바퀴, 섬광 전구, 특수 시계(바늘이 1초마다 한 번씩 회전하는 시계)를 주문했다. 소프는 실험실에 널려 있는 장치를 모두 사용할 수 있는 특권을 부여 받았다.

그곳에는 별의별 장치들이 다 있었다. 예컨대 '동전 던지는 기계'가 있었는데, 다양한 변수 값을 설정한 후 주어진 횟수만큼 동전을 던져, 앞면과 뒷면이 나온 횟수를 측정할 수 있었다. 아내를 놀려주기 위한 장치도 있었다. 클로드는 주방에 손가락 로봇을 설치한 후 지하 실험실에 연결했는데, 급할때 스위치를 누르면 손가락이 오므려져 아내를 실험실로 호출할 수 있었다. 또한 클로드는 길이 10미터짜리 진자를 언덕 위의 커다란 나무에 설치해놓았는데, 지면에서 진자의 최저점까지 거리는 약 5미터였다……. 미스틱 호수 주변의 이웃들은 간혹 웬 사람이 물 위를 걷는 것을 보고 깜짝 놀랐는데, 그 사람은 바로 나였다. 나는 클로드가 설계한 대형 스티로폼 신발을 착용하고 있었다.

그러나 소프에게 가장 큰 인상을 준 것은, 부지런한 손놀림으로 각종 장치를 만들어내는 장인 정신이 아니라, 문제의 해법을 찾아내는 초자연적 능력이었다.

"섀넌은 '단어'나 '공식'보다는 '아이디어'로 승부하는 것 같았다. 그에게 새로운 문제는 조각가의 돌덩이였고, 아이디어는 근사치가 나올 때까지 돌을 깎아내는 끌이었다. 일단 개략적인 형체가 나타나면, 그는 원하는 형태를 얻기 위해 좀 더 많은 아이디어를 이용해 다듬질을 계속했다."

두 사람은 무려 8개월 동안 룰렛공의 최종 안착 지점을 예측하는 장치를 개발했다. '그 장치를 이용하여 카지노를 이기려면, 매번 결과를 정확히 예측하지 않더라도 약간의 우위만 지킬 수 있으면 된다'는 게 그들의 심산이었다. 시간이 경과함에 따라 베팅이 충분히 누적되면, 아무리 작은 이점이라도 눈덩이처럼 불어나 의미 있는 보상을 안겨줄 테니 말이다.

여덟 개의 조각으로 나뉜 룰렛 바퀴를 생각해보라. 1961년 6월, 소프와 섀넌은 기발한 장치의 작동 버전을 완성했는데, 그것을 이용하면 룰렛공이 마지막으로 안착하는 지점을 결정할 수 있었다. '카지노를 이길 수 있겠다'는 판단이 서자, 섀넌은 소프에게 절대 비밀을 지킬 것을 신신당부했다. 그는 소셜 네트워크 이론가들의 6단계 분리이론을 들먹였는데, 즉 '두 사람이 연결되려면 여섯 명만 거치면 된다'는 것이었다. 다시 말해서, '섀넌-소프 듀오'와 '격분한 카지노 주인' 사이의 거리는 지극히 미미하니 입조심하라는 이야기였다.

소프와 섀넌이 개발한 장치는 담배갑만 했으며, 엄지발가락으로 신발 속의 마이크로스위치를 조작하면, 도박사에게 음악 형태로 신호를 보내도록 설계되었다. 소프는 다음과 같이 설명했다.

장치에는 두 개의 스위치가 달려 있었는데, 하나는 컴퓨터를 초기화하고 다른 하나는 룰렛 바퀴와 룰렛공의 시간을 측정하는 역할을 수행했다. 일단 룰렛 바퀴의 시간이 측정되면 컴퓨터가 8가지 음계를 전송했는데, 각각의 음은 룰렛 바퀴의 8분원 중 하나를 의미했다…… 우리는 한쪽 귓구멍에 꽂은 미세한 확성기를 통해 음악 소리를 들었다. 컴퓨터와 스피커를 연결하는 전선은 피부와 머리칼에 어울리는 색깔로 칠하고, (가짜 수염 등을 달 때 쓰는) 고무풀로 부착했다. 전선의 직경은 눈에 띄지 않게 하려고 머리칼과 같게 만들었는데, 아무리 강철이라도 그 정도 굵기라면 끊어지기 십상이었다.

두 사람은 라스베이거스의 카지노로 가서, 번갈아 가며 베팅을 했다. "우리는 분업을 했어요."

소프는 말했다.

"클로드는 바퀴 옆에 서서 시간을 측정했고, 나는 룰렛 테이블의 먼 끝에 앉아 회전하는 볼을 제대로 볼 수 없는 상태에서 베팅을 했어요."

두 사람의 아내는 망보는 역할을 하며, 카지노에서 눈치채지 않았는지, 남편들의 행동거지가 어색하지는 않은지 유심히 살폈다. 아무리 그렇더라도, 그들은 위기일발의 순간을 몇 번 경험했다.

"한번은 내 옆에 있는 한 여성이 공포에 질린 눈으로 나를 바라봤어요."

소프는 회고했다.

"나는 부리나케 테이블을 떠나 귓구멍을 확인했는데, 확성기에서 새어 나오는 소리가 흡사 외계의 곤충 소리 같았어요."

몇 가지 작은 사고를 제외하면, 소프는 '섀넌-소프 듀오'가 테이블을 지배할 수 있으리라 확신했다. 그러나 섀넌과 아내 베티 그리고 소프의 아내 비비안은 약간 불안해했다. 소프는 나중에 세 사람의 경계심이 정당했다고 인정했다. 그 당시 네바다주의 게임 산업은 마피아와 결탁한 것으로 악명이 높았다. 만약 섀넌과 소프가 현장에서 걸렸다면, 두 명의 MIT 교수는 십중팔구 큰 봉변을 당해 뼈도 못 추렸을 것이다. 두 사람의 실험은 시험 가동이 끝난 후 중단되었고, 세계 최초의 웨어러블 컴퓨터는 점점 더 불어나는 섀넌의 '진기한 물건' 더미에 내팽개쳐졌다.

# 29. 저글링하는 수학자

"내가 자네를 거실 대들보에 거꾸로 매달아도 될까?"

다른 교수가 이런 질문을 한다면, 듣는 사람의 걱정을 자아낼 것이다. 그러나 클로드 섀넌이라면 당연시되었을 것이다. 섀넌은 정교한 실험을 하나 구상하고 있었는데, 즉 "한 명의 저글러를 철봉에 거꾸로 매달아놓음으로써 두 가지 형태의 저글링(바운스 저글링과 토스 저글링)을 결합한다"는 것이었다.

토스 저글링은 우리에게 가장 익숙한 '공중으로 던지기' 기술인 반면, 바운스 저글링은 물체를 드럼치기와 비슷한 동작으로 땅바닥에 계속 부딪쳐 튀어 오르게 하는 기술이다. 많은 저글러들이 초기 숙달 단계에서 깨달은 바와 같이, 물체를 땅바닥에 부딪쳐 튀어 오르게 하는 것은 공중으로 던지는 것보다 에너지가 덜 소모된다. 바운스 저글링의 경우, 공은 곡선의 최고점에서 가장 늦은 속도로 손에 도착한다. 하지만 에너지 면에서는 바운스 저글링이 유리할지 몰라도, 유연성 면에서는 전통적인 토스 저글링이 유리하다. '던져서 받기'가 '튀겨서 받기'보다 자연스러우며 제어하기도 쉽기 때문이다.

섀넌은 이런 의문을 품었다. '두 가지 스타일의 물리학을 결합하는 게 가능할까? 즉 토스 저글링의 유연성과 바운스 저글링의 효율성을 하나의 동작으로 구현할 수 있을까?' 실생활 용어로 바꾸면, '철봉에 거꾸로 매달린 상태에서 공을 공중으로 던져 올린 다음, 중력에 이끌려 내려온 공을 받아낼 수 있을까?'라는 것이었다. 이런 식의 질문을 던질 사람은 섀넌밖에 없었으며, 그런 질문에 답변을 내놓을 사람도 섀넌밖에 없었다. 실용성 따위에 아랑곳하지 않은 엉뚱하고 독창적인 질문이므로, 전형적인 교수라면 '진지하지 않다'라며 고개를 절레절레 흔들었을 것이다. 그러나 MIT의 종신교수 클로드 섀넌은 그냥 넘어가는 법이 없었다. 조금이라도 학문적 흥미를 느끼면, 시간과 관심을 할애하여 끝을 보고 마는 성격이었다.

지금까지 장황하게 설명한 것은, MIT의 학생 아서 루벨이 섀넌의 거실 한복판에서 대들보에 거꾸로 매달리게 된 사연이었다. 그가 던진 공은 공중으로 올라갔다가 인정 사정 없이 거실 바닥으로 떨어졌다.

"물리학적 실험으로서는 완전한 실패였어요."

루벨은 나중에 회고했다.

"완벽한 수학으로도 해결할 수 없는 물리적 한계가 있었던 거죠."

제아무리 위대한 클로드 섀넌이라도 극복할 수 없는 실험 설계의 명백한 문제가 있었으니, 그것은 '거꾸로 매달린 상태에서 손을 능수능란하게 놀릴 수 있는 사람이 있을까?'라는 것이었다.

—　•　—

　　루벨은 '자네를 대들보에 거꾸로 매달아도 될까?' 스타일의 질문에
이골이 나 있었다. 그는 MIT 저글링 클럽의 설립자로, 정보이론의 대가
가 아무런 사전 통보 없이 클럽 회의에 참석했을 때 클로드 섀넌을 처음
만났다. 섀넌이 그곳에 간 이유는, 전 세계의 딸 바보 부모들이 어딘가
에 첫걸음을 디디는 이유와 100퍼센트 일치했다. 즉 그의 딸 페기가《보
스턴글로브》에서 클럽에 관한 기사를 읽고, '외바퀴자전거를 타는 땜장
이 아빠'의 등을 떠밀어 저글링 클럽에 보낸 것이었다. 그러니까 섀넌의
가족 중에서 클럽에 제일 먼저 관심을 가진 사람은 섀넌이 아니라 딸 페
기였다.

　　"그는 불쑥 나타나, 자신의 신분을 아무에게도 밝히지 않았어요. 몇
명의 저글러들이 연습을 하는 걸 보고 다가가, '자네들의 저글링을 측정
해도 될까?'라고 말한 게 전부였어요."

　　루벨은 회고했다.

　　"그는 다짜고짜 그런 질문을 던졌는데, 그 이전까지 우리에게 그런 질
문을 한 사람은 아무도 없었어요."

　　루벤과 다른 저글러들은 측정에 동의했고, 그 일을 계기로 섀넌과 루
벨 사이에 돈독한 우정이 생겼다.

　　클로드 섀넌과 같은 스타 교수가 저글링 클럽에 갑자기 나타나는 게
드문 일은 아니었다. 루벨에 따르면, MIT 저글링 클럽에 가입하면 좋은
점 중 하나는 '누가 불쑥 얼굴을 내밀지 아무도 모른다'는 것이었다. 예
컨대, 한번은 섬광 전구의 발명자인 덕 에저턴이 저글링 클럽에 들러,

"섬광 전구를 비춘 상태에서 저글링하는 장면을 촬영해도 될까요?"라고 물은 적이 있었다고 한다. 그러나 재방문은 드문 일이었다. 하지만 섀넌은 재방문을 여러 번 반복했으며, 심지어 클럽이 '피자와 영화의 밤' 행사를 치를 공간이 필요할 때는 윈체스터의 자택을 선뜻 장소로 제공했다.

"저글링 클럽과 저글러들은 우리를 매혹했어요."

페기 섀넌은 회고했다.

섀넌은 수십 년 동안 취미 삼아 저글링을 해왔다. 그는 어린 시절 많은 관람객 앞에서 공연하는 장면을 상상하곤 했다. 벨연구소 시절 외바퀴자전거를 타고 좁은 복도를 누빌 때마다, 정보이론에 얽힌 뒷이야기와 저글링에 관한 이야기가 늘 양념처럼 따라다녔다. 윈체스터의 자택에서는, 자녀들의 놀이방에 물건을 잔뜩 쌓아놓고 수시로 '던져서 받기'를 했다. 그 즈음 섀넌은 단순한 저글링 애호가의 수준을 훨씬 넘어 아마추어 저글러의 경지에 올라 있었다. 그는 네 개의 공을 던질 수 있었다고 하는데, 저글링 좀 해본 사람이라면 그게 얼마나 대단한 성과인지 알 것이다. 동료 수학자 겸 저글러인 로널드 그레이엄은 섀넌의 성공 비결을 '갈릴레오에게서 얻은 힌트' 탓으로 돌렸다.

"갈릴레오는 중력을 줄이고 싶을 때, 탁자를 기울여 공을 한쪽 끝에서 다른 쪽 끝으로 굴러가게 했어요."

그레이엄은 말했다.

"탁자를 기울이면, 공의 무게가 1그램에 가까워지도록 할 수 있거든요."

섀넌은 기울어진 에어하키(탁자 양 끝에서 두 사람이 납작한 퍽을 채로 밀고 받는 놀이_옮긴이) 탁자 위에서 미끄러지는 퍽의 유형을 분석함으로써, 자신의 저글링 기법을 마치 슬로모션을 보며 분석하는 것처럼 가다듬을 수 있었다. 게다가 퍽의 궤적은 부드러운 포물선이 아니라 일직선이므로 이해하기가 쉬웠다.

섀넌이 저글링에 매력을 느낀 이유 중 하나는, 그게 꽤 어렵다는 점이었다.

"타고난 수학적·공학적 재능에도 불구하고, 저글링은 마스터하기가 쉽지 않은 데다 하면 할수록 사람을 감질나게 만들었다."

존 거트너는 말했다.

"섀넌은 4구에서 5구로 레벨업하는 데 무진 애를 먹었는데, 혹자들에 따르면 그게 '훌륭한 저글러'와 '위대한 저글러'의 차이였다. 그는 툭하면 '나는 곰손인가 보다'라고 한탄했다."

어쨌든 섀넌이 '훌륭한 저글러'였던 것만은 분명하다.

— • —

저글링은 체스나 음악만큼 고상한 수학적 소일거리는 아니다. 그러나 '저글링하는 수학자'는 나름대로 장구한 역사와 전통을 갖고 있다. 우리가 아는 범위에서, 그 전통은 10세기경 바그다드의 한 야외 시장에서 시작되었다. 나중에 위대한 이슬람 천문학자가 된 아부 사흘 알-쿠히는 저잣거리에서 저글링에 입문했다. 그로부터 몇 년 후 알-쿠히는 한 이슬람 왕의 궁정 수학자가 되었는데, 그 왕은 행성의 운행에 매료된 나머지 궁전의 정원에 천문대를 세우고 알-쿠히를 책임자로 임명했다. 그 덕분에 알-쿠히는 제법 훌륭한 수학적 성과를 거뒀다. 그는 천문대에서 (아마도 세계 최초의) 조절 가능한 컴퍼스를 발명하여, 이슬람의 기하학자들을 이끌고 그리스의 사상가 아르키메데스와 아폴로니오스의 연구를 부활시켰다.

알-쿠히를 비롯하여 후세의 많은 수학자들이 저글링에 빠져든 이유는, '저잣거리에서의 저글링'과 '행성의 운행 경로 측정' 사이의 공통점, 즉 포물선과 호라는 형태 때문이었다. 알다시피, 포물선과 호는 광활한 우주 공간에 널려 있는 방정식이다. 그레이엄이 관찰한 바와 같이, "수학은 종종 패턴의 과학으로 불리며, 저글링은 '시공간 패턴을 제어하는 기술'로 간주될 수 있다." 그러므로 대학 동아리에 불쑥 나타나 물건을 공중에 던지고 받는 수학자들이 끊이지 않는 것은 전혀 놀랄 일이 아니다. 《저글링의 수학》의 저자 부르카르트 폴스터는 이렇게 썼다.

"다음 번에 공원에서 저글링하는 사람을 보면, 그에게 다가가 수학을 좋아하느냐고 물어보라. 십중팔구 그렇다고 할 것이다……. 대부분의 젊은 수학자, 물리학자, 컴퓨터과학자, 공학자 등은 일생의 어느 시점에서 3구 저글링을 시도할 것이다."

— • —

그러면 클로드 섀넌이 저글링 연구에 빠져든 이유는 뭘까?

"그는 특이한 운동을 좋아했어요……. 내 생각이지만, 그에게 저글링의 매력 포인트는 '특이한 물리학적 운동'이었을 거예요."

루벨은 지적했다. 섀넌이 특이한 운동에 이끌려 마침내 저글링에 대한 논문을 써야겠다고 마음먹은 것은 1970년대 초반이었다.

루벨의 관찰에 따르면, 저글링은 복잡성과 단순함을 겸비하고 있다. 즉 '흥미로운 속성'이 엿보일 정도로 복잡하면서도, '속성의 모형화'가 가능할 만큼 단순하다. 그러나 이처럼 수학적 매력이 풍부함에도 불구하고, 섀넌은 '저글링에 관한 논문' 집필에 착수했을 때 완전히 밑바닥에서부터 시작해야 했다. 왜냐하면 저글링을 다룬 수학 논문이 단 한 편도 없었기 때문이다.

저글링에 관한 과학적 논문을 최초로 배출한 분야는 수학이 아니라 심리학이었다. 1903년 에드거 제임스 스위프트는 《미국 심리학 저널 American Journal of Psychology》에 기고한 논문에서, "저글링이 '감각신경 기술을 연마하는 효과적인 방법'인지 여부를 확인하기 위해 저글링을 배우는 데 걸리는 시간을 측정했다"고 밝혔다. 저글링의 본질에 대한 논의는 결과론인 경우가 많았는데, 스위프트도 결과론의 범주를 벗어나지 못했으며, 내용 면에서도 '저글링 기술에 관한 각론'보다는 '모든 기술에 대한 일반론'에 머물렀다. 스위프트의 뒤를 이어, 심리학계에서는 저글링을 연구 도구로 사용하는 관행이 20세기 중반까지 계속되었다. 그러나 심리학자들이 저글링이 연구에 유용하다고 생각한 데 반해, 수학자들은 소일거리용 취미 생활에 불과한 저글링을 '데이터와 실험의 원천'으로 사용하는 데 거부감을 보여왔다. 사정이 이렇다 보니, 섀넌이 등장할 때까지 저글링의 수학을 탐구한 논문은 단 한 편도 나오지 않았다.

수천 년 동안 수많은 수학자들이 저글링을 시도해왔음에도 정작 수학 연구 결과가 단 한 건도 출판되지 않은 이유는 뭘까? 그게 어떻게 가능할까? 어떤 면에서 보면 이해하기 어렵지 않다. 그 당시의 수학은 오늘날과 마찬가지로 치열한 경쟁 학문이었다. 그러므로 카드 게임, 수수께끼, 저글링 등이 '즐거운 수학적 취미 활동'인 것은 분명하지만, 신중하고 야망에 넘치는 수학자들 중에서 그런 서커스 놀이를 지속적인 연구와 출판의 가치가 있는 활동으로 여기는 사람이 있을 리 만무했다. 그러나 클로드 섀넌은 달랐다. 물질적 관심에 흔들리지 않고, 더 이상 이름을 날릴 필요도 없고, 오직 호기심을 위한 호기심에 이끌린다는 점을 감안할 때, '나와 똑같은 연구를 하는 동료들이 있으면 어쩌지?'라는 불안감 없이 저글링 연구에 과감히 뛰어들 수 있는 사람은 그밖에 없었다.

— • —

클로드 섀넌의 다른 논문과 비교할 때, 저글링에 관한 논문에는 특별할 게 없었다. 새로운 분야의 연구를 처음 시작한 것도 아니고, 세계적 명성을 가져다 준 것도 아니었으니 말이다. 섀넌은 논문을 출판하지 않았을 뿐 아니라 완벽하게 마무리하지도 않았다. 그는 저글링을 수학적으로 엄밀하게 연구한 최초의 과학자였지만, 논문의 두드러진 특징은 독창성이나 수학적 자질이 아니라 '저자의 광범한 독서 편력과 연구 활동'을 드러냈다는 데 있다. 정보이론, 유전학, 스위칭에 관한 논문이 클로드 섀넌의 심오한 사상을 증명했다면, 저글링에 관한 논문은 그의 비상한 재주를 드러냈다고 봐야 한다. 또한 그것은 이 세상에 진지한 수학적 분석의 대상이 될 수 없는 건 없다는 그의 신념에 대한 증거이기도

하다.

섀넌의 저글링 논문은 로버트 실버버그의 과학소설 《발렌타인 경의 성Lord Valentine's Castle》에 나오는 대화로 시작된다. 《발렌타인 경의 성》은 마지푸어Majipoor라는 먼 행성을 배경으로 펼쳐지는, 발렌타인이라는 저글러의 모험을 연대기적으로 서술한 소설이다. 발렌타인은 원래 왕이었지만, 왕좌와 호칭을 박탈당하고 떠돌아다니며 저글링을 한다.

"저글링이 단순한 손기술이라고 생각해?" 작은 사내가 상심한 듯한 말투로 물었다. "멍청한 구경꾼들을 현혹시키는 마술? 공국公國의 카니발에서 한두 명의 우승자를 뽑는 수단? 남들에게는 그럴지 모르지만, 나에게는 삶의 방식이자 친구이자 신념이자 일종의 예배야."

"일종의 시詩이기도 하지." 카라벨라가 말했다.

슬릿은 고개를 끄덕였다.

"그래, 그 말도 맞아. 그리고 수학이기도 해. 저글링은 침착성, 자제력, 균형감, 사물의 위치감, 운동의 기본 구조를 가르쳐주지. 거기에는 조용한 음악도 깃들어 있어. 하지만 무엇보다도 중요한 것은, 하나의 학문이라는 거야. 내 말이 허세를 부리는 것처럼 들려?"

섀넌이 독자들에게 강조하고 싶었던 것은, "수많은 카라벨라와 마르가리타의 현재와 미래를 위해, 저글링에 깃들어 있는 시와 희곡과 음악을 잊지 말아야 한다"는 것이었다. 슬릿이 자신의 생각을 주절주절 늘어놓다 말고 독자들을 향해 "내 말이 허세를 부리는 것처럼 들려?"라고 던진 질문에서, 우리는 섀넌의 자의식을 읽을 수 있다.

슬릿의 말이 허세를 부리는 것처럼 들릴 것이라는 점을 섀넌이 몰랐을 리 없다. 그가 네 번째 단락에서 목소리를 낮춰, 독자들에게 저글링의 장구한 역사를 들려주는 것은 바로 그 때문이라고 할 수 있다. 그는 거의 두 페이지를 할애하여 4,000년에 걸친 저글링의 대중적 인기와 문화를 더듬었다. 역사 여행의 출발점은 기원전 1900년경 초기 이집트 시대였다. 그 당시의 무덤 벽화에는 네 명의 여성이 각각 세 개의 공을 공중으로 던지는 장면이 아로새겨져 있다. 다음으로, 섀넌은 선원 겸 모험가인 제임스 쿡 선장, 과학자 겸 저술가 게오르크 포르스터와 함께 배를 타고 폴리네시아의 통가섬으로 직행했다. 포르스터가 쓴 《세계여행기 Die Reise um die Welt》에 따르면, 그는 1774년 통가섬의 주민들이 여러 개의 물체를 공중에 잇따라 던져 올리는 묘기를 보이는 광경을 목격했다. 섀넌은 포르스터가 여행기에 기술한 한 소녀의 활약상을 인용했다.

"그녀는 조그만 사과 크기의 동그란 박 다섯 개를 활발하고 유연한 손놀림으로 다뤘다. 다섯 개의 박을 차례로 공중에 던진 후 능수능란하게 받아내는 동작을 반복했는데, 최소한 25분 동안 단 한 번의 실수도 없었다."

섀넌은 다시 기원전 400년으로 거슬러 올라가, 크세노폰의 《향연》이 펼쳐지는 건조한 아테네 땅에 도착했다. 섀넌에 따르면, 군중들에게 강연하던 소크라테스는 열두 개의 고리로 저글링을 하는 소녀를 보고 큰 감동을 받아 이렇게 말했다고 한다.

"신사들이여, 이 소녀의 솜씨를 보시오. 이것은 여성의 능력이 결단력과 체력을 제외하면 남성에게 조금도 뒤지지 않음을 방증하는 것이오. 이 중에서 아내가 있는 사람이라면 누구나 하나를 가르치면 열을 아는 총명함에 감탄한 경험이 있을 것이오.”

섀넌은 소크라테스의 논평에서 두 가지 문제점을 발견했다. 첫째, 만약 그가 언급한 소녀가 열두 개의 고리로 저글링을 한 게 사실이라면, ‘한 번에 가장 많은 물체를 던져 올린 부문’의 세계 기록 보유자일 것이다. 그러나 그게 정말 사실일까? 섀넌은 속는 셈 치고 크세노폰과 소크라테스를 믿어주기로 했다.

“누가 감히 위대한 철학자 소크라테스와 유명한 역사가 크세노폰에게 ‘확실한 증거를 내놓으라’고 들이댈 텐가? 그들은 신중한 관찰자이므로, 열두 개의 고리를 분명히 헤아렸을 것이다.”

그러나 아무리 너그러운 섀넌이라도, 소크라테스의 뿌리 깊은 남성 우월 의식까지 용납할 수는 없었다. 평소의 태도에서 능히 짐작할 수 있겠지만, 그는 소크라테스의 편협한 여성관을 배격했다.

“소크라테스가 늘 애용하던 유명한 산파술을 외면하고 단도직입적으로 말한 직후 실언을 했다는 사실은 매우 흥미롭다. 만약 두 번째 문장 끝에 마침표를 찍었다면, 그는 여성 평등 운동의 예지력 있는 선지자가 되었을 것이다.”

섀넌은 논문의 뒷부분에서 여성 저글러들의 사례를 좀 더 솔직하게 기술했다. 그가 특별히 언급한 사람은 두 사람인데, 한 명은 ‘세계에서 가장 빠른 여성 저글러’로 1920년대에 유럽의 극장 서커스를 주름잡은 로티 브룬이고, 다른 한 명은 부다페스트의 서커스 가문에서 태어나 독일에서 활동한 '저글링계의 퍼스트레이디' 트릭시 피르슈케였다.

요컨대, 섀넌이 되돌아본 저글링의 역사는 고대 이집트에서 시작하여 고대와 근대를 넘나들다, 중세 음유시인들의 저글링·마술·코미디 혼합물을 거쳐 20세기의 버라이어티쇼로 끝을 맺었다. 그의 이야기에 등장하는 주요 인물들(영화배우 W. C. 필즈 포함)은 어린 클로드 섀넌을 포함하여 한 시대의 소년과 소녀들에게 영감을 불어넣었고, 그중에는 수틀릴 때마다 "가출하여 서커스단에 들어갈 거예요"라고 부모들을 협박하는 아이들도 있었다.

— • —

저글링의 역사에 관한 강의가 끝났으니, 저글링을 좀 더 진지하게 살펴볼 차례였다. 저글러의 심리와 실제 저글링을 어떻게 이해할 것인가? 특히, 정확성을 요구하지만 코믹한 면도 가미되는 실제 저글링을 어떻게 납득할 것인가? 예컨대 체조 선수의 실수는 연민을 자아내고, 선수와 관중이 일종의 실망감을 공유한다. 그러나 저글러가 곤봉을 놓치는 경우, 관중석은 웃음바다가 될 가능성이 높다. 그럴 때 저글러는 어떻게 대처해야 할까?

"저글러는 모든 엔터테이너 중에서 가장 취약하다."

섀넌은 자신의 경험담에 비춰 이렇게 말했다. 사실, 대부분의 신중한 저글러들은 곤봉을 놓치거나 떨어뜨리는 경우를 대비하여, 일련의 심리 작전과 대중적 속임수를 개발해놓는다. 그들의 대응 전략은 기술 수준에 따라 달라진다. 초보자들의 경우에는 자신들의 실수를 코미디와 소품으로 얼버무리지만, 전문가들은 실수가 성공만큼이나 의도적인 것처럼 보이도록 만든다.

그러나 섀넌에 따르면, 이와 같은 취약성은 저글러가 크게 두 그룹으로 나뉘는 이유이기도 하다. 하나는 퍼포먼스를 중시하는 저글러 그룹이고, 다른 하나는 기술을 중시하는 저글러 그룹이다. 기술을 추구하는 저글러(테크니션)들은 숫자놀음, 즉 저글링 물체의 군비 경쟁에 몰두한다. 공중에 떠 있는 물체의 수가 많을수록, 자랑질 할 권리가 많아진다. 섀넌은 세계 최고의 테크니션 중 한 명인 엔리코 라스텔리를 《배니티 페어》의 찬사를 받을 인물로 내세웠다.

"그는 20년간 저글링에 헌신함으로써, 저글링을 명실상부한 기술의 경지로 끌어올린 선구자다."

섀넌에 따르면, 라스텔리는 열 개의 공이 동시에 공중에 머무르게 할 수 있었으며, 한 손으로 물구나무를 선 상태에서 다른 손으로 세 개의 공을 저글링하고 다리로는 원통 하나를 굴렸다고 한다.

그 이후로, 섀넌과 수학자들은 라스텔리를 비롯한 테크니션들에게 큰 관심을 보였다. 그것은 진지한 태도 때문일 수도 있었고, 계속 증가하는 물체의 수를 숫자와 공식으로 체계화할 수 있는 가능성 때문일 수도 있었다. 그에 반해, 퍼포먼스용 저글링은 눈요기 거리일 뿐 진지함이나 장인 정신과는 거리가 멀었다. 즐거워하는 군중, 스릴 넘치는 동작, 희극적 요소 등 이 모든 것은 흥미와 관련된 것이어서 훈련된 수학자의 관심을 끌지 못했다. 따라서 논문의 핵심은 물체 수를 증가시킴과 동시에 동작의 정확성을 유지하는 원리, 즉 수학과 물리학의 교점을 구하는 것이었다.

— • —

샤넌이 저글링보다 음악을 더 좋아했다는 점을 감안할 때, 논문의 수학적인 부분 첫머리에서 재즈 용어를 인용했다는 것은 결코 놀랄 일이 아니다. 그는 재즈 드러머 진 크루파Gene Krupa가 남긴 "지금껏 알려진 것 중에서 나를 가장 유혹하는 것은 3 : 2 교차 리듬이다"라는 말을 인용했다. 샤넌의 입장에서 볼 때, '저글링의 수학'의 도입부에서 3 : 2 유형을 인용하는 것만큼 적절한 비유는 없었을 것이다. '3 : 2 유형'이란 대부분의 사람들이 저글링을 배울 때 맨 처음 접하는 유형인 '세 개의 공을 두 손으로 다루기'를 의미한다.

저글러의 동작을 분해하면 일련의 예측 가능한 포물선이 나온다. 즉 하나의 공이 공중에 던져지면 하나의 호가 그려지고, 여러 개의 공이 던져지면 여러 개의 호가 그려진다. 이제 남은 것은, 하나의 리듬에 맞춰 그것들을 결합함으로써 하나의 일관된 패턴을 만드는 것이다. 샤넌은 이런 방식으로 저글링 문제에 접근했다. 다시 말해서, 저글링을 단순한 운동 협응의 문제로 간주한 게 아니라, 대수적 공식으로 파악한 것이다.

$$(F + D) H = (V + D) N$$

F : 하나의 공이 공중에 머무는 시간(Flight)

D : 하나의 공이 손에 머무는 시간(Dwell)

H : 저글링에 사용되는 손의 개수

V : 하나의 손이 비어 있는 시간(Vacant)

N : 저글링에 사용되는 공의 개수

섀넌의 정리는 시간을 지속적으로 추적한다. 루벨의 자세한 설명을 들어보자.

"저글러는 지속적으로 시간의 균형을 맞춤으로써 섀넌의 정리에 나오는 리듬을 달성한다. 즉 하나의 공이 '공중에 머무는 시간'이 '손에 머무는 시간'보다 길수록 다른 공들을 다뤄야 하는 시간이 길어진다. 따라서 당신은 더 많은 공을 저글링할 수 있다. 섀넌의 정리는 이러한 시간의 균형(맞교환)을 정확히 설명한다."

(루벨에 따르면, 이것은 아이러니라고 할 수 있다. 섀넌의 저글링 정리는 지속적인 시간을 측정하는데, 이것은 아날로그 개념으로서 디지털 혁신을 주도하는 섀넌의 정신에 위배되기 때문이다.) 방정식의 좌변과 우변은 저글링 동작의 상이한 부분을 각각 추적한다. 즉 좌변에서는 공의 패턴을 추적하는 데 반해, 우변에서는 손의 패턴을 추적한다. 그것은 당연하다. 왜냐하면 루벤이 지적한 바와 같이 "공이 저글링되는 데 소요되는 시간은 손이 공을 저글링하는 데 소요되는 시간과 같기" 때문이다.

— • —

섀넌의 저글링 연구는 여기서 막을 내린 것 같다. 그러나 그는 이미 저글링 연구에 상당한 정당성을 부여했으며, 한 세대의 '저글링하는 수학자'들에게 당혹스러움에 대한 두려움 없이 두 가지 열정을 결합하는 능력을 제공했다. 그러나 이번에는 한 편의 논문만으로는 부족했다. 1983년 그는 전에도 종종 그랬듯이 저글링 연구를 '이론의 세계'에서 '공학의 세계'로 가져왔다. 자신의 손으로 저글링 로봇을 만드는 작업에 착수한 것이다.

섀넌은 한 회고록에 이렇게 적었다.

"모든 일은 베티가 케이크 장식품을 판매하는 상점에서 '5구 소나기형(저글링의 흔한 형태로 폭포형, 소나기형, 분수형 등이 있음_옮긴이)'을 하는 10센티미터짜리 피에로 인형(정가 1달러 98센트)'을 구입하면서 시작되었다. 나는 희비가 엇갈렸다. 기뻤던 점은, 어린 시절에 가출하여 서커스단에 가입하고 싶어 했을 만큼 오랜 아마추어 저글러였기 때문이다. 슬펐던 점은, 엉성한 소나기 형태와 플라스틱으로 연결된 공들 때문이었다."

하지만 케이크 장식품 가게에서 구입한 피에로는 저글링하는 시늉만 했을 뿐이지만, 섀넌의 로봇은 진짜로 저글링을 했다. 이렉터 세트를 이용해 조립된 완성품은 공 3개를 다룰 수 있었다. 공은 톰톰북에 부딪쳐 튀어올랐고 로봇은 주걱 팔을 좌우로 흔들며 움직였다.

"각각의 팔은 아래로 내려갈 때 공을 받고, 위로 올라갈 때 공을 던졌다."

비록 바운스 저글링 로봇의 상대역인 진정한 토스 저글링 로봇을 완성하지는 못했지만 그럴듯한 흉내를 내는 피에로를 조립할 수는 있었다. 그리고 그가 자신만만하게 지적한 것처럼, 로봇이 모든 인간을 능가하는 방법이 하나 있었다.

"역사상 가장 위대한 저글러도 기록적인 형태를 몇 분 이상 유지할 수 없었지만, 내가 만든 작은 피에로는 밤새도록 저글링을 해도 소품을 떨어뜨리는 적이 단 한 번도 없다."

# 30. 교토

섀넌은 수십 년 동안 전 세계에서 명예를 누리고 업적을 인정받았다. 세계 최고의 대학교들이 그에게 명예박사 학위를 수여했고 각종 학회에서 상장, 금메달, 인증서를 수여했다.

게일로드라는 시골에서 소년기를 보낸 섀넌은 모든 이의 관심을 받으며 만면에 웃음을 띠었다. 아내 베티 섀넌은 나중에 한 인터뷰에서 이렇게 말했다.

"그는 매우 겸손한 사람이었어요. 많은 상을 받았지만 기고만장하지 않았고, 자랑스레 떠벌리지도 않았어요."

섀넌의 말을 직접 들어보자.

나는 상을 받으려고 연구한 게 아니었기에 그 결과로 받은 십여 개의 상을 다른 방에 아무렇게나 처박아두었다. 돈을 벌겠다는 욕심도 없었고, 그저 호기심에 이끌렸을 뿐이다. 나의 관심사는 사물을 구성하는 요소, 어떤 상황을 지배하는 법칙이나 규칙, 인간이 할 수 있는 것과 할 수 없는 것에 대한 정리theorem였다. 내 혼자 힘으로 모든 것을 알아내고 싶었다.

섀넌의 무심함은 하늘을 찔렀다. 유수의 연구 기관에서 받은 명예 박사 학위가 너무 많다 보니, 수많은 박사 학위 휘장을 (자신이 직접 만든) 회전식 넥타이 걸이 비슷한 장치에 걸어놓았다. 해당 기관들이 그런 사실을 알았으면 섭섭히 여겼겠지만, 그것은 섀넌이 '누군가의 칭찬을 받는다는 것'을 얼마나 하찮게 여겼는지를 단적으로 보여준다.

그 당시의 상황에 대한 페기의 설명을 들어보면, 섀넌이 수학자로서의 명성에 아랑곳하지 않고 평범한 가정생활을 유지하려고 얼마나 노력했는지 능히 짐작할 수 있다.

"아버지는 명예 박사 학위가 많은 사람을 속 빈 강정에 비유했어요."

그러나 낭중지추囊中之錐라는 옛말이 있다. 섀넌은 자신이 이룬 수많은 성과를 대수롭지 않게 여기며 손사래를 쳤지만, 그중에는 삼척동자가 보더라도 섀넌의 위대함을 알 수 있을 만큼 뚜렷한 것도 있었다. 그는 결코 잘난 체하는 법이 없었지만, 그의 업적이 얼마나 중요한지 알 만한 사람들은 다 알고 있었다. 1966년 크리스마스이브, 제36대 미국 대통령 린든 B. 존슨은 '통신과 정보 처리에 관한 수학적 이론'에 크게 기여한 공로를 인정하여, 클로드 섀넌에게 국가과학메달을 수여했다.

1967년 2월 6일, 섀넌의 가족은 백악관의 이스트룸에서 열린 만찬에 초대 받았다. 그 자리에서 존슨 대통령은 "평생 동안 거대한 진리의 바다를 탐험하는 데 헌신한 11명의 인물"을 소개하며, "이분들을 비롯한 과학자들의 노력 덕분에 인간의 생명이 연장되었고 일상생활이 수월해졌으며 지혜의 보물 창고가 풍성해졌습니다"라고 치하했다. 그날은 섀넌의 가문에 경사가 난 날이었으므로 가족 전원이 행사에 참석했다.

"어머니와 무슨 옷을 입을지를 두고 옥신각신했지만, 백악관에 발을 들여놓는다는 사실 자체가 사람의 품격을 높이는 일이라는 데 의견의 일치를 봤어요. 다른 참석자들의 생각도 우리와 같았어요."

페기는 이렇게 회고하며, 그 아버지에 그 딸임을 은연중에 암시했다.

"나는 당시 일곱 살이었고, 일곱 살짜리의 눈높이에 맞게 당당하고 거침없이 행동했어요."

린든 대통령이 메달을 수여한 직후 후한 덕담을 건넸다. 허버트 험프리 부통령이 파안대소를 하자, 아버지를 자랑스럽게 여기며 우쭐대던 페기는 깜짝 놀라 아버지의 뒤꽁무니에 숨었다.

— • —

새넌이 가장 소중하게 여기는 상장과 상패 중에는 그를 미소 짓게 만든 것도 있었다. 그중 하나는 그리스 신전의 축소판이었는데, 신전에는 매사추세츠 저글링 대학을 뜻하는 'MASSACHVSETTS INSTITVTE OF JVGGLOLOGY'라는 라틴어 글귀가 새겨져 있었고, 신전 앞에서는 피에로가 박사 학위 증서의 작은 복제품으로 저글링을 하고 있었다. 그리고 스탠퍼드대학교에서 공식적으로 발급한 펠로십 종료 증서의 맨 아래에는 다른 회원들의 서명이 (공간이 허용하는 한 가장 크고 활기찬 서체로) 모두 빼곡히 적혀 있어 새넌의 웃음을 자아냈다.

새넌은 심지어 학회 가입 요청을 수락하면서 코미디를 연출하는 방법을 생각해냈다. 미국철학회에서 '본 회에 가입해주시면 그보다 더한 영광이 없겠습니다'라는 요청서와 함께 엉성한 인증서(어줍잖은 캘리그래피로 적힌 인증서)를 보내오자, 장난기가 발동하여 전문 캘리그래퍼를 고용했다. 그리하여 제대로 된 캘리그래피로 쓰인 장문의 수락 서한을 작성하여 미국철학회에 우송함으로써 관계자들을 머쓱하게 만들었다.

옥스브리지 스타일의 고품격 매너도 섀넌의 장난기를 잠재울 수는 없었다. 1978년 옥스퍼드대학교 올소울스칼리지All Souls College에서 방문교수 자격을 제의 받았을 때, 트리니티 학기(옥스퍼드는 3년제로 1년 3학기 과정을 채택하는데, 4월 중순부터 6월 중순까지 학기를 트리니티Trinity라고 부름_옮긴이) 동안 존 피어스, 바니 올리버와 재회할 절호의 기회가 주어졌다. 세 사람은 벨연구소 동창 모임을 주관하는 루디 콤프너와 함께 자신의 연구 및 관심사, 이를테면 인공지능이나 정보이론에 대해 일련의 강연을 행할 것으로 기대되었다. 그런데 콤프너가 피어스에게 보낸 메모의 내용을 감안할 때, 섀넌의 수락 여부가 결정적 변수였던 것으로 보인다.

"클로드에게서 뭔가를 얻어낸다는 건 여간 어려운 일이 아닙니다."

그러나 섀넌은 (최소한 제딴에는) 심각한 문제로 고민하고 있었다. 옥스퍼드에 한 학기 동안 머물 경우 발생하는 부수적 문제가 하나 있었는데, 그것은 바로 자동차의 좌측 통행이었다. 영국에서 운전을 하려면 좌측 통행을 해야 한다는 문제에 좌절하여, 섀넌은 경력을 통틀어 또 한 편의 희한한 논문을 썼다. 그는 '4차원적 비틀기The Fourth-Dimensional Twist'라는 제목의 논문을 통해, 자신이 고안해낸 맞춤 해법을 제시했다. '영국에서 운전대를 잡은 미국인을 위한 신중한 제안'이라는 부제가 붙은 논문은 다음과 같은 일화로 시작되었다.

영국에서 운전하는 미국인은 난폭하고 위험한 세계에 직면한다……. 오랫동안 몸에 밴 운전 습관을 가진 우리에게, 세상은 완전히 미친 것처럼 느껴진다. 자동차, 자전거, 보행자들은 아무 데서나 튀어 나올 것이며, 우리는 늘 잘못된 방향을 바라볼 것이다. 아슬아슬한 위기에서 연거푸 탈출할 때마다, 승용차는 남성의 입에서 나온 욕설, 여성의 입에서 나온 비명과 히스테리컬한 웃음으로 가득 차기 일쑤다. 운전자들은 자기도 모르게 갑자기 얼굴을 가리거나, 있지도 않는 브레이크를 우악스럽게 밟는다. 방향 지시등과 와이퍼를 조작하는 버튼의 위치도 미국과 정반대여서, 우리는 와이퍼를 켠답시고 깜빡이를 켜기도 한다―그러므로 우회전일 때는 와이퍼가 빨리, 좌회전일 때는 느리게 움직인다. 영국의 도로 폭이 좁고 운전 속도가 빨라 상황이 악화되며, 도로 바로 옆에 건축 자재가 쌓여 있음을 알려주는 영국식 영어 표지판은 도움이 되기는커녕 되레 혼란만 가중시킨다.

섀넌은 이 문제점을 해결하기 위해 아이디어를 제시했는데, 그 자신조차 "너무 거창하고 실용성이 떨어진다"고 인정한 걸로 봐서 "수학자의 엉뚱한 공상"이었던 게 분명하다. 그는 이른바 4차원적 개념을 창조했는데, 즉 물리학적 원리를 이용해 인간의 좌우 인식을 바꾸는 것이었다.

인간의 좌우 인식을 바꾸려면 어떻게 해야 할까? 단도직입적으로 말해서 거울을 사용하면 된다. 만약 당신의 오른손을 거울 앞에 갖다 대면, 거울에 비친 상은 왼손으로 보일 것이다. 만약 두 번째 거울을 들여다본다면 두 번

반사되어 다시 오른손으로 보이고, 세 번째 거울을 들여다본다면 다시 왼손으로 보일 것이다. 따라서 이미지를 홀수 번 반사하는 거울 시스템으로 미국인 운전자를 에워싸면, 주변의 영국 풍경이 모두 180도 바뀌어 4차원적으로 보이게 된다.

마지막으로, 일련의 조향 장치 조작을 통해 미국 운전자의 동작을 영국식으로 바꿀 수 있다. 이를테면 핸들을 왼쪽으로 돌리면 승용차가 오른쪽으로 가게 할 수 있으며, 그 역도 마찬가지다. 어떤가, 멋지지 않은가!

완벽한 삽화, 수치, 간략한 도면까지 첨부하여 쓴 걸로 봐서 진심으로 쓴 논문인 듯하지만, 논문은 완전히 장난으로 쓴 것이었다. 그러나 이 논문은 섀넌이 옥스퍼드에 있는 동안 작성한 가장 기억할 만한 논문으로 역사에 남아 있다. 2,100자 남짓한 논문은 웃자고 쓴 논문일뿐더러 '섀넌은 농담을 그럴듯하게 보이게 하려고 목숨을 거는 사람이며, 그 과정에서 체면을 구기는 것 따위는 전혀 신경 쓰지 않는 사람'이라는 사실을 여실히 보여주었다. 그것은 외국을 여행하다 보면 뭔가 불편한 일이 생기기 마련이라고 생각하는 한 세계 여행자가 가진 노파심의 표현이었다. 하지만 갑작스러운 환경변화가 한순간의 착시를 유발할망정, 그가 품었던 우려는 완전한 기우였던 것으로 드러났다.

— • —

세계 각국에서 수여하는 상을 받기 위한 유람 여행이 본격적으로 시작될 무렵, 섀넌은 슬하에 세 자녀를 두고 있었다. 그러므로 모든 시상식은 전 가족이 단체로 해외여행을 떠날 좋은 기회였다. 딸 페기는 이렇게 회고했다.

"아버지가 이스라엘에서 상을 받았을 때, 온 가족이 학기 도중에 6~7주 동안 여행을 해야 했어요. 우리는 이스라엘을 거쳐 이집트, 터키, 영국을 방문했어요……. 그래서 6주 동안 학교에 휴학계를 냈지요."

섀넌 자신은 모든 여행에 대해 엇갈리는 감정을 느꼈다. 그는 집에 있기를 좋아하는 사람인 데다 성격도 내향적이었고, 무엇보다도 중요한 애로 사항은 입이 매우 짧다는 점이었다. 그는 집에서 아내가 요리한 고기와 감자만 먹었으므로, 이국땅에서 집밥에 가까운 음식을 찾는다는 것은 여간 걱정거리가 아니었다. 페기에 따르면, 섀넌은 매사추세츠에서도 외식을 하는 법이 거의 없어서, 특히 이스라엘에서 쿠스쿠스(듀럼밀에 수분을 가해 만든 좁쌀 모양의 파스타_옮긴이)를 먹거나 일본에서 생선회를 먹는다는 것은 생각만 해도 끔찍한 일이었다.

과도한 대중 연설의 부작용도 문제였다. 언제나, 때로는 지나칠 정도로 자신만만한 MIT의 교수였지만, 빈번한 대중 연설은 섀넌에게 부담으로 작용했다. 왜냐하면 대중 연설 기회가 많아질수록 자신의 본분인 연구를 소홀히 하게 되기 때문이었다. 그는 일종의 무대 공포증이 생겼는데, 그것은 지나치게 주목을 받는 데 대한 거부감보다는 흥미롭고 지적인 주제가 고갈되는 것에 대한 두려움 때문이었다. 그의 강연 주제는 늘 예리한 수학적 통찰이었으며, 늙수그레한 유명 인사의 거만함 또는 진부함과는 거리가 멀었다. 그러나 강연의 품질을 유지하려면 과도한 대중 연설을 자제해야 했다.

공감 어린 청중과 동명의 장소(이름에 '정보이론'이라는 단어가 들어 있는 기관 및 단체)도 그를 긴장하게 만들었다. 예컨대 1973년, 섀넌은 이스라엘의 아슈켈론에 있는 전기전자공학연구소 산하 '정보이론협회'에서 처음 강연을 했다.

"나는 그렇게 심각한 무대공포증 사례를 본 적이 없었어요."

수학자 엘윈 벌캠프는 회고했다.

"청중 앞에서 그렇게 벌벌 떠는 사람은 처음이었어요."

섀넌은 청중에게 제발 진정해 달라고 요구한 후, 친구 한 명을 대동하고서야 강단에 오를 수 있었다.

"그는 청중의 기대가 너무 크다는 것을 의식하고, 의미심장한 말을 하지 못할까 봐 걱정했어요. 두말할 것도 없이 그는 멋진 강연을 펼쳤지요. 그러나 내가 보기에는…… 그는 능력을 100퍼센트 발휘하지 못했어요."

한 친구에게 초청을 받았을 때, 섀넌은 강연 요청을 예상하고 선제공격을 가했다.

"일선에서 은퇴한 후 아내가 푹 쉬라고 하는 바람에 요즘 강연을 잘하지 않는다네."

그러나 대중 앞에 나서는 것을 꺼리면서도 섀넌은 연이은 포상과 해외여행을 마다하지 않았다. 그 이유는 단 하나, 아내 베티가 해외여행을 즐겼기 때문이다.

—•—

　섀넌에 대한 시상과 초청이 쇄도한 이유는, 부분적으로 1970년대에 과학 기술이 급격하게 발달함에 따라 전 세계적으로 정보이론의 중요성이 부각되었기 때문이다. 그 당시 MIT의 학생이었던 톰 카일라스는 이렇게 말했다.

　"섀넌의 '통신의 수학적 이론'이 발표된 직후, 우리는 정보이론의 실용성이 떨어진다고 생각했어요. 옛날 사람들이 라틴어와 그리스어를 지적 훈련 수단으로 사용했던 것처럼, 1950년대와 1960년대의 젊은 공학도들도 섀넌의 이론을 그저 훌륭한 훈련 수단 정도로 생각했던 거죠."

　그러나 세상이 점차 디지털화됨에 따라, 사람들은 섀넌에 의해 최초로 존재가 확인된 코드의 의미를 완전히 이해하여 자기 것으로 만들기 시작했다. 1977년 9월 5일 우주탐사선 보이저 1호가 목성과 토성을 향해 출발했을 때, 코드의 오류에 대한 대비를 강화함으로써 12억 킬로미터의 진공 공간을 넘어 거대 가스행성들의 사진을 전송할 수 있었다. 같은 해에 이스라엘의 자콥 지브와 아브라함 렘펠은 섀넌의 코딩 연구에 기반하여 데이터 압축 알고리즘을 고안해냈고, 그것은 나중에 등장한 인터넷과 이동통신 시스템의 핵심적인 골격 중 하나로 자리 잡았다. 나중에 지브 자신도 인정한 바와 같이, 지브가 MIT의 대학원생일 때 섀넌이 교수였다는 사실은, 지브가 그 분야에 관심을 갖는 데 결정적인 계기로 작용했다.

　아서 루벨이 회고한 바에 따르면, 자신의 엄청난 기여도가 점점 더 분명해지고 있는데도 섀넌은 결코 뻐기거나 과시하는 법이 없었다.

나는 그의 집에 들렀던 때의 일을 때때로 회상하곤 한다. 그는 대수롭지 않은 표정으로 내게 정보이론 학회의 팸플릿을 건넸는데, 나는 그것을 펼쳐 보고 깜짝 놀랐다. 회의 프로그램은 다섯 개의 세션으로 구성되어 있었는데, 그 제목이 섀넌이론 1, 섀넌이론 2, 섀넌이론 3, 섀넌이론 4, 섀넌이론 5였다. 한마디로 섀넌의 독무대였는데, 그는 그저 빙그레 웃을 뿐이었다.

클로드 섀넌의 여러 가지 업적을 둘러싸고 노벨상 이야기가 나온 것은 당연했다. 1959년 그는 노버트 위너와 함께 노벨 물리학상 후보로 지명되었다. 그러나 웬걸. 물리학자 에밀리오 지노 세그레와 오언 체임벌린이 반양성자antiproton를 발견한 공로로 그해의 노벨상을 거머쥐었다. 섀넌과 위너의 수상 가능성은 다소 희박했지만, 노벨상 후보로 지명되었다는 사실 자체만으로도 동시대인들이 섀넌을 어느 정도로 높이 평가했는지 가늠할 수 있었다. 섀넌이 노벨상을 탈 수 없었던 것은, 부분적으로 구조적인 문제 때문이었다. 수학은 독자적인 노벨상 수여 분야가 아니었는데, 이는 수학자들에게 늘 부담으로 작용했다. 섀넌 자신도 이렇게 말한 적이 있다.

"알다시피 이 세상에 노벨 수학상은 없잖아요. 그러나 나는 그게 꼭 있어야 한다고 생각해요."

노벨상을 탄 수학자가 없는 건 아니었지만, 존 내시는 경제학상, 막스 보른은 물리학상, 버트런드 러셀은 문학상을 받았다. 섀넌의 연구는 다양한 분야를 넘나들었지만, 얄궂게도 그중에서 노벨상을 받을 수 있는 분야는 하나도 없었다. 어쩌면 그렇게 귀신같이 노벨상을 피해 다녔는지! 그의 사주에 노벨상은 없었던 것이다.

그러나 1985년, 새년은 스톡홀름 대신 교토에서 전화를 받았다. 억만장자 이나모리 가즈오稻盛和夫가 제정한 '일본판 노벨상'인 교토상Kyoto Prize의 첫 번째 기초과학상 수상자로 선정된 것이다. 이나모리 가즈오는 다국적 기업인 교세라京セラ를 설립한 일본의 응용화학자로, 나중에 일본항공을 파산에서 구조해낸 구원 투수로 활약했다. 그는 대학 시절 공학을 전공했고, 전성기에는 기업 회생 전문가로 명성을 날렸으며, 경영 일선에서 물러난 후에는 자진하여 선불교 승려가 되었다. 그는 심오한 경영 철학을 갖고 있었는데, 이것이 불교 사상과 결합하여 교토상 제정의 이념적 기초가 되었다. 그래서 그런지, 그가 직접 작성한 교토상 제정 취지문은 영적인 문구(불교)와 주주 통지문(경영철학)이 묘하게 결합된 느낌을 준다.

지난 사반세기 동안 각고의 노력을 기울인 끝에, 신의 은총에 힘입어 교세라의 연간 매출액은 2,300억 엔, 세전이익은 530억 엔으로 상승했습니다……. 나는 이 기회에 교토상을 제정하기로 결심했습니다…….

교토상을 받는 사람은 교세라 임직원들과 마찬가지로 겸손하고 헌신적으로 일하며, 자신이 선택한 전문 분야에서 완벽을 추구하기 위해 노력을 아끼지 않은 사람들이 될 것입니다. 또한 자신의 인간적 오류 가능성에 민감하고, 탁월성을 진심으로 숭배하는 사람들이 될 것입니다…….

인류의 미래는 과학적 진보와 영적 성숙의 균형을 통해서만 보장될 수 있습니다. 오늘날 과학에 기반한 문명은 급속도로 발달하고 있지만, 우리의 영적 본성을 탐구하려는 노력은 안타깝게도 지지부진합니다. 나는 세상이 음과 양, 어둠과 빛이라는 두 가지 요소, 즉 플러스와 마이너스로 구성되어 있다고 믿습니다. 이러한 이원론의 양쪽을 모두 인식하고 북돋아야만 완벽하고 안정적인 균형을 이룰 수 있습니다……. 나의 솔직한 바람은, 교토상이 과학적 측면과 영적 측면의 발전을 모두 격려하는 것입니다.

교토상은 머지않아 상당한 명망을 얻게 되는데, 그것은 부분적으로 노벨상의 경쟁자로 뚜렷이 자리매김했기 때문이다. 교토상 수상자를 발표하는 언론의 기사는 다음과 같이 시작된다.

"노벨상과 더불어 문화와 과학 분야에서 평생 동안 뚜렷한 업적을 남긴 세계 최고의 인물에게 수여되는 교토상은, 올해 다음과 같은 사람들에게 돌아갑니다……."

심지어 교토상은 노벨상 수상자를 예측하는 경우도 많아, 교토상을 받은 과학자들은 몇 년 후 스톡홀름의 시상식장에서 자신이 다시 호명되는 것을 은근히 기대하게 되었다.

교토상은 일본의 황실 가족들로 하여금 시상식장에 참여하게 함으로써, 의례 면에서도 노벨상과 유사한 장면을 연출했다. 그리고 아마도 블루오션을 찾아내는 제정자의 비즈니스 감각을 드러낸 듯 노벨상이 수상되지 않는 분야, 이를테면 수학과 공학까지도 광범위하게 포괄했다. 84년 늦게 출발한 후발 주자의 열세에도 불구하고, 교토상은 노벨상과 치열한 접전을 벌였다.

교토상 수상은 클로드 섀넌에게 의미 있는 승전보로, 그의 경력이 최고의 인지도를 누리고 있음을 드러냈다. 섀넌은 늘 그렇듯 해외여행에 노이로제 반응을 보였으며, 특히 일본 음식에 대한 걱정이 이만저만이 아니었다. 게다가 그의 일본 여행에는 아내 베티와 누나 캐서린이 동행했는데, 캐서린은 수학에 대한 섀넌 가문의 열정을 증명하듯 켄터키주 소재 머리주립대학교의 수학 교수를 지냈다. 페기의 회고에 따르면, 그는 일본 여행을 앞두고 "두 명의 강력한 여인들"이 동행하겠다고 제안하자 선뜻 동의했다고 한다.

　　교토상은 시상 절차보다 더 오랫동안 기억에 남는 추억 거리를 제공했다. 섀넌은 수상 연설을 요청 받았는데, 그것은 그의 인생에서 마지막인 동시에 가장 긴 대중 연설이었다. 연설의 제목은 '통신 및 전산의 발달과 나의 취미'였는데, 그는 엉뚱하게도 역사의 개념(정확히 말하면, 자신의 조국인 미국에서 배운 역사의 문제점)을 언급하며 말문을 열었다.


　　일본에서는 역사를 어떻게 가르치는지 모르겠습니다만, 내가 대학에 다니던 시절 미국에서는 카이사르, 나폴레옹, 히틀러 등의 정치 지도자와 전쟁을 가르치는 데 대부분의 시간을 할애했습니다. 나는 그게 큰 잘못이라고 생각합니다. 역사에서 가장 중요한 것은 다윈, 뉴턴, 베토벤 등의 사상과 혁신입니다. 왜냐하면 그들의 업적은 역사에 긍정적인 영향력을 행사했을 뿐 아니라 시간이 지날수록 파급 효과가 증가하기 때문입니다.

그가 특별히 언급한 혁신의 범주는 공학이었다.

"과학적 발견은 그 자체로서 경이로운 업적이지만, 이를테면 에디슨, 벨, 마르코니 같은 공학자와 발명가들의 중개 노력이 없으면 평범한 사람들의 삶에 영향을 미칠 수 없습니다."

섀넌은 20세기의 진보에 경탄하면서, 그 이전의 사람들은 수 세기 동안 그래왔던 것처럼 이동이나 원거리 통신이 제한된 농경 생활을 영위했었다고 지적했다. 그는 제니 방적기, 와트의 증기기관, 전신, 전등, 무선통신, 자동차를 열거하며 이 모든 것들이 두 세기 남짓한 역사를 지니고 있음에도 불구하고 세상을 바꿨다고 지적했다.

"수명의 '겨우 두 배'에 해당하는 기간 동안 인간의 삶이 완전히 바뀐 것은, 대부분 공학자들의 업적 때문이었다고 믿습니다."

그는 대중 앞에서 자신의 과거사를 좀처럼 언급하지 않는 사람이었지만, 그날따라 젊은 공대생 시절의 생활을 소개했다. 그는 그 당시 계산자가 공학도의 필수 도구였음을 회상하며, "지금 생각하니 그때의 모습이 한없이 초라하게 느껴집니다"라고 말하며 숙연한 표정을 지었다. 그리고는 연단에 가지고 올라온 일제 휴대용 트랜지스터 컴퓨터 하나를 보여주며, "이것은 계산자가 하던 것보다 훨씬 더 많은 일을 할 수 있으며, 소수 셋째 자리가 아니라 열째 자리까지 척척 계산할 수 있습니다"라고 말했다.

계산자에서 휴대용 컴퓨터에 이르기까지, 방 하나를 독차지한 미분해석기에서부터 가정의 책상 위에 놓여 있는 애플 II에 이르기까지, 섀넌은 전산 혁명의 일대기를 풍미했다. 그는 이 시기를 가리켜 "컴퓨터의 지적 진보가 너무 빠르다 보니, 개발이 완료되기도 전에 구식이 되어 버리는 기종이 허다했습니다"라고 말했다.

일본의 황족과 고위 인사들이 가득한 시상식장에서, 섀넌은 자신의 활약상이 포함된 전산의 역사를 간략히 더듬었다. 그것은 의사소통·생각·추론·행동이 가능한 기계와 그것을 가능케 한 이론적 아키텍처 architecture(하드웨어와 소프트웨어를 포함한 컴퓨터 시스템 전체의 설계 방식을 말함_옮긴이)를 줄기차게 연구한 공학자의 일대기였다. 그러나 전산은 그가 평생 동안 수행한 연구의 핵심 주제에 머무르지 않았다. 강연의 제목이 암시하듯, 그것은 그의 취미이기도 했다(그는 일본인들이 알아듣기 쉽도록, 취미를 슈미しゅみ라고 발음했다).

"취미로 '체스 두는 기계'나 '저글링하는 로봇'과 같은 장치를 만드는 것은, 시간과 돈을 낭비하는 우스꽝스러운 행동처럼 보일 수 있습니다."

섀넌은 이렇게 인정했다.

"그러나 과학의 역사를 되돌아보면, 단순한 호기심이 종종 가치 있는 결과를 낳았음을 알 수 있습니다."

그렇다면 그가 만든 엔드게임과 테세우스는 어떤 가치 있는 결과를 낳게 될까? 섀넌은 이렇게 설명했다.

나는 인간의 뇌와 맞먹거나, 심지어 능가하는 지능을 가진 기계가 탄생하기를 바랍니다. 이런 분야를 인공지능이라고 하는데, 최근 30~40년 동안 급속히 발달해왔으며, 현재 상업적 중요성을 인정받고 있습니다. 예컨대 MIT 주변에서는 일곱 개의 인공지능 업체들이 성업하고 있는데, 그중 일부는 병렬 처리를 연구하고 있습니다. 인공지능의 미래를 예측하기는 어렵지만, 개인적으로 2001년이 되면 사람처럼 걷고 보고 생각할 수 있는 기계가 출현하리라는 예감이 듭니다.

그러나 기계의 지능이 인간의 지능에 수렴하는 것은 차치하더라도, 기계는 여전히 인간 정신의 미묘함을 이해하기 위한 유추의 풍부한 원천이었다. 섀넌은 통신 기계를 이용하여 인간의 의사소통(동시통역)을 알기 쉽게 설명했다.

공교롭게도, 통신 시스템은 지금 이 자리에서 일어나고 있는 일과 다르지 않습니다. 나는 정보원이고 여러분은 수신기입니다. 내 옆에 있는 동시통역사는 송신기입니다. 통역사는 복잡한 작동을 통해 내가 영어로 생산하는 메시지를 일본인들의 귀에 적합하도록 부호화합니다. 이상과 같은 변환 과정은 사실적 자료 자체만으로도 충분히 복잡하지만, 농담과 중의법이 포함되면 훨씬 더 복잡해집니다. 나는 수많은 농담과 중의법이 통역자를 통해 제대로 전달되는지 궁금해 견딜 수 없습니다. 실제로, 나는 '영어 → 일본어 통역' 내용을 녹음하여 제2의 통역자에게 들려주고, '일본어 → 영어 통역'을 의뢰할 계획입니다.
나와 같은 정보이론가들이 이런 작업을 하면, 많은 사람들이 '왜 쓸데없이 그런 짓을 하느냐'며 너털웃음을 짓습니다. 그러나 과학은 일견 우스꽝스러운 행동을 통해 발전합니다.

# 31. 알츠하이머

그녀는 그의 곁을 떠나고 있다. 갑자기 떠나는 게 아니라 일련의 연속된 헤어짐을 거쳐 서서히 아주 서서히 멀어져 가고 있다. 전자도 충분히 고통스럽지만, 후자는 보내는 사람의 가슴을 미어지게 한다. 한순간 이 자리에 있었던 그녀가 그의 손길에서 조금씩 멀어져 간다. 그녀를 따라갈 수 없는 그로서는, 그녀가 어디로 가고 있는지 궁금할 뿐이다.

— 데브라 딘

친구들은 질병의 첫 번째 징후를 1980년대 초에 처음 발견했다. 처음에는 익숙한 질문에 대답하려고 무진 애를 쓰다가, 아주 짧은 순간 동안 기억을 상실했다. 초기 단계에서, 어떤 친구들은 그 증상을 대수롭지 않게 생각했다. 어찌됐든 섀넌의 주특기는 직관과 분석이지, 기억이나 회상이 아니었다. 로버트 갤러거는 한 인터뷰에서 이렇게 말했다.

"클로드는 기억에 별로 의존하지 않는 사람이었어요. 왜냐하면 그를 총명하게 만든 것은 엄청나게 단순한 모형에서 경이로운 결론을 도출하는 능력이었기 때문이에요. 그게 의미하는 것은, 그가 약간 실수를 해도 다른 사람들이 눈치채지 못할 수 있었다는 거지요.”

절친한 사람들에게, 섀넌이 뭔가를 자꾸 까먹기 시작했다는 것은 그저 통상적인 노화의 위험에 굴복하는 징후로 여겨졌다.

그러나 이윽고, 섀넌은 식료품점에서 집으로 돌아오는 길을 잊고 전화번호·이름·얼굴을 기억할 수 없게 되었다. 글을 쓸 때는 손이 떨리기 시작했다. 페기 섀넌은, 언젠가 가족이 저글링 클럽을 초대했을 때의 기억을 떠올렸다. 그녀는 마룻바닥에 앉아 있었고, 아버지는 근처의 의자에 앉아 있었다. 그는 페기를 바라보다가 잠시 머뭇거리더니 “저글링 할 줄 아니?” 하고 물었다.

“나는 어안이 벙벙했어요.”

페기는 회상했다.

“아버지의 황당한 질문은 둘 중 하나를 의미했어요. 아버지가 나를 몰라봤거나, 내가 저글링 할 줄 안다는 사실을 기억하지 못했거나. 어느 쪽이 됐든 매우 충격적인 일이었어요.”

그즈음 클로드 섀넌에게 일어난 현저한 변화는 부인할 수 없었다.

“1983년 그이는 의사를 찾아갔어요.”

베티는 말했다.

“의사는 아마도 알츠하이머병 초초기인 것 같다고 했어요.”

섀넌 가족은 응할 초청과 거절할 초청을 신중히 구별하기 시작했다.

1986년 미시간대학교에서 개최된 행사에서 섀넌은 “매우 조용했다”. 당시 행사를 주관했던 데이비드 뉴호프는 말했다.

“행사는 질의응답 식으로 진행되었는데, 대부분의 대답을 베티가 대신했어요. 나는 섀넌의 알츠하이머병이 상당히 진행되었음을 직감했어요."

여행을 얼마나 많이 할 것인지와 섀넌의 질병에 대한 정보를 어디까지 공개할 것인지에 대한 결정은 전적으로 베티의 몫이었는데, 그녀는 가족의 프라이버시를 지키고 싶어 했다.

"우리는 프라이버시를 보호 받을 권리가 있다고 생각했어요."

페기는 회상했다.

가족은 섀넌의 주의를 지속적으로 환기시키려고 애썼지만, 질병은 그에게 큰 타격을 입혔다. 섀넌은 상당한 인지 능력을 급속도로 상실했으므로, 알츠하이머병 환자를 돌봐야 하는 베티의 부담은 이만저만이 아니었다.

"1차 간병인은 어머니였어요."

페기는 말했다.

"아버지는 거리를 방황했고, 우리 가족은 아버지를 찾느라 붐비는 거리에서 살다시피 했어요. 정말 끔찍했어요. 당신이 사랑하는 사람이 그런 질병을 앓고 있다고 생각해보세요."

섀넌 부부는 한 지역 병원에서 실시하는 알츠하이머병 연구에 등록했는데, 클로드 섀넌은 치료군, 베티는 대조군이었다. 섀넌이 영문을 알았느냐는 인터뷰 진행자의 질문에, 페기는 이렇게 대답했다.

"아는 날도 있었고, 모르는 날도 있었어요……. 어떤 날은 인자한 아버지의 모습이었고, 어떤 날은 전혀 딴 사람 같았어요. 아버지를 바라볼 때마다 가슴이 미어터지는 것 같았어요."

그러던 어느 날, 섀넌은 언제 그랬냐는 듯 섬광처럼 빛나는 자신의 본모습을 보였다. 그것은 너무나 짧은 순간 동안에 일어난 일이었다. 페기는 그 순간을 이렇게 기억했다.

"1992년 대학원 프로그램에 대해 아버지와 대화를 나누며…… 앞으로 추구할 과제를 상의했어요. 나는 아버지가 내 질문의 핵심을 정확히 파악하는 것을 보고 깜짝 놀라며 이렇게 중얼거렸어요. '와, 불완전한 상태인데도 여전히 저런 능력을 갖고 계시구나!'"

그러나 그것은 짙어가는 안개 속에서 순간적으로 새어 나온 한 줄기 빛일 뿐이었다. 그 후 몇 년 사이에 섀넌의 증세는 눈에 띄게 악화되어, 제정신이 돌아오는 빈도는 더욱더 줄어들고 간격은 더욱더 길어졌다. 로버트 파노의 기억에 따르면, 1993년 섀넌에게 과거 일을 물어봤더니 기술적인 것과 수학적인 것은 고사하고 아무것도 기억나지 않는다는 답변이 돌아왔다고 한다. 섀넌의 인생에서 잔인한 점이 하나 있다면, 정신적 질병으로 말미암아 지적 능력이 쇠퇴하고 있다는 것이었다. 친구와 사랑하는 사람들은 그가 조만간 세상을 떠날 것이라는 현실만큼이나, 그가 정신적으로 무너져가고 있다는 점을 한탄했다.

더욱 잔인한 점은 섀넌이 알츠하이머병 진단을 받은 직후, 그가 선도했던 디지털 시대가 활짝 꽃피었다는 점이었다.

"나는 세상 돌아가는 것을 모르는 그이가 납득이 가지 않았어요……. 그이의 정신은 완전히 손상된 것 같았어요."

베티는 말했다. 1993년 섀넌한계Shannon Limit에 근접하는 터보코드Turbo code가 발표되었을 때, 섀넌은 뛸 듯이 기뻐하는 게 당연하다고 여겨졌지만 미동도 하지 않았다.

섀넌은 1983년부터 1993년까지 엔트로피 하우스에 계속 거주하며, 별 탈 없이 나름대로 최선의 삶을 영위했다. 그게 가능했던 것은, 타고난 긍정적 성품이 마지막 순간까지 변하지 않았기 때문인 듯하다.

"아버지의 전매특허인 다정함, 천진난만함, 장난끼는 갈수록 더하면 더했지 덜하지 않았어요……. 우리는 운이 좋았던 것 같아요."

페기는 말했다. 비록 행보가 다소 주춤해지긴 했지만, 늘 해왔던 놀이 와 땜질은 계속되었다. 아서 루벨은 섀넌과 나눈 마지막 교감을 다음과 같이 회상했다.

클로드를 마지막으로 만난 날, 알츠하이머병이 우세를 점했다. 누군가의 빛이 서서히 바래간다는 것은 슬픈 일이지만, 천재가 그렇게 된다는 것은 특히 잔인한 운명이라는 생각이 들었다. 내가 저글링을 할 줄 안다는 것을 어렴풋이 기억하고, 그는 겸연쩍게 웃으며 저글링 솜씨를 선보였다. 기억 력과 판단 능력을 상실했음에도, 시종일관 따뜻하고 다정하고 쾌활했다. 늘 그랬던 것처럼.

1993년, 섀넌은 넘어져 고관절이 손상되는 바람에 병원에 입원해야 했다. 응급 처치에 이은 재활 치료 기간이 너무 길어, 가족들에게 크나 큰 고역을 안겨주었다. 베티는 남편이 하루빨리 퇴원하여 집으로 돌아 오기를 손꼽아 기다렸다.

"어머니에게는 가정이 진정한 피난처였어요."

페기가 말했다. 페기는 엔트로피 하우스의 방 하나를 병실로 꾸미고, 병상과 그 밖의 필수품을 준비했다. 그러나 베티도 이제 연로하여 섀넌을 돌보기가 만만치 않았다. 생각다 못한 페기는 어머니를 설득하여 아버지를 양로원에 보내게 했다. 이에 따라 섀넌은 윈체스터에서 약 5킬로미터 떨어진 코트야드 요양원Courtyard Nursing Care Center에 입소했다.

베티의 건강을 걱정하던 페기는 한시름 놓았지만, 섀넌이 집을 떠났다고 해서 베티의 부담이 줄어든 것은 아니었다. 그녀는 하루에 두 번씩 요양원을 방문하며 남편을 지극정성으로 보살피는 일을 멈추지 않았다. 페기는 어머니의 헌신에 감동했다.

"어머니는 아버지가 제대로 간호 받는지 확인하고 싶어 했어요. 또 아버지를 그리워했어요. 아버지는 어머니 삶의 중심이었는데, 요양원에 들어간 후에도 그 점에는 변함이 없었던 거예요."

페기는 말했다. 베티의 방문은 섀넌에게 큰 기쁨이었다.

"정오에 요양원을 방문할 때마다 간호사들이 일렬로 늘어서서 나를 기다리고 있었어요. 왜냐하면 내가 나타날 때마다 그가 어쩔 줄 몰라 하며 만면에 웃음을 지었거든요. 환하게 웃는 그 모습은 내게도 기쁨을 선사했어요."

베티는 말했다.

다른 가족들도 시시때때로 요양원을 방문했고, 요양원 직원들은 그에게 간단한 산수 문제를 소일거리로 제공했다. (세기의 수학 천재에게 산수 문제라니, 이게 웬 말인가!) 섀넌은 요양원에서도 여전히 땜장이여서, 툭하면 자신의 보행기를 분해하여 성능을 개선하는 데 골몰했다.

"작동 원리를 이해하기 위해 사물을 분해하는 모습은 요양원에서도 변함이 없었어요."

베티는 말했다. 평상시의 몸놀림과 손놀림도 그대로여서, 그는 음악에 맞춰 손가락을 두드리곤 했다.

"그는 한시도 가만히 있지 않았어요. 요양원의 이 구석 저 구석을 돌아다니며, 무슨 일이 벌어지는지 자세히 들여다봤어요. 그러나 그가 무슨 생각을 했는지는 미지수예요."

그러나 이리저리 돌아다니며 최소한의 기능을 수행할 수 있다는 것은 약간의 위험을 수반했다.

"직원들은 그의 일거수일투족에 늘 신경을 곤두세웠어요. 자칫하면 계단에서 굴러떨어져 큰 부상을 당할 수 있었거든요. 그이가 밖으로 나가면 직원들이 그의 행방을 찾아다녀야 했죠."

결국 그는 운동 능력을 상실하여, 한때 단순한 일이었던 말하기와 먹는 것마저도 곤란한 지경에 이르렀다. 클로드 섀넌은 2001년 2월 24일 영면했다. 그의 뇌는 알츠하이머병 연구를 위해 기증되었고, 장례식은 윈체스터에 있는 레인장례식장Lane Funeral Home에서 조촐히 치러졌다.

섀넌은 수년 전 자신의 장례 절차를 구상하여 기록으로 남겼는데, 그 당시 그는 매우 색다른 개념의 장례식을 염두에 두고 있었다. 그에게 장례식은 애도가 아닌 웃음을 위한 곳이었다. 그는 개략적인 스케치를 통해 메이시백화점 스타일의 성대한 행진(1924년부터 시작된 메이시백화점의 행진은 추수감사절의 대표적인 볼거리로 유명함_옮긴이)을 기술했는데, 그 의도는 조문객들에게 즐거움과 기쁨을 선사하는 한편 클로드 섀넌의 다채로운 인생을 요약하는 것이었다.

클라리넷 연주자 피트 파운틴이 행렬을 이끌고, 재즈 콤보가 뒤를 잇고, 그 뒤에서는 외바퀴자전거를 탄 여섯 명의 운구자가 관의 균형을 어렵사리 유지한다(섀넌은 이를 일컬어 "6명의 외바퀴자전거 운구자 + 1명의 사랑하는 사람"이라고 함). 그리고 "슬퍼하는 미망인", "저글링하는 팔손이 로봇", "100달러를 짊어진 세 개의 체스 말", "서부에서 온 세 명의 부자(캘리포니아의 기술 투자자들)"가 차례로 뒤를 잇는다. 맨 뒤에서는 체스 꽃수레가 행렬을 따르고, 수레 위에서는 영국의 체스 마스터 데이비드 레비가 컴퓨터와 대결하고 있다. 그 밖에도 과학자와 수학자들, "스키너의 방법으로 훈련된 네 마리 고양이", "생쥐 무리", "조깅족", "417-악기 밴드"가 뒤를 따른다.

당연한 이야기지만, 섀넌의 구상은 너무나 비현실적이고 번잡하다는 이유로 실현되지 않았다. 유가족은 관습적이고 간소한 장례 절차를 선호했다. 섀넌은 케임브리지 마운트 오번 공동묘지의 베고니아길에 고요히 잠들었다.

그러나 대법원 판사, 주지사, 대학 총장, 그 밖의 유명한 사상가들이 즐비한 공동묘지에서, 섀넌의 묘비는 독특하다. 이상한 낌새를 채지 못한 방문자는, 옅은 회색 대리석 위에 섀넌이라는 이름이 새겨져 있는 걸보고 그냥 지나칠 것이다. 그러나 메시지는 반대쪽에 숨어 있다. 덤불에 덮인 대리석 묘비 뒷면에는, 섀넌의 엔트로피 공식이 적혀 있다. 섀넌의 자녀들은 그 공식이 앞면에 자랑스레 새겨지기를 바랐지만, 어머니는 티 내지 않고 뒷면에 새기는 쪽을 택했다.

그리하여 클로드 섀넌의 안식처에는 일종의 암호가 적혀 있다. 보통 사람의 눈에 띄지 않는, 찾고자 하는 사람만 볼 수 있는 메시지가 말이다.

# 32. 여진

탁월함의 시금석이라 할 수 있는 진정한 행복감, 고양감, 초월감은 시와 수학에서 찾을 수 있다.

— 버트런드 러셀

《뉴욕타임스》에 부고 기사가 실리고, 흉상과 전신상 건립이 추진되었다. 벨연구소 구내의 건물 중 하나가 클로드 섀넌을 기리기 위해 개명되었다. 그리고 시간이 경과함에 따라 클로드 섀넌이라는 이름은 일반 대중의 기억에서 점차 사라졌다.

그러나 클로드 섀넌의 귀중한 유산은 부장되지 않고 다른 사람들, 즉 제자, 찬미자, 정보이론가, 공학자, 수학자에게 계승되었다. 그들은 그를 생생히 기억했고, 섀넌이 명성을 날렸던 전문 저널에서도 그의 이름을 계속 언급했다. 수많은 동료 공학자와 정보이론가들이 남긴 진심 어린 추모사와 회고담은 오늘날까지 전해지고 있다. 한 필자는 이렇게 썼다.

"독특한 장난기와 신사다움을 겸비한 미국의 천재, 섀넌은…… 천부적인 지적 광채를 강력히 내뿜었다."

많은 필자들의 찬사가 잇따랐고, 섀넌을 한 번도 만나본 적이 없는 수학자는 이렇게 고백했다.

"나는 아홉 살 때 섀넌의 학위 논문을 우연히 보고, 그 자리에서 수학자가 되기로 결심했다."

클로드 섀넌에 대한 회고담이 줄을 이은 이유는, 많은 필자들이 과학계에서 드문 경험을 했기 때문이었다. 즉 그들은 자신이 종사하는 분야를 탄생시킨 인물과 지구상에서 시간을 공유하는 영광을 누렸던 것이다. 그러나 그의 영향력은 동시대인들에게 국한되지 않았다. 클로드 섀넌은 미국의 공학자와 수학자들에게 세대를 거듭하며 지속되는 흔적을 남기고 있다. 도대체 그 비결이 뭘까? 단도직입적으로 말해서, 섀넌의 연구가 그들의 근본 가치에 공명을 일으켰기 때문이다.

그러면 그 가치란 무엇일까? 그것은 바로 단순한 게 중요하다는 것이다. 우아한 수학이야말로 가장 강력한 메시지이며 비본질적인 항목, 장황한 서술, 사족은 모두 헛것이다. 섀넌은 적절한 수학공식을 이용하여 본질에 접근함으로써 간결하고 찬란하고 직관적이고 총명한 논문, 한마디로 뉴턴의 $F=ma$나 아인슈타인의 $E=mc^2$에 비견되는 논문을 썼다. 섀넌과 동시대인인 러시아의 한 과학자는 섀넌의 논문을 일컬어, "논리적 일관성을 유지하며 스스로 자연스럽게 전개된다"고 했다. 이는 섀넌이 수학을 통해 이룩한 완결성으로, 천의무봉天衣無縫이라는 사자성어로 집약된다. 또 한 명의 동시대인은 이를 더욱 시적으로 묘사했다.

"(그의) 아이디어는 아름다운 심포니를 형성하여, 반복될수록 힘을 더하는 주제가 모든 이에게 영감을 제공한다. 그것은 수학이 제공할 수 있는 최상의 미덕이다."

— • —

　1948년에 발표된 섀넌의 이론 연구는 해답만큼이나 많은 의문을 제기했다. 그러나 그 연구의 도전적 가치는 결코 과소평가될 수 없다. 섀넌한계는 먼 훗날을 내다본 것으로, 수십 년 후 더욱 큰 유용성을 인정받게 되었다. 섀넌한계는 오늘날까지도 정보통신 분야에서 닿을 듯 말듯한 가장자리로 남아 있어, 공학자들에게 타도의 대상으로 여겨지고 있다. 그러나 그의 논문에는 광범하고 이론적인 면 외에 좁고 실용적인 요소도 포함되어 있었다. 그 논문의 두드러진 특징은 반향으로, 전혀 새로운 분야의 탄생을 선언함으로써 일련의 논의와 토론들이 저자가 세상을 떠난 후에도 오랜 명맥을 유지했다.

　"그것은 지진과 같아, 여진이 아직도 끝나지 않았다!"

　후대의 정보이론가 앤서니 에프레미데스는 이와 같이 갈파했다. 그 논문은 지금까지 9만 1,000번 이상 인용되고 조회되었는데, 역사상 그렇게 지속적인 영향력을 행사한 논문은 별로 없을 것이다.

　섀넌 이전에 중요한 선조가 있었지만, 공식적인 정보이론은 섀넌의 논문을 계기로 본격적으로 시작되었다는 말이 있는데, 이는 전혀 과장이 아니다. 몇 십 년 후 한 작가는 이렇게 말했다.

　"많은 과학자들이 보기에, 섀넌의 발견은 문간에서 우연히 발견한 대리석과 같았다."

　그가 발굴한 대리석은 다른 과학자가 초벌 조각한 것이므로, 섀넌은 자신의 논문에서 그 과학자를 나름대로 깍듯이 선조로 예우했다.

샤넌은 오늘날 지구를 결속하는 정보 아키텍처의 입안자 중 한 명임에도 스티브 잡스나 빌 게이츠의 인지도에 미치지 못하고 있다. 그 자신이 세간에서 주목 받는 것을 혐오한 것도 있지만, 샤넌의 이 같은 익명성은 그의 업적과 우리가 일상적으로 사용하는 기술의 괴리감 때문이라고 할 수 있다. 세계 정상급 공학자가 말한 바와 같이, "오늘날 고속 데이터 통신을 가능케 한 선진적 기호 처리 기술은, 클로드 샤넌이 발표한 정보이론 논문의 연장이라고 봐야 한다". 이는 알 만한 사람들은 다 아는 말이지만, 정보이론에 문외한인 일반인들에게는 금시초문일 것이다.

그러나 21세기에 들어와 거의 20년이 지난 지금, 이 시점에서 클로드 샤넌을 재평가하는 것도 좋을 듯싶다. 다시 말해서, 그를 지금껏 바라봤던 것과 다른 관점에서 바라보는 것이 좋겠다. 우리는 그를 디지털 시대의 먼 조상이 아니라, 20세기 최고의 창조적 만능인 중 한 명으로 바라봐야 한다. 단지 정보화시대의 토대를 쌓은 사람이 아니라, 시대적 관심사를 추구하는 데 필요한 학문이라면 뭐든 연마하여 단기적 실용성을 넘어선 수준으로 끌어올린 사람으로 봐야 한다.

21세기의 우리는 클로드 샤넌에게 무엇을 배울 수 있을까?

— • —

먼저, 샤넌의 연구 성과는 사상 유례없이 전문화된 우리 시대의 풍조를 바로잡는 데 유용하다. 그의 연구는 매우 광범위했고, 그와 비슷한 위상을 가진 20세기의 어떤 지성인보다도 안이한 범주화를 거부했다.

그는 수학자이기도 했고 공학자이기도 했으며, 때로는 저글러·외바퀴 자전거족·기계공·미래학자·도박사이기도 했다. 섀넌은 이러한 다양한 관심 분야가 상충하지 않는다고 생각했다. 그는 자신의 잡식성 호기심이 이끄는 대로 행동했다. 그러므로 그가 정보이론에서 인공지능, 체스, 저글링, 도박으로 수시로 건너뛴 것은 전적으로 일관된 행동이었다. 그의 입장에서 볼 때, 자신의 재능을 단일 분야에 투자하는 것은 당찮은 일이었다.

물론 여러 분야들 사이에는 연관성이 있었다. 그리고 섀넌이 정보이론, 로봇공학, 투자, 체스 두는 컴퓨터 사이의 연관성을 이해했던 것은 당연하다. 그 당시 정보 혁명이 세상을 완전히 바꾸는 과정을 직감한 사람은 별로 없었을 것이다. 그러나 섀넌은 그런 직감을 갖고 있었기에, 전문화가 아닌 다각적 탐구를 선택한 것이다. 그는 정보이론의 성공을 수십 년 동안 우려먹을 수 있었다. 그러나 MIT에 도착했을 때 그의 관심은 딴 데 있었다. 그 시대 학생들의 회고담에 따르면, 섀넌은 학생들이 제기하는 정보이론에 관한 의문과 문제점에 별로 신경 쓰지 않았다. 그러나 학생들이 로봇공학이나 인공지능에 대해 질문하면, 귀가 번뜩 뜨이며 특별한 관심을 보였다.

1963년, 러시아의 위대한 수학자 안드레이 콜모고로프는 섀넌을 다음과 같이 평가했다.

인간의 지식이 점점 더 전문화되어가는 이 시대에, 클로드 섀넌은 심오하고 추상적인 수학적 사고를 다방면의 핵심 기술에 대한 매우 구체적인 이해와 결합한 예외적 사례다. 그는 최근 수십 년간 등장한 가장 위대한 수학자인 동시에 가장 위대한 공학자이기도 하다.

남의 눈을 의식하지 않고 다방면의 관심사를 추구하는 태도는, 그의 생활 방식에서 여과 없이 드러났다. 그는 세계적으로 명성을 날릴 기회가 있었지만, 대체로 익명성을 선호했다. 혁신적인 논문을 쓰다가도 상태가 만족스럽지 않으면, 한구석에 처박아놓고 좀 더 호기심을 끄는 문제에 몰두했다. 그는 시장 동향과 스타트업의 잠재력을 분석하여 돈을 벌었지만, 매우 검소하게 생활했다. 상아탑에서 최고의 위치에 올랐지만, 어린이용 게임을 하거나 저글링에 대한 논문을 쓰면서도 창피해하지 않았다. 그는 열렬한 호기심을 품었을뿐더러 때로는 당당하게 게으름을 피웠다. 그는 당대 최고의 생산성과 영예를 누린 인물 중 하나였지만, 자신의 장난감 방에서 땜질을 하기 위해 하던 일을 아무 데나 내팽개치는 '못 말리는 땜장이'였다.

— • —

섀넌의 연구 스타일이 워낙 경쾌하고 심지어 경솔해 보이기까지 하다 보니, 우리는 간혹 그가 다뤘던 주제의 어렵고 심오함을 망각하곤 한다. 그는 흥겨움 속에서도 당대의 가장 의미심장한 과학적 의문을 파헤쳤고, 수학·컴퓨터과학·공학의 경계를 넘나들면서도 때때로 경계선을 확정하는 데 도움을 주기도 했다. 인공지능의 개척자 마빈 민스키는 섀넌의 사망을 알린 《뉴욕타임스》 기사에서 이렇게 말했다.

"그의 입장에서 볼 때, 문제가 어려워 보인다는 것은 뭔가 새로운 것을 발견할 기회가 더 많다는 것을 의미했다."

그런 접근법에는 용기가 필요했는데, 그의 벨연구소 동료 중 한 명인 리처드 해밍이 한 담화에서 지적한 점이 바로 그것이었다. '당신과 당신의 연구'라는 제목의 유명한 담화에서, 해밍은 학생들을 위해 일류 수학자(또는 과학자)가 되는 비결을 간략히 제시했다. 그는 섀넌을 특별히 언급하며, 섀넌의 연구가 큰 힘을 발휘할 수 있었던 것은 용기 때문이었다고 지적했다.

섀넌이 넘치도록 보유한 자질 중 하나는 용기다. 그의 위대한 수학 정리를 생각해보면, 그가 얼마나 용감한 사람인지 알 수 있다. 코딩 방법을 창안하고 싶지만 어디서부터 시작해야 할지 난감할 때, 그는 일단 무작위 코드를 하나 만들었다. 그리고 고심에 고심을 거듭한 끝에, 이런 불가능한 질문을 던졌다. "평균적인 무작위 코드가 할 수 있는 일은 뭘까?" 그런 다음 "평균적인 코드가 나름의 장점을 하나씩 갖고 있는 걸로 보아, 완벽한 코드가 하나 이상 존재하는 게 틀림없다"는 결론에 도달했다. 감히 그런 생각을 할 수 있는 사람은 무한한 용기를 가진 사람밖에 없으며, 용기야말로 위대한 과학자들의 특징이다. 그들은 생각에 생각을 거듭하며, 불가능해 보이는 환경에서도 한 발짝씩 전진한다.

우리는 수학이나 공학 분야를 용기라는 오래된 미덕과 연관시키지 않는 경향이 있다. 그러나 섀넌의 용기는 상상을 초월하는 수준이었다.

그 자신은 인정하지 않을 게 분명하지만, 섀넌처럼 생각하고 섀넌처럼 사는 데는 엄청난 용기가 필요했다. 그의 용기는 학생들을 비롯한 주변 사람들에게 영향을 미쳤다.

"섀넌과 같은 사람과 함께 일하면 사고의 지평이 넓어져, 자기도 모르는 사이에 더 멀리 나아가려 노력하게 된다."

레너드 클레인록이 말했다.

— • —

더욱 중요한 것은, 그의 용기가 '내가 좋으면 그만이다'라는 식의 자족적 자부심으로 이어지는 바람에, 어떤 측면에서 보면 자부심이 결여된 것처럼 보였다는 점이다. 이것이야말로 섀넌의 핵심적 자질로, 다른 사람들과 구별되는 독특한 특징이었다. 한마디로, 그는 자기 과시와는 전혀 거리가 먼 사람이었다. 수학자들은 난이도가 낮은 문제를 다루는 데 시간을 소비하는 것을 염려하며, 그런 문제를 경멸조로 '장난감 문제'라고 부른다. 그런데 클로드 섀넌은 '진짜' 장난감을 공공연히 만들어 갖고 놀았다! 다른 사람들을 당혹하게 만들 수 있는 프로젝트를 번번이 수행하고, 걸핏하면 사소하거나 하찮아 보이는 의문에 몰입하다가 결국에는 뭔가 혁신적인 것을 끄집어냈다. 유일한 기능이라고는 '스스로 전원을 끄는 것'밖에 없는 기계(최종 기계)를 만든 데서, 우리는 털끝만한 자기 과시도 찾아볼 수 없다.

그것은 섀넌의 또 다른 전형적 특징, 연구에서 기쁨을 찾는 자세와 관련되어 있다. 우리는 위대한 천재라고 하면 으레 깊은 상처를 안고 고통을 견디는 장면을 떠올린다. 그러나 20대에 우울증을 경험할 정도로 감정의 기복이 심했던 점을 제외하면, 삶과 연구는 그에게 지속적인 놀이였다. 그는 세상을 바꾼 특출한 천재인 동시에 놀기 좋아하는 평범한 사람이었던 것이다.

그렇다고 해서 의식적으로 그렇게 행동한 건 아니고, 재미로 한다는 인상을 주려고 일부러 큰 제스처를 쓰지도 않았다. 그는 자신의 관심을 끄는 다양한 호기심 거리에서 기쁨을 느꼈을 뿐이다. 그는 복잡한 공학 문제에 몰입하다가 갑자기 체스의 판세에 매혹되기 일쑤였다. 그가 만든 불을 뿜는 트럼펫, 로봇 쥐 테세우스, 뜰에서 자라는 커다란 나무를 깎아 만든 깃대, 정교하게 설계된 저글링하는 어릿광대를 보면, 그가 극적인 예술 감각을 타고난 사람이었다는 점을 알 수 있다. 섀넌의 찬미자들은 그를 알베르트 아인슈타인이나 아이작 뉴턴과 비교하는 것만큼이나 마우리츠 C. 에셔(그래픽 아티스트의 선구자로 유명한 네덜란드 판화가_옮긴이)나 루이스 캐럴과 비교하기를 좋아한다. 그는 무미건조하고 전문적인 과학을 광범하고 매력적인 수수께끼로 둔갑시켜, 그 해결 과정을 어른들을 위한 놀이로 만들었다. 그의 논문이 전문 저널과 박물관 전시실에 동시에 등장한다는 것은, 그의 됨됨이와 놀이 본능을 여실히 보여준다.

어떤 의미에서, 섀넌의 놀이에서 뭔가 실용적인 것을 도출한다는 게 불가능할 수도 있다. 그의 취향이 워낙 독특해 보이니 말이다. 그러나 그의 행동거지는 우리에게 '진지한 어조가 일상화된 분야에도 가벼움의 여지가 얼마든지 있다'는 점을 일깨워주는 본보기이다. 오늘날 수학과 과학을 발견의 기회로 여기는 사람은 거의 없다. 사람들은 그것이 사회·경제·고용 전망에 가져다주는 실익을 논할 뿐이다. STEM(과학science, 기술technology, 공학engineering, 수학mathematics을 통틀어 일컫는 말_옮긴이) 강의를 수강하는 것은 고용 보장의 방편이지 즐김의 수단은 아니며, STEM을 공부한다는 것은 (건강에 이롭고 국가에서 장려하지만 맛은 별로인) 채식의 학문적 등가물이 되었다.

이것은 클로드 섀넌이 바라던 바가 아니었다. 비록 공학자(공학자는 과학자에 비해 실용성에 치우치는 경향이 있다)였지만, 지식은 그 자체로 가치가 있고 발견은 그 자체로서 즐겁다는 것이 그의 지론이었다. 그는 한 인터뷰에서 이렇게 말했다.

"나는 문제의 실용성보다 흥미로움에 관심이 더 많습니다."

그의 동시대인 중 한 명인 헨리 폴락은 필자들과의 인터뷰에서, 세계적 수학자 섀넌이 황당무계한 놀이인 외바퀴자전거 타기를 즐긴 이유를 알기 쉽게 설명했다.

"그는 외바퀴자전거 제조 회사를 설립하여 이윤을 창출하는 데는 관심이 없었어요. 그의 관심사는 오로지 외바퀴자전거의 흥미로운 요소를 분석하고 그것을 배가시키는 것이었어요."

섀넌의 접근 방법은 한 시대를 풍미한 괄목할 만한 혁신에 영감을 불어넣었다. 밥 갤러거는 클로드 섀넌과 같은 시기에 정보이론을 연구했던 과학도들의 마음자세를 다음과 같이 기술했다.

내가 MIT 대학원생이던 시절, 섀넌의 수수께끼 풀기식 연구 방식이 크게 유행하며, 주지주의 풍조가 만연했어요. 모든 학생들은 통신은 물론 수학과 물리학을 이해하고 싶어 했지요. 회사를 설립하거나 백만장자가 된다거나 실질적인 적용법을 개발하는 것은 부차적인 문제였어요. 현실에 더 가까운 이론에도 관심이 있었지만, 어디까지나 이론이 먼저였지요. 우리의 롤모델은 느긋하고 호기심 많고, 심사숙고하는 인물이었어요.

오늘날 갤러거의 기술에 부합하는 학과를 찾기는 매우 어렵지만, 그것이 추구할 가치가 있는 야망임에는 틀림없다.

— • —

인생의 마지막 순간이 다가오는 가운데, 클로드 섀넌은 최고의 식자층에 대해서도 무사태평하고 당당한 태도를 유지했다. 《사이언티픽 아메리칸》에 '저글링의 물리학'에 대한 논문을 기고하기로 약속해놓고서도, 시간만 나면 딴전을 피우며 완전히 새로운 프로젝트의 기회를 엿봤다. 그는 1981년 편집자에게 다음과 같은 편지를 보냈다.

친애하는 데니스,
당신은 내가 저글링 논문을 선반에 올려놓고 시간만 축내고 있다고 생각할 것입니다. 그것은 절반만 진실입니다. 나는 최근 두 가지 결론에 도달했습니다.
1) 나는 과학자라기보다는 시인이다.
2) 《사이언티픽 아메리칸》은 시 난을 마련해야 한다.
당신은 두 가지 결론에 모두 반대하겠지만, '루빅 큐브 요령'이라는 글을 동봉합니다.

클로드 E. 섀넌 배상

P. S. 나는 지금도 저글링 논문을 쓰고 있습니다.

그가 동봉한 것은 루빅 큐브를 주제로 한 7행시로, 제목은 '타라라붐 디에이Ta-Ra-Ra! Boom-De-Ay!(뮤직홀에서 부르는, 8마디 코러스가 있는 노래_옮긴이) 음악에 맞춰 노래하기'였고, 과학자 겸 시인답게 각주가 달려 있었다. 시의 운율과 리듬을 감안할 때, 단어를 발음해보고 머릿속에서 재구성 하고 큰 소리로 노래 부르느라 시간을 많이 허비한 게 확실했다. 한마디 로, 그것은 심히 안 심각한 프로젝트였다.

그런데 저글링 논문은 어떻게 됐을까? 섀넌의 머릿속에 들어 있는 수 많은 작품들과 마찬가지로, 부지하세월이었다. 섀넌의 관심사는 늘 변 했기에, 저글링에 대한 논문을 쓸 것인지는 사안의 중대성과 무관하게 오로지 그의 기분에 달린 문제였다. 그렇지만 이 일화에는 한 가지 애석 한 점이 있다. 전하는 이야기에 따르면, 그는 자신이 심혈을 기울여 작 성한 시가 《사이언티픽 아메리칸》에 실리지 않은 데 크게 실망했다.

그는 겸연쩍게 웃으며 이렇게 말했다.

"그건 나의 걸작 중 하나인데!"

| 감사의 글 |

책에는 두 가지 유형이 있다. 하나는 독자의 눈높이를 높이는 책이고, 다른 하나는 독자의 눈높이를 낮추는 책이다. 전자는 전문가용 책을 말하며, 저자는 원하는 고품격 메시지를 지나치게 단순화하지 않고 독자들에게 전달하는 동시에, 식견이 높은 독자들로 하여금 초보 시절의 추억을 떠올리게 하려고 노력한다. 후자는 초보자용 책을 말하며, 저자는 학습 과정의 일환으로 책을 읽는 독자들에게 교훈과 감동을 선사하려고 노력한다. 첫 번째 유형의 책은 '이미 알고 있는 것'에 대한 만족감을 겨냥한다. 두 번째 유형의 책은 인생을 즐기며 살았던 물리학자 리처드 파인만이 말한 '발견의 즐거움'을 겨냥한다.

두 가지 책은 각각 나름의 장단점이 있지만, 이 책은 두 번째 유형에 속하는 책이다. 우리는 전기 작가일 뿐, 수학자나 물리학자나 공학자는 아니다. 이런 비전문적인 대중서를 쓰는 데에서 우리가 취할 수 있는 최선의 방책은, 우리가 지향하는 삶의 방식을 독자들에게 은연중에 전달하려고 노력하는 것이다. 단도직입적으로 말해서, 우리는 문명의 이기를 사용하기에 앞서서 그 근원을 이해하지 않는, 또는 최소한 이해하려

453

고 노력하지 않는 것은 실례라고 잔소리하는 느낌으로 이 책을 쓰기 시작했다. 즉 우리는 정보가 탄생한 과정을 이해하려 노력하지 않고 풍부한 정보를 즐기는 사람은 배은망덕한 욕심꾸러기라는 생각으로 이 책을 쓰기 시작했다.

무사태평한 생활 자세를 바로잡으려고 노력하는 저자들의 원조는 우리가 아니다. 물리학도에서 소설가로 변신한 아서 쾨슬러는 언젠가 다음과 같이 말했다.

현대인은 인공적인 환경에 매몰되어 사는데, 그 이유는 인공적인 것 자체가 악惡이어서가 아니라 그것을 작동시키는 힘(자신이 사용하는 유용한 도구를 자연력, 우주의 질서와 관련시키는 원리)에 대한 이해가 부족하기 때문이다. 그들의 존재를 '비자연적'으로 만드는 요인은 중앙난방 장치가 아니라 그 배경에 깔린 원리에 대한 무관심이다. 과학에 전적으로 의존하면서도 과학에 마음을 열지 않음으로써, 현대인은 도시적 야만인의 삶을 영위하는 것이다.

우리도 쾨슬러의 말에 전적으로 동감한다. 혹자들은 현대사회를 일컬어, "거미줄처럼 얽힌 인터넷 상에 정보가 범람하는 비자연적 사회"라고 규정한다. 그러나 비자연적인 것은 인터넷과 정보 과잉 그 자체가 아니며 '그 기원은 무엇인가', '그것이 왜 어떻게 여기에 있게 되었나', '인류 역사의 흐름에서 그것은 어디쯤에 놓여 있나', '어떤 사람들이 그것을 만들었나'에 대한 생각을 거부하는 태도다. 우리는 그런 생각을 전파하는 데 일종의 의무감을 느낀다. 이 책의 주인공 클로드 섀넌이 세상 사람들에게 바랐던 것은(그럴 리는 없지만, 그가 바라는 점이 조금이라도 있었다면) 지나친 칭찬이 아닌 약간의 이해였을 것이라 생각한다.

— • —

우리는 이러한 의무감을 충족하기 위해 많은 분들에게 신세를 졌다. 댄 키멀링은 클로드 섀넌의 친구이자 기업가로, 섀넌에게 많은 칭송을 받았던 인물로 알려져 있다. 그는 클로드 섀넌의 전기를 제일 먼저 제안한 사람이었다. 그는 벨연구소에 대한 책 한 권을 곁들여 친구에 대해 격식 없이 진술했지만, 그의 생각은 이 책의 밑바탕이 되었다. 우리는 댄의 영감에 진심으로 감사한다.

우리는 에이전트 로라 요크에게 많은 빚을 졌다. 그녀는 처음부터 우리를 믿었고, 우리가 내놓은 단순한 발상의 가치를 높이 평가했다. 그녀는 편집장의 대리인으로, 때로는 따뜻한 격려로 때로는 엄청난 추진력으로 이 책의 출간을 이끈 일등 공신이다. 그녀는 출판계의 전설로 불려 마땅하다!

어떤 책의 가능성에 대해, 사이먼 앤드 슈스터의 앨리스 메이휴 편집장만큼 날카로운 감각을 가진 사람은 없다. 우리는 최근 몇 년 동안 많은 축복을 받았지만 그중 최고는 그녀를 이 책의 편집자로 맞아들인 것이었다. 그녀는 이 책에 한량없는 신뢰를 보냈으며, 때로 우리의 확신이 흔들리는 가운데서도 그녀의 신뢰는 요지부동이었다. 다른 전기 작가들의 경우와 마찬가지로, 그녀는 우리에게서도 최선의 결과물을 이

끌어냈다. 우리는 그녀의 견줄 데 없는 편집 능력에 무한한 감사를 드린다. 우리는 이번 프로젝트를 성공으로 이끈 스튜어트 로버츠에게도 감사드린다. 그녀의 영리함과 인내와 친절함을 감안할 때, 그녀가 앨리스 메이휴의 오른팔인 것은 당연하다.

《벨연구소 이야기》의 저자 존 거트너는 자신도 모르는 사이에 우리의 프로젝트에 영감을 불어넣었고, 이 책의 집필을 물심양면으로 지원했다. 그는 우리의 다양한 질문에 답해주었고, 인터뷰와 자료 조사에 협조했으며, 손턴 프라이와 벨연구소 수학 팀에 관한 (출판되지 않은) 알짜배기 비화를 공유했다. 그는 역사적 서사 작가에게 최고의 안내자로서, 우리와 같은 길을 먼저 가본 사람의 입장에서 막다른 골목이 어디에 있는지를 잘 알고 있다. 기꺼이 우리의 길잡이가 되어준 그의 관대함과 친절함에 깊이 감사한다. (만약 독자들이 《벨연구소 이야기》를 읽지 않았다면, 일독을 강력히 권한다. 벨연구소의 역사를 그보다 잘 정리한 책은 없으며, 혁신적인 조직이 건설되는 과정을 그보다 잘 기술한 책은 없다.) 또한 제임스 글릭의 《인포메이션》과 에리코 마루이 구이조의 학위 논문 '필수적인 메시지'도 섀넌의 생애와 연구를 이해하는 데 큰 도움을 주었다.

조애너-킹 슬루츠키는 집필을 위한 자료 조사에 혁혁한 공을 세웠다. 과학과 공학계 밖에서 섀넌의 이름을 아는 사람을 찾아낸다는 것은 여간 힘든 일이 아니었다. 그녀는 과거에 섀넌에 대한 글을 써본 적이 있는데, 이번 프로젝트를 시작하기 전에 그런 유경험자를 만난 것은 큰 행운이었다. 그녀는 부지런하고 사려 깊었으며, 우리만큼 열광적으로 자료 조사에 임했다.

프린스턴대학교의 세르히오 베르두 교수는 정보이론의 세계를 여행하는 데 필수 불가결한 안내자로, 우리의 자문 요구에 성심성의껏 응했다. 그는 섀넌의 삶에 얽힌 비밀을 밝히는 데 열과 성의를 다함으로써 집필 기간 내내 우리에게 동기를 부여했다. 또한 이 책의 원고를 샅샅이 읽고 수많은 오류를 지적해주었다. 그는 우리 프로젝트를 돕는 동안 영화 제작자 마크 레빈슨과 함께 섀넌에 대한 다큐멘터리 영화를 제작하고 있었는데, 그 영화의 성공을 믿어 의심치 않는다.

우리는 프로젝트의 막바지에 이르러 알렉스 매구운 박사를 만나 뜻밖에도 많은 도움을 받았다. 그는 이 책의 원고를 정리하며 교열을 맡았는데, 열정적인 독자의 자세와 전문적인 역사학자의 시각으로 수많은 오류를 찾아냈다. 그가 투자한 엄청난 시간과 그가 발견한 무수한 오류에 경의를 표한다.

마커스 웰던과 노키아벨연구소 임직원 일동(특히 피터 원저와 에드 에커트)은 문을 활짝 열어 우리에게 관련 자료를 모두 제공했다. 그들이 할애한 시간과 공유한 자료에 감사한다. 벨연구소를 이해하는 것은 섀넌의 인생을 이해하는 데 필수 불가결하므로, 그들의 도움이 없었다면 이 책은 탄생하지 못했을 것이다.

탁월한 인터넷 탐정 윌 굿먼은 섀넌의 가족과 동시대인의 연락처 정보를 수집하도록 도와주었다. 만약 섀넌이 살아 있다면 윌의 호기심에 찬탄을 금치 못할 것이다. 그는 내가 아는 '21세기 땜장이 탐정' 중 최고라고 생각한다.

섀넌의 가족은 일부러 시간을 내어 완벽한 이방인인 두 명의 작가에게 가족사를 공유했다. 베티 섀넌은 자신과 고인이 된 남편의 관계를 자세히 설명했다. 클로드 섀넌의 아들과 딸인 앤드루 섀넌과 페기 섀넌도 우리에게 많은 이야기를 해주었다. 그들은 '자신들이 잘 아는 사람'에 대한 역사를 꼼꼼히 읽고 그 과정에서 오류(심지어 오자와 탈자까지)를 바로잡아주었다. 우리는 그들에게 큰 빚을 졌다. 그들의 도움이 없었다면 이번 프로젝트를 마치지 못했을 것이다.

섀넌의 가족과 마찬가지로, 많은 사람들이 이메일과 전화에 응답해주었고 기꺼이 시간을 내어 우리와 함께 대화를 나눴다. 로버트 갤러거는 우리에게 인터뷰를 허용하고, 원고의 모든 페이지를 꼼꼼히 읽으며 수많은 실수를 교정해주었다. 그는 두 명의 비전문 작가들에게 놀랄 만큼 많은 시간을 할애하고 무한한 인내심을 발휘했다. 아서 루벨도 원고를 읽고 현명한 제안을 했고, (다른 사람에게서는 얻을 수 없는) 저글러로서 섀넌의 삶을 들여다보는 창을 제공했다. 톰 카일라스는 노버트 위너가 섀넌의 이해를 돕고 정보이론에 기여한 바를 알려주었으며, 초고를 읽어주는 아량을 베풀었다. 데이브 포니는 긴 메모를 통해 도움을 주었으며, 우리와 같은 수학의 문외한들이 알아들을 수 있도록 수학 원리를 설명해주었다. 우리는 이 모든 사람들이 들인 시간과 노력에 감사한다.

케빈 커리는 이 책에 수록된 사진들을 발견·수집·선별해주었다. 그런 일에 사전 경험이 없음에도 불구하고, 그는 프로젝트에 곧바로 뛰어들어 경이로운 솜씨를 발휘했다. 그의 도움이 없었다면 이야기의 매끈한 진행에 도움이 되는 사진을 확보하지 못했을 것이다.

브록웨이 맥밀런, 어윈 제이콥스, 로널드 & 판 청 그레이엄, 존 호건,

래리 로버츠, 앤서니 에프레미데스, 마리아 몰턴-배럿, 레너드 클레인록, 헨리 폴락, 노마 바츠만, 에드 소프, 마틴 그린버거, 故 보브 파노, 故 솔로몬 골룸에게 진심으로 감사한다. 이 책을 쓰는 도중 그들에게 받은 도움 덕분에 내용이 풍성해졌다.

마지막으로, 우리의 가족에게 감사한다. 새년에 대한 온갖 자질구레한 일들을 가족과 공유하는 일은 이제 끝이다. 그동안 마음고생이 심했을 텐데 묵묵히 참아준 가족에게 이 자리를 빌려 감사의 뜻을 표한다. 프로젝트 마지막 해에 일주일 간격으로 태어난 베니스와 애비게일에게 이 책을 바친다.

• 책과 기사

Aftab, Omar, et al. "Information Theory and the Digital Age". web.mit .edu/6.933/www/ Fall2001/Shannon2.pdf.

Allen, Garland E. "The Eugenics Record Office at Cold Spring Harbor : An Essay in Institutional History". *Osiris* 2, no. 2 (1986) : 225~64.

Anderson, Benedict. *Imagined Communities : Reflections on the Origin and Spread of Nationalism*. Rev. ed. New York : Verso, 2006.(베네딕트 앤더슨, 서지원 옮김,《상상된 공동체》, 길, 2018)

Aspray, William. "The Scientific Conceptualization of Information : A Survey". *IEEE Annals of the History of Computing 7*, no. 2 (1985) : 117~40.

"The Atlantic Telegraph Expedition". *Times* (London), July 15, 1858.

Auden, W. H. "Foreword". In Dag Hammarskjöld, *Markings*. New York : Knopf, 1964.

Bandara, Lashi. "Explainer : The Point of Pure Mathematics". *The Conversation*, August 1, 2011. theconversation.com/explainer-the-point-of -pure-mathematics-2385.

Barzman, Norma. *The Red and the Blacklist : The Intimate Memoir of a Hollywood Expatriate*. New York : Nation Books, 2003.

Beauzamy, Bernard. "Real Life Mathematics". Lecture, Dublin Mathematical Society, February 2001. scmsa.eu/archives/BB_real_life_maths_2001.htm.

Beek, Peter J., and Arthur Lewbel. "The Science of Juggling". *Scientific American* 273, no. 5 (November 1995) : 92~97.

Bello, Francis. "The Information Theory". *Fortune*, December 1953, 136~158.

———. "The Young Scientists". *Fortune*, June 1954, 142~48.

Blackman, R. B., H. W. Bode, and C. E. Shannon. "Data Smoothing and Prediction in Fire-Control Systems". Summary Technical Report of Division 7, NDRC, Volume I : Gunfire Control, ed. Harold Hazen. Washington, DC : Office of Scientific Research and Development, National Defense Research Committee, 1946.

Branford, Benchara. *A Study of Mathematical Education*. Oxford : Clarendon, 1908.

Brewer, Brock. "The Man-Machines May Talk First to Dr. Shannon". *Vogue*, April 15, 1963, 139.

"A Brief History of Gaylord Community Schools—1920 to 1944". *Otsego County Herald Times*, May 2, 1957. goo.gl/oVb0pT.

Brown, Anne S. "Historical Study : The National Security Agency Scientific Advisory Board, 1952~1963". Washington, DC : NSA Historian, Office of Central Reference, 1965.

Brueggeman, Brenda Jo. *Deaf Subjects : Between Identities and Places*. New York : New York University Press, 2009.

Burke, Colin B. *It Wasn't All Magic : The Early Struggle to Automate Cryptanalysis, 1930s~1960s*. United States Cryptologic History, Special Series, Volume 6. Center for Cryptologic History. Washington, DC : National Security Agency, 2002.

Burks, Frances Williston. *Barbara's Philippine Journey*. Yonkers-on-Hudson, NY : World Book, 1921.

Bush, Vannevar. "As We May Think". *Atlantic*, July 1945.

———. *Pieces of the Action*. New York : Morrow, 1970.

Carter, Samuel. *Cyrus Field : Man of Two Worlds*. New York : Putnam, 1968.

Cerny, Melinda. "Engineering Industry Honors Shannon, His Hometown". *Otsego Herald Times*, September 3, 1998.

Chiu, Eugene, et al. "Mathematical Theory of Claude Shannon". December 2001. web.mit. edu/6.933/www/Fall2001/Shannon1.pdf.

Clarke, Arthur C. *Voice Across the Sea : The Story of Deep Sea Cable-Laying, 1858~1958*. London : Muller, 1958.

"Claude Shannon Demonstrates Machine Learning". Bell Laboratories, 2014. www.youtube. com/watch?v=vPKkXibQXGA.

"Claude Shannon : Father of the Information Age". University of California Television, 2002. www.youtube.com/watch?v=z2Whj_nL-x8.

Clymer, A. Ben. "The Mechanical Analog Computers of Hannibal Ford and William Newell". *IEEE Annals of the History of Computing 15*, no. 2 (1993) : 19~34.

Cocks, James Fraser, and Cathy Abernathy. *Pictorial History of Ann Arbor, 1824~1974*. Ann Arbor : Michigan Historical Collections/Bentley Historical Library Ann Arbor Sesquicentennial Committee, 1974.

Conway, Flo, and Jim Siegelman. *Dark Hero of the Information Age : In Search of Norbert Wiener, The Father of Cybernetics*. New York : Basic, 2005.

Cook, Gareth. "The Singular Mind of Terry Tao". *New York Times*, July 24, 2015.

Coughlin, Kevin. "Claude Shannon : The Genius of the Digital Age". *Star-Ledger* (New Jersey), February 28, 2001.

Crawford, Matthew. *Shop Class as Soulcraft : An Inquiry into the Value of Work*. New York : Penguin, 2010.

Crow, James F. "Shannon's Brief Foray Into Genetics". *Genetics* 159, no. 3 (2001) : 915~17.

Davenport, C. B. *Naval Officers : Their Heredity and Development*. Washington, DC : Carnegie Institution of Washington, 1919.

Dean, Debra. *The Madonnas of Leningrad*. New York : Harper Perennial, 2007.(데브라 딘, 송 정은 옮김,《레닌그라드의 성모마리아》, 랜덤하우스코리아, 2007)

De Cogan, Donard. "Dr. E. O. W. Whitehouse and the 1858 Trans-Atlantic Cable". *History of Technology* 10 (1985) : 1~15.

De Rosa, L. A. "In Which Fields Do We Graze?" *IRE Transactions on Information Theory* 1, no. 3 (1955) : 2.

Dembart, Lee. "Book Review : Putting on Thinking Caps Over Artificial Intelligence". *Los Angeles Times*, August 15, 1989.

Diaconis, Persi, and Ron Graham. *Magical Mathematics*. Princeton, NJ : Princeton University Press, 2012.

Doob, J. L. "Review of A Mathematical Theory of Communication". *Mathematical Review* 10

(1949) : 133.

Dunkel, Otto, H. L. Olson, and W. F. Cheney, Jr. "Problems and Solutions". *American Mathematical Monthly* 41, no. 3 (March 1934) : 188~89.

"Enrico Rastelli". *Vanity Fair*, February 1932, 49.

Ephremides, Anthony. "Claude E. Shannon 1916~2001". *IEEE Information Theory Society Newsletter*, March 2001.

Feynman, Richard P. *Surely You're Joking, Mr. Feynman*. Reprint ed. New York : Norton, 1997. (리처드 파인만, 김희봉 옮김,《파인만 씨, 농담도 잘하시네!》, 사이언스북스, 2000)

Fisher, Lawrence. "Bernard M. Oliver Is Dead at 79; Led Hewlett-Packard Research". *New York Times*, November 28, 1995.

Freeman, John Ripley. "Study No. 7 for New Buildings for the Massachusetts Institute of Technology". MIT Libraries, Institute Archives and Special Collections. libraries.mit.edu/archives/exhibits/freeman.

Freudenthal, Hans. "Norbert Wiener". In Complete Dictionary of Scientific Biography. www.encyclopedia.com/people/science-and-technology/mathematics-biographies/norbert-wiener

Friedman, Norman. *Naval Firepower : Battleship Guns and Gunnery in the Dreadnought Era*. Barnsley, England : Seaforth, 2008.

Frize, Monique, Peter Frize, and Nadine Faulkner. *The Bold and the Brave*. Ottawa, Canada : University of Ottawa Press, 2009.

Fry, Thornton C. "Industrial Mathematics". *Bell Systems Technical Journal* 20, no. 3 (July 1941) : 255~92.

Fussell, Paul. *Class : A Guide Through the American Status System*. Reissue ed. New York : Touchstone, 1992.

Gallager, Robert G. "Claude E. Shannon : A Retrospective on His Life, Work, and Impact". *IEEE Transactions on Information Theory* 47, no. 7 (2001) : 2681~95.

———. "The Impact of Information Theory on Information Technology". Lecture slides. February 28, 2006.

"Gaylord Locals". *Otsego County Herald Times*, November 15, 1934.

"Gaylord's Claude Shannon : 'Einstein of Mathematical Theory'". *Gaylord Herald Times*,

October 11, 2000.

Gertner, Jon. *The Idea Factory : Bell Labs and the Great Age of American Innovation*. New York : Penguin, 2012.(존 거트너, 정향 옮김,《벨 연구소 이야기 — 세상에 없는 것에 미친 사람들》, 살림Biz, 2012)

Gifford, Walter. "The Prime Incentive". *Bell Laboratories Records*. Vols. 1 and 2. September 1925 – September 1926.

Gleick, James. *The Information : A History, a Theory, a Flood*. New York : Pantheon, 2011.(제임스 글릭, 박래선 · 김태훈 옮김,《인포메이션 — 인간과 우주에 담긴 정보의 빅히스토리》, 동아시아, 2017)

Golomb, Solomon W. "Claude Elwood Shannon". *Notices of the AMS* 49, no. 1 (2001) : 8 – 10.

———. "Retrospective : Claude E. Shannon (1916~2001)". *Science*, April 20, 2001.

Graham, C. Wallace, et al., eds. 1934 *Michiganensian*. Ann Arbor, Michigan, 1934.

Guizzo, Erico Marui. "The Essential Message : Claude Shannon and the Making of Information Theory". MS diss., Massachusetts Institute of Technology, 2003.

Hamming, Richard. "You and Your Research". Lecture, Bell Communications Research Colloquium Seminar, March 7, 1986. www.cs.virginia .edu/~robins/ YouAndYourResearch.html.

Hapgood, Fred. *Up the Infinite Corridor : MIT and the Technical Imagination*. New York : Basic Books, 1994.

Hardesty, Larry. "Explained : Gallager Codes". *MIT News*, January 21, 2010. news.mit. edu/2010/gallager-codes-0121.

Hardy, G. H. *A Mathematician's Apology*. Cambridge : Cambridge University Press, 2013.(고드프레이 해럴드 하디, 정회성 옮김,《어느 수학자의 변명 — 수학을 너무도 사랑한 한 고독한 수학자 이야기》, 세시, 2016)

Harpster, Jack. *John Ogden, The Pilgrim (1609~1682) : A Man of More than Ordinary Mark*. Cranbury, NJ : Associated University Presses, 2006.

Hartley, Ralph. "Transmission of Information," *Bell System Technical Journal* 7, no. 3 ( July 1928) : 535~63.

Hartree, D. R. "The Bush Differential Analyzer and Its Applications". *Nature* 146

(September 7, 1940) : 319~23.

Hatch, David A., and Robert Louis Benson. "The Korean War : The SIGINT Background". National Security Agency. www.nsa.gov/public_ info/declass/korean_war/sigint_ bg.shtml.

Hodges, Andrew. *Alan Turing : The Enigma*. Princeton, NJ : Princeton University Press, 1983.(앤드루 호지스, 김희주 · 한지원 옮김,《앨런 튜링의 이미테이션 게임》, 동아시아, 2015)

―――. "Alan Turing as UK-USA Link, 1942 Onwards". Alan Turing Internet Scrapbook. www.turing.org.uk/scrapbook/ukusa.html.

Horgan, John. "Claude E. Shannon : Unicyclist, Juggler, and Father of Information Theory". *Scientific American*, January 1990.

―――. "Poetic Masterpiece of Claude Shannon, Father of Information Theory, Published for the First Time". *Scientific American*, March 28, 2011. blogs.scientificamerican.com/cross-check/poetic-masterpiece -of-claude-shannon-father-of-information-theory-published-for-the-first -time/.

Hunt, Bruce J. "Scientists, Engineers, and Wildman Whitehouse : Measurement and Credibility in Early Cable Telegraphy". *British Journal for the History of Science* 29, no. 2 (1996) : 155~69.

Inamori, Kazuo. "Philosophy". Inamori Foundation, April 12, 1984. www .inamori-f.or.jp/en/kyoto_prize/.

"Institute Reports on Claude Shannon". *Otsego County Herald Times*, February 8, 1940.

INTOSAI Standing Committee on IT Audit. "1 + 1 = 1 : A Tale of Genius". *IntoIT* 18 (2003) : 52~57.

Isaacson, Walter. *The Innovators : How a Group of Inventors, Hackers, Geniuses, and Geeks Created the Digital Revolution*. New York : Simon & Schuster, 2014.(월터 아이작슨, 정영목 · 신지영 옮김,《이노베이터 ― 창의적인 삶으로 나아간 천재들의 비밀》, 오픈하우스, 2015)

Jain, Naresh. "Record of the Celebration of the Life of Joseph Leo Doob". www.math.uiuc.edu/People/doob_record.html.

Jerison, David, I. M. Singer, and Daniel W. Stroock, eds. *The Legacy of Norbert Wiener : A*

*Centennial Symposium in Honor of the 100th Anniversary of Norbert Wiener's Birth, October 8~14, 1994, Massachusetts Institute of Technology, Cambridge, Massachusetts.* Providence, RI : American Mathematical Society, 1997.

Johnson, George. "Claude Shannon, Mathematician, Dies at 84". *New York Times*, February 27, 2001.

―――. *Fire in the Mind.* New York : Vintage, 1995.

Johnson, W. E. "The Logical Calculus". *Mind : A Quarterly Review of Psychology and Philosophy* 1 (1892) : 3~30, 235~50, 340~57.

Kahn, David. *The Codebreakers : The Story of Secret Writing.* New York : Macmillan, 1953.(데이비드 칸, 김동현 · 전태언 옮김,《코드브레이커 ― 암호 해독의 역사》, 이지북, 2005)

―――. *How I Discovered World War II's Greatest Spy and Other Stories of Intelligence and Code.* Boca Raton, FL : Auerbach, 2014.Kahn, Robert E. "A Tribute to Claude E. Shannon". *IEEE Communications Magazine*, July 2001, 18~22.

Kaplan, Fred. "Scientists at War". *American Heritage* 34, no. 4 ( June 1983) : 49~64.

Kettlewell, Julie. "Gaylord Honors 'Father to the Information Theory.'" *Otsego Herald Times*, September 3, 1998.

Kimball, Warren F., ed. *Churchill and Roosevelt : The Complete Correspondence.* Vol. 3. Princeton, NJ : Princeton University Press, 1984.

Kipling, Rudyard. "The Deep Sea Cables". In *Rudyard Kipling's Verse.* Garden City, NY : Doubleday, Page, 1922.

Kline, Ronald R. *The Cybernetics Moment : Or Why We Call Our Age the Information Age.* Baltimore : Johns Hopkins University Press, 2015.

Koestler, Arthur. *The Act of Creation.* London : Hutchinson, 1976.

Lewbel, Arthur. "A Personal Tribute to Claude Shannon". www2.bc.edu/~lewbel/Shannon.html.

Lewes, George Henry. *The Principles of Success in Literature.* Berkeley : University of California Press, 1901.

Livingston, G. R. "Problems for Solution". *American Mathematical Monthly* 41, no. 6 ( June 1934) : 390.

Lucky, Robert W. *Silicon Dreams : Information, Man, and Machine.* New York : St. Martin's,

1991.

MacKay, David J. C. *Information Theory, Inference, and Learning Algorithms*. Cambridge : Cambridge University Press, 2003.

Massey, James L. "Information Theory : The Copernican System of Communications". *IEEE Communications Magazine* 22, no. 12 (1984) : 26~28.

McEliece, R. J. *The Theory of Information and Coding : Student Edition*. New York : Cambridge University Press, 2004.

Merzbach, Uta C., and Carl B. Boyer. *A History of Mathematics*. 3rd ed. Hoboken, NJ : John Wiley & Sons, 2011.(칼 B. 보이어 · 유타 C. 메르츠바흐, 양영오 · 조윤동 옮김,《수학의 역사》(상 · 하), 경문사, 2000)

Minck, John. "Inside HP : A Narrative History of Hewlett-Packard from 1939~1990". www.hpmemoryproject.org/timeline/john_minck/inside_hp_03.htm.

Mindell, David A. "Automation's Finest Hour : Bell Labs and Automatic Control in WWII". *IEEE Control Systems* 15 (1995) : 72~80.

————. *Between Human and Machine : Feedback, Control, and Computing before Cybernetics*. Baltimore : Johns Hopkins University Press, 2002.

"MIT Professor Claude Shannon dies; Was Founder of Digital Communications". *MIT News*, February 27, 2001. newsoffice.mit.edu/2001/shan non.

Mitchell, Silas Weir. "The Last of a Veteran Chess Player". *Chess Monthly*, 1857.

Morse, Philip McCord. *In at the Beginnings : A Physicist's Life*. Cambridge, MA : MIT Press, 1977.

Moulton-Barrett, Maria. *Graphotherapy*. New York : Trafford, 2005.

"Mouse with a Memory". *Time*, May 19, 1952, 59~60.

"Mrs. Mabel Shannon Dies in Chicago," *Otsego County Herald Times*, December 27, 1945.

Nahin, Paul J. *The Logician and the Engineer : How George Boole and Claude Shannon Created the Information Age*. Princeton, NJ : Princeton University Press, 2013.

Nasar, Sylvia. *A Beautiful Mind : The Life of Mathematical Genius and Nobel Laureate John Nash*. New York : Simon & Schuster, 1998.(실비아 네이사, 신현용 · 이종인 · 승영조 옮김,《뷰티풀 마인드》, 승산, 2002)

National Register of Historic Places application. Edmund Dwight House.

Massachusetts Cultural Resource Information System. mhc-macris.net /Details. aspx?MhcId=WNT.19.

Norberg, Arthur L. "An Interview with Bernard More Oliver". Charles Babbage Institute for the History of Information Processing, August 9, 1985.

"NSA Regulation Number 11-3". National Security Agency, January 22, 1953. ia601409. us.archive.org/16/items/41788579082758/417885790827 58.pdf.

Nyquist, Harry. "Certain Factors Affecting Telegraph Speed". *Bell System Technical Journal* (April 1924) : 324~46.

———. "Certain Topics in Telegraph Transmission Theory". *Transactions of the AIEE* 47 (April 1928) : 617~44.

"Obituary : Thornton Carl Fry". American Astronomical Society, January 1, 1991.

Oliver, B., J. Pierce, and C. Shannon. "The Philosophy of PCM". *Proceedings of the IRE* 36, no. 11 (November 1948) : 1324~31.

O'Neill, Bradley. "Dead Medium : The Comparator; the Rapid Selector". www.deadmedia. org/notes/1/017.html.

Owens, F. W., and Helen B. Owens. "Mathematics Clubs—Junior Mathematics Club, University of Michigan". *American Mathematical Monthly* 43, no. 10 (December 1936) : 636.

Owens, Larry. "Vannevar Bush and the Differential Analyzer : The Text and Context of an Early Computer". *Technology and Culture* 27, no. 1 (1986) : 63~95.

Perkins, Thomas. *Valley Boy : The Education of Tom Perkins.* New York : Gotham, 2007.

Perry, John. *The Calculus for Engineers.* London : Edward Arnold, 1897.

Pierce, John. "Creative Thinking". *Lecture.* 1951.

———. "The Early Days of Information Theory". *IEEE Transactions on Information Theory* 19, no. 1 (1973) : 3~8.

———. *An Introduction to Information Theory : Symbols, Signals, and Noise.* 2nd ed. New York : Dover, 1980.

Pinsker, Mark Semenovich. "Reflections of Some Shannon Lecturers". *IEEE Information Theory Society Newsletter* (Summer 1998) : 22~23.

Platt, John. "Books That Make a Year's Reading and a Lifetime's Enrichment". *New York*

*Times*, February 2, 1964.

Poe, Edgar Allan. "The Gold-Bug". In *The Gold-Bug and Other Tales*. Ed. Stanley Appelbaum. Mineola, NY : Dover, 1991.(에드거 앨런 포, 김병철 옮김,《황금벌레》, 동서문화사, 2003)

―――. "Maelzel's Chess Player". In *The Complete Tales of Edgar Allan Poe*. New York : Vintage Books, 1975.

Polster, Burkard. "The Mathematics of Juggling". qedcat.com/articles /juggling_survey.pdf.

Poundstone, William. *Fortune's Formula : The Untold Story of the Scientific Betting System That Beat the Casinos and Wall Street*. New York : Hill & Wang, 2005.(윌리엄 파운드스톤, 김현구 옮김,《머니 사이언스 — 불확실한 투자의 세계에서 확실한 승리를 얻는 공식》, 동 녘사이언스, 2006)

―――. *How to Predict the Unpredictable : The Art of Outsmarting Almost Anyone*. New York : Oneworld, 2014.

Powers, Perry Francis, and H. G. Cutler. *A History of Northern Michigan and Its People*. Chicago : Lewis, 1912.

Price, Robert. "A Conversation with Claude Shannon : One Man's Approach to Problem Solving". *IEEE Communications Magazine* 22, no. 6 (May 1984) : 123~26.

―――. "Oral History : Claude E. Shannon". IEEE Global History Network, July 28, 1982. www.ieeeghn.org/wiki/index.php/Oral-History : Claude_E._Shannon.

Ratcliff, J. D. "Brains". *Collier's*, January 17, 1942.

Rees, Mina. "Warren Weaver". In National Academy of Sciences, *Biographical Memoirs*, vol. 57. Washington, DC : National Academy Press, 1987.

"Remembering Claude Shannon". Roy Rosenzweig Center for History and New Media, George Mason University, March – August 2001. chnm.gmu .edu/digitalhistory/links/ cached/chapter6/6_19b_surveyresponse.htm.

*Report of the Joint Committee to Inquire into the Construction of Submarine Telegraph Cables*. London : Eyre & Spottiswoode, 1861.

Rheingold, Howard. *Tools for Thought*. Cambridge, MA : MIT Press, 2000.

Rosser, J. Barkley. "Mathematics and Mathematicians in World War II". In *A Century of Mathematics in America*, Part 1. Ed. Peter Duren. Providence, RI : American

Mathematical Society, 1988.

Russell, Bertrand. "The Study of Mathematics". In *Mysticism and Logic and Other Essays*. London : Longman, 1919.

Sagan, Carl. *Pale Blue Dot : A Vision of the Human Future in Space*. New York : Random House, 1994.(칼 세이건, 현정준 옮김,《창백한 푸른 점》, 사이언스북스, 2001)

Saxon, Wolfgang. "Albert G. Hill, 86, Who Helped Develop Radar in World War II". *New York Times*, October 29, 1996.

Schement, Jorge Reina, and Brent D. Ruben. *Between Communication and Information* 4. New Brunswick, NJ : Transaction, 1993.

Shannon, Claude Elwood. "The Bandwagon". *IRE Transactions-Information Theory* 2, no. 1 (1956) : 3.

―――. *Claude Elwood Shannon : Collected Papers*. Ed. N. J. A. Sloane and Aaron D. Wyner. New York : IEEE Press, 1992.

―――. *Claude Shannon's Miscellaneous Writings*. Ed. N. J. A. Sloane and Aaron D. Wyner. Murray Hill, NJ : Mathematical Sciences Research Center, AT&T Bell Laboratories, 1993.

―――. "Development of Communication and Computing, and My Hobby". Lecture, Inamori Foundation, Kyoto, Japan, November 1985. www.kyotoprize.org/wp/wp-content/uploads/2016/02/1kB_lct_ EN.pdf.

―――. "A Mathematical Theory of Communication". *Bell System Technical Journal* 27 (July, October 1948) : 379~423, 623~56.

―――. "Problems and Solutions―E58". *American Mathematical Monthly* 41, no. 3 (March 1934) : 191 – 92.―――. "A Symbolic Analysis of Relay and Switching Circuits". *Transactions of the American Institute of Electrical Engineers* 57 (1938) : 471~95.

―――. "A Theorem on Color Coding". Bell Laboratories. Memorandum 40-130-153. July 8, 1940.

―――. "The Use of the Lakatos-Hickman Relay in a Subscriber Sender". Bell Laboratories. Memorandum 40-130-179. August 3, 1940.

Sicilia, David B. "How the West Was Wired". *Inc.*, June 1997.

Snell, J. Laurie. "A Conversation with Joe Doob". 1997. www.dartmouth .edu/~chance/

Doob/conversation.html.

Standage, Tom. *The Turk : The Life and Times of the Famous Eighteenth-Century Chess-Playing Machine*. New York : Walker, 2002.

"Step Back in Time : A New County Seat and the First Newspaper". *Gaylord Herald Times*, reprinted January 6, 2016.

Sterling, Christopher H. "Churchill and Intelligence—Sigsaly : Beginning the Digital Revolution". *Finest Hour* 149 (Winter 2010 – 11) : 31.

Sutin, Hillard A. "A Tribute to Mortimer E. Cooley". *Michigan Technic*, March 1935.

Sutton, R. M. "Problems for Solution". *American Mathematical Monthly* 40, no. 8 (October 1933) : 491.

Thomson, Silvanus P. *The Life of William Thomson, Baron Kelvin of Largs*. London : Macmillan, 1910.

Thomson, William. "The Tides : Evening Lecture to the British Association at the Southampton Meeting, August 25, 1882". In Thomson, *Scientific Papers*, vol. 30. Ed. Charles W. Eliot. New York : Collier & Son, 1910.

Thorp, Edward O. "The Invention of the First Wearable Computer". *Proceedings of the 2nd IEEE International Symposium on Wearable Computers*, October 1998, 4 – 8.

Tompkins, Dave. *How to Wreck a Nice Beach : The Vocoder from World War II to Hip-Hop : The Machine Speaks*. Chicago : Stop Smiling Books, 2011.

Trew, Delbert. "Barbed Wire Telegraph Lines Brought Gossip and News to Farm and Ranch". *Farm Collector*, September 2003.

Tribus, Myron, and Edward C. McIrving. "Energy and Information". *Scientific American* 225 (1971) : 179~88.

Turing, Alan. "Alan Turing's Report from Washington DC, November 1942".

Van den Herik, H. J. "An Interview with Claude Shannon (September 25, 1980 in Linz, Austria)". *ICCA Journal* 12, no. 4 (1989) : 221~26.

"Vannevar Bush : General of Physics". *Time*, April 3, 1944.

Von Foerster, Heinz, Margaret Mead, and Hans Lukas Teuber, eds. *Cybernetics : Transactions of the Eighth Conference March 15~16, 1951*. New York : Josiah Macy, Jr. Foundation, 1952.

Von Neumann, John. "First Draft of a Report on the EDVAC". In *The Origins of Digital Computers : Selected Papers*. Ed. Brian Randell. New York : Springer-Verlag, 1973.

Waldrop, W. Mitchell. "Claude Shannon : Reluctant Father of the Digital Age". *MIT Technology Review*, July 1, 2001. www.technologyreview .com/s/401112/claude-shannon-reluctant-father-of-the-digital-age.

Weaver, Warren. "Careers in Science". In *Listen to Leaders in Science*. Ed. Albert Love and James Saxon Childers. Atlanta : Tupper & Love/David McKay, 1965.

——. "Four Pieces of Advice to Young People". In *The Project Physics Course Reader : Concepts of Motion*. Ed. Gerald Holton et al. New York : Holt, Rinehart & Winston, 1970.

——. *Science and Imagination : Selected Papers*. New York : Basic Books, 1967.

Weyl, Hermann. *Space-Time-Matter*. 4th ed. Trans. Henry L. Brose. New York : Dover, 1950.

Whaland, Norman. "A Computer Chess Tutorial". *Byte*, October 1978, 168~81.

Whitehouse, E. O. Wildman. "The Law of Squares—Is It Applicable or Not to the Transmission of Signals in Submarine Circuits?" *Athenaeum*, August 30, 1856, 1092~93.

——. "Report on a Series of Experimental Observations on Two Lengths of Submarine Electric Cable, Containing, in the Aggregate, 1,125 Miles of Wire, Being the Substance of a Paper Read Before the British Association for the Advancement of Science, at Glasgow, Sept. 14th, 1855". Brighton, England, 1855.

"Who We Are". Douglass Residential College, Rutgers University. doug lass.rutgers.edu/history.

Wiener, Norbert. *Cybernetics, or Control and Communication in the Animal and the Machine*. 2nd ed. Cambridge, MA : MIT Press, 1961.

——. *Ex-Prodigy : My Childhood and Youth*. Cambridge, MA : MIT Press, 1964.

Wildes, Karl L., and Nilo A. Lindgren. *A Century of Electrical Engineering and Computer Science at MIT, 1882~1982*. Cambridge, MA : MIT Press, 1986.

Wilson, Philip K. "Harry Laughlin's Eugenic Crusade to Control the 'Socially Inadequate' in Progressive Era America". *Patterns of Prejudice* 36, no. 1 (2002) : 49~67.

Wittgenstein, Ludwig. *Philosophical Investigations*. Trans. G. E. M. Anscombe et al. Ed. P. M. S. Hacker and Joachim Schulte. 4th ed. Malden, MA : Blackwell, 2009.(루트비히 비트겐슈타인, 이영철 옮김,《철학적 탐구》, 책세상, 2019)

"Youthful Instructor Wins Noble Award". *New York Times*, January 24, 1940.

Ytrehus, Øyvind. "An Introduction to Turbo Codes and Iterative Decoding". *Telektronikk* 98, no. 1 (2002) : 65~78.

Zachary, G. Pascal. *Endless Frontier : Vannevar Bush, Engineer of the American Century*. Cambridge, MA : MIT Press, 1999.

Zorpette, Glenn. "Parkinson's Gun Director". *IEEE Spectrum* 26, no. 4 (1989) : 43.

## • 기록물

Claude Elwood Shannon Papers. Library of Congress. Washington, DC.

Claude Shannon Alumnus File. Bentley Historical Library. University of Michigan. Ann Arbor, MI.

Claude Shannon Alumnus File. Seeley Mudd Library. Princeton University. Princeton, NJ.

Institute of Communications Research Records. University of Illinois Archives. Urbana, IL.

Kelvin Collection. University of Glasgow. Glasgow, Scotland.

Office of the President Records. MIT Archive. Cambridge, MA.

Vannevar Bush Papers. Library of Congress. Washington, DC.

Warren S. McCulloch Papers. American Philosophical Society. Philadelphia, PA.

## • 인터뷰

노마 바츠만Norma Barzman과 저자의 인터뷰, 2014년 12월 21일.

앤서니 에프레미데스와 저자의 인터뷰, 2016년 3월 31일.

로베르트 파노와 저자의 인터뷰, 2015년 10월 23일.

손턴 C. 프라이와 헨리 폴락Henry O. Pollak, G. 베일리 프라이스G. Baley Price, 디어드리 라포트Deirdre M. La Porte의 인터뷰, 1981년 1월 3~4일.

로버트 갤러거와 저자의 인터뷰, 2014년 8월 8일.

로널드 그레이엄과 저자의 인터뷰, 2014년 8월 23일.

마틴 그린버거와 저자의 인터뷰, 2016년 5월 5일.

어윈 제이콥스와 저자의 인터뷰, 2015년 1월 1일.

토머스 케일러스Thomas Kailath와 저자의 인터뷰, 2016년 6월 2일.

레너드 클레인록과 저자의 인터뷰, 2016년 9월 16일.

아서 루벨과 저자의 인터뷰, 2014년 8월 8일.

브록웨이 맥밀런과 저자의 인터뷰, 2016년 1월 4일.

마리아 몰턴-배럿과 저자의 인터뷰, 2015년 1월 2일, 2016년 1월 21일.

헨리 폴락과 저자의 인터뷰, 2014년 8월 7일.

래리 로버츠와 저자의 인터뷰, 2016년 9월 26일.

베티 섀넌과 저자의 인터뷰, 2015년 11월 12일.

클로드 섀넌과 프리드리히 빌헬름 하게마이어Friedrich-Wilhelm Hagemeyer의 인터뷰, 1977
    년 2월 28일.

클로드 섀넌, 베티 섀넌과 도널드 앨버스Donald J. Albers의 인터뷰, 1990년.

페기 섀넌과 저자의 인터뷰, 2015년 12월 9일.

에드워드 소프와 저자의 인터뷰, 2016년 3월 21일.

세르히오 베르두와 저자의 인터뷰, 2015년 9월 6일.

**저글러, 땜장이, 놀이꾼, 디지털 세상을 설계하다**
－세상을 바꾼 괴짜 천재의 궁극의 놀이본능

지은이  지미 소니 · 로브 굿맨
옮긴이  양병찬

1판 1쇄 펴냄 2020년 2월 20일
1판 4쇄 펴냄 2024년 7월 5일

펴낸곳 곰출판
출판신고 2014년 10월 13일 제2024-000011호
전자우편 book@gombooks.com
전화 070-8285-5829
팩스 02-6305-5829

ISBN 979-11-89327-05-7  03990

이 도서의 국립중앙도서관 출판예정도서목록(CIP)은
서지정보유통지원시스템 홈페이지(http://seoji.nl.go.kr)와
국가자료종합목록구축시스템(http://kolis-net.nl.go.kr)에서 이용하실 수 있습니다.
(CIP제어번호 : CIP2020001555)

이 시리즈는 **NAEK** 한국공학한림원과 곰출판이 발간합니다.